广视角·全方位·多品种

权威·前沿·原创

皮书系列为
"十二五"国家重点图书出版规划项目

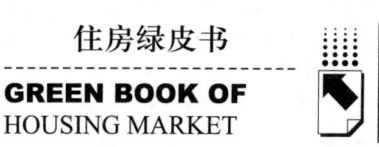

住房绿皮书

GREEN BOOK OF
HOUSING MARKET

中国住房发展报告
(2013~2014)

ANNUAL REPORT ON DEVELOPMENT OF HOUSING MARKET
IN CHINA (2013-2014)

主　编／倪鹏飞
副主编／邹琳华　高广春
中国社会科学院财经战略研究院
中国社会科学院城市与竞争力研究中心

社会科学文献出版社
SOCIAL SCIENCES ACADEMIC PRESS (CHINA)

图书在版编目(CIP)数据

中国住房发展报告:2013~2014/倪鹏飞主编.—北京:社会科学文献出版社,2013.12
　(住房绿皮书)
　ISBN 978-7-5097-5314-9

Ⅰ.①中… Ⅱ.①倪… Ⅲ.①住宅经济-经济发展-研究报告-中国-2013~2014 Ⅳ.①F299.233

中国版本图书馆CIP数据核字(2013)第278685号

住房绿皮书
中国住房发展报告(2013~2014)

| 主　　编 / 倪鹏飞 |
| 副 主 编 / 邹琳华　高广春 |

出 版 人 / 谢寿光
出 版 者 / 社会科学文献出版社
地　　址 / 北京市西城区北三环中路甲29号院3号楼华龙大厦
邮政编码 / 100029

责任部门 / 皮书出版中心 (010) 59367127　　责任编辑 / 姚冬梅　李春艳　汪　智
电子信箱 / pishubu@ssap.cn　　　　　　　　责任校对 / 张立生
项目统筹 / 姚冬梅　　　　　　　　　　　　　责任印制 / 岳　阳
经　　销 / 社会科学文献出版社市场营销中心 (010) 59367081　59367089
读者服务 / 读者服务中心 (010) 59367028

印　　装 / 北京季蜂印刷有限公司
开　　本 / 787mm×1092mm　1/16　　　　　印　　张 / 21.25
版　　次 / 2013年12月第1版　　　　　　　　字　　数 / 345千字
印　　次 / 2013年12月第1次印刷
书　　号 / ISBN 978-7-5097-5314-9
定　　价 / 79.00元

本书如有破损、缺页、装订错误,请与本社读者服务中心联系更换
▲ 版权所有　翻印必究

住房绿皮书编委会

顾　　问	高培勇　荆林波
主　　编	倪鹏飞
副 主 编	邹琳华　高广春
编委会成员	毛丰付　吕风勇　刘　伟　刘尚超 李　超　杨　杰　杨　慧　张慧芳 陈　飞　赵英伟　郭宏宇　蔡书凯 魏劭琨

中国社会科学院财经战略研究院
城市与房地产经济研究室简介

中国社会科学院财经战略研究院城市与房地产经济研究室现有专职研究人员7名，主要研究领域为城市经济与房地产经济。其前身是在原国务委员、中国社会科学院院长李铁映的倡导下于1999年成立的城镇住宅研究室，2003年更改为现名。2009年，研究室被纳入中国社会科学院重点学科建设工程。

近年来，研究室在城市竞争力、城市化、城市产业集群、城市营销、房地产市场结构、房地产周期、住房金融、住房公共政策、土地经济、住房证券化、住房保障等领域进行了较为深入的研究，并处于国内较为领先的地位，部分研究成果在国际上也产生了较大的社会和学术影响。《中国城市竞争力报告》获孙冶方经济学著作奖，是中国社会科学院重要的学术品牌之一。《全球城市竞争力报告》定期在英国出版并面向全球发行，成果备受关注。作为国内首个房地产相关国家社科基金重大课题的研究支撑机构，研究室在中国房地产发展对策研究方面也取得了重要突破。成立十多年来，研究室先后与海外近20个国家的高校、科研机构和学者开展学术交流，并在部分研究项目上建立了合作机制。

研究室的目标是发展成为城市与房地产研究领域的国内重要中心，同时进一步扩大国际交流、国际合作，并提高国际学术影响力。

中国社会科学院城市与竞争力研究中心简介

中国社会科学院城市与竞争力研究中心是2010年4月26日成立的一个有关城市与竞争力的院级非实体研究中心。社科院财经战略研究院研究员倪鹏飞任中心主任。中心主要由社科院财经战略研究院城市与房地产经济研究室和城市竞争力课题组的研究人员组成，同时邀请国内外专家学者以不同的形式参与研究。

近年来，中国社会科学院的这支研究团队在城市与竞争力方面做了许多的创新探索，他们关于中国城市竞争力的研究获得了"孙冶方经济科学奖"，关于中国住房发展的研究获国家重大社科基金支持。"城市竞争力蓝皮书"等已成为中国社会科学院重要的学术品牌，在国内外产生十分广泛的影响，进一步确立了中国社会科学院在这些领域的全国领先地位，也为中央及地方政府的相关决策提供参考。他们还组织和联合全世界的城市竞争力研究专家，成立全球城市竞争力项目组，与世界银行集团及世界著名城市学者开展相关领域的高端合作，举办城市竞争力国际论坛，扩大了中国社会科学院在这些国际学术领域的话语权和影响力。

中心的主要任务是组织国内外各界相关研究人员，开展城市经济、城市管理、城市化、城市竞争力、房地产经济、房地产金融相关的学术研究，发表城市与房地产相关的研究论文、出版专著和研究报告；开展国内外学术交流，组织中心学者进行国际学术访问；组织国内外相关领域专家、城市市长等各界人士召开城市竞争力国际论坛以及相关学术会议；与相关单位开展合作研究、社会实践、专项调研等活动；承担国内外政府、企业、非政府组织等委托，开展相关的政策和战略咨询研究；接收研究生实习、学者学术访问，举办高级研修班等多种形式的培训，培养学以致用的学术和城市管理人才。

主要编撰者简介

倪鹏飞 中国社会科学院城市与竞争力研究中心主任，中国社会科学院财经战略研究院院长助理兼城市与房地产研究室主任，研究员，博士生导师。主要致力于城市经济学、房地产经济学、空间金融学、城市竞争力及国家竞争力等方面的理论与实证研究。《中国城市竞争力报告》、《中国住房发展报告》、《国家竞争力报告》主编；联合主编《全球城市竞争力报告》（与美国学者彼得·卡尔·克拉索教授）；联合研究《世界城市：联系度指数》（与英国皇家社会科学院院士彼得·泰勒教授）；联合国开发计划署"中小企业改革和发展"项目评估专家（2000）。世界银行集团与中国社会科学院《中国营商环境报告》中方负责人（2008）。香港中文大学、华中科技大学、北京师范大学、东南大学、西南财经大学、韩国科学技术大学的兼职教授，全球城市竞争力跨国项目秘书长。为中国近20个省市政府进行案例、战略和对策研究，发表12部案例专著。在《中国社会科学》、美国《国际事务》（*Journal of International Affairs*）、英国《城市研究》（*Urban Study*）等国内外权威杂志上发表论文数十篇。代表作《中国城市竞争力报告》获中国经济学的最高奖孙冶方经济学著作奖（第十一届）。

邹琳华 经济学博士。现就职于中国社会科学院财经战略研究院。美国纽约市立大学巴鲁克分校访问学者（2011.12~2012.12）。目前主要从事城市与房地产经济领域的理论研究。近年来在《经济研究》、《财贸经济》、《经济学动态》、《光明日报》、《统计研究》等权威核心刊物上发表文章10余篇，作为核心成员参与多项国家级重大课题研究。

高广春 经济学博士，现工作于中国社会科学院财经战略研究院。主要研究领域：住房金融、商业银行经营与管理。在《城市发展研究》、《国际经济评论》、《银行家》、《经济学家茶座》、《学术界》等杂志上发表论文40余篇，独著、合著、合作译著10余部，参与国家、省部级课题，金融机构委托课题、企业委托课题和地方政府委托课题20余项。

郭宏宇 中国社会科学院研究生院经济学博士，保险学博士后，现任外交学院国际经济学院副教授，硕士生导师。专业为资本市场、保险。参与国家社科基金、保监会等课题10余项，独立出版专著1部，合作出版专著与编著10余部，发表学术论文30余篇。

吕风勇 经济学博士，现就职于中国社会科学院财经战略研究院。2006年毕业于中国社会科学院研究生院。主要研究方向为宏观经济与房地产。

张慧芳 博士（后），硕士生导师，现为宁波大学教授，宁波大学公共管理研究所所长。主要从事房地产及土地经济与管理、投融资与城市建设经济与管理的教学与科研工作。曾先后在《投资研究》、《中国房地产金融》、《中国行政管理》等学术刊物上发表论文30余篇，出版个人专著1部，主编、参编著作和教材10余部，作为技术负责人主持国家科技部软科学重大招标课题1项，主持省部级课题4项，作为主要成员参与国家级、省部级等课题20多项。

蔡书凯 副教授，毕业于浙江大学管理学院，获管理学博士学位，中国社会科学院财经战略研究院应用经济系博士后，安徽工程大学经贸系主任。主要研究方向为全域城镇化。

毛丰付 经济学博士，中国社会科学院财经战略研究院博士后，浙江工商大学经济学院副教授。主要研究领域为城市经济与住房发展。

杨　慧 经济学博士，中国社会科学院财经战略研究院博士后。主要研究方向为城市经济、房地产经济。

李　超　经济学博士，中国社会科学院财经战略研究院助理研究员。研究方向为区域经济协调发展与产业结构演进。

刘尚超　英国圣安德鲁斯大学硕士，现为中国社会科学院财经战略研究院实习研究员，研究助理。

陈　飞　经济学博士，首都经济贸易大学城市经济与公共管理学院教师，中国社会科学院城市与竞争力研究中心兼职副研究员。研究方向：城市经济、新经济地理。

魏劭琨　国家发展和改革委员会城市和小城镇改革发展中心。毕业于中国社会科学院研究生院，获经济学博士学位。主要研究领域：城市经济、房地产政策、产业结构。

赵英伟　中国社会科学院博士研究生，中国社会科学院城市与竞争力中心项目组成员，青岛科技大学讲师。研究方向为城市金融与房地产。

刘　伟　现在中国社会科学院经济学部工作。中国社会科学院研究生院2010级金融学硕士研究生毕业。主要研究领域为金融市场、房地产经济和城市经济。作为核心成员参与编著"城市竞争力蓝皮书"。

杨　杰　中国社会科学院研究生院2012级金融学博士研究生，2010年毕业于北京师范大学，获经济学硕士学位，2006年毕业于南开大学，获工学学士学位。目前主要研究方向为城市与房地产金融。

摘　要

本报告从宏观背景、市场主体、市场体系、公共政策和年度主题五个方面，对中国住宅市场体系做了全面系统的分析、预测与评价，并给出了相关政策建议。本报告具体内容包括：在评述2012～2013年住房及相关市场走势的基础上，预测了2013～2014年住房及相关市场的发展变化；通过构建中国住房指数体系，量化评估了住房市场各关键领域的发展状况；剖析了住房市场及其相关领域协调健康发展所面临的主要问题与挑战，针对性地提出了相关政策建议；结合城乡一体化的发展趋势，专题分析了城市化进程中的外来人口住房问题，提出了相应解决方案。

2012～2013年分析显示：全球房价回升，新兴经济体尤为显著；我国住房市场并非孤立地上涨，但涨幅居前；内生紧缩引致增速下滑，调整充分经济趋于平稳；需求疲弱抑制通胀升势，食品房租再推物价上行；行业集中度进一步提升，企业数量由缓慢上升进入缩减区间；房企经营范围普遍跨度广泛，部分央企依旧涉足房地产市场；地方政府落实贯彻"国五条"，但重点城市多数难完成房价控制目标；自住型需求恐慌入市推动大城市房价飙涨，中小城市楼市出现明显滞胀；租金持续快速上涨，租房压力显著增大；土地市场整体持续向暖，计划供应量、实际供应量和成交量同比均较大幅度上升，住宅用地涨幅明显；房地产开发贷款强劲上扬，个人按揭贷款高位运行；多渠道筹集资金确保城镇住房保障的顺利实施，棚户区改造纳入到住房保障的核心工作；限购政策继续严格执行，政策调控进入平稳转型期；差别化税收政策稳定持续，房产税改革越来越近；城市外来人口占城市人口比重实际上可能超过三成，多数城市外来人口住房的基本情况不容乐观。

2013～2014年预测认为：全球经济增速较低，通胀放缓，利率稳定，贸易低迷；全球住房市场预测继续上涨，增速回落；我国经济周期的结构性和阶

段性特征更加突出，中速增长或成常态化；"稳增长"政策目标基本不变，政策力度效果或将有所减弱；房地产行业集中度进一步提高，企业竞争更趋品牌化；房企融资方式逐渐多元化，直接融资比重继续上升；大城市房价短线见顶，中小城市楼市颓势延续；住房租金继续惯性上涨，涨速季节波动较大；土地成交量或进一步放大，土地价格稳中略升；一线城市和核心二线城市土地现相对短缺价格或持续上涨，多数二、三线城市土地价格相对稳定。

中国住房市场健康均衡发展所面临的主要问题与挑战是：部分行业产能过剩依然严重，局部金融风险隐存；房企经营管理欠规范，财务粉饰、寻租现象突出；大型房企争相出海，投融资风险不容忽视；房贷在银行金融机构各项贷款中的比重依然处于较高位，房地产贷款的信用风险隐患未除；差别化房贷难以落地，保障房金融支持机构体系缺失；地方政府财政金融风险累积，征地过程中矛盾激化；行政管控扭曲市场，供求矛盾长期存在；房价租金携手飙涨，租房家庭与有房家庭的贫富差距加大；租房家庭无法享受自有住房同等权益，租房中介服务市场管理混乱；土地市场寡头垄断日益加剧，推高地价的意愿强烈；住房金融市场过度集中于间接融资市场，住房信贷市场板块的强劲走势给房地产调控政策带来压力；闲置土地监管力度不足，工程质量监管亟待加强；保障性住房管理层次不清晰，住房保障资格审查机制不健全、档案管理工作存在纰漏；保障性住房的分配机制不健全，住房公积金制度保障范围不足及使用上存在漏洞；调控问责制度仍然没有兑现，住房长效机制仍然是"只闻其声不见其人"。

报告建议：维持政府主导投资的适度规模，继续推行稳健的货币政策；完善法律法规与政策制度，规范房企经营行为；扩大合作性住房金融机构生存和发展的空间，探索建构有效的保障房融资机构支持体系；重构地方政府财政分权体系，优化政绩考核体系；弱化行政管控，深化市场改革；完善住房租赁市场，维护租赁者合法权益；适当增加一线城市和热点二线城市土地供应，减少三、四线城市土地供应；有效扩大住房直接融资市场比重，借助证券化技术有效防控房地产资金风险；住房监管应长期稳定并全面覆盖，不能"热胀冷缩"和"重买轻租"；建立保障房档案系统，完善住房公积金制度；重构"安居、康居、乐居"的住房供应体系，尽快推出住房市场长效调节机制；改革当前土地市场制度和住房市场制度，运用多种手段增强城市外来人口的住房支付能力。

Abstract

This report gave a comprehensive and systematic analysis, prediction and assessment of China's housing market, and put forward the policy proposals from five aspects: macroscopic background, market players, market system, public policy and topic of the year.

The 2012 - 2013 analysis reveals that: global housing prices rose, particularly in emerging economies; China's housing market grew rapidly; endogenous retrench slowed growth rate and the economy tended to be stable after sufficient adjustment; weak demand restrained the inflation and food price together with house renting price pushed up the general price level; industrial concentration was further enhanced and the number of firms started to decrease after growing; the operating range for housing firms were generally wide and some centrally controlled enterprises were still involved in the real estate market; local governments implemented "the five national real estate regulations" but most key cities can hardly achieve the regulatory objectives; owner-occupied demand entered the market in a panic with housing prices pushed up dramatically for metropolis but small and medium cities showed stagflation; rentals kept growing rapidly and renting pressure increased significantly; the land market continued to rebound, planned supply, actual supply and trading volume increased dramatically on a year-on-year basis, residential land price rose notably; real estate development loans rose significantly, individual mortgage loans kept running at high levels; various channels of fund raising ensured the smooth implementation of affordable housing policies, renovation of shantytowns was included as a core objective of housing security; house sales quota policy continued to be implemented strictly and housing market regulations entered a stable and smooth transition phase; differentiation taxation policy was stable and continuous, property tax reform is imminent; immigrant population as a percent age of urban population might be over 30%, and the situation for most of them leaves much to be desired.

For 2013 - 2014 we forecast that: global economic growth rate will be low with

slowing inflation, stable interest rate and slumping trade; global housing market is expected to growth continuously at lower speed; cyclical, structural and periodic characteristics of China's economy will be more significant, moderate growth will be the norm; "steady growth" policy will remain basically unchanged but the effectiveness of regulatory policies will be weakened; real estate industry will concentrate further and companies will focus more on competition in branding; housing firms fundraising via a variety of approaches and proportion of direct financing will continue to increase; housing price of metropolis may peak and in small and medium cities declining tendency will be sustained; rents will increase by momentum with large seasonal variations; land trading volume may rise further with higher and stable prices; there could be land shortage for first-tier and key second-tier cities, so land price tends to increase continuously while remaining stable for the majority of second-tier and third-tier cities.

The main problems and challenges for the balanced development of China's housing market are: excess production capacity is still very serious in some industries and there are potential local financial risks; housing firms operate irregularly with problems such as window dressing, rent-seeking, etc; big housing firms invest and finance abroad over-aggressively and face huge risks; mortgage still accounts for a big proportion of loans provided by financial institutions, credit risk still exists; differentiated mortgage is difficult to implement and financial institution for affordable housing absent; financial risks for local government accumulate and conflicts are intensified in the land acquiring process; administrative controls distort the market and imbalance between supply and demand exists in the long-term; housing price soar together with rents and income gap between house-renting families and house-owning families expands; house renting families cannot enjoy the same rights as the home owners and rental agent market is chaotic; oligopoly in the land market becomes more severe and land price is forced to increase; housing financing overly concentrates on indirect financing market and strong performance of housing credit market puts pressures on regulatory policies; supervision on idle land is inadequate and construction quality control should be strengthened; affordable housing system is unclearly layered and the affordable housing qualification mechanism is incomplete and there are loopholes in the file management; affordable housing allocation system is incomplete as well, housing provident fund has inadequate coverage and loopholes;

accountability mechanism remains unfulfilled and long-term housing regulating mechanism is yet to be established.

Therefore, the report recommends: maintain appropriate scale of government-led investment and moderate monetary policy; improve the legal and political system, regulate operational behavior of housing businesses; establish the appropriate environment for cooperative housing financial institutions and explore to build effective supporting systems for financing of affordable houses; reconstruct central-local government fiscal system; optimize the performance evaluation systems; weaken administrative control, deepen economic reform; improve the housing rental market, guarantee the legitimate rights of tenants; increase land supply appropriately in first and second-tier cities while reducing it in third and fourth-tier cities; expand the direct housing financing effectively and prevent and control financial risks by securitization technologies; housing regulation should be sustainable and have comprehensive coverage, should not blow hot and cold nor just emphasize buyers while neglecting tenants; build up affordable housing file management system, complete housing provident fund system; reconstruct "basic, moderate and content" housing supply system, establish long-term housing regulatory system as soon as possible; reform current land and housing market institutions, use multiple approaches to enhance housing affordability for migrant population.

目录

GⅠ 总报告

G.1 第一章 中国住房发展：总体报告 ………… 倪鹏飞 杨 慧 / 001
  一 2012年第4季度以来的住房形势分析 ………………… / 001
  二 2012年第4季度以来住房市场走势的成因 …………… / 010
  三 2012~2013年住房市场调控目标审视与政策问题 …… / 013
  四 中国住房制度存在的问题 ……………………………… / 016
  五 2013~2014年住房市场总体判断与展望 ……………… / 018
  六 2013~2014年住房市场调控的政策建议 ……………… / 020
  七 未来住房制度改革方向的建议 ………………………… / 023

GⅡ 宏观背景

G.2 第二章 世界经济与住房市场形势分析与预测 ………… 郭宏宇 / 033
G.3 第三章 中国宏观经济形势分析与预测 ………………… 吕风勇 / 062

GⅢ 市场主体

G.4 第四章 中国房地产企业分析与展望 …………………… 刘尚超 / 081
G.5 第五章 中国住房需求主体分析与预测 ………………… 杨 慧 / 108

G.6 第六章 中国房地产金融机构分析与预测 …………… 高广春 / 120
G.7 第七章 地方政府在住房发展中的行为分析与预测 …… 蔡书凯 / 137

GⅣ 市场体系

G.8 第八章 中国住房市场形势分析与预测 …………… 邹琳华 / 154
G.9 第九章 中国住房租赁市场形势分析与预测 ………… 邹琳华 / 172
G.10 第十章 中国土地市场形势分析与预测 …………… 张慧芳 / 186
G.11 第十一章 中国住房金融市场形势分析与预测 ………… 高广春 / 205

GⅤ 公共政策

G.12 第十二章 中国住房市场监管 …………………… 刘 伟 杨 杰 / 228
G.13 第十三章 中国住房社会保障 …………………… 赵英伟 董振兴 / 246
G.14 第十四章 中国住房宏观调控 …………………………… 魏劭琨 / 262

GⅥ 年度主题

G.15 第十五章 城市化进程中的外来人口住房问题 ………… 毛丰付 / 286
G.16 第十六章 城市棚户住宅区改造 ………………………… 陈 飞 / 302

皮书数据库阅读 使用指南

CONTENTS

G I General Report

G.1　Chapter 1　Analysis and prediction of Chinese housing market　/ 001

G II Macroeconomic Background

G.2　Chapter 2　Global economy and international housing market　/ 033
G.3　Chapter 3　Analysis and forecast on macroeconomic status　/ 062

G III Participants in Chinese Housing Market

G.4　Chapter 4　Housing developers　/ 081
G.5　Chapter 5　Demand side of housing market　/ 108
G.6　Chapter 6　Housing financial institutions　/ 120
G.7　Chapter 7　the role of local government in housing industry development　/ 137

G IV Chinese Housing Market System

G.8　Chapter 8　Housing market　/ 154
G.9　Chapter 9　Rental market　/ 172

| G.10 | Chapter 10 | Land market | / 186 |
| G.11 | Chapter 11 | Financial market | / 205 |

G V Chinese Housing Policies

G.12	Chapter 12	Supervision on housing market	/ 228
G.13	Chapter 13	Housing social insurance	/ 246
G.14	Chapter 14	Macro-control over housing market	/ 262

G VI Topic of the Year

| G.15 | Chapter 15 | Housing problems of migrant population in China's urbanization process | / 286 |
| G.16 | Chapter 16 | Reconstruction of shantytowns | / 302 |

总 报 告

General Report

第一章
中国住房发展：总体报告

倪鹏飞 杨慧

一 2012年第4季度以来的住房形势分析

1. 全国住房总体形势：稳中有进，震荡增长

第一，住房投资增长较快。2013年1~9月商品住房投资达41979亿元，同比增长19.5%，较1998~2012年同期增速的均值低8.1个百分点。2012年第4季度到2013年第3季度，商品住房投资累计额同比增长率：2012年第1~4季度为11.4%，2013年第1季度为21.1%，2013年第1~2季度为20.8%，2013年第1~3季度为19.5%（见图1-1）①。

第二，住房竣工面积增速较低，增速出现逐季下滑。2013年1~9月商品住

---

① 数据来源：国家统计局。下文中数据除特殊注明外，均来源于国家统计局。

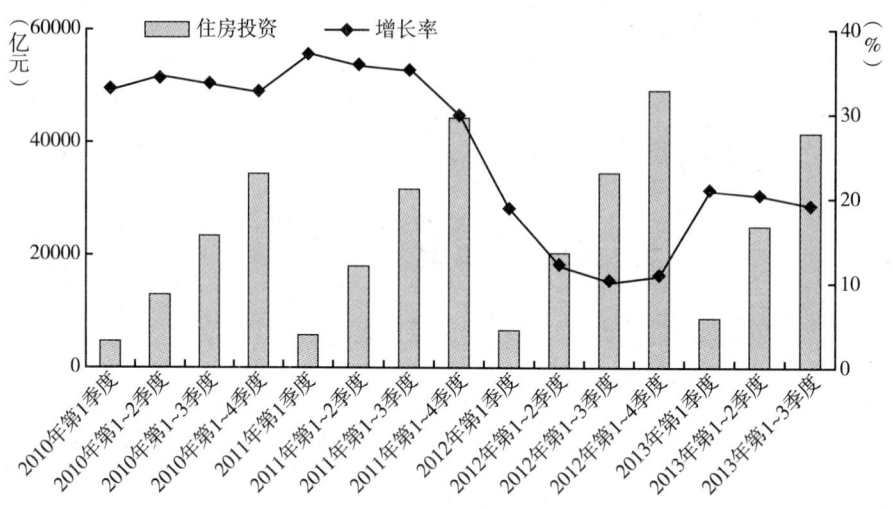

图1-1 2010～2013年各季度累计商品住房投资及同比增长率

房竣工面积达41170万平方米,同比增长1.4%。增速为1999年以来的最低值,较1999～2012年同期增速的均值低16.8个百分点。2012年第4季度到2013年第3季度,商品住房竣工面积累计值同比增长率:2012年第1～4季度为6.4%,2013年第1季度为4.7%,2013年第1～2季度为2.7%,2013年第1～3季度为1.4%。

住房施工面积增长较低,各季度增速相对平稳。2013年1～9月商品住房施工面积达443102万平方米,同比增长12.5%,较1999～2012年同期增速的均值低9.1个百分点。2012年第4季度到2013年第3季度住房施工面积累计值同比增长率:2012年第1～4季度为10.6%,2013年第1季度为14.7%,2013年第1～2季度为12.9%,2013年第1～3季度为12.5%(见图1-2)。

第三,住房销售增长强劲,增速高位回落。2013年1～9月商品住房销售面积为75434万平方米,增速达23.9%,高于1999～2012年同期增速的均值0.3个百分点。2012年第4季度到2013年第3季度,商品住房销售面积累计值同比增长率:2012年第1～4季度为2%,2013年第1季度为41.2%,2013年第1～2季度为30.4%,2013年第1～3季度为23.9%。

第四,住房价格增长较快,增速先升后降。2013年1～9月商品住房销售均价为6023元/平方米,同比增长8.5%。2012年第4季度到2013年第3季度商品住房销售均价同比增长率:2012年第4季度为8.4%,2013年第1季度

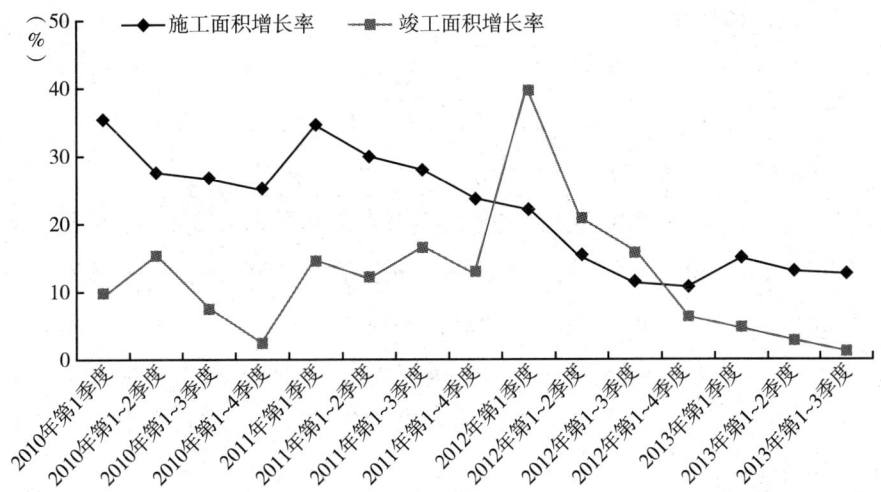

图1-2 2010~2013年各季度累计商品住房施工面积与竣工面积同比增长率

为19.7%，2013年第1~2季度为12.0%，2013年第1~3季度为8.5%（见图1-3）。

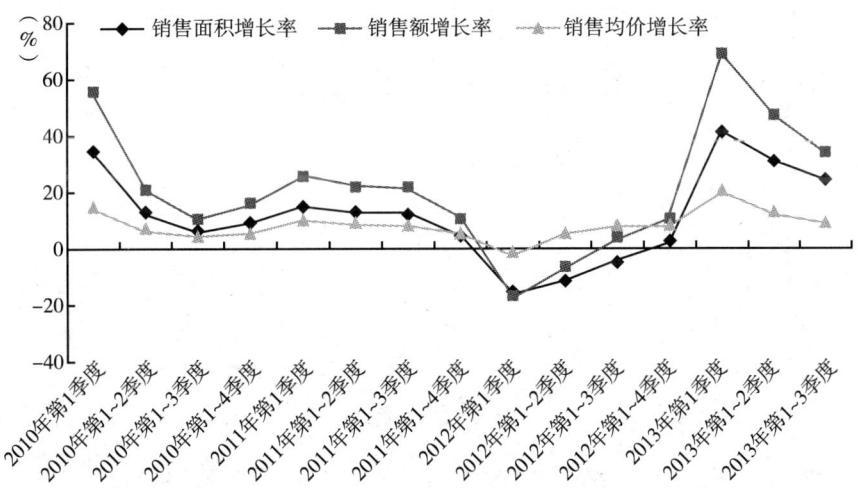

图1-3 2010~2013年各季度商品住房累计销售面积、销售额与销售均价同比增长率

第六，住房融资高速增长，增速逐季显著提升。2013年1~9月份，房地产开发企业本年到位资金87828亿元，同比增长28.7%，高于1999~2012年同期增速的均值12.8个百分点。2012年第4季度到2013年第3季度，房地产

开发到位资金累计值同比增长率:2012年第1~4季度为12.7%,2013年第1季度为29.3%,2013年第1~2季度为32.1%,2013年第1~3季度为28.7%。其中,2013年1~9月国内贷款14568亿元,同比增长32.3%;个人按揭贷款10297亿元,同比增长45.8%(见图1-4)。

第七,土地市场量价齐升,各季度上升趋势明显。2013年1~9月,房地产开发土地购置面积为25167万平方米,同比下降3.3%。虽然较1999~2012年同期增长率的均值低23.2个百分点,但是降幅较2012年同期缩小13.2个百分点。2012年第4季度到2013年第3季度,房地产开发土地购置面积累计值同比增长率:2012年第1~4季度为-19.5%,2013年第1季度为-22.0%,2013年第1~2季度为-10.4%,2013年第1~3季度为-3.3%。

2013年1~9月,住房用地成交价格为4910元/平方米,同比增长7.6%。2012年第1~4季度住房用地价格为4620元/平方米,同比增长2.3%;2013年第1季度为4702元/平方米,同比增长4.1%;2013年第1~2季度为4799元/平方米,同比增长6.1%;2013年第1~3季度为4910元/平方米,同比增长7.6%(见图1-5)。①

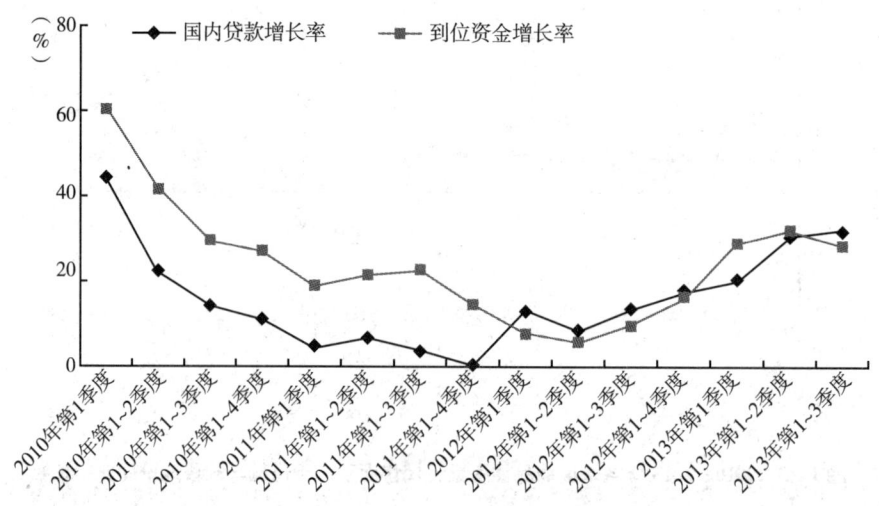

图1-4 2010~2013年各季度房地产累计资金来源总额及其中国内贷款同比增长率

① 数据来源:住房用地成交价格来源于国土资源部中国城市地价动态监测系统。

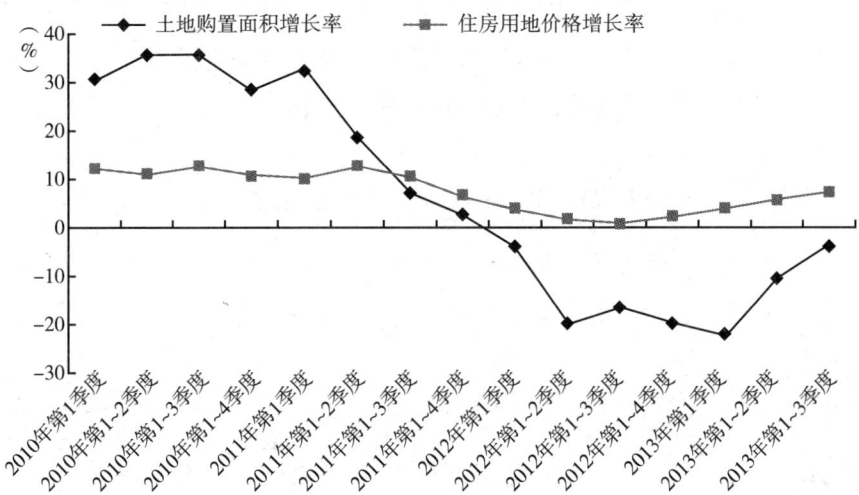

图1-5 2010~2013年各季度累计土地购置面积及住房用地价格同比增长率

2. 分城市住房形势：一、二线城市住房价格大幅上扬，三、四线城市结构分化

第一，一线城市住房价格大幅上扬，但与世界同类城市房价变动趋势基本一致。2012年10月到2013年9月，一线城市住房价格呈现不断上涨趋势。北京商品住房价格增速从-0.3%上升到20.6%；上海增速从-1.6%上升到20.4%；广州增速从-0.1%上升到20.2%；深圳增速从-1.6%上升到20.1%（见图1-6）。

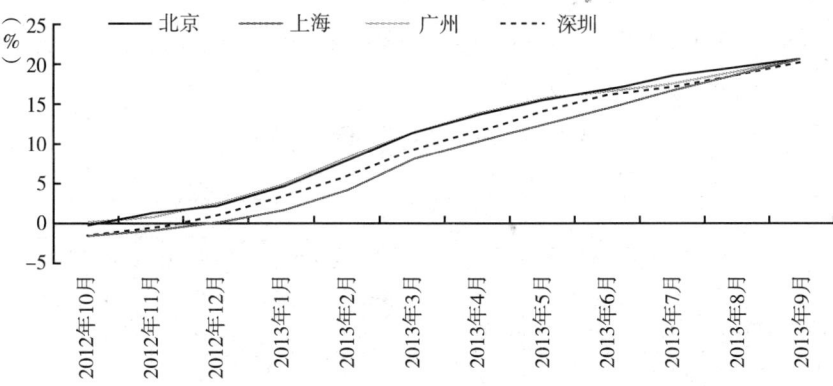

图1-6 2012年10月至2013年9月一线城市新建商品住房价格同比增长率

从住房需求结构来看，90平方米及以下住房价格增速均超过90~144平方米住房销售价格增速，90平方米及以下住房以首次置业的自住者购买居多，表明自住型需求带动住房价格上涨更加明显（见表1-1）。

表1-1　2013年9月一线城市各类型住房价格增长率

单位：%

城市	新建商品住房价格			
	总体	90平方米及以下	90~144平方米	144平方米以上
北京	20.6	22.1	16.0	20.0
上海	20.4	21.3	17.0	20.6
广州	20.2	20.1	20.0	20.5
深圳	20.1	20.4	19.7	19.8
均值	20.3	21.0	18.2	20.2

2013年中国主要一线城市住房市场变化情况并非孤立情况，与世界主要同类城市住房市场变动趋势整体相似（见表1-2）。

第二，二线城市住房价格两极分化较为严重，部分二线城市量价高企。31个二线城市中，新建商品住房价格均为上涨趋势，价格增长率平均值为9.3%。其中增长率高于平均值9.3%的城市有12个，增长率低于平均值9.3%的城市有18个。二线城市住房价格增速最低为海口1.1%，最高为厦门16.5%，增长率差距较大，城市之间分化较为严重。从各类型住房价格来看，90平方米以下住房价格增长率普遍高于90平方米以上住房价格增长率，说明这些城市住房自住型需求成为推动住房价格上涨更重要的因素（见表1-3）。

表1-2　典型城市的房价指数变化

单位：%

城市	季度同比			季度环比
	2012年第2季度	2013年第2季度	变动方向	2013年第2季度
洛杉矶（美国）	-0.6	20.3	↑	—
迪拜（阿联酋）	12.90	19.54	↑	4.67
旧金山（美国）	3.0	19.4	↑	—
香港（中国）	9.04	18.43	↑	1.25

续表

城 市	季度同比			季度环比
	2012年第2季度	2013年第2季度	变动方向	2013年第2季度
迈阿密(美国)	4.4	18.1	↑	—
新德里(印度)	17.01	15.70	↓	-1.49
圣保罗(巴西)	19.81	13.95	↓	3.25
北京(中国)	-2.96	13.53	↑	5.48
马卡蒂CBD(菲律宾)	7.55	12.92	↑	6.92
东京(日本)	-2.08	9.24	↑	2.08
塔林(爱沙尼亚)	7.57	8.57	↑	-0.58
维也纳(奥地利)	20.11	8.29	↓	3.54
芝加哥(美国)	-1.7	7.3	↑	—
新加坡	1.92	4.11	↑	1.03
纽约长岛(美国)	-2.1	1.9	↑	—
里加(拉脱维亚)	4.77	0.61	↓	0.30
维尔纽斯(立陶宛)	-0.99	0.17	↑	0.59
华沙(波兰)	-2.07	-3.46	↓	-1.35
尼科西亚(塞浦路斯)	-5.28	-13.01	↓	-4.10

注：美国城市数据取自CoreLogic Case-Shiller Home Price Indexes，其他城市数据取自global property guide，由于资料来源限制，纽约长岛2012年第2季度的数据以纽约整体的数据代替，美国城市的季度环比数据空缺。

资料来源：http://www.globalpropertyguide.com/；http://finance.yahoo.com/。

第三，三、四线城市住房价格整体增速较缓，出现分化迹象。从70个大中型城市中的三线城市来看，新建商品住房销售价格除了温州出现1.8%的跌幅外，其余34个城市均呈现上涨态势。35个城市价格增长率的平均值为6.9%，低于一线城市20.3%的增长率和二线城市9.3%的增长率。从各种类型住房价格增长率来看，90平方米及以下住房和90~144平方米住房销售价格增长率高于144平方米及以上住房销售价格增速，但是与一、二线城市不同的是，有将近一半的城市（14个城市）90~144平方米住房销售价格增速都快于90平方米及以下住房销售价格增速。从总体来看，三、四线城市总体库存增加较多，房价出现下跌的迹象（见表1-4）。

表1-3　2013年9月二线城市新建商品住房价格同比增长率

单位：%

城市	总体	90平方米及以下	90~144平方米	144平方米以上	城市	总体	90平方米及以下	90~144平方米	144平方米以上
厦门	16.5	18.8	16.8	14.6	合肥	8.9	9.3	8.8	8.4
南京	14.5	15.3	13.9	14.9	南宁	8.9	8.5	9.2	9.1
沈阳	12.7	13.7	11.4	13.2	西宁	8.9	9.4	9.3	7.1
郑州	12.7	14.2	11.2	12.4	石家庄	8.2	10.0	7.9	7.4
福州	12.3	13.5	12.4	11.5	呼和浩特	8.2	10.2	7.2	8.1
太原	11.3	12.2	12.1	10.0	哈尔滨	8.2	8.1	8.2	8.4
长沙	10.8	10.7	10.7	11.1	济南	8.2	9.1	8.1	8.0
武汉	10.5	11.3	10.0	10.9	银川	8.2	9.3	8.1	7.0
乌鲁木齐	10.0	10.6	9.9	9.3	长春	7.9	9.1	8.6	5.6
杭州	9.8	10.7	9.4	9.2	天津	7.6	8.3	7.4	7.3
西安	9.8	10.7	8.8	10.1	兰州	7.5	7.3	7.0	9.4
南昌	9.7	9.5	9.9	9.4	昆明	6.6	6.8	6.6	6.5
青岛	9.3	9.0	10.0	8.5	贵阳	6.1	7.9	5.9	5.5
成都	9.1	9.1	8.9	9.5	宁波	5.9	6.5	6.7	5.1
大连	9.0	9.1	9.2	8.7	海口	1.1	1.8	0.9	1.3
重庆	9.0	9.0	9.4	8.6	均值	9.3	10.0	9.2	8.9

第四，一线城市内部及周边住房价格高低差异较大。吉屋网数据显示，一线城市中心城区、主城区与郊区县、周边地区住房价格相差悬殊。北京住房价格最高为西城区，是价格最低的延庆县的6.3倍，是周边地区固安县的10.8倍（见图1-8）；上海住房价格最高为静安区，是价格最低的崇明县的9.9倍（见图1-9）。

表1-4　2013年9月三线城市新建商品住房价格同比增长率

单位：%

城市	总体	90平方米及以下	90~144平方米	144平方米以上	城市	总体	90平方米及以下	90~144平方米	144平方米以上
南充	11.5	10.3	12.0	11.2	赣州	7.5	8.0	7.9	6.6
岳阳	10.8	11.8	10.9	8.9	烟台	7.2	7.2	7.5	6.2
徐州	9.6	8.4	10.0	8.9	泉州	6.7	6.3	7.5	5.8
湛江	9.3	9.4	10.0	7.3	惠州	6.7	8.5	7.4	5.3
宜昌	9.3	9.5	9.4	8.1	韶关	6.4	6.0	6.8	5.3
泸州	8.7	7.7	9.2	7.3	常德	6.1	6.4	5.7	7.0

续表

城　市	总体	90平方米及以下	90~144平方米	144平方米以上	城　市	总体	90平方米及以下	90~144平方米	144平方米以上
锦　州	8.7	8.3	9.5	8.2	遵　义	6.0	6.1	6.0	5.9
桂　林	8.7	8.6	8.6	8.9	牡丹江	5.7	5.9	5.3	4.5
平顶山	8.5	8.7	9.8	5.9	九　江	5.5	7.2	5.0	3.4
襄　阳	8.4	8.5	8.6	7.6	扬　州	5.4	6.4	5.3	5.2
北　海	8.2	7.8	9.6	6.7	安　庆	4.8	6.0	4.9	4.4
丹　东	7.9	8.3	8.0	6.3	无　锡	4.5	4.6	4.2	4.9
秦皇岛	7.8	7.9	8.1	6.2	蚌　埠	4.4	6.3	3.7	5.0
金　华	7.8	10.9	7.4	7.0	大　理	4.3	4.7	3.9	4.4
洛　阳	7.7	8.3	6.9	8.2	三　亚	3.7	4.1	3.6	3.2
吉　林	7.7	8.1	7.8	7.1	唐　山	1.4	1.8	1.7	0.1
济　宁	7.6	7.3	8.3	6.1	温　州	-1.8	-1.6	-0.4	-2.1
包　头	7.6	8.3	7.1	7.7	均　值	6.9	7.2	7.1	6.1

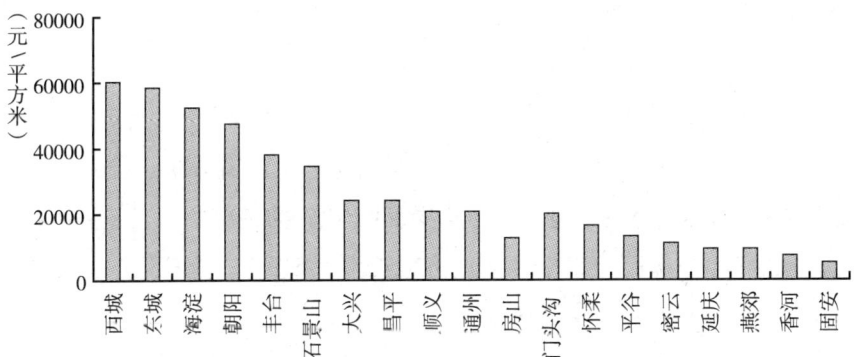

图1-8　2013年10月北京中心城区与郊区县、周边地区住房价格

资料来源：吉屋网，http：//www.jiwu.com/。

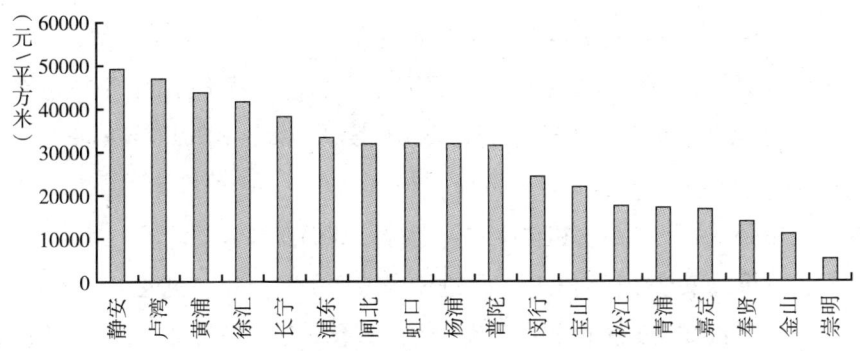

图1-9　2013年10月上海中心城区与近远郊区县住房价格

资料来源：吉屋网，http：//www.jiwu.com/。

二 2012年第4季度以来住房市场走势的成因

2012年第4季度以来住房市场走势是各方相互博弈的结果。总体上，国内外宏观经济环境对住房市场具有正向影响作用，中国一线城市和发达二线城市住房市场走势与世界主要城市住房市场变化趋势基本一致；开发商预期较乐观，在宏观调控下住房供给结构优化，一线城市重新成为开发商投资热点；消费者预期乐观，结束前期观望集中入市，造成住房市场短期旺盛需求；地方政府土地前期供应不足，后期量价齐升；金融机构自身资金状况良好，开发信贷和消费信贷增速持续走高，特别是消费信贷支持力度更大。以上各市场主体在国内外宏观经济环境下的博弈决定2012年第4季度以来的住房市场走势。具体来看，各因素对住房市场的影响如下。

1. 国内外经济走势较为平稳，促进住房市场回升

第一，世界经济恢复正常周期，对住房市场拉动作用明显。全球经济增速放缓，但已恢复正常经济周期，经济体之间分化较为突出。新兴经济体和发展中国家的经济增速较高，2012年的经济增长率为5.0%；全球通胀程度逐渐放缓，发达经济体与新兴经济体和发展中国家均出现通胀程度下降趋势；全球利率稳定趋势逐现，发达经济体与新兴经济体利率差异较稳定；全球房价回升，新兴经济体尤为明显。

第二，国内宏观经济实现中高速增长，宏观经济与住房市场互相拉动。国内经济趋于平稳，住房投资占比不断上升。2012年第4季度到2013年第3季度，GDP累计增长率分别为7.8%、7.7%、7.5%和7.7%。商品住房投资占GDP比重呈现上升趋势，2012年第1~4季度为9.5%，2013年第1季度为7.6%，2013年第1~2季度为10.2%，2013年第1~3季度为10.9%。需求疲弱抑制通胀升势，食品房租再推物价上行；外部需求恢复缓慢，对外贸易波幅增大；货币政策总体稳健偏松，促进住房市场供需两旺（见图1-10）。

2. 一、二线城市开发商预期乐观，涨价惜售；三、四线城市预期分化，持房待售

第一，开发商总体资金压力缓解，一、二线城市去库存良好，三、四线城

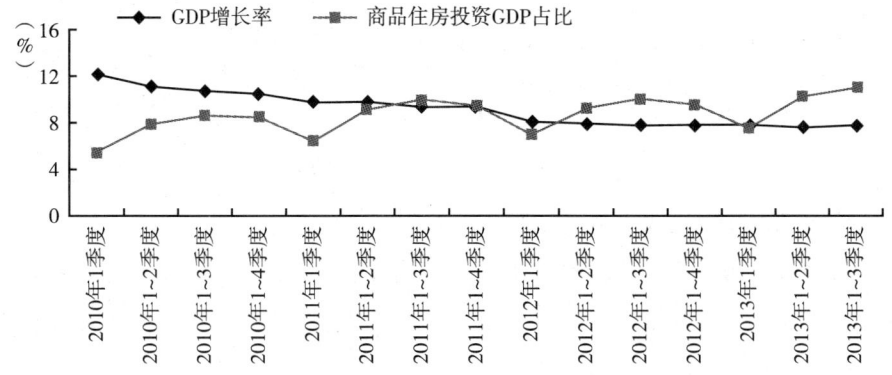

图1-10　2010~2013年各季度国内生产总值增速及住房投资占比

市库存仍较高。住房市场出现销售量快速上涨和高库存同时并存的现象,很大程度上缘于一、二线城市和三、四线城市住房市场分化较为严重。一、二线城市住房供给偏紧,去库存良好;三、四线城市供给偏多,库存较高。

第二,一、二线城市开发商预期乐观,三、四线城市开发商仍坚守价格。房地产市场全面回暖,调控政策逐渐趋稳。开发商对未来预期整体乐观;一、二线城市住房市场销售状况良好,对全国房地产开发商整体预期乐观具有积极作用。虽然三、四线城市量价较为稳定,但是高库存现象较为严重。但是受住房市场"买涨不买跌"的影响,三、四线城市开发商仍坚守价格,降价促销现象不普遍。

第三,开发商总体采取涨价策略,一、二线城市惜售涨价现象突出。一、二线城市住房价格的快速增长增强了开发商对市场的乐观预期,在乐观预期和需求强劲的共同影响下,开发商采取将毛坯房与精装房拆分支付和"捂盘惜售"等多种手段涨价,与政府博弈,规避"限价令"的影响。三、四线城市进入了与消费者博弈阶段,采取不降价促销的手段应对持续疲软的市场环境。

3. 一、二线城市消费者恐慌入市,集中购房;三、四线城市预期分化,持币待购

第一,自住型需求与投资投机需求仍旺盛,一、二线城市与三、四线城市需求分化。自住型需求仍然旺盛,为购房需求主力。在城市化持续推进下,城镇人口不断增多,城镇居民收入不断上涨,加上现阶段人均住房面积刚突破

30平方米，首次置业需求和改善性需求仍旧旺盛。同时投资投机性需求仍较高，随着城镇居民收入的持续增长，投资渠道的狭窄导致住房市场仍然为重要的投资渠道。另外，一、二线城市与三、四线城市消费者条件分化趋势将不断加强。原因在于大城市人口加速聚集，收入较高且增长较快。而三、四线城市人口集中较为缓慢，收入水平低且增长有限。

第二，市场总体预期乐观，一、二线城市预期非常乐观，三、四线城市预期分化。在市场与政策双重作用下，消费者整体预期乐观。一、二线城市消费者受舆论及政策、市场变动等多种因素影响，出现恐慌性集中入市。三、四线城市预期出现了分化，观望现象仍较为突出。

第三，一、二线城市需求集中观望与集中入市交替，三、四线城市观望情绪渐浓。2012~2013年，中国大城市房价由试探性地缓慢上涨，逐步演变为恐慌性地暴涨，一线城市房价涨幅领跑全国。本轮价格暴涨的主要是大城市，这些城市都实行了住房限购政策，投机性购房者被较大限度挤出，首次置业者和改善性需求者成为购房主体。首次置业需求与改善性需求受住房价格及宏观调控政策影响显著，在二者共同作用下，一、二线城市消费者需求集中释放与集中观望现象突出。三、四线城市虽然在一、二线城市预期带动下，整体预期较为乐观，但是预期出现了分化，观望情绪较浓。

4. 土地市场一、二线城市预期乐观，溢价出售；三、四线城市预期悲观，出让受限

国土资源部"土地市场运行基本情况"显示，2012年全国土地出让面积和合同成交价款分别为32.3万公顷和3.0万亿元，同比分别减少3.3%和14.7%。但三、四线城市长期以来住房供给偏多。另据相关数据显示，2013年1~9月全国300个城市共推出土地30892宗，推出面积118471万平方米，较上年同期增长8.9%；其中住宅类用地9718宗，推出面积42829万平方米，同比增加21.3%。一、二线城市"地王"频现。

5. 金融机构预期乐观，住房信贷力度加大

第一，银行金融机构资产快速增长，资金状况良好。最新银行业金融机构资产负债数据显示，截至2013年9月末银行业金融机构总负债134.2万亿元，较上年同期增长13.6%；总资产达143.9万亿元，较上年同期增长13.9%。

第一章　中国住房发展：总体报告

其中，大型商业银行总负债为57.7万亿元，较上年同期增长8.2%，占银行业金融机构总负债比例为43.0%，总资产达62.0万亿元，较上年同期增长8.6%，占银行业金融机构总资产比例为43.1%。可以看出，银行业金融机构和大型商业银行总资产增速均较快，且高于总负债增速，资金状况良好。

第二，金融机构整体预期乐观，城镇化战略对预期影响明显。2012年第4季度以来银行房贷走势呈现上升趋势。金融机构对房地产领域和保障房领域继续保持强偏好的原因主要在于：金融机构普遍将城镇化理解为结构转型的一部分，尽管城镇化不等于房地产但却离不开房地产，房地产的持续景气成为各类金融机构的普遍预期，向该领域重点配置金融资源成为其重要选择。

第三，开发贷款支持增强，消费信贷高度支持。2013年1~9月份，房地产开发企业本年到位资金87828亿元，同比增长28.7%，远远高于1999~2012年同比增速的均值15.9%。其中国内贷款14568亿元，同比增长32.3%；个人按揭贷款10297亿元，同比增长45.8%。由此可以看出金融机构对房地产开发商和消费者的高度支持，且消费信贷支持力度更强。

三　2012~2013年住房市场调控目标审视与政策问题

2012~2013年住房市场调控政策紧中趋稳，住房限购、限价及限贷措施继续实施，全国各地在执行"国五条"细则方面总体较好，保障房建设按计划完成。调控方向正在从频繁调控向区间调控转变，从调需求向调供给转变，从行政调控向市场调控转变，从控制房价目标向住房长效机制的建设转变。在住房调控紧中趋稳的作用下，全国住房市场基本保持了较为稳定的增长态势，地方政府"国五条"细则的出台及执行也取得了一定的成绩，保障房开工建设及竣工情况均按计划完成，但是也存在不少问题。

1. 调控目标完成情况

第一，房价调控目标从统计上看基本实现，保障房建设完成情况良好。2013年1~9月，全国商品住房销售均价为6023元/平方米，较2012年同期的5549元/平方米上升了8.5%（见图1-11）。另外，保障房建设完成情况也较好。2013年1~9月，全国保障性住房已开工620万套，基本建成410万套，分别达到年度目标任务的98.4%和87.2%。①

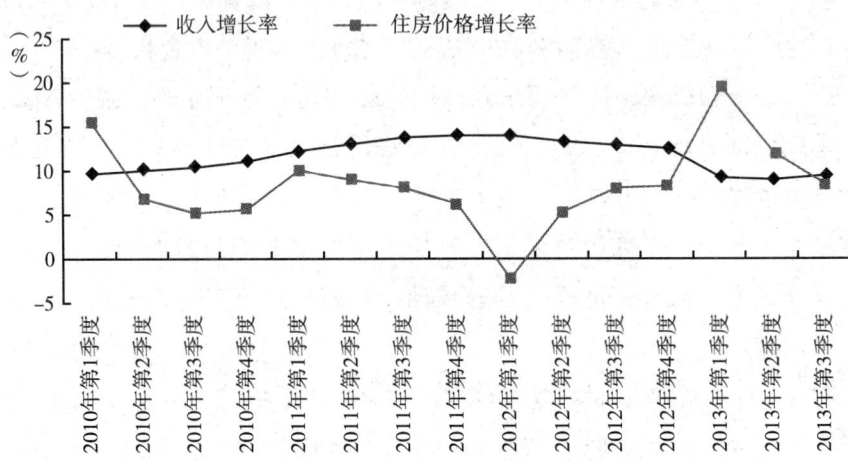

图1-11 2010~2013年各季度城镇居民人均可支配收入增速与住房价格增速

第二，不少地方政府没有实现调控目标。2013年9月份，全国70个大中城市除了温州房价下降之外，其余城市房价全部上涨。一线城市新建商品住房价格上涨幅度均超过了20%，部分发达二线城市住房价格上涨幅度也高达10%~20%。而从年初35个城市公布的2013年度房价控制目标来看，很多城市调控目标难以完成。

2. 调控政策积极方面

第一，政策总体稳定，松紧总体适当。总体来看，2012~2013年度住房宏观调控分为两个阶段：第一阶段是2012年10月至2013年7月，政策保持稳定并趋紧。第二阶段是2013年的7月之后，中央对于住房市场的调控手段逐步着力于住房调控长效机制，各地纷纷进行住房调控政策的微调。整体来看，一线城市在房价快速上涨压力下住房调控趋紧，其他城市调控政策趋于稳定。个别房价下降的城市，政策有所松动。

第二，问责制度起到一定的约束作用。"国五条"调控政策主要继续重申

---

① 数据来源于住房和城乡建设部网站：http://www.mohurd.gov.cn。

了限购和限价政策,严厉程度只增不减。在调控目标及问责制要求下,各地纷纷出台各种调控措施和细则。尤其是问责制度,对地方政府起到了较有力的约束作用。总体来看,一线城市执行调控政策相对较为严格。

第三,土地供给结构优化,三类住房用地占比逐步上升。土地供应结构进一步优化。2010~2013年国土资源部全国住房用地供应计划中,各年度保障性住房、棚户区改造和中小套型商品房用地计划供应量占住房用地计划供应总量的比重分别为77%、78.6%、79.3%和79.4%,占比均超过70%,且呈现逐步上升趋势。土地供给结构的优化有效促进了住房供给结构的优化,保障中低收入居民的住房需求。

第四,限贷及限购政策进一步延续,需求结构合理化。2012~2013年继续通过金融政策鼓励自住型购房需求,抑制投机投资性需求,差别化信贷政策得到进一步的延续。2012年10月国务院常务会议,12月的全国住房城乡建设工作会议,2013年2月的"国五条"和2013年7月国务院办公厅关于金融支持经济结构调整和转型升级的指导意见均提出要进一步落实差别化信贷政策,促进市场需求结构合理回归。

第五,保障性住房建设总体较为积极,住房保障体系有所完善。2012年,全国城镇保障性安居工程开工768.8万套、基本建成590.2万套,通过银行贷款、住房公积金贷款、企业债券等社会渠道筹集资金4667.7亿元。① 2013年9月底,全国保障性安居工程已开工620万套,基本建成410万套,分别达到年度目标任务的98.4%和87.2%,完成情况良好。另外,住房保障体系也得以完善。截至2012年底,全国所有市县均已建立廉租住房制度,初步建立了住房保障体系,保障性安居工程覆盖面不断扩大。在这基础上,2013年的住房社会保障得到了进一步"夯实"。

3. 住房调控存在问题

第一,房产税试点扩大依然没有推行。2012~2013年,对于房产税的提议多次进入国家发改委和财政部的日程,相关研究也更加成熟。但是房产税试点迟迟没有扩大。特别值得指出的是,在房价上涨过快的大城市,如北京等一

---

① 国家审计署网站。

线城市和发达二线城市，房产税试点无疑具有更重要的标杆意义。

第二，二手房交易税费抑制二手房入市，税费转嫁误伤刚需。2013年2月"国五条"中关于"对出售自有住房按规定应征收的个人所得税，通过税收征管、房屋登记等历史信息能核实房屋原值的，应依法严格按转让所得的20%计征"的规定对市场的冲击较大。该项规定阻碍了二手房入市，从而进一步激化了住房市场供求矛盾。高交易税费政策抑制了投资投机者手中存量供给的释放，激化了一、二线城市的市场供求矛盾，进一步加剧了市场恐慌，一定程度上促进了大城市房价的暴涨；另外，在供不应求的背景下，二手房交易税费转嫁给消费者现象较为明显，误伤刚性需求者。

第三，调控政策尤其土地供应政策"一刀切"，导致大城市土地供应偏紧。2012～2013年住房市场开始出现分化，住房市场调控的主要政策仍然是"一刀切"，很大程度上导致了住房调控效果的不彰。一线城市和部分发达二线城市住房需求旺盛，"一刀切"的土地政策容易导致土地供应不足，加剧供求矛盾；而其他三、四线城市如果住房价格出现下浮，住房供给出现过剩，就应该合理控制土地供给量，通过消耗已有库存的方式逐步缩小供给。在住房供给方面，一、二线城市住房供给不足，三、四线城市住房供给过剩。

第四，控需求为主的行政管制成为主要调控手段，市场调节与扩大供给被忽视。一、二线城市的住房供给支持政策不足，导致供给偏紧，三、四线城市的住房政策对供给的支持过度，导致供给偏多。

第五，各地调控政策执行力度悬殊，部分城市执行力度不强。从各地"国五条"细则来看，只有北京、上海等少数城市执行力度较强，其他城市执行力度均达不到中央宏观调控的目标。调控目标的设定及完成程度是市场主体预期的重要影响因素，2013年以来宏观调控效果不明显，这很大程度上就是政策对消费者预期没有产生应有的作用所导致。

四 中国住房制度存在的问题

1. 住房制度城乡分割，统一市场亟待建立

中国住房制度长期分割导致诸多问题。一是农村住房过剩与小产权房大量

存在。中国过去的农村住房制度成功解决了农村人口的住房问题，但是随着城市化的推进与经济发展，农村住房也出现了严重的问题。最突出的表现是农村住房大量过剩和郊区小产权房大量存在。因此，亟待建立农村住房的商品化、资产化和市场化制度。二是因为城乡分割，城市住房价格过快上涨问题更加突出。三是由于城乡分割，新转移的农业人口难以统筹其在城乡的住房投资与消费决策。综上因素，导致农村住房过剩，城市住房紧张，外来人口住房难以保证等问题。

2. 针对中低收入者的住房供应相对较弱，多层次住房供应体系尚未形成

针对各收入等级居民特点形成不同层次住房供应体系是实现"住有所居"的根本所在。而目前康居、安居和乐居的多层次住房供应体系还没有建立起来，主要体现在：其一，商品房市场投资投机性需求未得以从根本上规范，房产税改革未得以有效推行。其二，针对中等收入"夹心层"的康居工程缺失，中等收入居民住房保障没有解决。其三，针对中低收入居民家庭的保障性住房供给不足且相关制度不完善。其四，公租房定位不清晰，如果其针对对象是"夹心层"的话，目前的比例是远远不够的，并且也不宜大量采取政府直接实物配租的方式；如果是针对低收入家庭，目前的租金过高，补贴不足。其五，居民住房的货币化保障也没有建立。根本上，没有实现货币工资补贴与房价等比例上涨机制。

3. 金融、土地等基础制度不配套，住房改革难以单独推进

当前宏观调控往往就房地产调控谈房地产调控，金融政策、土地政策等基础制度不配套。一是城乡土地分割，农村非农建设用地不能自由流转，没有建立与康居、安居和乐居三类住房供应相匹配的分类供地制度；二是尚未构建保障性住房金融体系；三是税制改革进展缓慢；四是中央与地方合理财税体制没有建立；五是合理公平的分配制度未建立起来；六是合理的户籍制度没有形成。

4. 宏观调控政策"一刀切"，未能充分考虑区域差别

各区域住房市场之间具有明显的梯度差异：一、二线城市与三、四线城市之间具有差异；城市内部中心城区与郊区县也具有差异，一线城市中心区域处于全球定价体系中。以上区域差异导致各区域住房供求规律差异大，因此住房

调控要考虑区域差异性。但是当前住房宏观调控政策"一刀切",缺乏区域差异性。

5. 行政管制替代制度建设,长期制度相对缺位

在市场体系不健全及房价过热时采用临时性的行政干预是必要的,但是行政管制只是治标之策,最重要的是长期制度的建立与完善。但政府长期采用行政管制代替制度建设,制度建设迟迟未进行,行政管控措施不断加码。不仅调控效果边际下降,也带来严重的副作用。具体表现在房产税、多层次住房供应体系及相关基础配套制度建设方面没有实质性的进展,导致不能从根本上较好解决住房市场问题。

五 2013～2014年住房市场总体判断与展望

2013～2014年住房市场总体稳定增长中有波动,城市间分化趋势扩大。一、二线城市仍然存在房价上涨压力,三、四线城市有稳有跌。出现量价齐降城市数量会再增多,这些城市主要是沿海房价畸高城市,中西部人口增长有限城市及投资投机过于严重城市。这一判断是基于外部环境(国内外宏观经济)及内部住房市场主体博弈的判断与展望。

1. 国内外宏观经济环境判断与展望

第一,国际宏观经济对中国住房市场总体呈正向影响。世界经济对中国住房市场的影响主要通过经济周期、区域住房市场走势、货币政策压力和资本流动四个渠道。从经济周期来看,世界经济的放缓对中国住房市场会产生一定的抑制作用,但是全球经济的放缓一定程度上也会刺激中国出台促进经济发展的政策措施,使住房市场发展空间得到一定程度扩大;从区域住房市场来看,中国是亚洲与新兴经济体这两个住房市场高涨的区域板块的重叠;从货币政策来看,在发达国家量化宽松的货币政策背景下,中国财政政策与货币政策以稳健为主但是具有扩张倾向;从资本流动来看,房地产开发投资中的外商直接投资增速在2013年重拾上升趋势。从2013年的住房市场的实际发展来看,促进住房市场增长的国际因素更为显著。2013～2014年,这些促进因素将延续,因此世界经济对我国住房市场的影响趋于扩张。

第二，国内宏观经济仍能保持中高速增长，住房市场自主增长空间扩大。2013～2014年，在中央"稳增长、调结构、促改革"的宏观政策目标下，中国宏观经济虽然处在消费投资和需求增长点不十分突出的情况下，但由于城市化、信息化和改革与结构调整等综合力量的作用，仍然可以保持中高速增长。在宏观经济保持中高速增长的前提下，就业与物价应该都会保持在合理区间内。宏观经济与房地产既相互促动又不相互过度依赖，这为住房市场的健康发展创造了较为宽松的环境。

2. 住房市场主体判断与展望

第一，一、二线城市开发商资金总体充裕，预期乐观。部分三、四线城市房企库存将会继续增加，资金趋紧。一、二线城市开发商在2012～2013年销售旺盛及融资状况良好背景下，2013～2014年资金较为充裕；由于前期拿地热情高涨，住房供给在2013年基础上有所增加；一些改革措施对开发商预期产生影响，导致预期没有2013年高，并产生一定波动；住房市场供给偏紧状况有所缓解，住房价格上涨压力依然存在。三、四线城市开发企业以中小企业为主，且库存较多，资金实力不强，开发商预期分化，将会采取降价和持房待售两种策略。

第二，一、二线城市购房者预期总体乐观并有波动，三、四线城市观望情绪渐浓。城镇化的持续推进和居民收入的稳定增长，推动自住型需求持续旺盛。一方面，一、二线城市在人口集中、收入增加及投资渠道单一共同作用下，刚性需求强劲，另一方面地方政府存在房价控制目标的约束，调控政策具有不确定性，从而对预期产生不确定性影响，导致住房需求提前或者推后入市，引发价格波动。三、四线城市预期分化，观望气息增加，对于房价已经下降或接近下降城市的负面影响更强。

第三，中央政府市场化调控思路增强，但改革深化尚需时日。十八届三中全会提出明确的改革思路，对未来的住房市场与住房保障产生影响。同时也将影响一直以来存在的未来房价长期上涨的预期，但改革尚需时日，短期内的市场波动将稳中有变。

第四，地方政府行为分化。一、二线城市将更多地采取促进供给的措施，同时进一步加强对投资需求的抑制。一、二线城市存在房价控制目标约束和需

求旺盛推动房价上涨的两难问题,扩大住房供给的相关措施会加大施行,土地供给和保障性住房供给力度将加大。限购、限价及限贷等措施将继续推行。同时还可能实施一些改革试点。三、四线城市土地收入的减少导致财政压力加大。个别城市面临债务风险,主要表现为以土地为抵押的地方融资平台风险。

第五,金融机构对住房市场保持谨慎乐观,房地产信贷将有效支撑住房市场供求。受国内外宏观经济环境及住房市场发展状况影响,金融机构对住房市场继续乐观,从而保持开发信贷与消费信贷支持力度,有效支持2013~2014年住房供需。但是一、二线城市已经开始风险提示,金融机构对其住房市场较为谨慎,预计2014年融资状况不如2013年。一线城市开发贷款与全国趋势区别不大,但是消费信贷与全国整体趋势区别较大,差别化信贷将更为有力。三、四线城市总体上较为稳定,但是部分城市、部分企业和部分项目融资难度较大,资金支持较为紧张,部分城市融资风险持续增加。

六 2013~2014年住房市场调控的政策建议

2013~2014年的住房调控目标:第一,住房投资增速同比控制在15%~25%。第二,住房价格增速上限为居民收入增速,下限为-30%。第三,住房存销比的上限为18个月,下限为6个月。住房调控的主要任务是:平衡供求,调整结构;稳定价格,加快改革。即:各地根据市场供求状况,采取相应措施,促进市场均衡;加大普通商品住房和保障性住房的供给;保持价格的稳定和理性回归;加快建立市场和政府相结合的城乡一体的住房制度体系。住房调控的方向是:从以往的行政调控为主转向市场调控为主,从需求调控为主转向供求双向调控,从"一刀切"的调控为主转向差别化的调控为主。住房调控的原则是"五个统筹"。即行政调控与市场调控的统筹,住房供应体系内部的统筹,不同区域住房市场的统筹,住房市场预期与基础设施和公共服务改善的统筹,调控政策与制度改革的统筹。

1. 实施差别化的区间目标调控,保持宏观政策的稳定性和连续性

应研究选择和制定住房市场发展的房价、储售比和投资等关键指标。第一,根据各地的市场条件,制定有差别的区间基准;第二,针对不同类型城市，选择不同指标作为调控的主要依据。在确定房价合理区间方面，要考虑不同城市的房价收入比和住房价格前期增速，综合制定城市未来的房价合理区间。在一线城市住房调控方面，在住房投资和投机需求得到有效抑制后，考虑人口大国、城市化加速和房地产市场全球一体等特征，一线城市应主要依据库存与销售比进行调控。

2. 改进行政调控，完善问责制度

行政调控是由于住房制度缺失导致住房市场非健康发展而采取的临时性措施。随着主要制度的改革和完善，在住房市场逐步趋于健康的情况下，行政性调控应及时撤出。第一，在未实施行政调控措施的城市和区域，当住房市场主要指标处在合理区间内时，不实施行政调控。当住房市场主要指标超出或严重超出合理区间时，应配合市场调控政策出台相应的行政调控措施。第二，在已实施行政调控措施的城市和区域，当住房市场主要指标处在合理区间内时，不撤出也不增加行政调控措施，但要对其进行完善。当住房市场主要指标低于或严重低于合理区间的下限时，可以逐步撤出原有的行政调控措施。在改进行政调控的同时，要完善问责制度。做到细化行政责任，加强监督检查，并兑现责任追究。

3. 完善土地供给政策，建立抑制地价过度上涨的机制

建议国土部会同相关部门与城市政府，制定各地年度供地规模、结构、价格的总量与增长区间目标，加大一、二线城市土地供应，减少三、四线城市土地供应，简化审批程序，完善问责制度；积极探索建立牵制地价过度上涨的长效机制。选取一些城市开展试点：实行土地价格过度上涨导致普通商品房价格过度上涨，超出承受能力部分的一定比例由出让金补贴的制度。

4. 完善差别化的信贷政策，健全住房金融体系

建议由银监会牵头尽快建构有效的信贷资金细分平台。实行房地产贷款总量规模及增长目标的区间控制的政策。按照一定比例（如房地产商业贷款与保障性住房贷款6∶4），实施房地产开发贷款、商业贷款的保障性贷款配额制度。

实施差别利率政策：第一，商业银行对购买90平方米及以下首套住房的个人住房贷款实行0.8倍的利率优惠，购买90～140平方米之间首套住房个人

住房贷款实行0.9倍的利率优惠，购买140平方米以上首套住房的个人住房贷款取消利率优惠。二套房的贷款利率提升至基准利率的1.1倍。第二，实行商业银行房地产开发贷款自动上浮一般行业贷款0.5个百分点的贷款制度，保障性房地产开发贷款下浮一般行业贷款0.5个百分点的制度。第三，实施差别首付政策：继续实施首套房贷款首付比例30%，二套房贷款首付比例60%~80%，三套房停止贷款。继续按照"认房又认贷"的标准审核借款人。

开展取消期房预售制度的试点探索，创新房地产开发融资渠道，完善开发企业的债券融资、房地产基金、房地产信托、房地产企业的股权融资等风险控制制度。

5. 加快建立不动产统一登记制度，扩大房产税试点范围

建议国务院责成有关部门尽快扩大房产税试点范围；建议全国人大加快修改有关税法进程，制定全国范围内征收房产税的时间表。加快建立不动产登记信息管理基础平台，加快征管制度改革的步伐，积极创造房产税开征的各项条件。将开征房产税作为解除限购令的一个条件和接续政策，从而调动地方的积极性，加快房产税试点和全面开征的步伐。鼓励地方政府探索开征住房空置税，探索降低住房空置水平的政策手段。

6. 完善"安居工程"制度，加快"康居工程"实施

完善"安居工程"的各项制度措施。建立强制性与诱致性相结合的投融资制度，加快开辟保障性住房多元化的融资渠道。完善保障房质量管理制度。建立配套设施和服务供给的考评制度；完善保障房公平公正的配租和配售制度。明晰保障性住房产权，建立保障性住房产权管理制度。完善保障性住房经营管理体制。建立清晰而合理的定价制度。

建议住建部加快试点和实施"康居工程"。重新界定普通商品房的标准，界定中等收入家庭资格，采取定向申请的办法，对符合收入和居住条件的中等收入居民给予购租普通商品房优惠支持，对中等收入家庭购买普通商品房给予税收减免、公积金贷款、抵押担保的照顾。

7. 规范租赁市场，鼓励住房租赁企业发展

制定取消预售制度，鼓励有实力的企业从事房地产开发经营，鼓励专门的房地产公司从事房地产租赁业务。制定承租者保护制度。实行长期合同制度，规范住房租赁的操作规定，实行租金价格年涨制度。实行承租者市民待遇。对有固定职业、有缴税证明的承租者在社保、教育、医疗、就业等方面实行当地户籍的市民待遇。

8. 促进基础设施空间一体化，加快公共服务均等化建设

要打破就住房调控而调控的思路，加快公共服务供给和基础设施建设：一、二线城市应加快城市中心区、郊区和周边的基础设施设一体化、网络化和便利化，尤其是加快建设快速公交系统，以提高郊区和周边地区的可及性。要加快全域城市公共服务均等化，将中心区优质的公共服务资源向郊区转移和共享，有效疏散人口，减轻中心区住房上涨压力。三、四线城市要加快基础设施建设，完善功能，提升质量，加大公共服务供给，提高水平，扩大范围，改善生活环境，提高人口吸引力。

七　未来住房制度改革方向的建议

未来住房制度改革的目标是建立城乡一体的住房制度体系，城乡一体的住房供应体系，城乡一体的住房基本制度和城乡一体的住房配套制度。具体建议有如下几个方面。

1. 构建城乡一体的住房制度体系

第一，城乡规划统一。国家制定城乡一体的经济、社会、环境，人口、资源与住房的发展和空间布局的科学规划。各地区建立辖区内城乡一体的经济、社会、环境、人口、资源与住房的发展和空间布局规划。第二，城乡管理统一。将城乡住房按照统一平台、分类实施、独立编码、封闭运作、预留接口、逐步过渡进行城乡房屋登记管理。第三，城乡市场统一。城乡商品房市场一体化，农村居民可以到城市租购住房，城市居民也可进入农村租购住房。建立农村住房先实现完全产权，再进入市场合法转让的制度。城乡商品房市场实现统一。城乡商品房实现同权同价。第四，城乡保障统一。城乡住房保障一体化，城市居民可在规划许可的情况下，在农村建立保障房，供城市居民居住；农村居民迁徙到城市后，可以享受城市的住房保障。第五，城乡人地平衡。当城市地区人口增加，农村地区人口减少时，相应的农村地区住房和建设用地减少，城市地区扩大。城市人口增加，建立城乡人房平衡机制。

2. 建立城乡一体的住房供应体系

住房供应体系因为城乡居民收入不同，应该具有多层次性，但总体上可分为三层：在城镇，针对高收入的高档商品房乐居住房体系（享受金融和税收政策调节），针对中等收入及以下的普通商品房康居住房体系（享受优惠的土地、金融和税收政策支持），针对低收入和最低收入的政策性住房安居住房体系（享受优惠的土地、金融和税收政策保障）。同样，在农村，针对低收入和最低收入家庭，由集体组织和国家投资建立住房，产权归集体所有（享受优惠的土地、金融和税收政策保障）。针对大多数中等收入家庭，在各地政府制定自居标准内，无偿使用宅基地，农民自建房（享受优惠的金融和税收政策支持）。针对少数高收入家庭，在各地政府制定自住标准外，有偿使用宅基地和农村建设用地，自建和代建（超过规定的宅基地标准）商品房，用于自住或出售（享受优惠的土地、金融和税收政策调节）城市居民。建立城乡一体的市场体系，城乡居民可以在城乡之间购买商品房；建立城乡一体的住房保障统筹机制，也可以互相享受住房保障。

3. 建立城乡一体的住房基本制度

第一，自有为主的产权制度。城乡住房产权主要包括：完全自有产权、共有产权、法人产权、集体产权和国有产权。考虑全球发展趋势以及中国的传统观念等因素，中国的城乡住房的产权应以自有为主。第二，多元竞争的开发制度。打破住房开发的垄断，形成城乡一体的政府（或委托开发公司）、集体组织（或委托开发公司）、开发公司、住房合作社和业主自己开发相互竞争的多元开发格局。第三，购多租少的交换制度。城乡住房交换体系也应由租售两类构成，不过城乡之间，区域之间，不同收入、不同年龄的居民之间，住房租购比例是有差异的。第四，实物与货币并存的分配制度。城乡住房分配应采取实物分配和货币分配两种形式。城乡分配方式将有所不同。第五，"一户一房"的消费制度。由于中国处在城市化的加速期，大量的农村家庭在向城市迁徙的流动过程中，应实行保证"一户一房"，允许"一户两房"，禁止"一户多房"的消费政策。

4. 建立城乡一体的住房配套制度

建立城乡一体的住房土地制度。逐步建立城乡土地所有权的国家所有和使用权的法人和自然人拥有的制度。城镇商品房用地有偿使用，保障房用地无偿或优惠使用；农村自住宅基地和保障住房用地无偿使用，超额的宅基地有偿使用制度；全国城乡住房用地实行"总量控制，结构调整，占补平衡，市场交换"。建立城乡一体的土地监管制度。

构建城乡一体的住房金融体系。健全宏观金融制度体系，构建地方政府的市政债券融资平台，健全私人参与公共服务投融资的制度。建立城乡商品性和保障性住房的金融市场体系、金融机构体系、金融政策体系，完善住房金融的监管制度。

实行城乡房地产的税收全覆盖和统一税收制度。对于特别性质和用途的房地产，实行程度不同的税费减免制度。改革房地产的税制体系和征管机制，建立商品住房消费和投资的税收调节制度。建立保障性住房投资、开发或消费的税费减免制度。

建立中央与地方"分工合理，权责对称"的财税体制。增加中央政府公共服务的分担份额，扩大地方政府税费收入的分成比重。逐步建立城乡一体的户籍登记制度、社会保障制度、收入分配制度。

附录：住房市场预测

李 超

一　预测方法和步骤

本报告的预测部分主要以离散数列微分方程的动态模型（Grey Modle）为基础，对2013年第4季度至2014年第3季度的中国房地产市场走势作出基本判断。基本思路是：将已知的数据序列按照某种规则生成动态或非动态的白色模块，通过对原始数据$x^{(0)}(k)$作累加处理，建立新的数列$x^{(1)}(k)$，据此建立$GM(1,1)$模型，然后随时将每一个新得到的数据置入$x^{(0)}(k)$中进行动态分析与预测。

基本步骤可以归纳如下：

（1）对时间序列数据集 $x^{(0)} = \{x^{(0)}(1), x^{(0)}(2), x^{(0)}(3) \ldots x^{(0)}(n)\}$ 进行 m 次累加处理，即 $x^{(m)}(k) = \sum_{i=1}^{k} x^{(m-1)}(i)$，随机性被弱化 m 次后的新数列为：

$$x^{(m)} = \{x^{(m)}(1), x^{(m)}(2), x^{(m)}(3) \ldots x^{(m)}(n)\}, (m = 1 \ldots)。$$

（2）令 $z^{(m)}$ 为 $x^{(m)}$ 的均值序列，$z^{(m)}(k) = 1/2[x^{(m)}(k) + x^{(m)}(k-1)]$，则 $z^{(m)} = \{z^{(m)}(2), z^{(m)}(3), \cdots z^{(m)}(n)\}$。在 m = 1 的情况下，$GM(1,1)$ 模型相应的微分方程可以表示为 $dx^{(1)}(t)/dt + \alpha x^{(1)}(t) = \mu$。式中 α 称为发展灰数，μ 称为内生控制系数。

（4）设 $\hat{\alpha}$ 为待估参数并进一步构造向量 Y_n 和矩阵 B，则矩阵 Y_n 可以表示为：

$$Y_n = \begin{bmatrix} x^{(0)}(2) \\ x^{(0)}(3) \\ \cdots \\ x^{(0)}(n) \end{bmatrix}, B = \begin{bmatrix} -\frac{1}{2}(x^{(1)}(1) + x^{(1)}(2)) & 1 \\ -\frac{1}{2}(x^{(1)}(2) + x^{(1)}(3)) & 1 \\ \cdots \\ -\frac{1}{2}(x^{(1)}(n-1) + x^{(1)}(n)) & 1 \end{bmatrix}$$

（5）利用最小二乘法求解系数 $\hat{\alpha}$，即 $\hat{\alpha} = \begin{pmatrix} \alpha \\ \mu \end{pmatrix} = (B^T B)^{-1} B^T Y_n$。

（6）根据 $GM(1,1)$ 方程求其白化预测模型解，可得时间响应函数：

$$\hat{x}^{(1)}(t+1) = \left[x^{(0)}(1) - \frac{\mu}{\alpha}\right] e^{-\alpha t} + \frac{\mu}{\alpha}$$

（7）针对累加后新数列的预测值进行一次累减生成（1 - AGO），可得原始数据的还原预测值：

$$\hat{x}^{(0)}(t+1) = \hat{x}^{(1)}(t+1) - \hat{x}^{(1)}(t),其中,t = 1,2,3 \cdots n 且 \hat{x}^{(0)}(0) = 0$$

（8）对 $GM(1,1)$ 的模型预测结果进行残差检验。

二 预测结果解读

按照 $GM(1,1)$ 模型的原理和思路，我们将对中国房地产市场的相关变量进行动态分析和预测。需要说明的是，中国住房市场的政策因素以及未来发展趋势的不确定性因素较多，本部分的预测模型只是基于纯市场条件下各变量的波动规律进行预测解读，从而为本报告的总体分析提供判断依据。同时，由于中国住房市场的整体繁荣是从 2003 年开始的，为此本报告设定 2003 年第 1 季度为动态模型的基期，即"$t=1$"代表 2003 年第 1 季度，"$t=2$"代表 2003 年第 2 季度，依次类推，"$t=43$"代表 2013 年第 3 季度。下面将根据中国房地产市场的相关变量预测 2013 年第 4 季度至 2014 年第 3 季度（即"$t=44$、45、46、47$"）的市场走势。预测结果有如下几个方面。

1. 房地产开发投资状况走势

从房地产开发投资状况的未来走势来看，由于存量的持续减少，我们预计未来房地产市场的供给状况将出现"先紧后稳"的局面。首先，供给状况紧缺是因为存量已经逐月跌至历史最低水平，由于前几年土地供应过少，致使今年成交量释放之后各城市存量水平直线下降。存量的持续减少，使得市场供应不能够跟上持续释放的市场需求。其次，房地产竣工面积的小幅上升无法满足近几年受调控政策影响被严重积压的刚需。但是，这种供不应求的态势在 2014 年下半年将会有所改观。一方面，房地产开发投资额、房地产新开工面积在今明两年将会有一个长足提升，多数城市今年四季度开始将大幅增加商品住宅的供应量水平来缓解目前的供求矛盾；另一方面，虽然房地产企业土地购置面积短期内没有大幅提升，但中央政府保障性安居工程新增建设用地的大幅增加，将会有效缓解当前供地紧张的局面。

2. 商品房销售状况走势

从 2012 年 5 月至今，全国商品住宅市场迎来全面复苏，其根本动力在于：2011 年 1 月开始调控积压的需求和 2012 年本期需求两股力量所产生的叠加效应。我们大致可以估算一下，从 2011 年 1 月到 2012 年 4 月，需求大致被积压了 16 个月；相应的，从 2012 年 5 月至今，需求释放也已经持续了整整 16 个

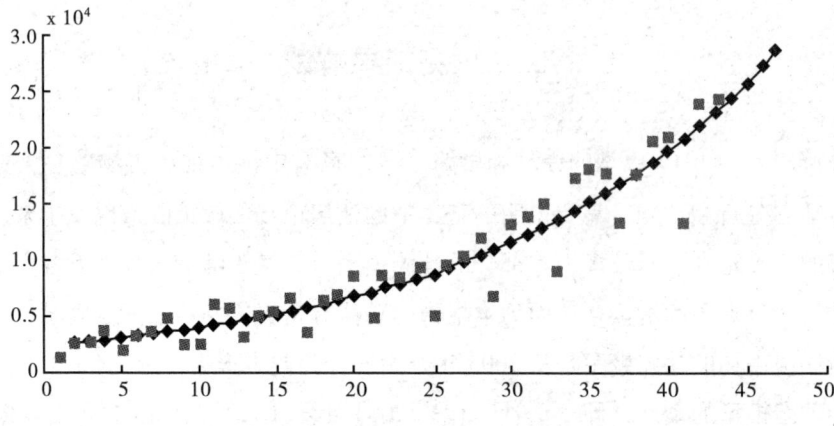

附图1 房地产开发投资额走势

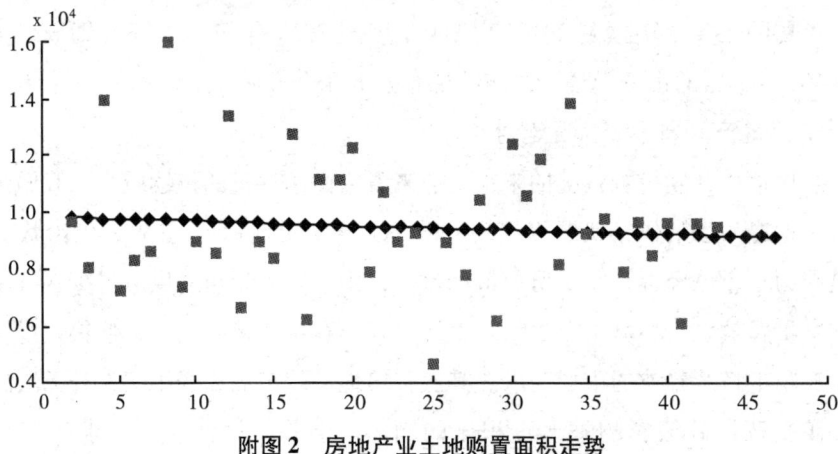

附图2 房地产业土地购置面积走势

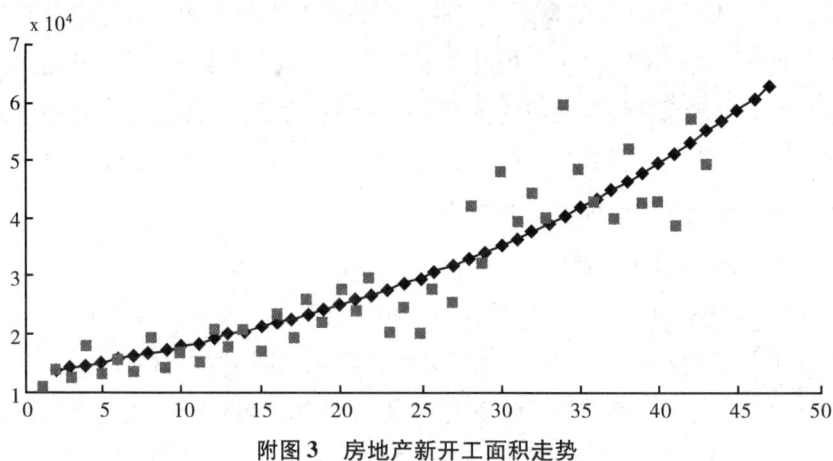

附图3 房地产新开工面积走势

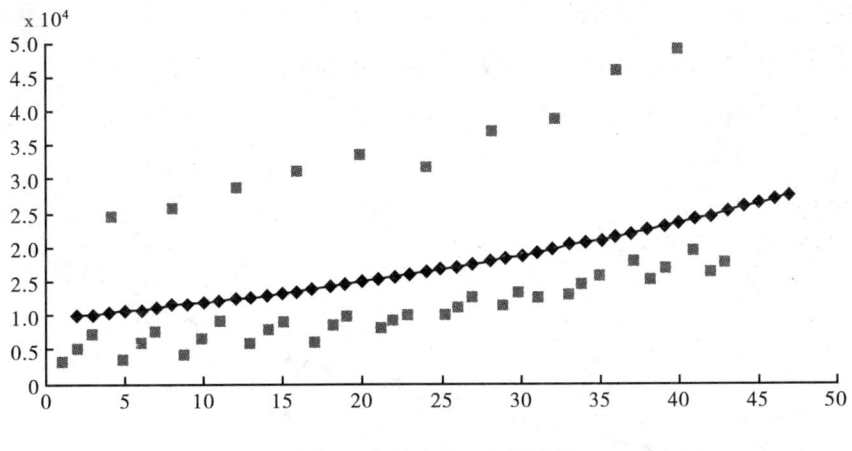

附图4 房地产竣工面积走势

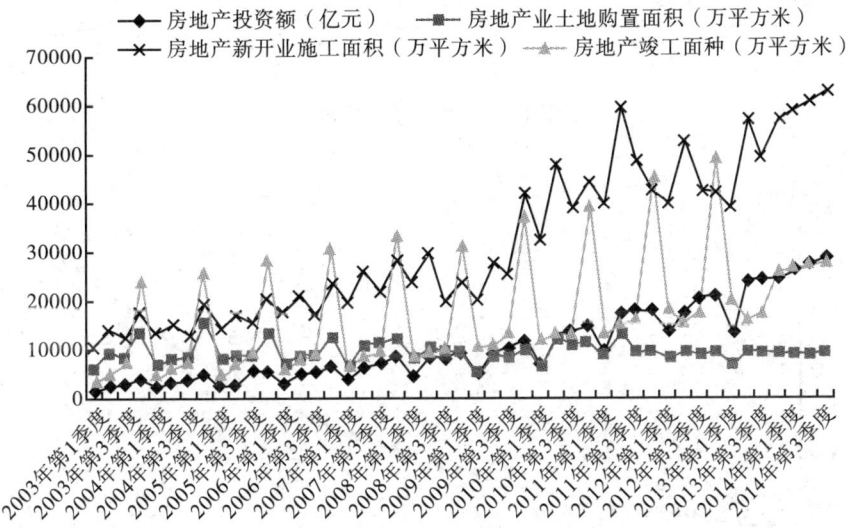

附图5 房地产开发投资状况总体走势

月有余。据此我们判断,前期积压下来的这部分需求的释放已经接近尾声,在积压需求和本期需求(主要是刚需)双重裹挟下的交易量持续大规模释放,随之将会告一段落。但由于"金九银十"以及翘尾因素,预计2013年第4季度的刚需仍有进一步释放空间,2014年下半年后刚需释放将会呈现平稳态势。基于上述因素,我们判断一、二线城市2014年下半年的商品房销售面积将在2014年上半年的基础上保持平稳,难以再出现大规模的增长;但由于前期紧张的供求状况，将会导致房价的理性回归仍需一定周期，商品房销售额仍将会有一个短期的上涨空间。三四线城市方面，市场分化的可能性正在加大，基本面向好的城市将迎来成交的新台阶，而基本面不理想的城市则很难有所改观。

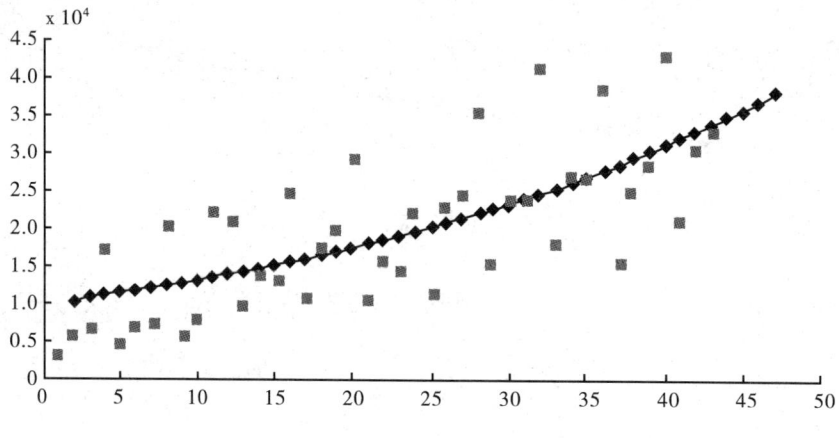

附图6　商品房销售面积走势

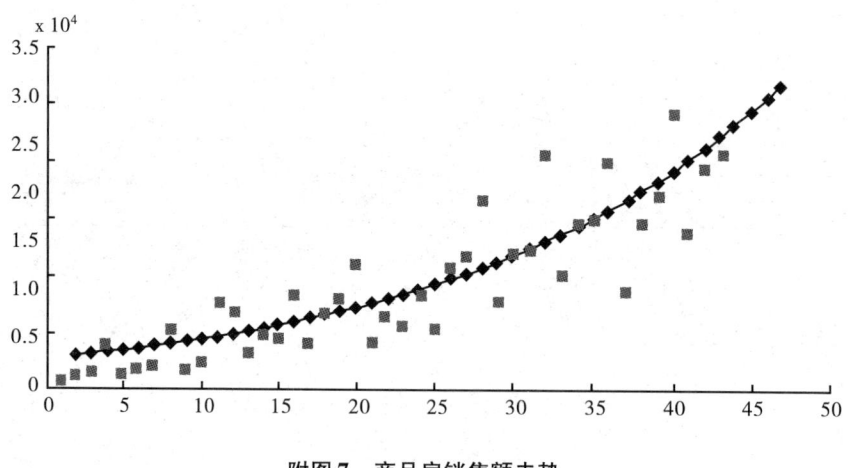

附图7　商品房销售额走势

3. 房地产开发企业融资状况走势

目前，我国房地产企业开发投资资金来源主要由国内贷款、外资、自筹资金及其他资金构成。由于2012年以来住房市场回暖，一手房销售速度加快，企业资金回笼情况较好。同时，本届政府正不遗余力地推进供应能力的充分释

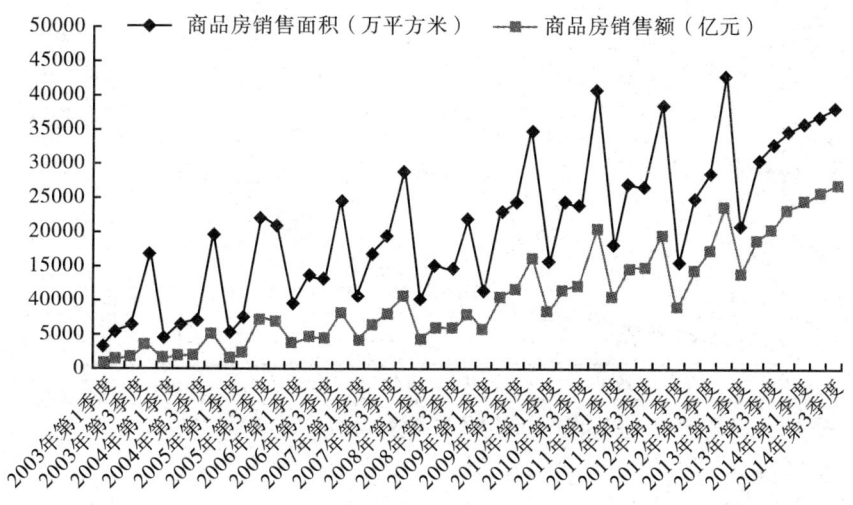

附图 8　商品房销售状况总体走势

放,这意味着政府已经从过去那种通过打压资金链逼迫房企降价求售,转变成今天的通过支持房企融资促成供应增长的调控思路。此外,中央政府的一些调控政策,如保障性安居工程、中小套型普通商品住房建设和居民家庭首套自住购房需求支持政策等,将会适度增加商业银行信贷支持力度。因此,相对于前两年全国层面的大规模强制性行政调控而言,房地产开发企业的融资环境将会相对宽松。

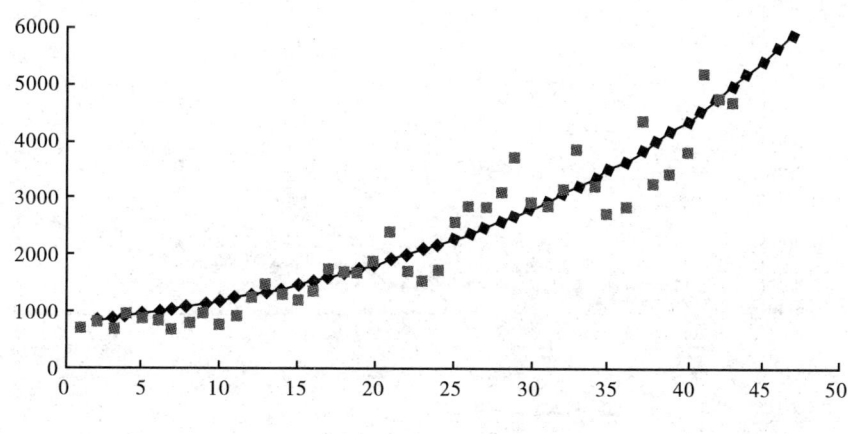

附图 9　房地产投资国内贷款来源走势

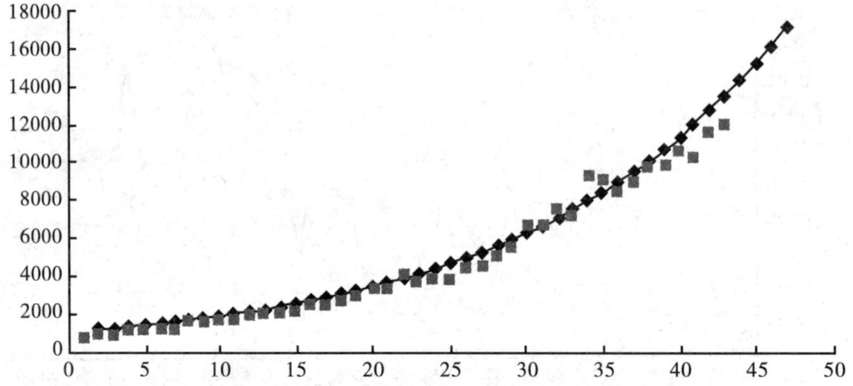

附图10　房地产投资自筹资金来源走势

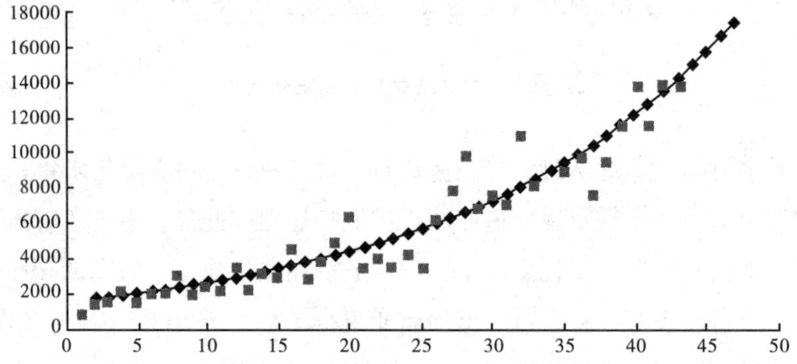

附图11　房地产投资其他资金来源走势

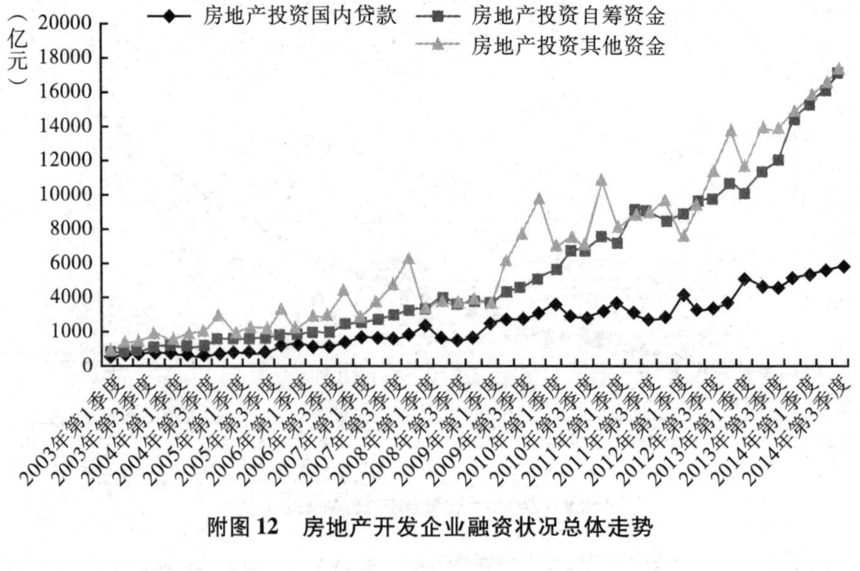

附图12　房地产开发企业融资状况总体走势

宏 观 背 景
Macroeconomic Background

G.2
第二章
世界经济与住房市场形势分析与预测

郭宏宇

一　2012~2013年全球经济形势分析

（一）全球经济形势：增速放缓、通胀下降、利率趋稳、失业偏高、出口低迷

2012~2013年，全球经济延续了之前的放缓趋势。次贷危机之后的经济反弹在2011年便正式结束，2012年可以视作经济周期中正常的回落。全球经济存在10年左右的中周期，与之前经济周期的低谷相比，2012年的全球经济增速虽然低于2003年的低谷，但是仍高于1991年和1982年的经济增速，这说明虽然受到欧债危机等因素的冲击，但是全球经济已经恢复到正常的经济周期中（见表2-1）。

表 2-1 1982~2012 年世界 GDP 增长率

单位：%

年份	1982	1991	2003	2006	2007	2008	2009	2010	2011	2012
IMF 数据	0.516	1.713	2.846	3.996	3.925	1.461	-2.057	4.096	2.924	2.556
世界银行数据	0.4	1.31	2.7	4.1	4.0	1.4	-2.2	4.0	2.8	2.2

注：基于不变价与市场汇率计算。
资料来源：IMF 网站、世界银行网站。

在全球经济放缓的大背景下，发达经济体和新兴经济体呈现较明显的差异。发达经济体的经济增速较低，2012 年的经济增长率为 1.166%，已经低于次贷危机之前的低谷（1.395%），但是经济增速下降的趋势有所缓解；新兴经济体和发展中国家的经济增速较高，2012 年的经济增长率为 4.915%，仍高于次贷危机之前的低谷（3.872%），但是经济增速下降的趋势有所增强（见图 2-1）。

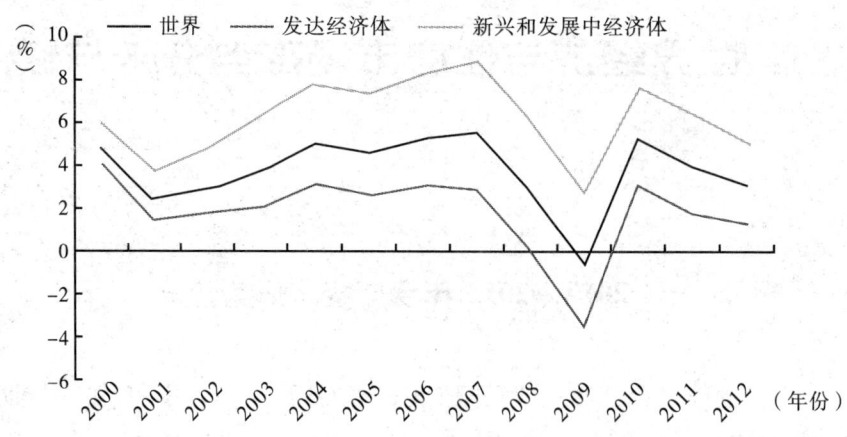

图 2-1 2000~2012 年全球 GDP 年度增长率

资料来源：IMF：*World Economic Outlook Database*，October 2013。

新兴经济体的经济增速放缓是普遍现象。在金砖国家中，除巴西之外，其余四国的经济增速都出现较为明显的下降，而巴西在 2013 年出现的经济增速上扬趋势又是基于 2012 年极低的经济增速（见图 2-2）。另一值得注意的现象是新兴经济体经济增速的高度趋同，进入 2013 年之后，金砖国家（除中国之外）的经济增速已经高度一致，这表明新兴经济体已经失去了各自独特的发展动力。

第二章 世界经济与住房市场形势分析与预测

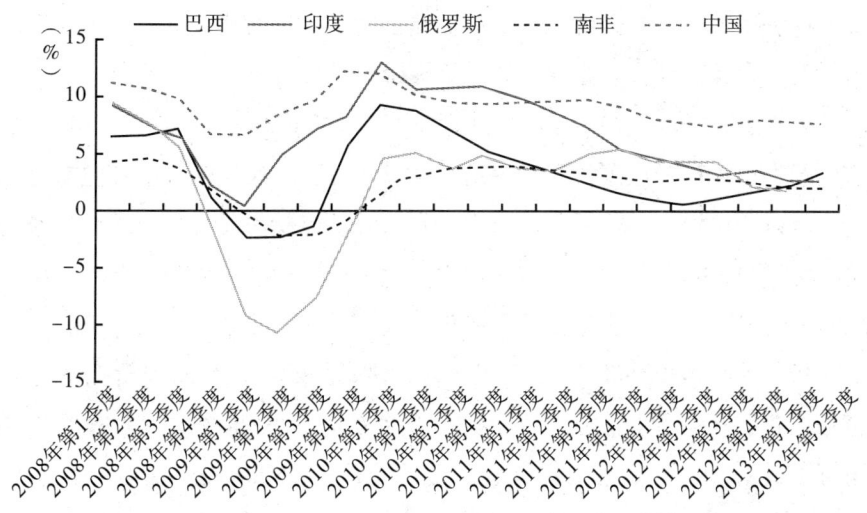

图2-2 2008年第1季度至2013年第2季度金砖国家国内生产总值季度增长率

资料来源：OECD网站。

发达经济体的经济出现触底反弹的迹象。2012年，欧洲的经济走势较2011年恶化，美、日的经济走势则较2011年有所好转。值得注意的是，进入2013年之后，主要发达经济体的经济增速都出现了反弹的迹象（见图2-3）。

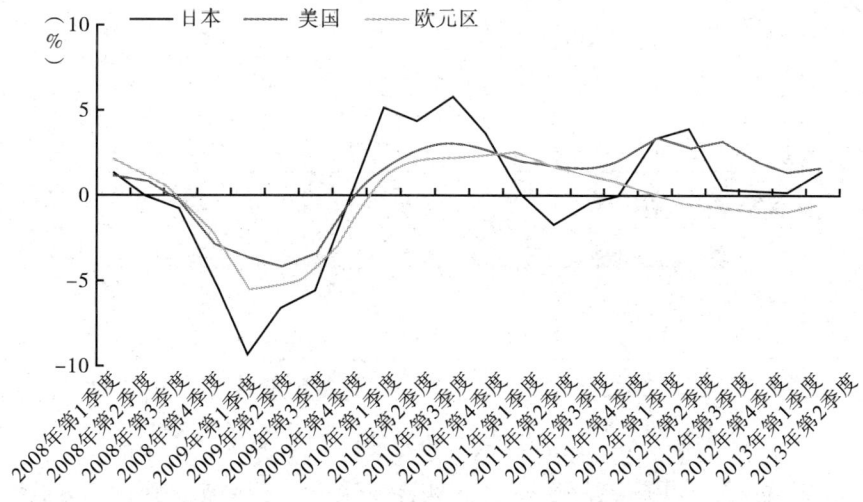

图2-3 2008年第1季度至2013年第2季度G3国内生产总值季度增长率

资料来源：OECD网站。

这一方面表明当前发达经济体的经济低迷主要受制于欧债危机的冲击,另一方面也表明发达经济体的扩张政策产生了较明显的成效。

总体来看,2012~2013年的全球经济仍处于低谷之中,但是,由于发达国家的经济出现反弹迹象,并在一定程度上抵消了新兴经济体经济增速放缓的影响,所以全球经济的放缓仍可视为正常的波动范围。同时,全球经济趋同的迹象更为明显,不但新兴经济体内部和发达经济体内部存在趋同趋势,新兴经济体和发达经济体之间也存在趋同趋势。

2012~2013年的全球通胀程度逐渐放缓。虽然发达国家推出强有力的量化宽松政策,但是无论发达经济体还是新兴与发展中经济体,都出现通胀程度下降的趋势,基本回落到次贷危机之前的较低水平。相对而言,新兴与发展中经济体的通胀水平仍然较高,其波动的相对幅度也小于发达经济体(见图2-4)。

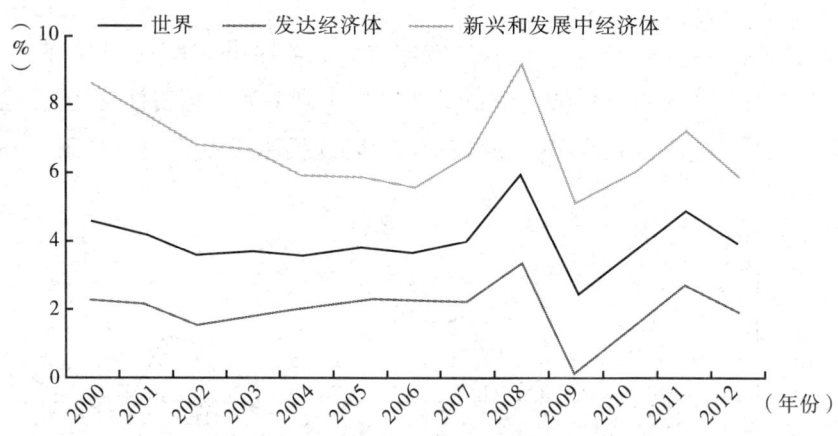

图2-4　2000~2012年世界消费价格指数年均同比增长率

资料来源:IMF网站。

分经济体来看,2012年,发达经济体的通货膨胀水平呈现普遍下降。进入2013年后,发达经济体的通胀又出现反弹的迹象(见图2-5)。由于日本的物价指数反弹早于欧美,所以我们可以将发达国家的通胀反弹视为安倍扩张政策的派生影响。但是,由于安培经济学缺乏可持续的经济结构调整政策,所以安培经济学本身以及由之所带来的发达经济体通胀反弹幅度不会很高。

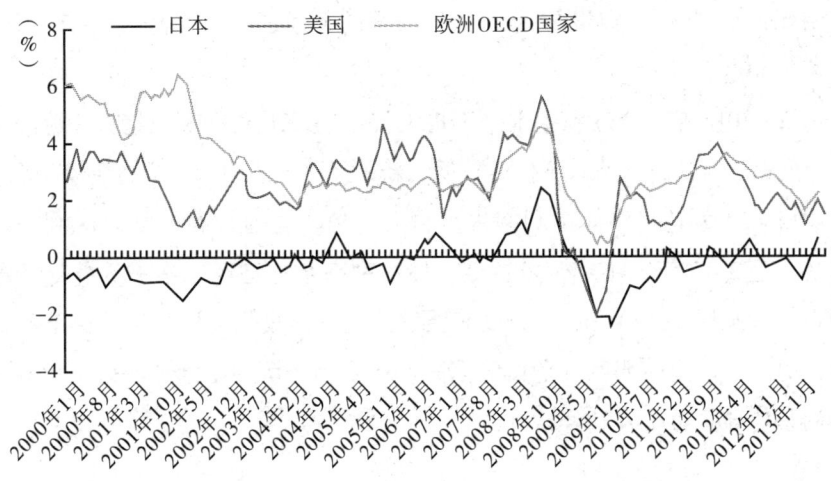

图 2-5 2000 年 1 月至 2013 年 8 月 G3 消费价格指数同比增长

注：日本、欧洲数据至 2013 年 7 月。
资料来源：OECD 网站。

新兴经济体的通胀程度比较稳定。从 2012 年下半年开始，金砖国家的通货膨胀水平非常稳定，与之前年份的大起大落大相径庭。此外，金砖国家（除俄罗斯之外）的通胀程度基本保持在之前年份的正常水平（见图 2-6）。

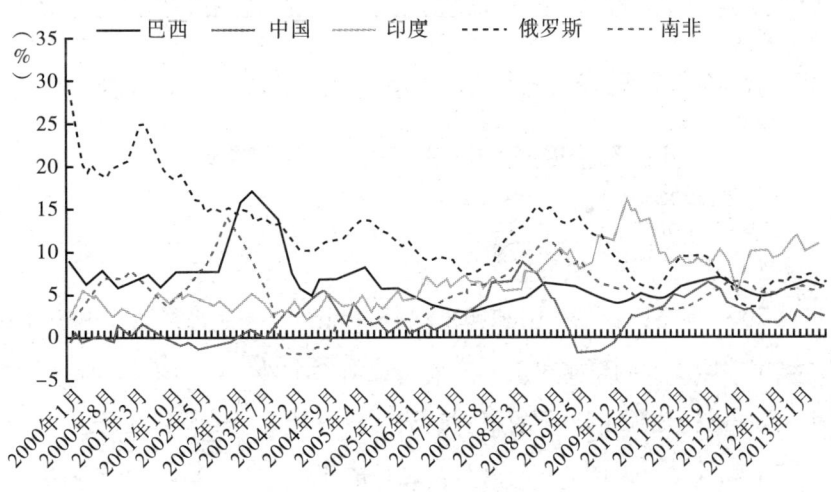

图 2-6 2000 年 1 月至 2013 年 8 月金砖国家消费价格指数同比增长

注：印度 2013 年 8 月数据空缺。
资料来源：OECD 网站。

这表明新兴经济体已经对物价水平进行较强的干预,以抵消发达经济体量化宽松政策的冲击。

2012~2013年,全球利率水平不再大幅波动,出现稳定的趋势。分经济体来看,发达经济体的利率水平仍然较低,新兴经济体的利率仍维持在较高水平。

2012年,发达经济体的利率水平趋向一致,之前较高的欧元区利率也迅速回落,至2013年上半年,发达经济体的利率水平已经基本一致并处于非常低的水平(见图2-7)。这一方面表明发达经济体量化宽松政策的影响已经普遍化,另一方面也表明欧债危机等因素所产生的经济冲击已经不局限于某一地区,而是传导到整个发达经济体。

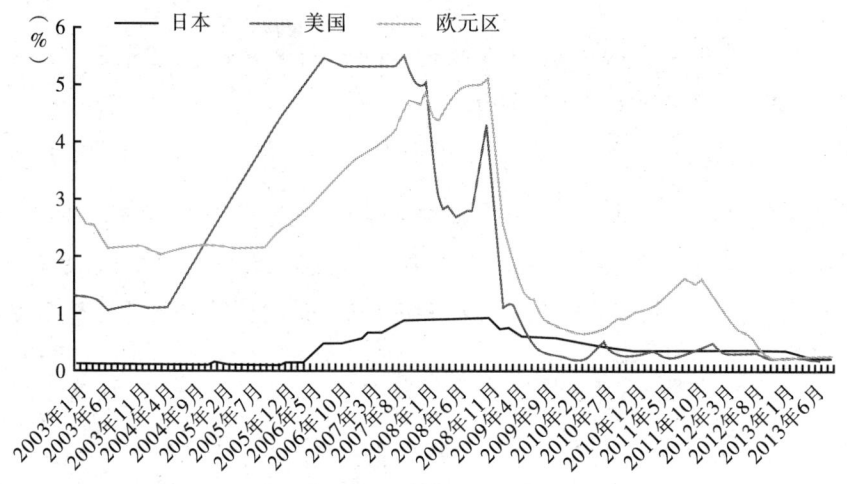

图2-7　2003年1月至2013年9月G3的短期利率

注:美国2013年7月、8月数据空缺。
资料来源:OECD网站。

进入2000年之后,除中国和印度之外,新兴经济体都经历了利率下降的过程。其中,印度的利率水平上升主要是应对资本外流的结果①,而中国稳定的利率主要得益于较强的外汇管制,这表明资金外流仍是新兴经济体的金融体系面临的主要风险(见图2-8)。与发达经济体相比较,新兴经济体的利率水

---

① 2012年2月14日,印度央行被迫将银行贴现率从6.00%大幅上调至9.50%,以应对资本外流现象。

平仍然较高,但是发达经济体与新兴经济体的利率差异已经比较稳定,这表明新兴经济体的国别风险逐渐退居次要地位,市场主要对"新兴经济体"这一共同的特征产生反应。

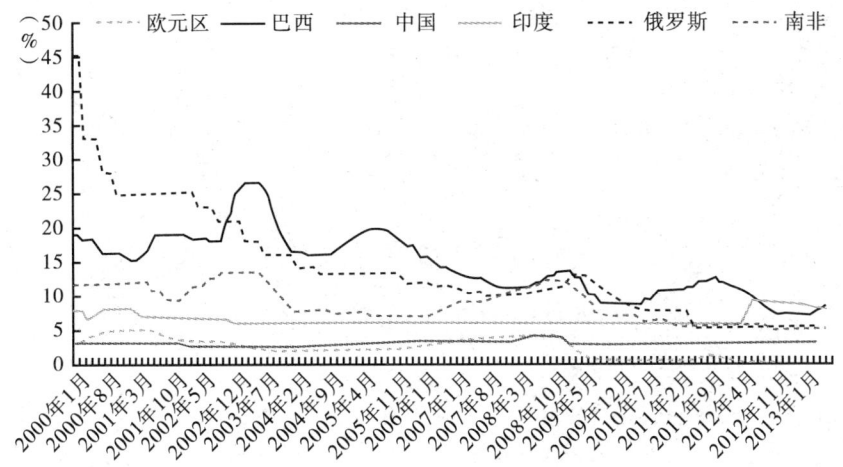

图2-8 2000年1月至2013年8月欧元区与金砖国家的利率

注：利率为银行间市场即期利率。巴西、印度、南非2013年8月数据空缺；中国2013年7月、8月数据空缺；俄罗斯2013年6~9月数据空缺。

资料来源：OECD网站。

2012~2013年的全球就业形势继续好转,相对而言,新兴经济体的就业形势要好于发达经济体。分经济体来看,2012年,OECD国家的平均失业率为8%,与2011年持平,虽较次贷危机期间略有下降,但是仍大幅高于危机之前的平均水平(见图2-9)。新兴经济体就业状况较好,以金砖国家为例,中国的城市失业率始终在较低水平,巴西、俄罗斯的失业率持续下降,已经达到或低于次贷危机之前的平均水平,只有南非始终处于较高水平(见图2-10)。

进一步观察发达经济体内部,可以发现发达经济体核心国家的就业状况要好于发达经济体的平均水平。2012~2013年,OECD的平均失业率维持在8%左右,而G7[①]的失业率持续走低,至2013年7月降至7.1%,接近次贷危机之前的水平(见图2-11)。这表明发达经济体的核心国家已经基本走出次贷

---

① 西方七个最大的工业化国家：美国、英国、法国、德国、日本、意大利和加拿大。

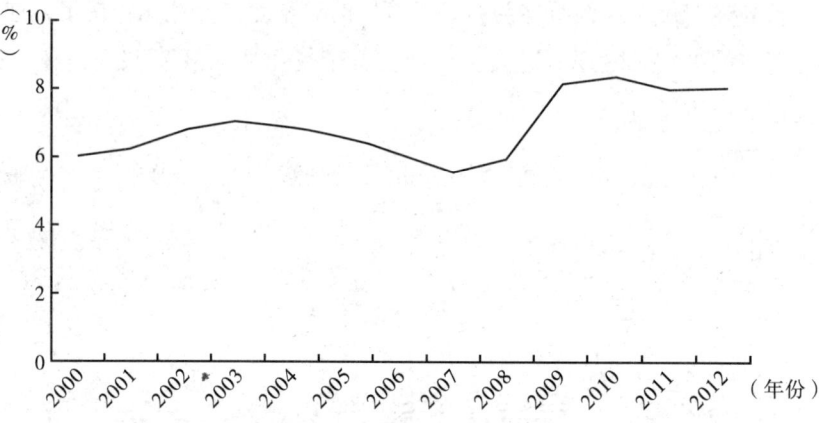

图 2-9 2000~2012 年 OECD 国家的年平均失业率

资料来源：OECD 网站。

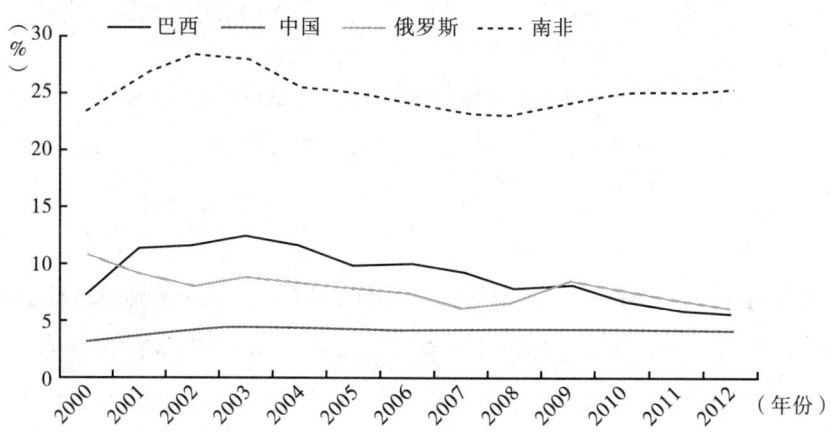

图 2-10 2000~2012 年巴西、中国、俄罗斯与南非的年平均失业率

资料来源：IMF 网站。

危机，并且受欧债危机的冲击较小，已有复苏的迹象。

2012~2013 年的全球贸易增速维持在低水平，但是在 2012 年下半年之后，发达经济体的出口出现与新兴经济体不同的走势：发达经济体的出口增速继续下降，2013 年第 1 季度的出口同比增长率仅有 0.63%，而新兴经济体的出口增速开始回升，2013 年第 1 季度的出口同比增长率达到 4.57%（见图 2-12）。这表明新兴经济体的贸易保护措施取得一定成效。

第二章　世界经济与住房市场形势分析与预测

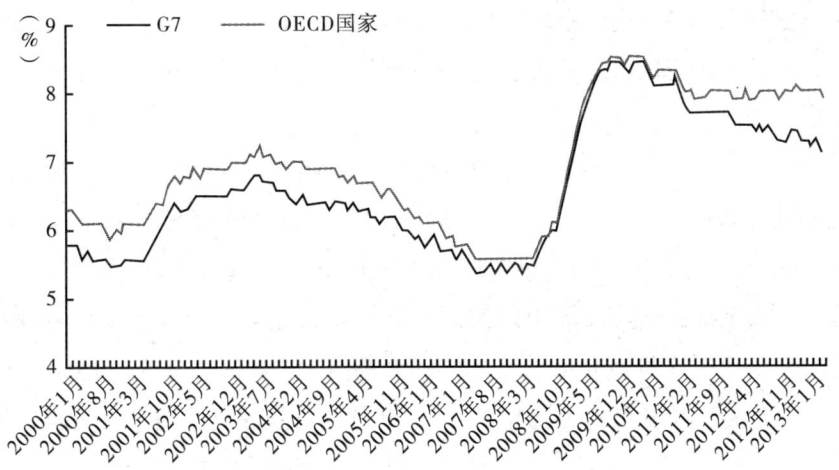

图 2-11　2000 年 1 月至 2013 年 7 月 OECD 国家的年平均失业率

注：失业率数据为调整后的失业率（Harmonised Unemployment Rate），经季节调整。
资料来源：OECD 网站。

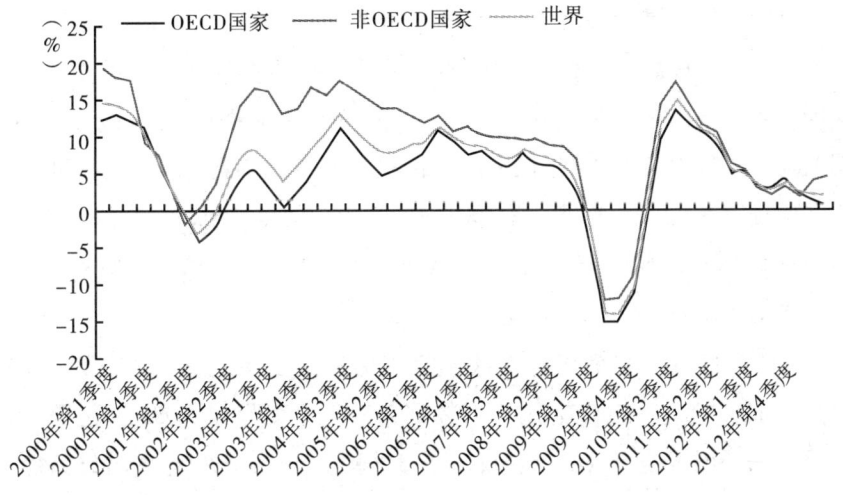

图 2-12　2000 年第 1 季度至 2013 年第 1 季度世界货物与服务出口季度同比增长

注：以 2005 年美元计算。
资料来源：根据 OECD 网站数据计算得出。

总的来看，全球经济增长虽然仍在放缓，但是已经逐步进入正常的经济周期。面对欧债危机的冲击，发达经济体的核心国家和新兴经济体都采取较为有力的对策，并在一些经济领域取得较为明显的效果，也使得发达经济体和新兴

经济体之间以及各自内部呈现较强的趋同趋势。但是，发达经济体中的非核心国家，尤其是欧元区内的非核心国家仍然受欧债危机的强力冲击，宏观经济仍处于低迷状态。

2012~2013年，我国经济对全球经济增长仍做出突出的贡献。根据世界银行的统计数据，2012年，我国GDP为8.36亿现价美元，占全球经济的11.62%，在世界各国中仍居第2位；我国GDP增长率为7.8%，尽管低于利比里亚、布基纳法索等发展中国家，但是在新兴经济体中仅次于乌兹别克斯坦、土库曼斯坦这两个准新兴经济体，大幅高于2.2%的全球平均GDP增长率。总体来看，拉动世界经济0.84个百分点，对全球经济增长的贡献率达到38%，高于2011年的贡献率，仍然是全球经济增长的主要引擎。①

2012~2013年，虽然我国的进出口增速较之前年度大幅回落，但是我国对全球贸易增长仍做出突出的贡献。商品贸易方面，我国大陆商品出口额达到2.05万亿美元，占世界商品出口总额的11.2%，在世界国家和地区中排第1位，较排第2位的美国高出0.47万亿美元和2.8个百分点；商品进口1.82万亿美元，占世界商品进口总额的9.8%，在世界国家和地区中排第2位；如计入我国香港、澳门和台湾，则商品进、出口均排世界第1位。服务贸易方面，我国大陆的服务出口为1900亿美元，占世界服务出口的4.4%，在世界国家和地区中排第5位；服务进口为2810亿美元，占世界服务进口的6.8%，在世界国家和地区中排第3位；如计入我国香港、澳门和台湾，则服务进、出口均排世界第2位。②

2012~2013年，世界经济对我国经济的影响更多地体现在国际贸易上。2012年，我国的进、出口增速均大幅回落，但是贸易顺差2311亿美元，较2011年增长49%。虽然贸易顺差仅占GDP的2.8%③，并且进出口总额达到3.87万亿美元，与GDP的比值为46.3%，对外贸易在我国宏观经济中的地位仍举足轻重。

在资本项目上，2012年我国在外直接投资贷方为857亿美元，借方为234

---

① 现价美元。以上数据引自世界银行网站或根据世界银行网站数据计算。
② 贸易数字取自WTO年度报告 *World Trade Report 2013*。
③ 按国家统计局统计，在2012年我国GDP中，净出口贡献率为-2.2%。

亿美元，差额为 624 亿美元，外国在华直接投资借方为 2845 亿美元，贷方为 311 亿美元，差额为 2535 亿美元。① 总的来看，对 GDP 的影响并不大。

世界经济对我国经济的另一个重要影响是宏观政策取向。在目前主要发达经济体采取量化宽松政策时，我国适度从紧的货币政策面临更大的挑战，必须要在经济的总量增长和结构调整之间做出取舍。

（二）全球住房市场形势：全球房价回升，新兴经济体尤为显著

2012~2013 年的全球住房市场出现较为明显的反弹。从季度环比数据来看，在 2013 年第 2 季度，莱坊跟踪的 55 个国家和地区中有 37 个呈上涨趋势，房价的季度环比增速达到 2.4%。② 从同比数据来看，全球房价从 2012 年第 4 季度起出现明显的上升趋势，并在 2013 年上半年保持了较高的增速（见图 2 - 13）。在这一轮的房地产反弹中，新兴经济体的房价上升尤其明显，在莱坊跟踪的 55 个国家和地区之中，前十位的国家和地区均为新兴经济体，后危机与远离危机的发达经济体也出现较好的房价上升趋势，美国、德国、冰岛等经济体的房价增速仍居前列，但是欧债危机冲击下的非核心发达经济体仍处于低迷状态，西班牙、匈牙利、荷兰和希腊居房价增速的最后四名。③

分地域来看，亚洲新兴经济体的房价表现出较快的增速。以中国香港、马来西亚和新加坡这三个典型的新兴经济体为例，香港的住宅价格从 2012 年起进入新一轮的上涨，其增速与 2009~2010 年大体相当，完全走出之前的住房市场低迷状态（见图 2 - 14）；马来西亚和新加坡的住房市场在 2012 年表现低迷，但是在 2013 年重拾上升趋势（见图 2 - 15、图 2 - 16）。这表明新兴经济体的住房市场已经出现较强的反弹迹象。日本虽不属于新兴经济体，但是在经历 2012 年的低迷之后，2013 年的住房价格也出现反弹迹象（见图2 - 17）。

---

① 数字取自外汇管理局发布的《2012 年第 4 季度及全年国际收支平衡表》。
② Knight Frank 2013 年第 2 季度全球房产价格指数研究报告，http：//www. resources. knightfrank. com/Get Research Resource. ashx？ versionid = 1968&type = 1。
③ Knight Frank 2013 年第 2 季度全球房产价格指数研究报告，http：//www. resources. knightfrank. com/Get Research Resource. ashx？ versionid = 1968&type = 1。

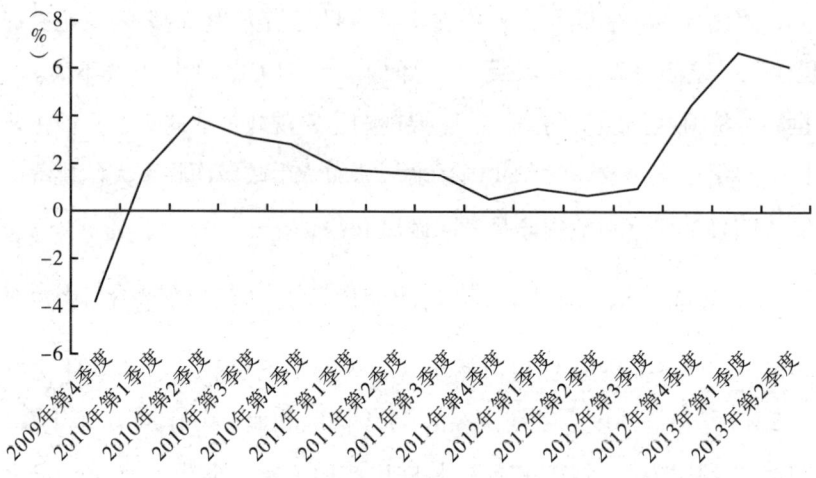

图 2-13 2009 年第 4 季度至 2013 年第 2 季度莱坊（Knight Frank）全球房价指数 12 个月累计增长率

资料来源：Knight Frank Residential Research。

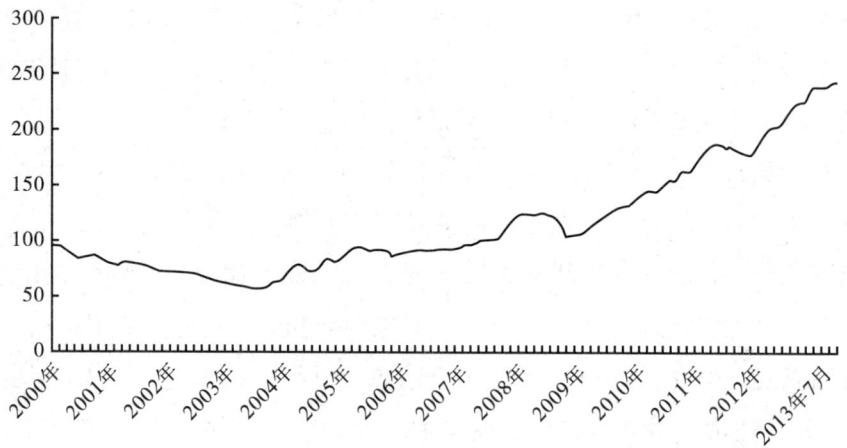

图 2-14 2000 年至 2013 年 7 月中国香港私人住宅售价指数

注：指数的基期为 1999 年 = 100。
资料来源：差饷物业估价署网站 http://www.rvd.gov.hk/。

发达经济体中，北美房地产延续了较好的走势。2012~2013 年，美国的房屋价格指数呈现较强的上升趋势，并且这一上升趋势有加速的迹象（见图 2-18）；加拿大的房屋价格指数也在小幅波动中上行（见图 2-19）。

第二章 世界经济与住房市场形势分析与预测

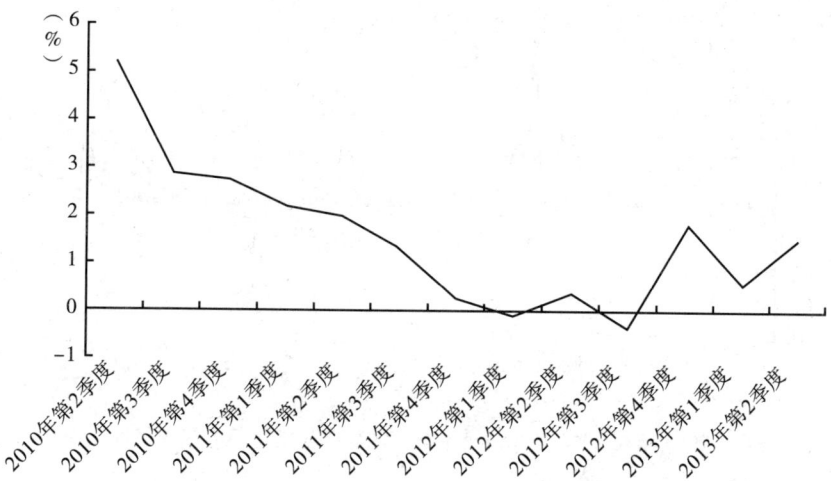

图 2-15 2010 年第 2 季度至 2013 年第 2 季度马来西亚房屋价格指数

注：与上一季度环比。

资料来源：http://www.globalpropertyguide.com/；2013 年第 2 季度为 Knight Frank 数据，Knight Frank Residential Research。

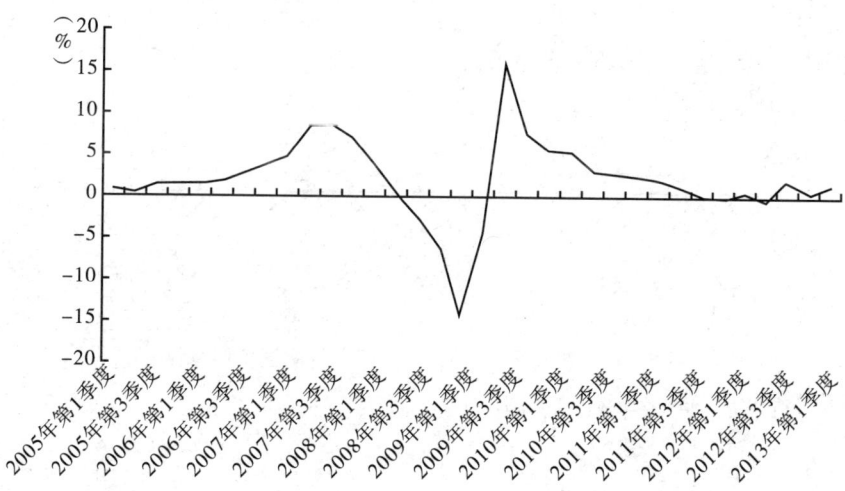

图 2-16 2005 年至 2013 年第 2 季度新加坡房屋价格指数

注：与上一季度环比。

资料来源：http://www.globalpropertyguide.com/；2013 年第 2 季度为 Knight Frank 数据，Knight Frank Residential Research。

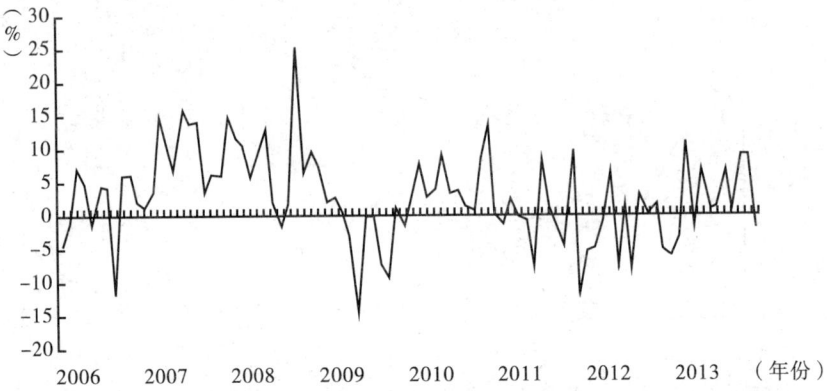

图 2-17　2006 年至 2013 年 8 月日本首都圈新建住宅每平方米单价同比增长率

资料来源：日本土地综合研究所网站 http：//www.lij.jp/。

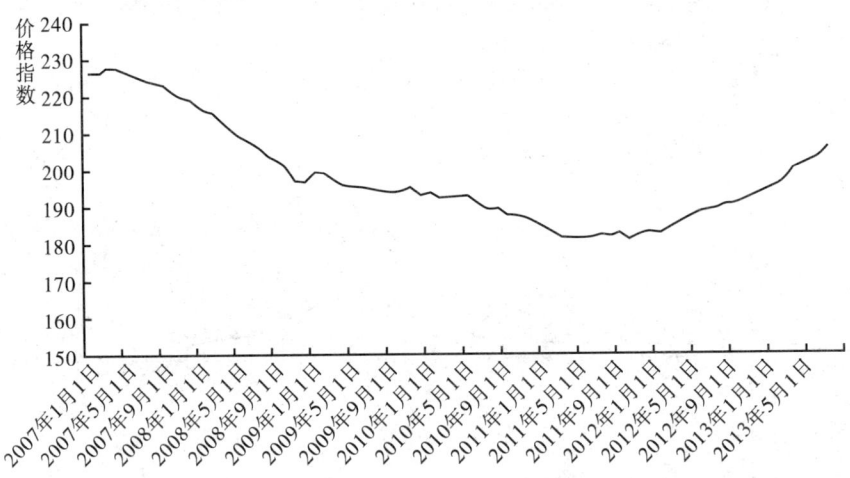

图 2-18　2007 年至 2013 年 7 月美国房屋价格指数

注：房屋购买价格指数（purchase-only index），经季节调整。
资料来源：FHFA 网站。

欧洲的住房市场则走向低迷。目前受债务危机冲击较小的发达经济体，如德国和法国的房地产仍有较高增速，但是进入 2012 年后，房屋价格的增速已经开始放缓（见图 2-20、图 2-21）。正处于债务危机中的国家，如希腊，则在 2012~2013 年面临房屋价格的下跌（见图 2-22）。后危机的国家，如冰岛，其住房价格则呈现波动，建筑成本指数在 2011 年小幅回升之后再次回落（见图 2-23）。

第二章 世界经济与住房市场形势分析与预测

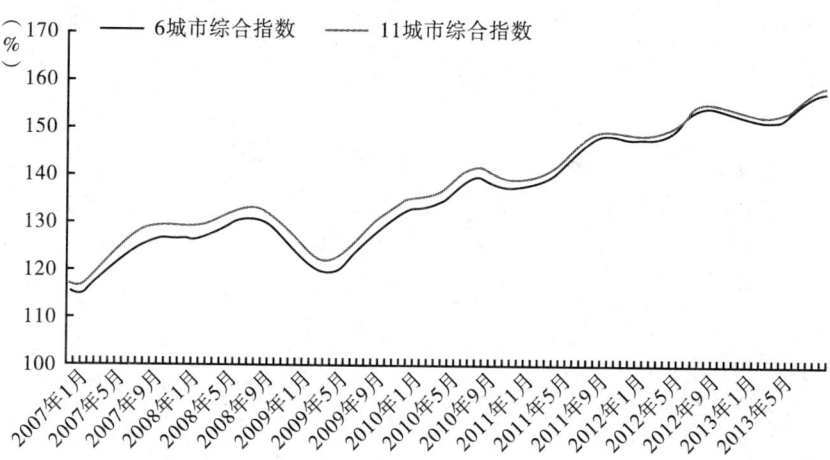

图2-19 2007年至2013年8月加拿大房屋价格指数

资料来源：http：//www.housepriceindex.ca/Default.aspx。

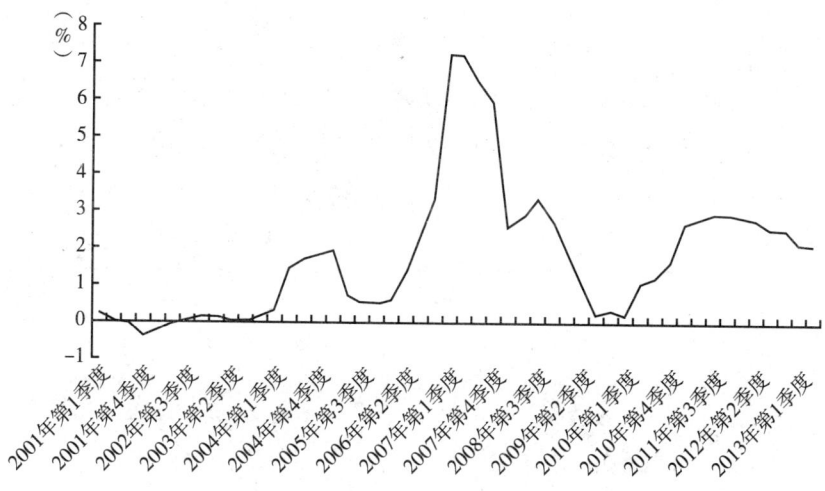

图2-20 2001年至2013年第2季度德国房屋价格指数季度同比

资料来源：https：//www.destatis.de/。

总体来看，2012~2013年的世界房地产市场的分布存在两个维度。一个是地域维度，亚洲市场出现反弹，北美市场延续复苏，欧洲市场则低迷或走向低迷。另一个是经济维度，新兴经济体走势良好，发达经济体走势相对较差。

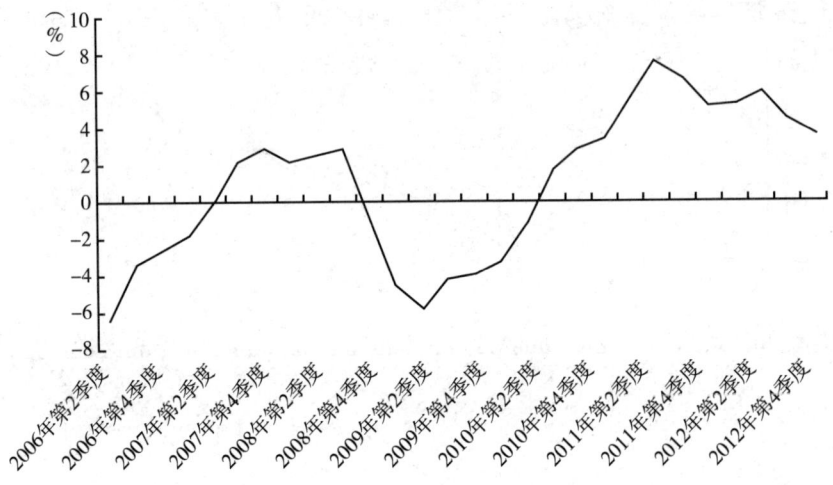

图 2-21 2006 年至 2012 年第 4 季度法国房屋价格指数季度同比

资料来源：http://www.bdm.insee.fr/。

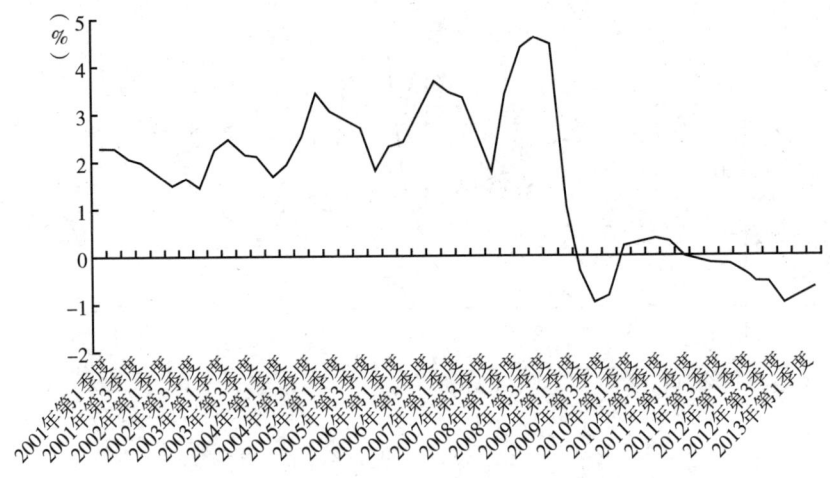

图 2-22 2001 年至 2013 年第 2 季度希腊房屋价格指数

资料来源：http://www.statistics.gr/。

作为两个维度的组合，亚洲新兴经济体和欧洲的发达经济体形成鲜明对照。这表明从世界范围来看，房价走势与经济走势之间表现出较强的相关性，并且房地产市场表现出较强的地域同步性。

第二章 世界经济与住房市场形势分析与预测

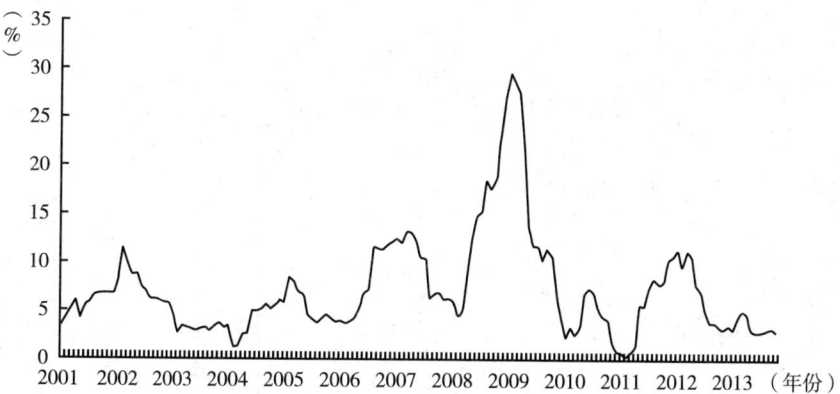

图 2-23 2001 年至 2013 年 10 月冰岛建筑成本指数月度同比

资料来源：http://www.statice.is/。

（三）我国住房市场的全球定位：并非孤立地上涨，涨幅居前

我国属于亚洲新兴经济体，主要城市的房价走势在世界范围内居于前列。我们以北京和世界典型城市房价相比较（见表 2-2），2013 年第 2 季度，北京的房价指数季度同比上涨幅度显著高于欧洲城市，并且保持上升趋势，季度环比也处于较高水平。这表明我国 2012~2013 年的住房市场上升并非孤立现象，而是世界因素与国内因素共同作用的结果。具体而言，由于世界经济周期与我国经济周期有同步性，并且我国房地产周期与我国经济周期有同步性，所以世界经济走势影响我国住房市场走势；由于东亚整体表现出良好的经济增长态势，并且发达经济体与新兴经济体各自表现出趋同倾向，所以住房市场的地域板块特征也影响着我国的住房市场走势。

表 2-2 典型城市的房价指数变化

单位：%

城　市	季度同比			季度环比
	2012 年第 2 季度	2013 年第 2 季度	变动方向	2013 年第 2 季度
洛杉矶（美国）	-0.6	20.3	↑	—
迪拜（阿联酋）	12.90	19.54	↑	4.67
旧金山（美国）	3.0	19.4	↑	—I

续表

城 市	季度同比			季度环比
	2012年第2季度	2013年第2季度	变动方向	2013年第2季度
香港(中国)	9.04	18.43	↑	1.25
迈阿密(美国)	4.4	18.1	↑	—
新德里(印度)	17.01	15.70	↓	-1.49
圣保罗(巴西)	19.81	13.95	↓	3.25
北京(中国)	-2.96	13.53	↑	5.48
马卡蒂 CBD(菲律宾)	7.55	12.92	↑	6.92
东京(日本)	-2.08	9.24	↑	2.08
塔林(爱沙尼亚)	7.57	8.57	↑	-0.58
维也纳(奥地利)	20.11	8.29	↓	3.54
芝加哥(美国)	-1.7	7.3	↑	—
新加坡	1.92	4.11	↑	1.03
纽约长岛(美国)	-2.1	1.9	↑	—
里加(拉脱维亚)	4.77	0.61	↓	0.30
维尔纽斯(立陶宛)	-0.99	0.17	↑	0.59
华沙(波兰)	-2.07	-3.46	↓	-1.35
尼科西亚(塞浦路斯)	-5.28	-13.01	↓	-4.10

资料来源：美国城市数据取自 CoreLogic Case-Shiller Home Price Indexes，其他城市数据取自 globalpropertyguide，由于资料来源限制，纽约长岛2012年第2季度的数据以纽约整体的数据代替，美国城市的季度环比数据空缺。http://www.globalpropertyguide.com/，http://www.finance.yahoo.com/。

我国住房市场与世界住房市场的影响是相互的。在供给方面，我国房地产业和建筑业的海外扩张也推动世界住房市场的扩张，但是对世界住房市场的推动力度有限。2009年之后，房地产业和建筑业对外投资净额占全部对外投资净额的比重都呈上升趋势（见图2-24），进入2013年之后，房地产业的海外扩张加快，据中国海外投资联合会新近公布的数据，2012年以来，中国内地开发商在海外的房地产项目，总规模超过百亿美元。① 但是，由于房地产业的海外投资集中于商业地产领域，对世界住房市场的影响相对较小。

我国住房市场对世界住房市场的影响更多体现在需求方面，并以中高端住房市场为主。以美国为例，根据美国全国房地产经纪人协会（National Association of

---

① 罗莎琳：《中国内地房企海外投资超百亿美元》，《信息时报》2013年11月1日D05版。

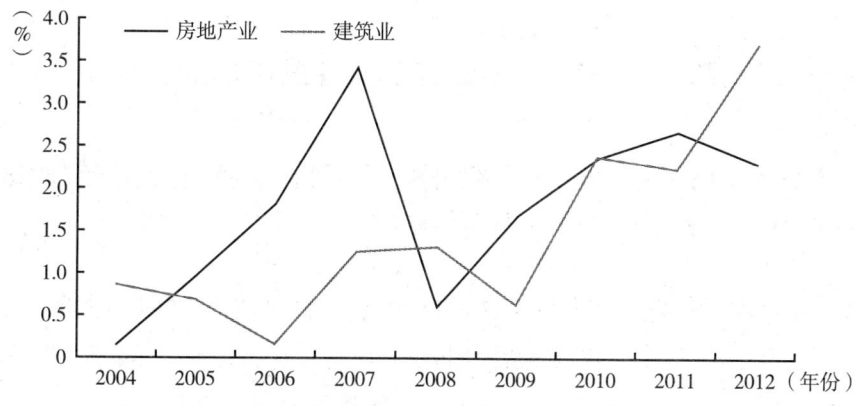

图2-24 2004~2012年我国房地产业和建筑业对外投资净额占全部对外投资的比重

资料来源：中经网统计数据库。

Realtors，NAR）公布的数据，2012年至2013年3月31日，68个国家和地区的国际买家在美买房共计682亿美元，其中加拿大人最多，占到23%；其次为中国购房者，达到12%，2007年这个比例只有5%，并且中国买家的房价中位数居于首位，达到42.5万美元，而居于第二位的印度仅有30万美元，并且中国买家的购房地点集中于佛罗里达州（占53%），中国买家对局部高端住房的推动作用远远高于其他外国买家。[①] 考虑到这一时期美国部分城市住房价格的迅速复苏，可以认为我国海外置业行为对局部地区的住房市场有非常大的推动作用。与美国相似，我国海外置业也推动了欧洲部分城市的住房市场，莱坊的报告显示，2012年英国伦敦市中心新房的海外买家比例约为75%，远高于2011年的27%，其中中国内地、中国香港、新加坡及马来西亚的买家占到一半以上。[②] 考虑到2013年7月英国住房价格同比上涨3.9%，是2010年8月以来的最高水平，可以认为我国海外置业行为对欧洲局部地区的住房市场也有非常大的推动作用。

---

① "Chinese buyers snap up U. S. homes"，http://www.china.org.cn/business/2013-07/09/content_29364658.htm.

② "Hammond：Foreigners buy nearly 75% of new homes in inner London"，www.ft.com/intl/cms/s/0/605cdea2-fb69-11e2-a641-00144feabdc0.html#axzz2jjMDaGQL.

住房绿皮书

二 2013~2014年全球经济与住房市场形势预测

（一）2013~2014年全球经济形势预测：增速较低，通胀放缓，利率稳定，贸易低迷

2013~2014年的全球经济将保持较低的增速。其中，欧洲之外的发达经济体可能有小幅反弹，而欧洲经济体将会持续低迷，新兴经济体的经济增速则将稳定在较低水平。总体来看，消费、投资与国际贸易都会出现一定程度的低迷。

发达经济体与新兴经济体是全球经济的主要组成部分，它们的经济走势决定着全球经济走势。基于2012~2013年的经济数据，我们认为发达经济体内部和新兴经济体内部的经济增速有趋同的趋势，并且发达经济体与新兴经济体之间有趋同的趋势，IMF的2013年10月期《世界经济展望》也认为全球产出同步性的可能空前增大，[①] 因此，我们可以从发达经济体和新兴经济体消费、投资与国际贸易的增长前景来预测2013~2014年的全球经济形势。

2013年上半年，主要发达经济体（G3）的经济增速出现小幅反弹，但是我们认为此次经济反弹不会有很高的幅度。由于美国、日本、欧元区、英国都在实施大规模的量化宽松政策，所以这些经济体的经济反弹可以视作政策扩张的结果。目前，主要发达经济体的政策扩张都遇到困难。在2013年4月27日公布的《经济活动与价格展望》中，日本银行认为货币扩张带来日本经济的温和复苏，但是欧债危机对金融市场的冲击、全球经济的不确定性、企业与家庭的中长期增长预期、税收的增长与中长期的财政稳定性将影响复苏的程度甚至带来反转。[②] 随后，这些风险因素都有增强的趋势，2013年10月2日，日

[①] 参见2013年10月期《世界经济展望》，http://www.imf.org/external/chinese/pubs/ft/weo/2013/02/pdf/sumc.pdf。

[②] 参见日本银行 Outlook for Economic Activity and Prices，http://www.boj.or.jp/en/mopo/outlook/gor1304b.pdf。

本银行公布9月生活意识问卷调查结果,居民景气感受指数为-8.3,较6月调查时下降3.5点,时隔两个季度再次恶化。① 美国的货币政策与财政政策也在争议中前行,量化宽松政策是否退出的问题反复争论,并在2013年9月宣布维持现行的宽松货币政策不变,国会对财政赤字的削减计划难以达成一致,导致美国政府于2013年10月1日起部分关停。欧元区各国和国际金融组织在应对债务危机的政策上难以取得一致意见,葡萄牙等国债务状况的恶化给欧债危机蒙上更厚的阴云。因此,发达经济体的扩张政策已经趋近极限,难以给各国经济以更大的刺激力度。

进一步观察发达经济体消费者的经济,可以发现欧债危机核心区域与外围区域的差异。欧元区的未来经济预期持续为负,美国的经济预期相对较好。但是,进入2012年下半年,欧元区的经济预期出现好转趋势,美国的经济预期出现恶化趋势。这一方面表明发达经济体的经济增长出现收敛趋势,另一方面也表明欧债危机的影响已经扩散。进一步观察欧元区内的典型经济体,可以发现德国与欧元区的走势基本一致,而希腊的走势与美国接近。这表明欧元区正在将危机国的影响剥离,而剥离之后的影响主要通过金融市场反映出来。正是由于美国有着发达的证券市场并进行大规模的国家风险对冲,所以希腊等债务国对美国等外围国家的冲击要比欧元区核心国更为明显。这也是德国等核心国吸引避险资金的重要原因。总的来看,发达经济体消费者的经济预期趋于一致,其消费需求的反弹幅度也是有限的。

新兴经济体的消费者预期则出现放缓的趋势。我们以巴西、印度尼西亚和中国作为代表经济体(见图2-26),尽管其消费者信心水平差异较大,但是进入2012年后,新兴经济体的消费者信心指数普遍出现下降趋势。这表明消费者对新兴经济体未来的高速增长缺乏信心,也预示着新兴经济体的消费需求增速将回落到相对较低的水平。

2013~2014年的全球通胀程度将进一步放缓。虽然发达经济体仍将维持量化宽松政策,但是如上述分析,发达经济体的扩张力度不会大幅地增强。并

---

① 《日本居民景气感受指数下滑 安倍经济学未奏效》,中国新闻网,http://www.chinanews.com/gj/2013/10-03/5344163.shtml。

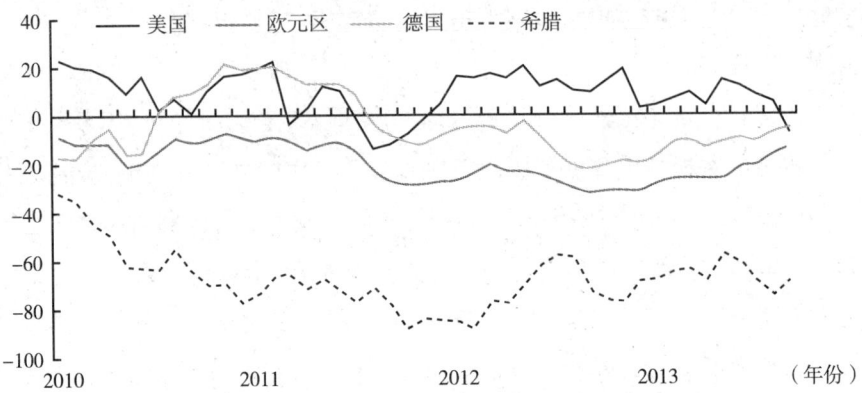

图 2-25　2010 年 1 月至 2013 年 9 月美国与欧元区的未来经济趋势预期

注：未来经济预期指标为 Consumer Opinions 中的 Economic Situation Future Tendency。
资料来源：OECD 网站。

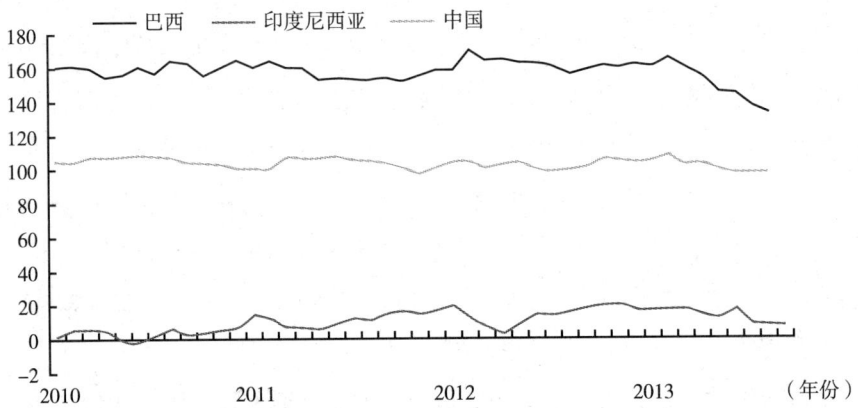

图 2-26　2010 年 1 月至 2013 年 9 月巴西、印度尼西亚与中国的消费者信心指数

资料来源：OECD 网站。

且美国的量化宽松政策一直在退出的边缘徘徊，宏观形势的好转使得量化宽松政策在未来退出的可能性增加，这将促使日、欧等经济体的货币政策同步收缩。因此，发达经济体货币扩张有限，对全球物价水平的推动不大。新兴经济体由于经济增速放缓，货币政策扩张力度可能上升，但是新兴经济体的外资和经济结构问题同样重要，为防止外资流出（如印度）或结构升级（如中国），货币政策也不会有大幅度的扩张，我们在 2012~2013 年已经观察到通胀趋稳的态势。因此，未来一年中全球的通胀程度仍可能维持2012年的水平，可能会有小幅上升。

投资与利率和国民收入之间有较强的关联，我们认为，2013～2014年的全球利率将维持在2012～2013年的水平，所以2013～2014年的全球投资也不会有显著回升。利率稳定的判断基于以下两点：一是已经在2012～2013年观察到全球利率水平的稳定趋势，二是发达经济体的货币政策不会在当前基础上有更大幅度的扩张。所以，未来一年的全球利率水平将会保持稳定，发达经济体与新兴型经济体之间仍会保持较高的利率差异。进一步考虑到消费需求增速下降对国民收入增速的抑制作用，所以2013～2014年的投资增速会较2012～2013年有所下降。

2013～2014年的全球贸易将延续低迷态势。首先，全球的进口总额与出口总额相对应，随着全球经济处于低迷状态，各国的进口增速也会回落，从而带来全球贸易的下降。其次，为从次贷危机的影响中恢复并克服欧债危机的影响，发达经济体将继续拉动本国就业，由此带来制造业向国内转移，降低进口商品的数量。再次，面对发达国家的低迷，新兴经济体刺激出口政策的效果减弱，主要新兴经济体主要从内需着眼，对出口的政策刺激反而会有减弱的趋势。因此，未来一年的全球贸易很可能延续当前的低迷状态。

综合消费、投资和贸易需求变动趋势，我们认为2013～2014年的全球经济将保持较低的增速。

2013～2014年的全球通胀也会放缓。全球的通货膨胀主要由发达经济体引起，因此，我们侧重观察发达经济体中主要经济体的通货膨胀前景。由于日本长期处于通货紧缩之中，所以取英国、美国和欧元区作为发达经济体的代表（见图2-27）。进入2013年之后，主要发达经济体除美国已经处于较低水平之外，英国和欧元区均从较高水平显著回落。这表明尽管存在量化宽松政策的扩张压力，发达经济体的通货膨胀水平仍不会有明显反弹，未来很可能继续保持放缓趋势。

2013～2014年，我国对全球经济增长和稳定都将起到突出的作用。经济增长方面的贡献，主要源自我国经济的高增长率和较高的进口规模。我国经济基本已经到达底部，尽管仍会因经济结构调整而放松对增长目标的追求，但

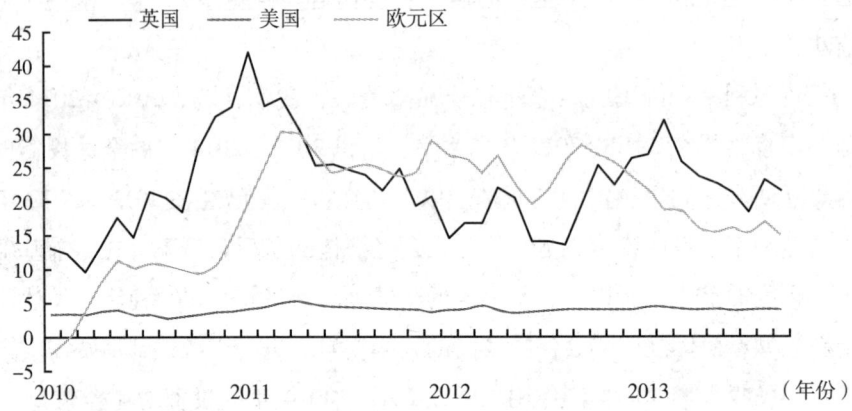

图 2-27　2010 年 1 月至 2013 年 9 月英国、美国和欧元区的通货膨胀预期

注：通货膨胀预期指标为消费价格指数的未来趋势。
资料来源：OECD 网站。

GDP 仍然可能保持 7% 以上的增速，在世界经济低迷的背景下，这一增速显著高于世界平均水平，加之我国庞大的经济总量，在未来一年中仍会在世界经济增长中占有较高比重。对世界经济增长的另一个贡献是我国庞大的进口规模，由于我国大陆的进口额占世界进口总额的比重接近 1/10，并且受欧债危机的冲击较小，所以我国大陆市场对于发达经济体的经济复苏提供了较高的外部需求。经济稳定方面的贡献，主要是避免各国货币的恶性竞争。在 1997~1998 年的东南亚金融危机中，我国坚持人民币不贬值，避免了东南亚的恶性竞争。虽然此次欧债危机发生在发达经济体，但是新兴经济体也受到普遍冲击，我国仍可能在世界经济复苏中采取合作态度，避免新兴经济体之间的恶性竞争。

2013~2014 年，世界经济对我国的短期影响仍主要体现在国际贸易上。由于世界经济，尤其是发达经济体处于低迷状态，所以虽然庞大的进出口规模仍然会对我国的经济形成支撑，但是进出口会保持较低的增速。变动最大的可能是净出口，由于我国经济结构调整，发达经济体的经济不会有大幅度的反弹，并且发达经济体会力图促进对华出口，所以净出口可能再度回落。

相对而言，资本流动对我国的影响并不显著。一方面，我国对短期资本外流的问题格外关注，并采取较为有力的控制措施；另一方面，我国快速增长的对外投资在一定程度上抵消了资本外流的负面影响。从长期来看，我国对外投资的基础会变得坚实，由于我国企业之间在对外投资时有很强的带动作用，欧债危机又使得我国企业对外投资加快，所以我国对外投资会有长期的加速趋势。

（二）2013~2014年全球住房市场预测：继续上涨，增速回落；亚洲新兴经济体高涨，英美反弹，欧元区低迷

全球经济对住房市场的影响主要通过经济走势、物价水平和金融三个渠道。基于上述全球经济形势的分析，我们认为2013~2014年的全球住房市场价格会继续上涨，但增速会有所回落。

全球经济走势和通货膨胀走势对全球住房市场产生抑制作用。Davisetc（2005）、Feldstein（2007）等的研究均显示出经济周期与住房市场的关联。随着全球经济走势放缓和通货膨胀减弱，全球经济步入经济周期的底部，住房市场也相应受到抑制。

但是，2012~2013年的全球住房市场呈现强劲的回升趋势，这表明金融对住房市场起到了巨大的刺激作用。一方面，由于全球经济步入正常的经济周期，长期来看全球经济必将回升，作为一种资本品，住房的未来现金流能够回升到较高水平；另一方面，全球利率水平下降，未来现金流的现值大幅度上升。

总的来看，金融市场在2012~2013年起到更大的作用，促进了住房市场的大幅回升。在2013~2014年，低利率水平仍将持续，全球住房市场价格也将持续上涨。但是由于全球利率水平已经降得较低，住房市场价格上涨的速度将有所减缓。

分地区来看，英美等欧债危机外围发达经济体在2013~2014年仍将有较高的反弹。这主要受益于持续的量化宽松政策。第一，英、美等国的量化宽松政策促使政府购买大量的机构抵押支持证券，将住房市场的大量风险转移至政府，这相当于对住房市场进行强有力的政府担保，使得政府信用进入住房市场，从而促进住房市场的发展。第二，量化宽松政策伴随着较低的消费价格指数，这或者意味着货币周转率下降，或者意味着货币流入消费品之外的市场，而住房市场首先受影响。第三，量化宽松政策使得利率可以在较长时期维持在较低水平，有助于住房的现金流呈现更高的现值。因此，英、美等国的住房市场将会继续反弹。此外，英、美住房市场的反弹会促使资金回流，而这会进

一步促进英、美等国住房市场的上扬。

新兴经济体的住房市场高涨也受益于货币政策的扩张。我们取俄罗斯与中国作为新兴经济体的代表，并将之与美国等发达国家进行对比（见图2-28），可以发现，新兴经济体的货币供应量增长速度明显高于发达经济体。这表明为拉动经济增长，新兴经济体必须有更强的货币扩张力度。尤其在当前全球经济放缓的大趋势下，新兴经济体只能通过政策干预来拉动经济，这必然会带来货币政策主动或者被动的扩张。在货币扩张的推动下，如果消费品价格水平控制在较低水平，货币周转速度又没有明显下降，那么货币只能是流入住房等大宗投资品，使得住房市场呈现高速增长的趋势。在2013~2014年，新兴经济体仍面临经济增长放缓的问题，货币政策仍将趋于扩张，住房市场也会保持高涨态势。但是，发达经济体的住房市场反弹会促使避险资金回流至发达经济体，新兴经济体住房市场的上涨势头会有所减弱。

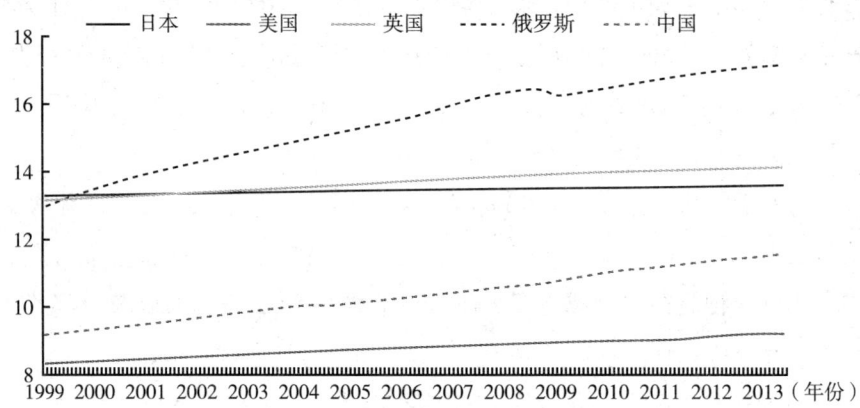

图2-28　1999年1月至2013年7月典型发达经济体与新兴经济体的M2对数值

注：均为各国本国货币，M2以OECD口径统计。
资料来源：根据中经网统计数据库数据计算。

欧元区的房地产市场则将走向低迷。一方面，欧元区是欧债危机的发源地，其经济增速明显低于美国等北美经济体，与之相应，欧元区的房地产也有着下降趋势。另一方面，虽然欧元区的利率下降，使得住房所产生现金流的现值上升，但是，欧元区住房市场受欧债危机的冲击更为强烈，较差的经济预期对应着较低的住房市场现金流，足以抵消利率下降的影响。并且欧元区的利率水平在 2012 年急剧下挫,并在 2013 年维持在较低水平,与美国、日本相近,扣除欧元区较高的风险报酬率之后,欧元区的利率实际上处于较低的水平,这将促使资金流出欧元区。因此,不但希腊等身处债务危机的欧元区经济体会延续住房市场低迷的趋势,法国、德国这些核心国家也会受到影响。综合以上分析,在 2013~2014 年,这些国家的住房市场上升势头已经减弱,避险资金也将从这些国家流出,从而降低欧元区核心国家的住房市场增速。

(三)2013~2014 年世界经济对我国住房市场的影响:主要影响一线城市,总体呈拉动作用

2013~2014 年的世界经济将继续对我国住房市场起到拉动作用,一般而言,世界经济对我国住房市场的影响主要通过世界经济走势、区域住房市场走势、货币政策压力和资本流动四个渠道,虽然这四个渠道的作用方向并不一致,但是总体来看对我国住房市场呈现拉动作用。我国一线城市和二、三线城市的住房市场差异较大,相对而言,一线城市作为国际化的城市,对世界经济因素有较高的敏感性,因此,世界经济因素对我国住房市场的影响,主要体现在一线城市上。

由于经济周期与房地产周期的关联,世界经济走势的放缓对我国住房市场起到抑制作用。但是,我国经济波动的相对幅度不但小于世界经济的波动幅度,也小于新兴经济体的波动幅度。这说明尽管我国经济周期存在与世界经济周期的正相关联,但是世界经济对我国经济的影响并不显著。因此,世界经济走势的放缓对我国住房市场的抑制作用也是较弱的。

与之相对,区域住房市场对我国一线城市住房市场的影响较为显著。在东亚和东南亚的新兴经济体中,我国内地一线城市的住房市场表现尽管非常突出,但是季度同比仍低于中国香港、菲律宾(如表 2-2),这表明我国内地一线城市住房市场的上涨幅度并非脱离东亚与东南亚新兴经济体的平均趋势,只是在新兴经济体中处于较高的位置。因此,在短期之内,我国内地一线城市的住房市场仍将接近东亚与东南亚新兴经济体板块的平均趋势,呈现较快的上涨。

来自发达经济体的货币政策压力会同时产生两个相互矛盾的影响。一方

面，在中国人民银行2013年前两个季度的《货币政策执行报告》中，资本流动和汇率波动是主要的关注项目，为控制资本大规模外流和人民币的快速贬值风险，我国货币政策会出现紧缩趋势，并对住房市场起到抑制作用。另一方面，我国货币政策的扩张程度主要受国内的经济增长与通货膨胀的影响，出口增速下降导致的经济放缓趋势会促使货币政策有一定程度扩张。但是，总的来看，这两个影响渠道的力度并不强。在应对资本流动和汇率波动的影响时，我国货币政策的重点放在监控资本流动和完善汇率形成机制之上，较少涉及货币政策力度。此外，考虑到2013年11月4日李克强总理在经济形势报告中严控货币增发的表态，我国也不会以明显的货币政策扩张来应对出口下降导致的经济放缓。因此，世界经济通过货币政策压力渠道对我国住房市场的影响是较弱的。

资本流动对我国的影响是正面的，虽然部分发达国家经济下滑缓解的趋势使人们认为资本有回流趋势，并在2012年中国呈现较强的资本外流趋势，但是，我国房地产开发投资中的外商直接投资增速在2013年重拾上升趋势（见图2-29），这表明我国房地产业仍对境外资本有较强的吸引力，使得住房市场受益于国际资本流动。

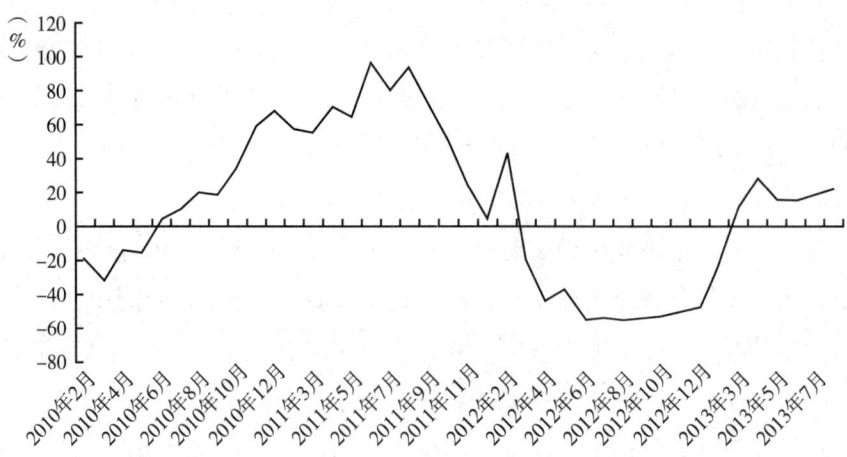

图2-29　2010年2月至2013年8月房地产开发资金来源中外商直接投资增速（累计）

注：每年1月份数据空缺。
资料来源：中经网统计数据库。

第二章　世界经济与住房市场形势分析与预测

总体来看，在2013~2014年，世界经济对我国住房市场的总影响是趋向于扩张的。同时，我国对世界住房市场的推动也会在局部地区和局部市场变得显著。虽然从供给方来看，房地产业的海外发展仍会沿着2012~2013年的趋势，在住房市场领域不会有显著的影响，但是从需求方来看，由于我国住房市场价格处于高位，海外置业将会进一步扩张。由于我国海外置业在地域上相对集中，在类型上趋于中高端房产的特征属于海外置业人群的长期偏好，所以在2013~2014年我国对海外住房市场的推动仍会集中在局部区域，带来海外局部地区中高端住房价格的较快上涨。

参考文献

IMF：*World Economic Outlook Database*（October 2013），http：//www.imf.org.

Knight Frank："Hong Kong leads global house prices higher"，http：//www.knightfrank.com.

Knight Frank："European property prices rise for the first time since 2010"，http：//www.knightfrank.com.

《日本居民景气感受指数下滑　安倍经济学未奏效》，中国新闻网，http：//www.chinanews.com/gj/2013/10-03/5344163.shtml。

Martin S. Feldstein，"Housing, Credit Markets and the Business Cycle"，NBER Working Paper No. 13471.

Morris A. Davis, Jonathan Heathcote, 2005. "Housing and the Business Cycle," *International Economic Review*, vol. 46 (3), pages 751-784, 08.

WTO：*World Trade Report 2013*，http：//www.wto.org.

日本银行：*Outlook for Economic Activity and Prices*，http：//www.boj.or.jp。

第三章
中国宏观经济形势分析与预测

吕风勇

一 2013年宏观经济基本状况

2013年前三季度,中国经济增速再次经历了一个从明显下滑到初步企稳的过程,但总体来讲,前三季度中国经济有惊无险,宏观层面,经济运行初步企稳;微观层面,企业应对能力增强,除了部分行业依然存在严重的产能过剩、局部区域债务风险有所累积外,中国经济的表现仍然较为出色。

1. 内生紧缩引致增速下滑,调整充分经济趋于平稳

2013年前三个季度,中国国内生产总值(GDP)分别同比增长7.7%、7.5%和7.8%。2012年第4季度以来的经济回稳态势并没有得到维持,而是经历了再次探底的过程,2013年第3季度才有所好转(见图3-1)。从工业增加值来看,2013年3月份和6月份的工业增加值增速均低于9.0%,1~6月累计增速也只有9.3%,低于上年同期1.2个百分点。到8月份和9月份,工业增加值增速又重回10.0%以上(见图3-2)。

2013年前两个季度,中国经济增速之所以没有延续2012年第4季度的回升态势,而是再次出现了较大幅度的回落,其主要原因是经济自身的调整没有完全到位,是经济内生性的紧缩导致了增速的下滑,特别是产能过剩和消费减速所产生的传导效应,进一步增加了中国经济复苏的难度。前两个季度,制造业投资同比增速为18.7%,低于上年同期6.1个百分点,成为影响投资增长的主要因素。但是,随着大部分行业的投资开始出现增速下降,整个社会过度生产和投资的迂回也逐渐得到矫正,经济运行的内生性底部也逐渐开始形成。

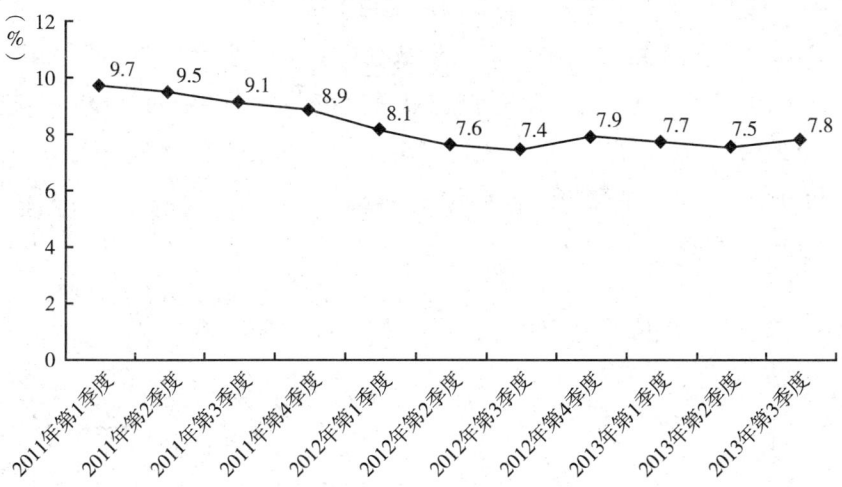

图3-1 2011年第1季度至2013年第3季度国内生产总值季度同比增速

资料来源：国家统计局网站（http://www.stats.gov.cn）。

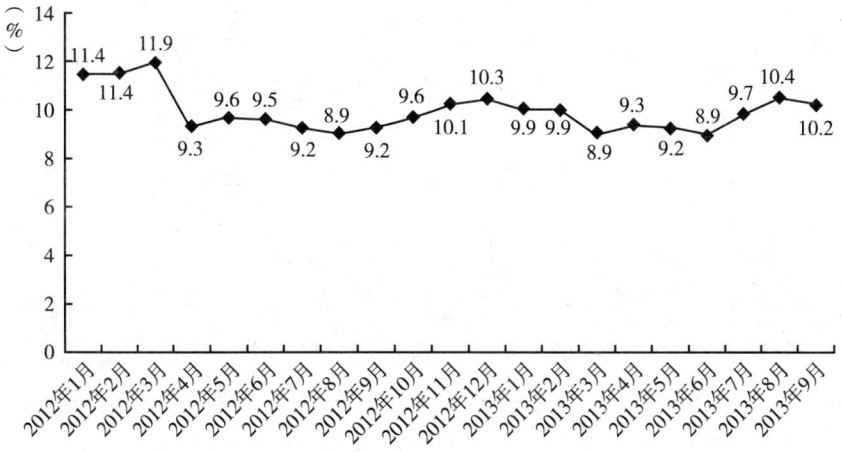

图3-2 2012年1月至2013年9月全国规模以上工业增加值同比增速

资料来源：国家统计局网站（http://www.stats.gov.cn）。

2013年第3季度GDP增速回升到7.8%，特别是8月份和9月份工业增加值增速分别达到10.4%和10.2%，一定程度上反映了经济内生调整已经较为充分，经济运行进一步趋于平稳。

2. 需求疲弱抑制通胀升势，食品房租再推物价上行

2013年前三季度居民消费价格指数（CPI）、工业生产者出厂价格指数（PPI）和生产者购进价格指数的涨幅总体较为缓和。前三季度，CPI同比涨幅平均为2.5%，基本维持了2012年下半年以来温和上涨的态势；PPI则同比下跌了2.1%，略高于上年同期的1.5%的跌幅；生产者购进价格指数也基本保持了与PPI同样幅度的变化（见图3-3）。

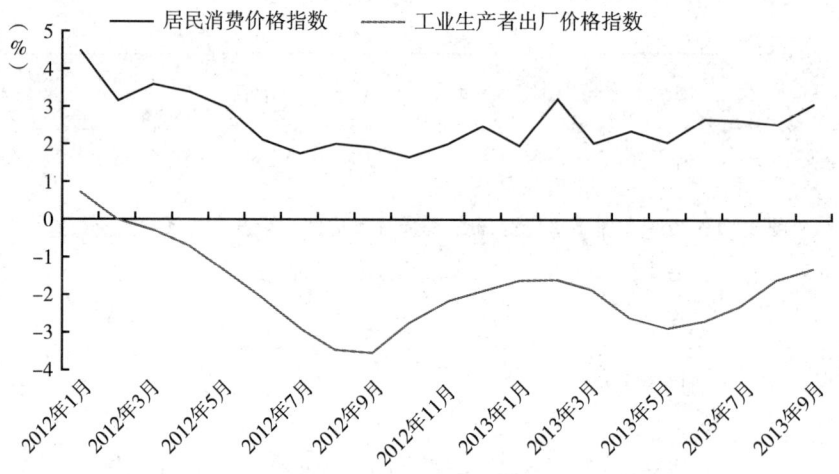

图3-3　2012~2013年CPI和PPI月同比变化状况

资料来源：国家统计局网站（http://www.stats.gov.cn）。

但是，在居民消费价格总体涨幅基本维持相对低位的同时，食品和住房租金等部分居民消费项目价格涨幅却出现了较明显的上升。2013年9月份，食品价格同比上涨了6.1%，特别是牛肉价格同比上涨了21.9%，鲜菜价格上涨了18.9%，鲜果上涨了12.5%，家庭服务及加工维修服务价格上涨了7.9%，住房租金价格上涨了4.4%。尽管物价上涨具有季节天气等偶然因素的作用，但不可否认存在一定的趋势性，这种趋势性主要受需求回升和长期价格结构调整等因素的影响。

3. 外部需求恢复缓慢，对外贸易波幅增大

2013年前三个季度全国实现货物贸易进出口总额同比增长7.7%，高于上年同期1.5个百分点；其中，出口增长8.0%，进口增长7.3%，分别高于上

年同期0.6个百分点和2.5个百分点。就月度数据而言，1~9月进出口增速总体波动幅度较大，1月份、3月份和4月份增速都超过了10%，1月份甚至达到26.7%，但出口额在6月份和9月份同比都出现了下降，进口额则在2月份、5月份和6月份同比出现了下降。从贸易方式来看，一般贸易的波动幅度相对较小，并从6月份起开始缓慢上升，特别是进口额累计增速回升速度较快，出口额累计增速则稳中略降。包括加工贸易在内的其他贸易方式，无论是进出口总额，还是出口额或进口额，累计增速自3月份开始一直呈持续下降的态势，除了进口额累计增速外，截至9月份，进出口累计增速和出口累计增速都已经低于一般贸易。前三季度由于进口累计低于出口累计增速，并且出口额又大于进口额，从而贸易顺差继续增长，共计1693.61亿美元，同比增长14.2%，不过增速较上年有所回落（见图3-4）。

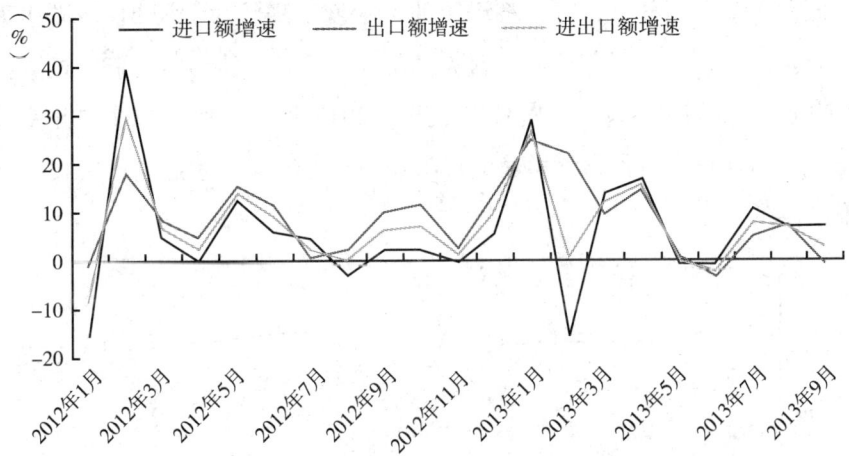

图3-4　2012年至2013年9月进出口贸易月度变化状况

资料来源：中经网统计数据库（http：//www.db.cei.gov.cn）。

2013年中国对外贸易并没有出现明显的好转，其主要原因是全球经济表现仍然较为低迷，外部需求相应受到了严重的抑制。2013年第1、2季度，欧元区GDP同比分别下滑0.8%和0.2%，衰退程度甚至超过了上年同期，这也导致中国与欧盟的贸易额下降了0.8%，对其出口额下降了2.1%。同期，美国GDP分别只增长1.3%和1.6%，其表现远逊于上年第1、2季度，相应中国对美国的出口额增速也由上年的 9.6% 下滑到 3.0%。总体来看，2013 年第 1、2 季度整个 OECD 国家 GDP 增长率分别只有 0.6% 和 1.0%，经济复苏尚需经历艰难的历程。在世界经济萎靡不振的情况下，中国对外贸易仍然较上年有所好转，这主要得益于与中国香港、中国台湾、东南亚和澳洲国家等进出口贸易的较快增长。

4. 房地产开发稳定投资的作用上升，制造业投资的贡献明显下降

2013 年前三季度，全社会固定资产投资增速基本保持平稳，为 20.2%，比上年同期回落 0.3 个百分点，其中，制造业投资增速比上年同期回落 4.98 个百分点，房地产开发投资增速比上年同期提高 4.3 个百分点，特别是住宅开发投资更是提高了 9.0 个百分点。房地产开发投资在稳定全社会固定资产投资中的作用明显上升。社会消费品零售总额增速为 12.9%，低于上年同期 1.2 个百分点，对经济增长的贡献度下降较大。图 3-5 描述了房地产开发投资、住宅开发投资和制造业投资增长对全社会固定资产投资贡献的百分点数。从图 3-5 中可以看出，进入 2013 年，房地产和住宅开发投资对全社会固定资产投资累计增速的贡献点数显著增加，制造业投资贡献点数则显著降低。

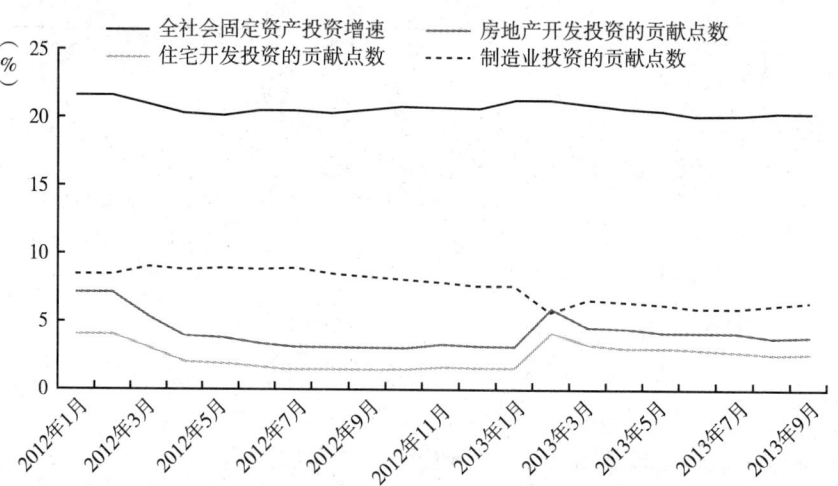

图 3-5 房地产开发、住宅开发和制造业投资对全社会固定资产投资累计增速的贡献

资料来源：中经网统计数据库（http://www.db.cei.gov.cn）。

房地产开发投资增速的上升主要有几方面的原因：一是 2010 年以来房地产调控压抑的刚性需求有释放的要求，二是房地产调控导致房地产特别是住宅的可供给量有所下降，三是 2013 年前三季度房地产价格的明显上升刺激房地产开发企业的投资意愿，四是迅速扩大的新建和二手住宅的成交量导致房地产开发企业库存减少或耗竭，五是房地产开发企业买地的热情推动了土地购置费的快速增长。所以，房地产开发特别是住宅开发投资的增速迅速上升。制造业投资的下降则是需求没能如预期回升、经济延续内生紧缩的结果，特别是重化工行业的产能过剩、PPI 价格的持续下滑等，更是削弱了制造业企业的投资意愿和投资能力。

5. 货币政策略呈偏松，融资结构变化较大

2013 年以来，货币政策总体表现得稳健偏松。2013 年 9 月底，广义货币 M2 余额同比增长 14.2%，比上年同期低 0.6 个百分点，但比上年底高 0.4 个百分点；狭义货币 M1 余额同比增长 8.9%，比上年同期高 1.6 个百分点，比上年底高 2.4 个百分点。不过，从月度变化来看，无论是 M2 还是 M1，其余额增速总体呈现走低之势，特别是 1~6 月，增速回落趋势明显，6 月底 M2 和 M1 的余额增速分别只有 13.99% 和 9.03%，比 5 月底低 1.8 和 2.3 个百分点，由于货币供应波动过于剧烈带来的不利影响，此后货币供应速度又有所加快。但是，中央银行试图在 2013 年底将 M2 余额增速控制在 14.0% 左右，货币政策总体保持了稳健偏松的货币投放节奏。由于 6 月底货币投放速度的突然减慢，银行间市场资金短缺较为严重，此后为了避免资金短缺，各金融机构都增加了流动性持有，从而使得银行间同业拆借月加权平均利率保持在相对高位，9 月底为 3.47%，比上年同期高了 1.54 个百分点（见图 3-6）。

从社会融资规模来看，根据央行的统计数据，2013 年前三季度社会融资规模为 13.96 万亿元，比上年同期多 2.24 万亿元，比上年同期多 0.32 万亿元。其中，人民币贷款占同期社会融资规模的 52.1%，同比低 5.2 个百分点；委托贷款占比 13.0%，同比高 5.7 个百分点；信托贷款占比 11.3%，同比高 5.3 个百分点；未贴现的银行承兑汇票、企业债券和非金融企业境内股票融资占比都有不同程度的降低。尽管前三季度人民币贷款占同期社会融资规模的比重有所降低，但是相比上半年而言，仍然提高了 2.1 个百分点，这也是中央银行对银行理财产品加强监管的结果，部分制止了存款"脱媒"现象的发生。

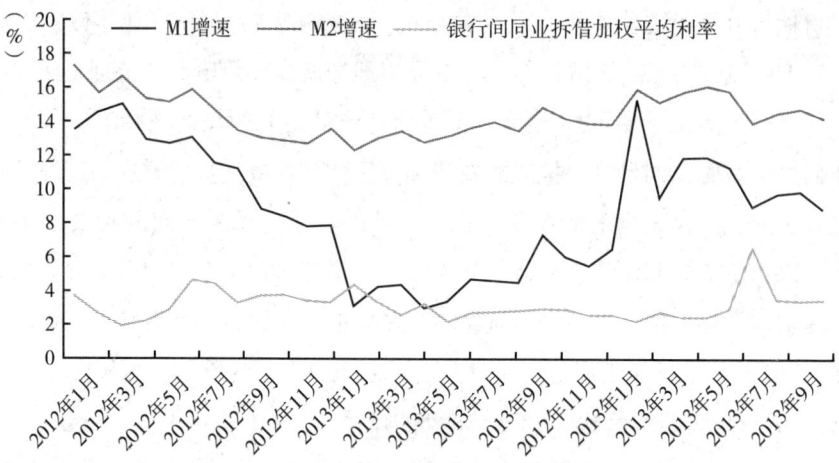

图3-6 2012~2013年货币供给量月末同比增速与
银行间月度同业拆借加权平均利率

资料来源：中经网统计数据库（http://www.db.cei.gov.cn）。

二 宏观经济运行中存在的主要问题及成因

尽管2013年中国经济在经历了下滑后再度出现企稳的迹象，但是宏观经济运行中仍然存在着一些深层次的突出的矛盾和问题，制约着中国经济的较快复苏，甚至威胁着未来中国经济的稳定持续运行。

1. 部分行业产能过剩依然严重，威胁中国经济稳定运行

中国产能结构性过剩依然是宏观经济运行中存在的一个严重问题，它不仅会造成资源的闲置和浪费，也会引致较大的经济波动，威胁经济的稳定运行。尽管中国几年前就已经认识到产能过剩问题，并采取了一系列措施予以治理和整顿，但是由于政策措施的力度不足，以及体制安排方面的原因，产能过剩问题一直未能有效解决。这使得相当一部分企业经营困难，抑制了企业赢利能力的改善，从而影响了企业科技创新能力的提高。1~8月，尽管全国规模以上工业企业实现利润总额比上年同期增长12.8%，但增速仍然低于2012年第4季度，主营业务利润也只同比增长4.9%，同时41个行业仍有14个行业利润总额出现下降。这表明企业特别是产能过剩严重的国有企业，仍然处于经营困难的境地，势必会影响企业的科技创新投入，不利于提高经济全要素生产率的提高。产能过剩还在一定程度上造成了结构性通货紧缩，使得PPI持续走低，影响经济复苏的步伐。

2. 投资消费结构转换阻力较大，有效需求增长动力不足

2000年以来，中国经济的高速增长是投资主导型的一种增长，而投资之所以能够持续，主要是三方面的因素导致的：一是出口需求高速增长，而出口需求相对国内生产而言，是一种终端需求，从而有效引致了国内相关产业投资的增长；二是国内消费升级，对房地产和汽车等大宗商品的需求旺盛，从而进一步推动了国内相关产业的投资；三是出口部门、房地产业、汽车业等行业的投资增长，更是带动了国内上游相关产业特别是投资额巨大的重化工业的投资增长。图3-7显示了自2001年以来中国资本形成率和最终消费率的消长变化情况。2000年，资本形成率和最终消费率分别为35.3%和62.5%，2012年资本形成率和最终消费率已经变动至47.8%和49.5%，十年间资本形成率上升了12.5个百分点，最终消费率则下滑了13个百分点。尽管如此，图3-8也显示，社会消费品零售总额和固定资产投资完成额的增长变化还是具有很明显的相关性的。图3-7和图3-8表明，要转变投资主导型的发展模式并不能靠简单地降低投资的规模和增速来实现，否则只会单纯地提高消费占国内生产总值的份额，并不会带来消费的快速增长和总量的相应增加。

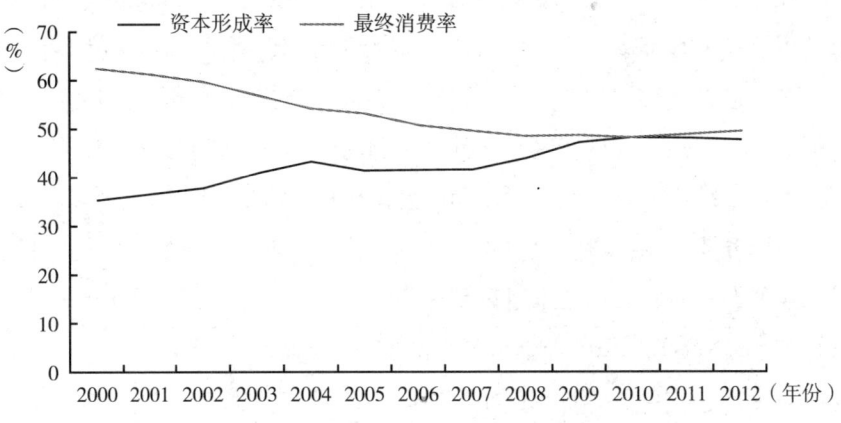

图3-7 资本形成率和最终消费率的消长变化

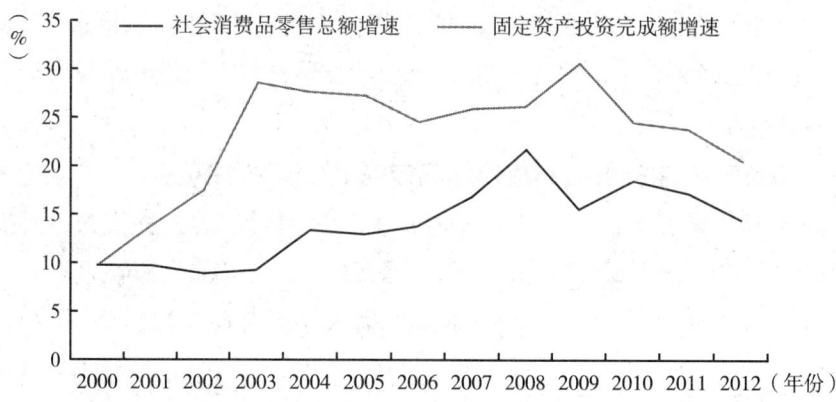

图 3-8 投资和消费变动的相关情况

资料来源：中经网统计数据库（http://www.db.cei.gov.cn）。

那么，由投资主导型的发展模式向消费主导型发展模式转换的条件和影响因素是什么？经济增长是由资本和劳动力的投入，以及科技创新和体制创新带来的，如果在科技和体制不变的情况下，假设劳动力投入不变和经济结构不变，那么只有资本投资增加，经济才可能出现增长，这样一种模式的增长，势必伴随着资本形成率上升、最终消费率下降的情况发生；但是，如果是科技创新和体制创新带来的增长，却可能在保持资本形成率不变甚至降低的情况下促进消费增长，扩大消费总额，提高最终消费率。

就中国当前的发展情况而言，除科技创新和体制创新之外，仍然存在着其他可以在保持资本形成率不变甚至降低的情况下提升消费的总额和所占产出的比重的可能：一是推动外需向内需的转换，将国外消费需求转换为国内消费需求；二是推进经济结构调整，推动资本投资较少、劳动力投入较多的服务业发展。但这两种方式都有现实制约条件，以国内消费需求代替国外消费需求，存在着消费需求结构的差异性，以及面临着国内居民提高消费率的诸多微观制约因素；而服务业的发展事实上也在很大程度依赖工业的发展，在目前阶段试图摆脱工业的发展而发展，还难以做到。

3. 物价水平涨落不一，宏观调控目标多重冲突

2013 年前三季度 CPI 维持了 2.5% 的温和同比涨幅，PPI 则同比下降 2.1%，已经连续 19 个月保持同比下降态势，工业生产者购进价格指数也同比下跌了2.2%。不仅CPI和PPI保持一定程度的背离，而且CPI和PPI内部，不同价格指数之间的涨跌也相差较大。CPI中几乎所有的食品价格指数、居住价格指数中的住房租金价格、家庭设备用品和维修服务价格指数中的家庭服务及加工维修服务价格、娱乐教育文化用品及服务教育服务价格，涨幅都比较大，交通和通信价格指数则出现了一定程度的下跌。食品、居住和教育类消费品等价格的过快上涨，增加了居民的生活成本压力，也将进一步提高劳动力成本。PPI中的生产资料价格指数同比降幅较大，特别是采掘价格指数和原料价格指数，分别下降了6.2%和3.3%，冶金价格指数也有明显的下降。

CPI与PPI的走势尽管有所背离，但都有结构性因素和周期性因素。产能过剩、居民消费需求较弱是PPI走低、CPI涨幅温和的周期性因素。但是，对物价具有主导性影响的因素却是结构性的，CPI上涨主要是由于食品类、劳务类和房租类项目价格上涨带来的，而这些品类价格上涨主要是由于劳动生产率差异较大的行业应得到相同的利润率这一规律作用的结果。相反，PPI的持续下滑，却与PPI前些年涨幅过于巨大、现在需要予以修正的内在要求有关。事实上，2000~2012年，CPI累计上升了33.5%，PPI累计上升了29.8%，工业生产者购进价格指数累计上升了63.1%，不仅CPI涨幅没有明显高于PPI，甚至远远落后于工业生产者购进价格指数（见图3-9）。因此，随着收入水平的提高，食品类和劳务类项目价格相对于工业品类项目价格而言，长期内具有更快的上升趋势，但2000年以来，这一现象总体来看表现得还不甚明显，它们之间的比价关系仍将需要不断予以调整。

但是，物价之间的表现差异甚大，而且影响因素也复杂多样，将增加宏观调控特别是货币政策操作的难度。大多数国家的中央银行的货币政策操作，都将控制通货膨胀作为主要目标，但也会将消除产出缺口作为辅助目标，这两种目标有时是一致的，但有时则因为经济结构的变化而产生冲突。就中国的物价变动的复杂情况而言，中央银行的货币政策操作面临着诸多两难处境，严重束缚着中央银行的货币政策操作。

4. 局部金融风险隐存，抑制经济平稳复苏步伐

2013年，中国经济发展中存在的一些问题有进一步趋于严重的迹象，这些问题是发展中遇到的问题，但是如果不能及时予以解决，可能酿成局部或

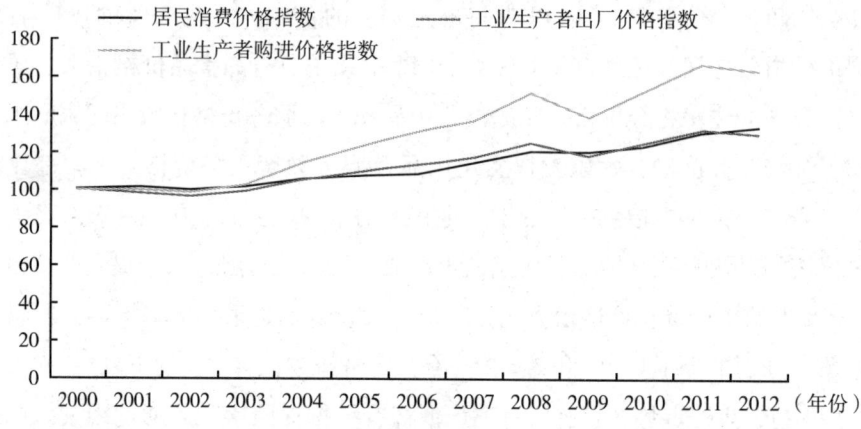

图 3-9　2000~2012年三大定基指数（2000年=100）变化对比

资料来源：中经网统计数据库（http://db.cei.gov.cn）。

系统金融危机，造成不可估量的严重后果。其中，地方政府债务负担率再次明显上升，部分城市房地产价格上涨过快，就是两类对经济稳定造成不确定影响的突出问题。此外，部分中小企业经营困难债务链极易断裂、产能过剩经营困难的大型重化工企业债务负担过重等问题也威胁着金融体系的安全和稳定。

中国地方政府债务偿债能力与城市房地产的发展也密切相关，从而进一步加大了房地产市场蕴藏的风险。尽管中国居民购买住宅首付比例较高，金融特别是银行系统对房价波动的承受能力较强，但是，随着地方政府债务规模的累积，可能对金融体系带来更大的危害。地方政府债务很多是以土地资产作为担保、凭借土地整理收入和房地产税收收入作为偿债资金来源的，房地产市场的不景气，不仅将降低土地资产的价值，且更将减少房地产的成交量从而减少土地整理收入和房地产税收收入，严重削弱地方政府的偿债能力。尽管目前这种情况不大可能发生，但是如果房地产价格仍然持续上涨、地方政府债务规模依然加大，则不大可能发生的问题将成为必然发生的问题。因此，抑制房地产价格，特别是管束地方融资冲动，以及减少二者的关联性，对于维护经济金融稳定至关重要。

尽管采取措施抑制房地产过热和紧缩地方融资规模是必要的，但是短期来看，却可能造成房地产投资和地方政府投资意愿和能力的下降，从而一定程度上会影响当前经济复苏的步伐。因此，当前为预防系统金融风险而采取的一些措施，将会为未来经济稳定的发展消除威胁和扫除障碍，却对短期经济稳定增长产生不利的影响，从而成为当前宏观经济运行中的一个突出的矛盾，需要对长期经济安全和短期经济稳定做出统筹合理的政策安排。

四 2013～2014年宏观经济形势判断与预测

（一）形势判断：经济中速增长常态化趋势增强

2013年前三季度，尽管中国经济增长速度较上年又略有下滑，但是基本属于低位震荡局面，并不具有趋势性。2013年第3季度，中国经济增速止跌回升，又透露出一些经济回暖的迹象。但这是暂时性的，还是具有一种趋势性？要对此做出比较确切的判断，目前依然是一件困难的事情。我们试图在分析影响经济运行的各种有利与不利的因素的基础上，尝试对此初步做出自己的判断。

1. 经济周期的结构性和阶段性特征更加突出，中速增长或成常态化

2013年，中国经济并没有延续上年第4季度经济增速上升的趋势，而是基本维持了与上年相差无几的经济增长速度，标志着中国经济由"高速"向"中速"转换，2008年体现为危机冲击下的有效需求不足引起的短期周期性下滑，但以2013年为标志，这种增速转换已经成为结构性的、长期的周期性下滑，即主要由需求不足的周期波动演变为供给约束的周期波动，从而中速增速将常态化。

（1）要素成本上升将推动产业结构调整，服务业比重将上升，但二者的劳动生产率将低于制造业特别是重化工业。

2008～2013年，就在经济复苏缠绵难愈之际，中国被过去高速增长所掩盖的一些内部矛盾也日渐凸显。这突出地表现在要素资源的供给方面，特别是土地和劳动力，供给日益稀缺，成本不断攀升。2013年前三季度相对2008年前三季度，全部单位就业人员平均劳动报酬5年间上涨了82.7%，土地平均

成交价上升了165.2%。此外，对产品出口竞争力具有重要影响的人民币汇率，自2008年以来也经历了较大幅度的升值，2013年9月份人民币对美元加权平均汇率相对2008年9月份升值了9.8%。因此，从企业要素供给量和生产成本价格来看，这5年间，一直支撑中国对外贸易高速增长的低成本优势已经受到极大削弱，中国制造业的发展也难以再现往日的辉煌。

中国要素供给状况的变化，将推动中国产业结构发生重大的变化，特别是服务业比重将进一步上升。中国对外贸易增速的放缓，将一定程度上减轻国内储蓄用于国外消费的程度，并将资源更多地用于国内生产方面。当前中国制造业的生产能力已经足够供给国内消费，但是服务产品供给则相对不足，从而资源将更多地流向服务业生产，服务业在国内产出中所占的比重将进一步提升。服务业比重的上升将使得国内居民获得更大的消费效用，经济增长的质量和效益也会有所提高。

服务业的比重提高尽管能够提高经济增长质量和效益，也可以让国内居民获得更多的效用福利，但由于服务业的劳动生产率相对低于制造业，所以经济增长速度会出现趋势性的回落。

(2) 产能过剩消解将需要3~5年，产能过剩的存在将弱化需求改善引致的投资乘数效应。

尽管中国对重化工产品的需求仍然每年增长，但是新的产能不断地形成，使得产能过剩难以在短期消解。尽管国务院出台了增大对五大产能过剩行业的清理整顿力度，但是，对相关企业进行"关停并转"涉及多方面的利益，矛盾冲突重重，也不是在短期能够彻底解决的。特别是产能过剩行业都是地方政府重视的市场化程度低、国有股份比重大的行业，市场机制在调节过剩的产能方面基本处于失灵状态，即使对其进行市场化改革，也需要相当长的一段时间。这些因素都决定了中国产能过剩问题还将在未来相当长一段时间内存在，至少需要用3~5年的时间来解决这一问题。

产能过剩的存在将对经济复苏形成严重压制。一是产能过剩行业的投资将受到抑制。国家清理过剩产能的决心坚定，对产能过剩行业投资的审批将会变得更为严格，从而行业投资难以较快增长。二是终端需求的增加也不能引致新的投资。即使消费和外需等终端需求有所增加，由于经济内部产能过剩的存在，部分闲置的产能将能够被利用起来，从而减轻产能过剩的程度，这些却不能引致新的投资，从而投资乘数效应的传导渠道被切断，经济复苏的力度会被大为削弱。因此，从这些角度讲，经济内部存在的产能过剩，在未来相当长一段时间内都对经济带来不利影响，使得中国经济的复苏更为困难。

（3）全球化、城镇化和重工业化"三化"叠一的时代已经逝去，"大投资"、"大开放"带来的旺盛需求将趋势性回落。

伴随着中国住房制度改革和加入 WTO，2000 年以后中国经济进入了一个持续保持两位数的高速增长阶段，2006 年和 2007 年国内生产总值甚至分别达到 13.3% 和 14.6%。当时中国重化工业尚未有充分发展，对外出口贸易的迅速增长和汽车、房地产的消费需求的大幅增加，不仅引致了出口部门投资的增加，更直接或间接引致了重工业的大规模投资。然而，当前阶段这些因素的影响都逐渐减弱。对外贸易的趋势性下降、重化工企业的产能过剩和地方政府债务及居民债务负担的提高，分别限制了出口部门投资、工业投资、房地产投资的较快增长。不仅如此，出口和投资增速的下降还进而影响产出规模的增长，并相应减少农村转移人口规模的增长，进一步降低了城镇化的速度。2013 年前三季度，中国对外出口额同比增速只有 8.0%，制造业投资同比增速更是下降到了 17.9%，房地产投资在上年增速较低的基础上以及房价上涨进一步刺激的情况下，虽然同比增速达到了 19.7%，但比 2000 年以来 24.7% 的平均增速低了许多，而且还难有可持续性。2013 年前三季度，城镇新增就业人员达到 1066 万人，提前完成了全年的目标，但是与日益增加的就业基数相比，增长速度仍然持续出现下降。图 3 - 10 显示，2007 年以来，全国城镇年末从业人员增速持续下降，2012 年下降到 3.3%，比 2007 年下降了 1.2 个百分点，预计这种趋势仍将持续下去。此外，2013 年主要以房地产按揭贷款为主的居民中长期消费贷款已占到居民储蓄的 21.8%，比 2007 年提高了 5.5 个百分点，也影响到居民的房地产的购买能力。所有这些因素综合起来，都表明"三化"叠一时代的那种旺盛的需求已经不可能再出现。

2. "稳增长"政策目标基本不变，政策力度效果或将有所减弱

进入 2013 年，中国继续实施"稳增长"的政策，并及时根据经济形势的变化进行了适度的预调微调，使得第 3 季度扭转了前两个季度的经济增速下滑

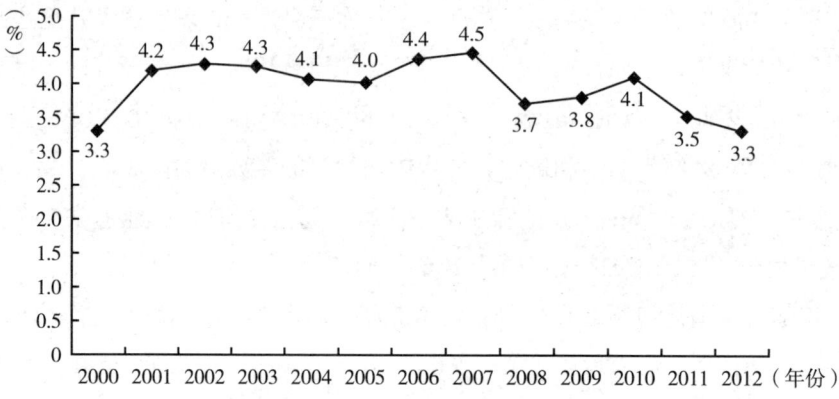

图3-10 2000～2012年全国城镇年末从业人员增长率

资料来源：中经网统计数据库（http://www.db.cei.gov.cn）。

局面，确保了年度7.5%的经济增长目标的实现。正因为"稳增长"政策对经济增速企稳发挥了重要的作用，"稳增长"或许将不是首要的政策目标，但是"稳增长"作为一种政策目标将基本保持不变，同时"稳增长"的政策边际效应会呈现逐渐递减之势，从而"稳增长"政策对未来经济增长的贡献度也会有所降低。不过，由于2013年"稳增长"政策只是着力于预调和微调，遵循了一种"微刺激"的原则，所以对经济内部结构的危害相对较小，操作不仅具有灵活性，也更具有可持续性。

货币政策基本保持了稳健偏松的操作力度，9月底广义货币M2同比增长14.2%，略低于上年同期0.6个百分点，但狭义货币M1同比增长8.9%，高于上年同期1.6个百分点。2013年前三季度社会融资规模为13.96万亿元，比上年同期多2.24万亿元，比上年同期多增0.32万亿元。这些数据表明，货币政策并没有因为前两个季度经济增速的下滑而过度扩张，具有一定的可持续性。为"使经济运行保持在合理区间"，7月份以来国家还出台了一系列措施，包括"加大铁路投资、城市基础设施建设、棚户区改造投资力度、刺激国内信息产业消费发展"等。这些措施在着眼于"稳增长"的同时兼顾"调结构"和"促改革"。这些政策也已经发挥了比较显著的增长效应。

总体而言，2013年前三季度政府"稳增长"政策的效果显著，相对2009年"保增长"政策更具有可持续性。由于当前产能过剩状况比较严重，政府适度增加投资规模不会刺激新的产能的形成,而是会有利于消化过剩的产能,这是与2009年的投资扩张计划刺激大量的新的过剩产能的重要区别。不仅如此,2013年前三季度"稳增长"政策在投资扩张方面显得比较有节制,也更具有持续性。这些都保证了现阶段"稳增长"政策不会造成大的宏观经济波动。不过,2013年前三季度不包含三行业投资的全国固定资产投资增速已经低于包含三行业投资的全国固定资产投资增速,未来这种趋势却很难长久延续,"稳增长"政策的边际效应可能会递减,这会在一定程度上影响到未来经济的稳定增长。

3. 全球经济或将微弱恢复,外部需求回升有限

2013~2014年的全球经济将保持较低的增速。其中,欧洲之外的发达经济体可能有小幅反弹,欧洲经济体将会持续低迷,新兴经济体的经济增速将稳定在较低水平。

2013年第2季度,主要发达经济体(G3)的经济增速相对第1季度出现小幅反弹,但是我们认为此次经济反弹不会有很高的幅度。由于美国、日本、欧元区、英国都在实施大规模的量化宽松政策,所以这些经济体的经济反弹可以视作政策扩张的结果。

欧元区的未来经济预期持续为负,美国的经济预期相对较好。但是,进入2012年下半年,欧元区的经济预期出现好转趋势,美国的经济预期出现恶化趋势。这一方面表明发达经济体的经济增长出现收敛趋势,另一方面也表明欧债危机的影响已经扩散。新兴经济体的经济走势预期则出现放缓的趋势。巴西、印度尼西亚和中国作为代表经济体,尽管其消费者信心水平差异较大,但是进入2013年后,新兴经济体的消费者信心指数普遍出现下降趋势。

发达经济体和新兴经济体的这种缓慢恢复的经济走势,将对中国对外贸易特别是出口贸易产生深刻的影响。同时,中国国内土地和劳动力等要素成本的上升、人民币的持续升值、部分发展中国家产品出口竞争力的不断提高,对中国出口贸易的制约作用都将越来越强。综合这些因素,在全球经济恢复缓慢的情况下,外部需求即使能够回升,幅度也将比较有限,对中国经济的带动作用也不会太明显。

（二）指标预测

综上所述，由于结构变化和阶段转换特征明显，我们认为未来经济难以再现高速增长局面。尽管如此，经济内生调整越来越充分，经济主体也越来越适应中速增长的新形势，经济自主性增长能力将进一步增强，在经济政策不发生大的变化的情况下，2013年第4季度和2014年经济将基本保持稳定运行，并且增速会略有提高。具体来说，在2013年，中国经济增长率或为7.7%，居民消费价格指数或为2.6%，全社会固定资产投资增长率或为20.3%，房地产开发投资增长率19.5%，社会消费品零售总额增长率或为13.0%，贸易顺差或为2400亿美元左右，进出口总额增长率或为7.6%。包括2013年和2014年在内的主要宏观经济指标预测值请见表3-1。

表3-1 2013~2014年主要宏观经济指标预测值

指标	2013年	2014年	指标	2013年	2014年
GDP增长率（%）	7.7	7.9	社会消费品零售总额增长率（%）	13.0	13.2
居民消费价格指数上涨率（%）	2.6	2.9	贸易顺差（亿美元）	2400	2600
全社会固定资产投资增长率（%）	20.3	20.6	进出口总额增长率（%）	7.6	7.2
房地产开发投资增长率（%）	19.5	20.0			

六 政策建议

2013年7月16日，国务院总理李克强主持召开经济形势座谈会时表示，宏观调控的主要目的就是要避免经济大起大落，使经济运行保持在合理的区间。其"下限"就是"稳增长"、"保就业"，"上限"就是防范通货膨胀。当经济运行在合理区间内，就仍然要以转变经济发展方式为主线。7月30日，中共中央政治局召开经济形势分析会议，强调要统筹"稳增长、调结构、促改革"的关系，坚持宏观经济政策连续性，根据经济形势变化，适时适度进行预调和微调，稳中有为。这表明了本届政府在处理宏观调控和结构调整二者关系时的审慎态度，不仅有对通过"调结构"加快转变经济发展方式的坚定决心，对当前经济增长的放缓态势也给予了密切关注和高度警惕，同时也更加重视"促改革"来达到"调结构"和"稳增长"的作用。

第一，维持政府主导投资的适度规模，部分抵消投资增长放缓对经济产生的紧缩效应，但要避免刺激新的过剩产能的形成。

维持扩大政府主导的适度投资规模仍是短期内防止总需求进一步萎缩的主要途径。不过，由于前三季度政府主导的公共设施管理业和交通运输、仓储和邮政业的投资增速分别已达到较高的水平29.4%和23.3%，所以要控制投资规模和促进投资结构的优化。当前可以选择扩大保障住房建设、城镇棚户区改造、城乡统筹公共服务设施和基础设施建设、区域产业转移配套的基础设施建设等作为投资的重点领域。

第二，继续推行稳健的货币政策，盘活存量，用好增量，通过金融资源配置的结构调整促进实体经济的发展和结构转型。

当前经济仍然处于不景气区间，需要维持稳健偏宽松的货币政策。经济结构的扭曲造成存量金融资源配置于大中型重工业行业、房地产等虚拟经济领域的比重过大，需要通过利率市场化、加强金融监管等方式改变金融资源配置结构，特别是要确保新增金融资源更好地用于实体经济，要将更多的新的金融资源配置于中小微企业，鼓励它们提高投资规模和效益。与此同时，要采取措施对冲金融改革可能对已有政策的冲击，例如民族产品享有优惠贷款利率，市场化改革下可通过改由政府贴息的方式对冲这种冲击。

第三，继续推进税费改革，合理调整和降低居民支出负担，有效扩大国内消费需求，提高消费在内需中的比重。

以流转税为主的税收体制会造成中低收入者的税负相对过重，高收入者的税负过轻。同时，中国普遍存在的物流成本过高和收费项目繁多等问题，一方面降低了企业利润，另一方面抬高了商品或服务的价格。因此，应推动流转税制改革，逐步建立直接税为主体的税收体制，特别是要减免部分服装和食品等生活必需品应缴纳的增值税，大力清理收费项目，降低居民购买支出负担，促进居民消费需求的提升。

第四，将促进中小城镇发展作为推动城镇化的一个重要核心内容，以中小城镇为主体统筹城乡发展，促进国内投资需求的提升。

中小城镇毗连乡村，促进中小城镇发展可以使城乡居民共享基础设施和公共服务设施，还可以满足乡村居民在城镇就业的需要。因此，当前需要积极推动各类城镇公共服务的均等化，通过税收和金融等优惠政策，促使中小城镇逐渐形成产业聚集，继而吸引人口聚集，并扩大其向乡村辐射的能力，推动城乡的统筹发展。同时，通过这种以中小城镇为主体的城乡统筹发展，加快中小城镇的基础设施、公共设施以及产业的投资，进一步提升国内投资需求。

第五，重新审视和调整中国对外经济战略，优化对外贸易结构，加大对一般贸易出口的支持力度，在促进经济增长的同时，矫正扭曲的内外需结构。

中国通过优惠政策利用外资和鼓励加工贸易的战略产生的积极作用正在逐渐消失，而由国际收支失衡带来的人民币升值压力和贸易摩擦对一般贸易的危害却日益增加，这对当前中国的出口增长以及经济稳定运行都产生了不容小觑的影响。当前要调整对外经济战略，减少对加工贸易的政策优惠，更加重视一般贸易出口的发展，同时鼓励对消费品和高科技生产设备的进口，减轻国际收支失衡的程度。

第六，释放以体制改革促进经济健康增长的积极信号，稳定市场预期，引导社会资源向着有利于结构调整的方向流动和配置。

当前，应制定明确的改革路线图，支持符合市场需求的产品和服务供给，加大压缩和淘汰过剩特别是落后过剩生产能力，并向社会公布，让市场主体明白未来的改革动向和政策方针，了解政府提高经济效率、促进结构调整的坚定决心，并使这种预期内化到市场主体自身的投资和消费活动中，使之符合未来经济结构调整的方向，避免资源错误配置可能造成的损失。

市场主体

Participants in Chinese Housing Market

G.4 第四章

中国房地产企业分析与展望

刘尚超

一 2012~2013年中国住房企业发展现状分析

（一）市场环境

1. 供求状况：量价均在更高位达成平衡

2012~2013年度随着中国房地产产业全面回暖、行业规模不断壮大、调控政策逐渐趋稳、住房需求持续释放，住房企业销售业绩普遍良好，虽然三、四线城市交易量价整体表现一般，但2013年第1季度一、二线城市刚性需求与改善性需求的高位延续与持续释放致使全国整体住房市场交易量价齐升，超出预期。2013年下半年度行业整体推盘数量增加在一定程度上缓解了供需矛盾与涨价压力，同时也促使了整体市场供求在更高位达成平衡。整体来说，

2012~2013年度住房市场稳健发展的预期持续主导供求平稳增长：其中一、二线，特别是一线城市供需矛盾仍然突出，大多数三、四线城市由于需求相对较弱、库存水平较高，故交易量价的上涨较为平缓。

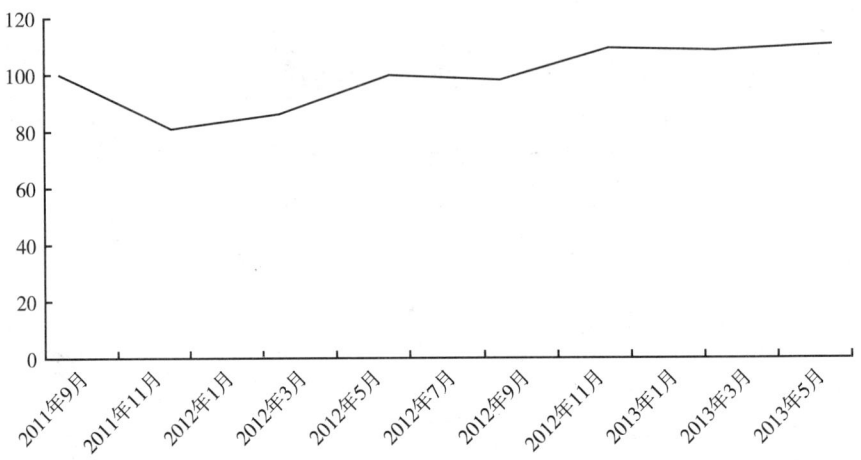

图4-1　房地产业企业家信心指数

数据来源：同花顺iFinD.

2. 行业集中度：进一步提升

在住房企业销售业绩稳步增长的同时，房地产产业集中度进一步提升，强者恒强甚至更强的局面进一步凸显。大型房企规模与业绩迅速增长，而中小房企市场份额逐渐萎缩，生存发展前景堪忧。中国房地产业协会预计未来三年之内房企总数将会从目前的5万余家降至3.5万家左右，也就意味着会有30%的房企将被淘汰。由于中小房企在土地、人才资源、融资、开发模式、风险抵御能力等方面和大型房企相比都处于明显的不利地位，因此在未来的行业进一步洗牌过程中更容易被兼并重组或直接淘汰出局。2013年度截至9月共108家房企实施并购，42家房企转让了大于95%的股份。而大型企业普遍布局广泛、产品类型多样，且具有雄厚的投资实力、便捷而广泛的融资渠道、规范的生产经营模式。因此大型房企尤其是龙头央企在2012~2013年度更进一步扩大了市场份额，抢占了发展先机（见图4-1）。

2013年前三季度房企销售额与销售面积集中度进一步提升，销售额前十名与前二十名的房企销售额总量所占全国房企销售总额比率分别达到14.43%和20.16%，分别比2012年前三季度上升0.42和1.05个百分点。销售面积集

第四章 中国房地产企业分析与展望

表 4-1 房企销售金额与销售面积集中度

单位：%

类别	2013 年前三季度	2012 年前三季度	2011 年前三季度
销售额前十名企业	14.43	14.01	12.58
销售额前二十名企业	20.16	19.11	17.11
类别	2013 年前三季度	2012 年前三季度	2011 年前三季度
销售面积前十名企业	9.31	8.39	6.90
销售面积前二十名企业	12.48	11.24	8.95

资料来源：新浪房产《2013 前三季度房企销售榜单》，2013 年 9 月 29 日。

中度同样显著增加，2013 年前三季度前十位企业销售面积总量占全国比重达到 9.31%，前二十名占比 12.48%。销售金额前十企业入榜门槛 433 亿元，比 2012 年前三季度 300 亿元门槛增加 44%。而销售面积前十位入榜门槛为 368 万平方米，同比增加 33%，上年同期水平仅为 276 万平方米。

表 4-2 与表 4-3 分别为 2013 年前三季度销售金额与销售面积前十名的企业榜单。

表 4-2 2013 年前三季度房企销售金额 TOP10

单位：亿元

排名	公司名称	销售金额	排名	公司名称	销售金额
1	万科地产	1279.3	6	碧桂园	614.2
2	绿地集团	1012.0	7	万达集团	580.0
3	中海地产	900.1	8	华润置地	497.0
4	保利地产	895.5	9	世茂房地产	481.5
5	恒大地产	746.2	10	绿城中国	433.0

资料来源：新浪房产《2013 前三季度房企销售榜单》，2013 年 9 月 29 日。

表 4-3 2013 年前三季度房企销售面积 TOP10

单位：万平方米

排名	公司名称	成交面积	排名	公司名称	成交面积
1	恒大地产	1105.0	6	中海地产	740.0
2	绿地集团	1101.0	7	万达集团	471.9
3	万科地产	1096.1	8	世纪金源	442.0
4	碧桂园	914.4	9	华润置地	428.9
5	保利地产	795.1	10	世茂房地产	368.1

资料来源：新浪房产《2013 前三季度房企销售榜单》，2013 年 9 月 29 日。

（二）企业素质

1. 企业数量：由缓慢上升进入缩减区间

过去几年来中国住房企业的数量变动趋势与住房市场的发展状况保持高度相关，2004~2008年，住房企业由3万多家激增至6万多家。受到金融危机的影响，在2008年住房企业退市潮逐渐涌现，仅北京就有约1/4的开发商退出。然而2009年之后住房市场景气程度对企业数量影响趋弱，虽然市场出现较大波动，住房企业数量仍然缓慢上升。然而随着产业集中度的持续提升，大量的中小企业逐渐被挤出，2013年全国住房企业为5万余家并且仍有进一步缩减的趋势。

2. 主营业务：房企经营范围普遍跨度广泛

以房地产业为主营业务的住房企业通常具有相对较大的规模与较雄厚的财力，因此其经营范围非常广泛。随着2012~2013年房地产市场的持续回暖，房企涉足领域也逐渐拓宽。住房企业的主营业务除房地产开发及其相关的建筑工程、物业管理外，还主要集中在能源开发，国内、国外贸易，批发零售，高新技术等实体经济领域。例如保利集团的军民品国际贸易同房地产开发就并为其两大主业。

3. 部分央企：依旧涉足房地产市场，甚至不退反进

为纠正部分央企偏离主业、热衷房地产等副业的情况，2010年国资委曾下"退房令"要求除16家主营业务包括房地产开发的央企外，其余78家央企都须退出房地产行业。"退房令"虽受到多方赞同，实行效果却不容乐观。目前房地产作为副业的央企退出房地产市场进度极为缓慢，仅有不到30%完全退出且大多是效率低下、运营状况不佳的企业和项目。鲁能集团、中航工业、神华集团等五家央企更是采取了把房地产业纳入到主营业务中的策略，不退反进，主营房地产的央企从16家扩容至21家。考虑到央企在房地产市场竞争中具有规模、政策、资金等多方面先天优势，因此全国住房市场的公平竞争环境和调控政策的有效实行都会在一定程度上受到影响。

(三)企业经营

1. 销售额涨势明显;销售策略随行就市,更为理性化、多元化

2012~2013年度住房企业商品房销售额与销售面积均涨势明显,2012年第4季度与2013年前三季度销售额共为7.8万亿元,比2011年第4季度与2012年前三季度6万亿元的销售额同比增长30%,住宅销售额为6.5万亿元,同比增长31%;同时商品房销售面积达到12.72亿平方米,同比增长19%,其中住宅销售面积11.3亿平方米,同比增长19.8%。

受限购限贷等政策影响,投机性购房行为得到一定程度抑制,而刚需的压力逐渐凸显,因此大多数住房企业相应调整了产品结构,将刚需户型作为推盘主体,保障并促进了销售额的快速增长。2012年度行业龙头万科销售户型中90%以上为144平方米以下的房屋。由于房地产行业企业众多、竞争激烈,个体企业几乎没有定价权,而销售定价行为更大意义上是某一市场细分内住房企业、特别是大规模住房企业的集体行为。在供需矛盾突出的一线城市,住房企业通常通过多元化的营销模式和异质化的住房产品来吸引顾客,降价促销的策略并不常见。在2013年北京秋季房展上,北京本地项目仅30多个且仅有极个别企业打出了打折促销的招牌。相反在大多二、三线城市,由于住房企业面临较大的去库存压力,以价促量仍然是保证高周转率的有效销售策略。而单纯的降价促销已不新鲜,许多企业都开展了买房送车、送车位或送装修等形式多样、内容新颖的促销活动。

2. 开发投资额稳健增长,房地产企业回流一线城市推高地价,大型企业海外投资热情高涨

2012年10月至2013年9月房地产企业实际投资完成8.2万亿元,比2011年10月至2012年9月的6.9万亿元增长1.3万亿元,增幅达19.4%。房企在2012年10月至2013年9月期间投资仍以住宅为主,共5.6万亿元,占比69%。住宅投资的月度累计同比增长率变化不大,2013年保持在20%左右。商品住房新开工面积为13.7亿平方米,同比增加4.5%。

土地购置方面,一、二线城市"地王"频出的火热景象与一路走低的房企土地购置面积总量形成鲜明对比。2012年第4季度和2013年前三季度土地购置面积共为3.48亿平方米，较上一时期减少2.84%。2012年10月至2013年9月土地成交价款总额为1.26万亿元，较2011年10月至2012年9月的数额同比增长5%。

由于一线城市住房市场量价齐升、利润空间巨大，而二、三线城市房价持续疲软，许多之前因躲避调控政策而逃离北上广的住房企业纷纷重返一线城市。即便是长期定位于二、三线城市的恒大也在2013年7月进入北京参与数个地块的竞标并成功获地。由于越来越多的房企尤其是标杆企业都将一线城市当做必争之地，再加之一线城市住宅用地占建设用地比重较低，供给"地王"频出的现象也便不足为奇。

标杆企业海外投资的步伐则更为激进，根据中国海外投资联合会的数据，万科、绿地、碧桂园等十多家房企巨头在海外投资规模已逾600亿元，其中大部分项目位于海外华人购房需求旺盛的发达国家，投资主要集中在住宅和旅游地产，也包括少量商业地产项目。由于海外投资还处于相对不成熟的发展阶段，为了克服在海外市场水土不服的问题，多数企业选择与当地房地产开发商成立合资公司共同开发项目或者直接收购国外房企或其项目。而开发投资的项目也以综合商业地产和旅游地产为主。

3. 融资额高速增长，资金链压力有所缓解；海外融资成本低廉，迅猛发展

2012年10月至2013年9月住房企业到位资金总额11.61万亿元，比2011年10月至2012年9月的8.95万亿元超出2.66亿元，增幅29.7%。融资潮的高涨主要是房企进入2013年后销售表现良好，对未来市场的较高预期导致其投资意愿急速攀升，大量的融资需求促使了房企融资总额的飞速上涨；另一方面稳定的信贷环境与货币政策和逐渐多元化的房企融资模式都为融资额的井喷提供了保障与支持。

2012年10月至2013年9月期间住房企业资金来源中，自筹资金与定金及预付款仍占主导地位，分别占比38.2%和28.4%。个人按揭贷款及其他资金、国内贷款所占相对比重较轻，分别占比17.2%和15.8%。而利用外资额仅占所有房企资金来源的0.4%。

由于美国量化宽松政策持续实施以及利率的走低，海外融资的成本优势逐渐凸显。例如万科于2013年3月发行的5年期限的8亿美元债券，年利率仅为 2.625%。因此，拥有海外融资平台的大型房企倾向于加大发行海外债券的力度，或通过银团贷款这种规模大、利率恰当的模式从海外募集资金，以期增强资金流动性并调整长期债务结构。2013 年仅 1 月就有 17 家房企通过境外融资渠道获取 420 亿元资金，超过 2012 年海外融资总额的 50%。海外融资额增速在 2013 年第 2、3 季度也都一直保持在 20% 以上。

（四）住房产品

1. 普通商品住宅：144 平方米以下住宅仍为主体，投资开发增速较快

由于限购限贷等政策的持续有效实施，商品住宅的投资性需求总量明显减弱，自住型需求成为将房地产市场推到高位的主力。而自住型需求主要集中在 144 平方米以下的户型中，因此中小户型的普通商品住宅逐渐成为全国普遍的消费主流。住房企业也牢牢把握这一变化趋势，将中小户型的房屋建设作为投资和开发重点，直接锁定新婚夫妻、拆迁户等群体，为其提供低价实惠的中小住房。例如万科总裁郁亮就数次提出万科企业目标定位于"为普通人盖好房子"、"盖有人住的房子"，立足于普通商品房的开发建设。而房企对大户型及高端住宅的投资增速则逐渐放缓，2013 年 1~9 月，住房企业的住宅投资累计同比增速为 19.5%，而 144 平方米以上的投资累计同比增速仅为 9.9%，别墅、高档公寓投资增速仅 5.1%。

2. 保障房：预计年度建设任务将超额完成，问题依旧突出

截至 2013 年 8 月底保障性安居工程累计投资额 7200 亿元，开工 620 万套并基本完成了 410 万套的建设，分别完成了计划目标的 98% 和 87%，预计年底超额完成计划任务。而相比于 2012 年同期 720 万套开工和 480 万套基本建成的数据，2013 年保障性安居工程无论是新开工套数还是基本完成套数都有一定程度的下滑。

由于保障房项目开发周期较长，资金回笼慢，成本高、投入大，在利润被强制压减的情况下，房企负责建造的保障房项目大多存在着价格高、位置偏僻、配套设施滞后以及工程质量不达标等许多亟待解决的问题。

3. 绿色住宅：逐渐受到重视并成为未来发展趋势

绿色住宅并非指的是字面意义上的绿化较好的住宅，而是适应并能保护地

方生态的环境友好型住宅,其包括节能、节地、节水等内容并具有保护和改善生态环境,使用寿命较长的特点。2013年1月国务院发布《绿色建筑行动方案》的通知,将绿色建筑上升至国家战略层面。国家与地方政府对绿色住宅的扶持,如奖励、补贴、降低个人贷款利率等,加之科技的不断进步,新型环保建材、墙体、恒温恒湿恒氧等科技系统逐渐问世,绿色住宅逐渐受到房地产企业的重视。同时消费者也开始逐步了解绿色住宅的优势和作用,据一项网络调查显示超过90%的网友愿意为绿色住宅支付额外的价格。因此,绿色住宅也势必会成为未来住房产品的发展趋势。

目前国际商业化运作比较成熟的是美国的绿色建筑评估体系LEED(Leadershipin Energy & Environmental Design Building Rating System)。其囊括了可持续性选址、节水、能源与大气、材料与资源、室内环境、创新与设计和区域性六个方面。据统计,凡通过LEED认证的项目建筑将升值7.5%,运营成本降低8%~9%,投资回报率提高6.6%。我国对节能环保住宅的认证最高为三星标准,涵盖了节地与室外环境、节能与能源利用、节水与水资源利用、节材与材料资源利用、室内环境质量、运营管理6个方面的要求。通过住建部一、二、三星级标准认证的房屋建筑成本每平方米大约分别增加300元、500元和850元。

万科在绿色住宅方面处于国内行业领先水平,其通过精装修住宅、住宅工业化和绿色建筑三个方面逐步实施其绿色战略。精装修房屋能减少住宅装修带来的二次污染和噪声干扰,2012年万科交付装修房已逾8万套。住宅工业化主流产品主要为18层及以上住宅,主要技术包括工业化主流产品装配式内墙、内外墙免抹灰技术工业化等。恒大也开始积极筹备绿色战略,其高管团队2013年10月初集体到访哈佛大学商讨绿色住宅建筑产业及相关领域合作事宜。

(五)企业绩效

1. 房企经营成本上升、成本控制能力普遍较弱,致使赢利能力有所降低

赢利能力指的是企业获取利润的能力,主要涵盖净资产收益率、总资产报酬率、销售收益率、盈余现金保障倍数、成本费用利润率以及资本收益率等财务指标。由图4-2可见,虽然房地产行业赢利能力各项财务指标均高于全部国有企业平均值，但是2012年度净资产收益率、销售收益率以及成本费用利润率都出现不同程度的下滑，其中销售收益率下滑最快，达到4.4个百分点。在上市房企中，营业利润下滑的企业从2011年的26家激增至87家。究其原因，表面是销售额以及净资产进入高速增长通道，其增速快于利润增速，导致财务指标基数变大、指标数值变小。而根本原因则是企业成本控制能力较弱，住房企业普遍重视外部销售投资，疏忽企业内部成本控制。随着市场环境中销售、融资、土地以及人力成本的上升，费用压力挤压利润空间也自然成为住房企业面临的巨大问题。同时大规模国企充分利用其融资、投资以及品牌优势集中抢占了市场资源，导致很多小型企业、民营企业和地方企业难有作为，也一定程度上拉低了行业平均赢利能力。

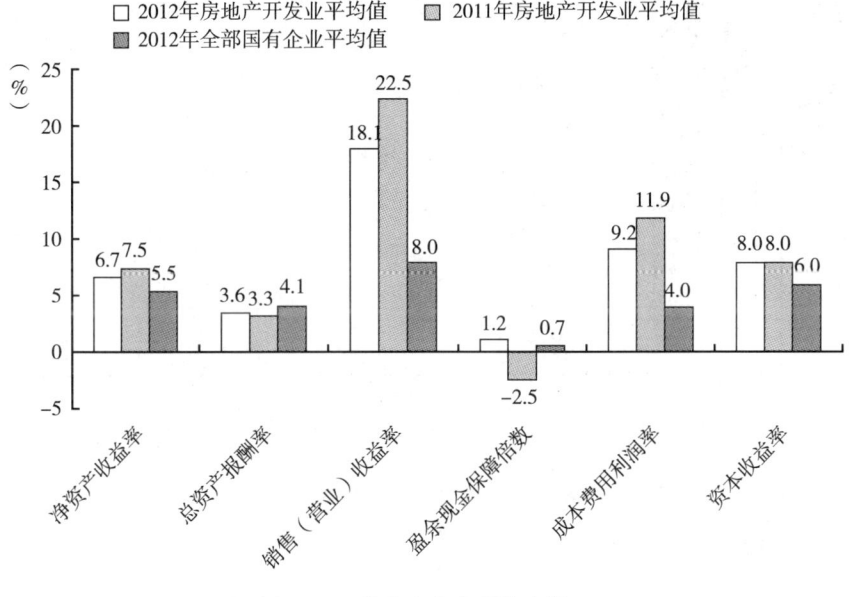

图4-2 住房企业赢利能力状况

数据来源：同花顺iFinD。

2. 负债水平高、周转速率慢进一步推高了房企财务风险

住房企业的风险来源主要包括自身负债、资金链状况等财务风险以及外部市场环境、调控政策、行业周期等外部环境风险。房地产行业先天具有开发周

期长、资金回笼慢的特点，住房企业要保持充裕的资金只能依赖证券市场或债券市场进行融资。而因为住房企业国内资本市场融资渠道不畅，其毫无疑问会具有高于普通行业的负债水平。由图4-3可知，住房企业的资产负债率、或有负债比率相关财务指标均高于全部国有企业平均水平。2012~2013年虽然房企销售业绩良好，大量资金快速回笼，但为了填补开发投资额的缺口，融资额也迅猛增长，其中国内贷款累计同比增长率在2013年9月达到36.1%，是除自筹资金和销售回款外房企最主要的资金来源。同时，108家沪深上市住房企业中有94家2013年第3季度的存货周转率小于1次，虽然略好于2012年同期的96家，但存货周转率仍然急需提高以消化存货，增强现金流。因此，住房企业居高不下的债务水平与缓慢的存货周转效率相叠加就会成倍增加企业债务违约的风险，危及企业生存发展。

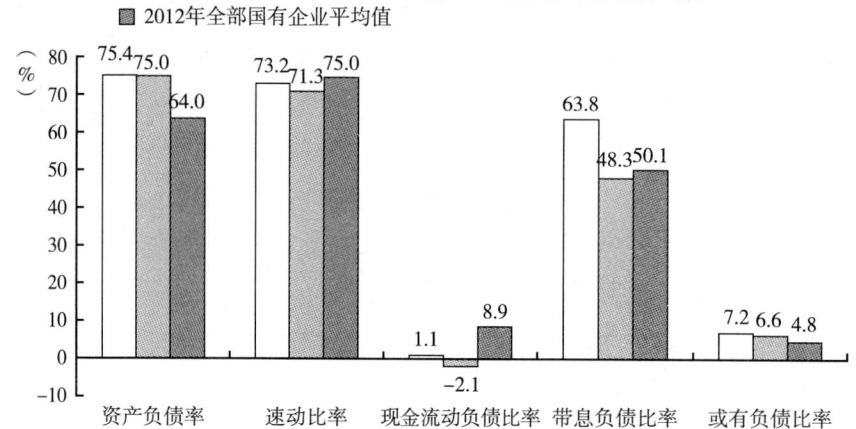

图4-3　房地产企业负债状况

数据来源：同花顺iFinD。

二　处在高位平衡市场环境下房地产企业发展存在的问题

（一）经营管理欠规范，财务粉饰、寻租现象突出

根据2013年7月商务部研究院信用评级与认证中心发布的《中国非金融

上市公司财务安全评估报告》，房地产行业财务安全指数在所有 20 个行业中排名垫底，存在着资产效率低下、资产泡沫化严重、借款效率低下、债务支付缓慢等诸多问题。据调查，存在财务粉饰嫌疑的住房企业多达 96 家，在 129 家样本中占比高达 74.4%。

住房企业寻租现象同样泛滥。根据兰德咨询公司报告，房地产企业经营环节中共有 116 个潜在寻租点，贯穿了从获批项目、规划、采购、建设到营销整个经营环节。而寻租主体范围也甚为广泛，除各级政府机关部门外还包括银行、住房企业内部、个体经营承包者甚至普通居民住户等。例如房产销售中，很多保险公司和银行都会给予企业负责人和经办人一定的利益来轻松获得业务；在房源供不应求的楼盘，房企员工甚至可以从倒号者手中获取回扣。同时住房企业的寻租方式也各式各样，有谈判游说的合法手段，有行贿索贿的非法手段，也有随意征收费用等合法与非法之间的灰色手段。因此房地产业也成了官员落马的高危地段，统计资料显示，超过 1/3 的因滥用职权或贪污受贿等受到调查处分的领导干部都与土地批租问题相关。

（二）大型房企争相出海，投融资风险不容忽视

虽然大型房企海外融资与投资都已初见成效，但是无论是意图通过海外融资平台缓解资金不足的窘境还是选择开发投资海外市场来规避国内市场风险，都存在着不可忽视的风险。首先，中外房地产相关法律法规与制度存在着巨大差异，没有经过充分的了解就大踏步出海经营无疑会有水土不服而折戟国外的风险。中国房企在国内倚仗与地方政府的亲密关系而常常违规运营，打擦边球，甚至违背法律。而海外法律制度严苛，更没有政府的保驾护航，国内房企难免不适。再者，以目前开发商海外投资开发的项目来看，主要目标客户群仍然是海外华人华侨，尤其是未来有移民倾向的潜在客户。然而一旦有明确政策限制资金流向海外或大幅提高民间资金流出成本，则规模与日俱增的房企海外业务必将因客户数量锐减而受到重创。

海外融资的房企同样需要承受来自多方面的风险。首先，海外发债或银团贷款等融资模式会导致杠杆性提升，其给房企带来的负面影响很可能大于其

改善资金流动性的正面作用。如果房企继续按目前的频率激进发债扩张,数年后债务到期时间将会高度集中,一旦市场销售陷入困境则发债人评级将很有可能被下调并且资金流动性会进一步恶化。除此之外,汇率波动、国际税收以及海外的政治环境等这些外部因素也都会对海外融资的风险与成本产生巨大影响。

(三) 企业社会责任有所改进,但仍任重道远

履行社会责任是住房企业肩负的必要使命,同时也是其生存和发展的有效助力和战略路径。由于房地产行业事关国计民生,房企的社会责任更是意义重大。然而整体来说,我国房地产的企业社会责任水平较低,仍处于起步阶段。中国社会科学院发布的2012年《企业社会责任蓝皮书》显示,房地产企业社会责任在25个行业中排名垫底。

从房企对社会责任的重视水平来看,大多企业都具有了履行社会责任的思想认识并明确设立了社会责任目标,但是根据2012年底发布的《中国房地产企业社会责任实践报告》,社会责任Top100房企中仍然有52家企业没有专门设立负责管理企业社会责任的机构部门,虽然比上一年度的78家已经有明显进步。而在社会责任Top100的房企中有26家企业没有发布任何形式的企业社会责任报告。而在已发布的社会责任报告之中,信息披露程度不足,避重就轻等问题也非常明显。

虽然保障房的建设近两年来已明显提速,年度任务也都超额完成,但是参与住房保障工程建设的企业数量有限,即便在社会责任Top100的房企中都有超过70%没有参加住房保障工程的建设。

整体来说,房企的社会责任有待进一步改善,但是在大型企业中不乏切实履行社会责任、积极投身慈善事业的佼佼者。2013年福布斯中国慈善排行榜中前五位共有三家为房地产企业,其中恒大集团以向广东省扶贫基金会捐助3.5亿元排名第一。排名第三和第四的还有大连万达集团和北京的世纪金源集团。行业龙头万科以"大到当然"作为企业的社会责任口号,2013年4月起,万科在北京、上海和深圳等一线城市发起举办了城市乐跑赛,促进全民健身践行企业社会责任。

三 促进住房企业进一步平稳健康发展的政策建议

（一）完善法律法规与政策制度，规范房企经营行为

房地产行业是国民经济的支柱，同时又是所有行业中财务风险的重灾区，财务粉饰、偷税漏税、寻租现象等严重问题带来的风险不可估量，因此急需完善相关法律法规和政策制度来加强对房企的监督，有效约束房企经营行为，促使整个行业健康稳定发展。具体来说，应加大对住房企业资质审批审核力度和对违规企业的惩罚力度，拒绝有不规范经营"前科"的企业或集团进入住房市场，对发现有严重违规经营行为的住房企业予以惩戒或直接清退出市；还要加强对住房企业财务报告的审计，对容易进行财务粉饰的具体财务指标制定行业规范；尽快建立健全多部门协调监管的联动机制，加大信息公开披露，使住房企业业务流程更加透明公正，遏制寻租行为。

（二）增强国有房地产企业的社会担当，发挥其积极作用

国有房企一方面承担着国有资产保值增值的职责，另一方面肩负国计民生的重任。当两者出现矛盾之时，国有住房企业往往选择自身利润最大化作为最终目的而忽视其经营行为对社会、民生等方面的负面影响。国有房企凭借其先天性的融资优势和政策优势在土地市场中呼风唤雨，推高土地价格，屡次刷新"地王"纪录，限制了其他住房企业的发展，更重要的是间接推高了商品住宅的价格。因此应明确国有房企的社会担当，将国计民生与社会责任作为国有房企的经营目标与职责，包括要求其承担保障性住房建设任务、严惩其在商品房市场和土地市场的不正当竞争和垄断行为；同时严格督促主营业务非房地产的央企尽快完全退出住房市场，控制国有资产在住房市场中所占比重。

（三）小规模房企需"开源节流"，提高资金周转率

房地产行业整体利润率下降已成明显趋势，对于融资渠道不畅、资金压力较大、靠少量项目维系的小型房企来说，企业的生存处于首要位置。因此在稳

步运营的前提下,小型企业需认准自身产品竞争优势,准确定位市场需求,争取持续稳定的市场份额。同时灵活运用定价策略,必要时适当降价以加快去库存化,同时以提升销售业绩为前提,摆脱以个别项目运营为主的发展模式。小型房企"开源"同时也需"节流",一方面提高资金周转率,加速推进项目运营的标准化、系统化流程,加快资金回笼速度;另一方面也需要注重企业内部的成本管理,通过完善相关制度、明确细化成本控制方案、适当调整高管薪酬等方式有效地降低行业运营成本上升对企业利润空间的挤压。此外,小规模房企还可以利用自身规模小、船小好调头的优势,灵活选择经营领域与产品,充分发挥自身竞争优势。

(四)大规模房企需积极开拓创新,实现差别化战略

由于大型企业普遍有应用广泛且标准化程度极高的生产流程,其快速周转的运营模式在一定程度上也阻碍了其创新能力的发展。企业的创新是一个系统工程,包括知识创新、技术创新、制度创新。从产品的价值链来看,又包括金融创新、产品的创新以及营销模式的创新。应该说,建立多元化的融资渠道是开发商、银行以及投资者对金融领域的共同期待。房地产金融创新的实质和最终目标就是建立一个健全的买方市场,通过市场的手段来调节供需,通过竞争来规范市场。产品创新主要体现在差异化住宅产品上,而紧凑型的绿色住宅正是当下与未来产品创新的主流,景观型项目到节能型项目以及所谓"生态住宅"都逐渐受到消费者的青睐与住房企业的重视。营销模式的创新则需要房地产企业紧跟时代步伐,例如售楼处开夜场、扫微信推楼盘等都迎合了年轻刚需客户的需求,收效明显。

(五)海外投融资需谨慎防范风险

国内房地产企业海外投融资热潮同时也带来了前所未遇的较大风险。因此房企在出海之前就应做足充分准备,在进行投融资项目的评估时,不单单要从资金成本与潜在收益的角度考量,更要对项目的潜在风险做出预测,要看其是否符合企业发展战略与投资国政策环境要求。一旦决定出海投资或融资,就必须先对国外文化体制、法律规定、市场环境等方面做足功课以防"水土不

服"。在进入海外市场的方式中,建议国内房企仍然选取与当地住房企业合作或收购项目等稳妥策略。最关键的是要能够在投资、融资链的每个环节上把握国外市场周期和特性,做到因地制宜、随行就市、有效降低和分散风险。

四 2013~2014年中国住房企业发展展望

展望2013~2014年度,在"稳增长、调结构、促改革"的宏观经济政策持续实施与新型城镇化建设积极稳妥开展的进程中,促进房地产业健康平稳发展的调控方针会给房地产企业带来巨大的发展机遇和挑战。

(一)行业集中度进一步提高

多方面资料显示,房地产业未来的改革和发展方向总体趋势应为坚持市场化改革、适当放松土地流转政策以及加强保障房建设。因而在逐步升级的市场竞争中"马太效应"将更加凸显,在融资、开发、销售、品牌和管理等全方位均具有压倒性优势的大型企业将会强者愈强,继续鲸吞市场份额,住房市场的寡头时代已初见端倪。竞争强度加大和行业整体利润下滑等多种因素都将加速淘汰一大批缺乏核心竞争力、赢利能力低下的中小型住房企业。一、二线城市土地市场火热程度不断上涨又使得资金链捉襟见肘的小型房企不得已奔赴利润率较低的三线城市。与此同时,中小房企在申请银行房地产开发贷款时由于政策制度、信用评级、银行规定等因素的影响面临着日益严重的困境。因此,预计未来住房企业整体数量会继续下滑,行业集中度也会进一步提高。

(二)企业运营更加规范透明

由于市场信息不对称,部分住房企业只顾追逐利益而缺乏社会责任感,而诚信守规的房企往往在竞争中处于不利地位,因此也就"有样学样",致使整个行业经营管理状况乱象丛生,问题频出。道德风险这一典型的经济学现象已发展到非常严重的程度。针对这一问题,政府相关部门机构已开始加大对住房企业违法行为的打击力度,完善监管机制体制,保障健康稳定的市场秩序。2013年10月,由住建部牵头,包括发改委、财政部、国土资源部等在内的共

十部委已共同着手构建"房地产开发企业诚信信息共享系统",业内俗称"黑名单"系统。此系统将会整合各部委分管下的已注册房地产企业各环节监管信息,监控并记录住房企业在拿地、融资、投资和销售等过程中的违规行为。如果此系统能够严格执行到位,一些靠圈地、违规销售、打擦边球为生的房企将会受到严厉打击。更重要的是,黑名单系统对房企的震慑作用会远远大于其对个别违规企业的惩治作用,终身制的诚信记录将会大大提高房企的违规成本,促使所有房企运营更加规范透明。

(三)企业投资开发更趋理性,竞争更趋品牌化

新型城镇化建设的布局与全面建成小康社会的任务给住房企业带来了持续巨大的发展潜力,然而随着企业经营管理进一步规范,行业成熟度进一步提高,房地产业整体由粗放式增长转变为平稳式发展。住房企业也不再仅仅注重规模、增长和盈利等简单的业务指标,而是逐渐实行品牌化战略,以期用品牌打造核心竞争力。在投资开发方面,住房企业将进一步以住房需求为导向,侧重理性迎合不断增长的刚性需求,提供具有针对性的房源与配套服务。闻风而动、一拥而上地抢地开发等疯狂行为将会在全国范围内,尤其是二、三线城市逐步消失。同时,房企对住房产品的开发将更趋多元化,类似于万科15平方米极小住宅的创新型住宅将会逐步问世。

(四)融资方式逐渐多元化,直接融资比重会继续上升,企业资金链压力会持续缓解

目前我国住房企业融资仍主要集中依赖于银行信贷(通过金融机构的间接融资),但由于房地产信贷紧缩政策将持续实施,银行信贷间接融资占比将逐步下降,而直接从投资者手中募集的直接融资比重则会增加。住房企业直接融资占比已从2004年的30%升至2012年的40.5%,并且此趋势预计会进一步延续。伴随住房企业逐步上涨的资金需求,投资人以及机构投资者对房地产证券化产品以及私募基金的逐渐认可并产生偏好,因此房地产直接融资的供需两旺直接体现在近期股票市场再融资开闸的利好消息,房地产信托、基金等间接融资规模的飞速发展壮大。因此,多元化的融资渠道、直接融资的快速发展

都将会进一步缓解住房企业面临的融资压力。虽然 2013 年 7 月金融机构贷款利率管制已全面放开，但预计短期内仅会缩减企业间融资成本差距，对银行信贷紧缩的整体预期影响不大。

五 住房上市公司指数："住房 100"指数分析

（一）指数构建

1. 指标的选取与构建

参照中国社会科学院重点课题"中国企业品牌竞争力指数（CBI）"中的房地产企业品牌评价指标体系，住房上市公司 100 指数以全面、客观并兼顾房地产业特性为评价原则，分别从规模、效率和增长三个要素，每个方面各选取两个财务指标对沪深两市上市住房企业进行分析评价。其中规模要素包括住房企业的营业收入与资产总计两个指标，营业收入可以客观反映公司的经营状况以及市场份额；资产总计则是以货币形式反映出住房企业所拥有并可利用的经济资源。效率因素相应地反映出住房上市企业的创利效率，由营业利润率和总资产净利润率体现。营业利润率为营业利润与营业总收入（包括主营业务收入与其他业务收入）之比，总资产净利润率为企业净利润与资产总额的比重。在激烈的市场竞争与严峻的行业环境中，企业的创利能力很大程度上决定了其现金周转以及运营效率，从而关乎其是否能进一步生存发展。增长要素主要测度的是企业规模的增长，集中反映了企业的发展状况与未来的竞争潜力，由营业收入增长率和总资产增长率构成。两个年度增长指标计算时均以上一时期的公司数据为基准，如企业 2011 年 10 月至 2012 年 9 月的营业收入和 2012 年 9 月的资产总额。以上所有六个财务指标都与住房企业的市场表现和发展潜力呈正相关，即数值越高越好。

与公司的财务年度不同，住房上市公司 100 指数的六个指标测度的都是上一年度 10 月到本年度 9 月的数据。具体来说，资产总计为 2013 年 9 月的企业数据，而营业收入、营业利润以及净利润等指标均为企业 2012 年 10 月到 2013 年 9 月的财务数据。

2. 数据来源和样本

在"住房100"指标体系中，所有指标的数据均由上市公司的年报、季报公布的数据整理而成，通过同花顺iFinD软件获得。公司样本为除去个别经营状况不稳定的ST企业之外的100家沪深上市住房企业。

3. 计算方法

各指标数据经过计算整理之后，先进行标准化（即去量纲化）处理，最终通过主成分分析法合成"住房100"指数并完成排序。主成分分析法是将多个变量通过线性变换以得出较少主成分因子的多元统计方法，一般以数据的降维为目的。然而在主成分分析的过程中我们可以获得因子对整个数据的方差贡献度，并以此作为因子的权重对整体样本的数据加以衡量和评价，所以主成分分析法也常常被用于多指标体系的综合评价。其优点是在保留原指标大部分信息（通常在85%以上）的基础上，将多个指标转化为几个相互独立的综合因子；其权数是基于各指标数据的内在结构分析得出的，也就是说数据的结构是决定相应指标的权重的唯一因素，因此指标权重和由此得出的竞争力指数都降低了一些可能的主观偏见造成的影响（刘星毅等，2008）。

（二）"住房100"上市企业分析结果对比解读

1. 地域分布：东多西少格局进一步显现

从本年度"住房100"企业的注册地来看，更进一步呈"东多西少"的态势，绝大多数企业都集中在长三角、珠三角和京津环渤海经济区，广东由2012年的21家增至26家，其次是拥有13家"住房100"公司的北京，上海、浙江、湖北、江苏拥有的"住房100"企业数量分别为11，9，7，5。广西、贵州、河北等省都仅有1家企业进入"住房100"榜单；而14个中西部的省级行政区，如西藏、甘肃、陕西等都没有住房企业进入榜单。

2. 行业集中度：企业资产与市场份额两极分化更加严重

从资产总量来看，排名前五位的万科、保利地产、招商地产、金地集团和首开股份资产总量接近1.1万亿元，占所有"住房100"企业的41.6%，比2011~2012年度的42.8%略有下降；资产总额后五位企业仅占0.03%，远低于上期的0.18%。从营业收入来看，排前五位的万科、保利地产、葛洲坝、金地集团和招商地产营业收入总量达 3.3 千亿元，占"住房 100"企业的 47.4%，较上期 46% 提升 1.4 个百分点。

3. 增长速度：整体大幅提升，中小型企业、民营企业增长较快

2013 年前三季度房地产行业整体销售额累计同比增长率为 34%，以此为标准，共有 41 家企业达标，其中超过 100% 增长率的企业为 18 家。虽然达标企业数量同比下降，但主要是由于行业整体增长率标准大幅提升所致。"住房 100"企业中 68 家在 2012～2013 年度都保持了营业额正增长。营业收入增长率前五位依次是国兴地产、多伦股份、万业企业、香江控股和荣安地产，其中荣安地产为规模较大的民营企业，万业企业为规模较小的国企，其他 3 家均为本年度新上榜的小型住房企业。

2012～2013 年度"住房 100"企业总资产年平均增长率为 24%，仅有 31 家企业高于此平均水平。资产总额增长率前五位分别为新华联、阳光城、京投银泰、荣盛发展和珠江实业。其中除荣盛发展外，其他 4 家均为资产额在 50 亿～250 亿元的中小型住房企业；并且除珠江实业外，其余 4 家均为民营企业。

（三）结果聚类分析

由表 4-4 中可以看出，每个因子的载荷都基本集中在两个预设的财务指标上，因此主成分分析后得出的 3 个因子基本代表了"住房 100"企业的规模、效率和增长因素，完全吻合指标体系的设定预期。

表 4-4　主成分因子载荷矩阵

类别	因子1	因子2	因子3
资产总计	0.987		
营业收入	0.982		
营业利润率		0.863	
总资产净利润率		0.817	-0.128
总资产增长率	0.256	0.453	0.446
营业收入增长率			0.911

方差贡献度指的是计算出的因子成分在何种程度上能够解释原始数据的变化趋势，即方差贡献度越高，因子的解释力越大。将每个因子自身的方差贡献

度除以三个因子的方差贡献度之和便可得到计算"住房100"指数时每个因子相应的权重。由表4-5可看出规模因素在企业的综合能力中占主导地位，因此选取营业收入前20名连同资产总计前20名，共计24家企业作为研究对象，以规模、效率、增长三方面因子数值达到"住房100"企业前20名为优秀标准，对其进行聚类分析。

表4-5　各因子方差贡献度及其在"住房100"指数中的指标权重

因　子	方差贡献度(%)	累积方差贡献度(%)	因子权重
因子1(规模)	33.506	33.506	0.428833
因子2(效率)	27.095	60.6	0.34678
因子3(增长)	17.532	78.133	0.224387

三项皆优。规模、效率和增长因子均处于优秀水平的有3家企业，分别是新华联、荣盛发展和阳光城，其综合实力排名都比较靠前，分别为第3、第6与第11名。虽然新华联的规模因子仅排第20位，但其增长与效率因子均处于"住房100"企业前三名，因此具有较高的综合指数与排名。与2011~2012年度相比，规模、增长与效率全面优秀的企业由1家上升至3家，一方面说明住房企业逐步加快进入扩规模、提增长、重效率的全面发展上升通道，另一方面也可以看出规模较大的住房企业已逐渐开始重视并提升其增长或效率方面的短板。

两项优秀。规模与效率两项优秀的企业为招商地产、华侨城与新湖中宝，3家企业的规模因子排名均高于其效率因子的排位，说明大规模企业在进一步提升赢利效率与能力方面依然步履较慢。增长与效率两项皆优的企业也有3家，分别是珠江实业、华远地产与信达地产。其中除珠江实业为国有企业外，剩余两家为民营企业。可以看出虽然赢利效率对企业增长有所促进，但效果不够明显。此类高效率、高增长的小规模企业综合竞争力仍然落后于规模庞大的国有企业。规模与增长两项优秀的有4家企业，分别是金科股份、泛海建设、华发股份与中华企业。此类企业规模均在10名以外，而增长排名则基本位于前10名以内，说明规模在积累到一定程度后增速会放缓，而成长最快的企业往往具有适当但并非过于巨大的规模。

单项优秀。由于聚类住房企业样本选择时以两个规模指标为标准,规模单项优秀的企业有10家,分别为万科、保利地产、葛洲坝、金地集团、招商地产、华侨城、首开股份、金融街、荣盛发展、金科股份。规模排名前几位的万科、保利、葛洲坝和金地都是单项优秀,其增长与效率并未有明显优势。但是由于住房企业综合实力中规模因素所占权重最大,因此大多规模单项优秀的企业都处在"住房100"指数排名前列。同时也可以看出住房企业在市场竞争中能得以生存发展并崭露头角,规模是首要影响因素。而效率单项优秀的仅北京城建1家企业。没有企业为增长因素单项优秀,因此可以看出小型企业与低效企业都无法快速健康成长,达到一定的规模和创利效率是企业成长、发展的必要条件。

表4-6 住房上市公司:"住房100"指数及各因子指数

企业名称	"住房100"指数	排名	因子1(规模)		因子2(效率)		因子3(增长)	
			指数	排名	指数	排名	指数	排名
万科A	1.0000	1	1.000	1	0.636	59	0.425	37
保利地产	0.7907	2	0.688	2	0.642	53	0.426	36
新华联	0.5863	3	0.125	20	0.832	3	0.864	2
招商地产	0.5719	4	0.307	5	0.705	15	0.450	29
创兴资源	0.5476	5	0.027	98	1.000	1	0.416	42
荣盛发展	0.5388	6	0.188	9	0.755	9	0.571	8
葛洲坝	0.5369	7	0.359	3	0.603	83	0.378	55
华侨城A	0.5349	8	0.249	6	0.725	13	0.394	50
金地集团	0.5211	9	0.318	4	0.630	62	0.356	71
冠城大通	0.5205	10	0.095	32	0.865	2	0.449	30
阳光城	0.5191	11	0.141	13	0.728	12	0.749	3
珠江实业	0.4803	12	0.072	48	0.805	7	0.515	15
京投银泰	0.4653	13	0.110	24	0.687	26	0.693	4
泛海建设	0.4649	14	0.129	15	0.693	21	0.585	6
金科股份	0.4642	15	0.178	10	0.653	43	0.516	14
首开股份	0.4603	16	0.203	7	0.634	60	0.454	27
新湖中宝	0.4536	17	0.145	12	0.697	19	0.430	35
金融街	0.4534	18	0.198	8	0.650	47	0.373	58
信达地产	0.4492	19	0.106	26	0.700	17	0.560	9
中华企业	0.4491	20	0.127	17	0.672	29	0.574	7
中天城投	0.4457	21	0.123	21	0.677	27	0.548	11
北京城建	0.4371	22	0.118	23	0.698	18	0.439	33
华发股份	0.4369	23	0.128	16	0.657	39	0.545	12

续表

企业名称	"住房100"指数	排名	因子1(规模)		因子2(效率)		因子3(增长)	
			指数	排名	指数	排名	指数	排名
广宇发展	0.4357	24	0.042	91	0.828	4	0.278	94
华远地产	0.4286	25	0.088	35	0.700	16	0.507	18
滨江集团	0.4244	26	0.125	18	0.691	23	0.355	72
亚泰集团	0.4240	27	0.165	11	0.604	81	0.499	22
天房发展	0.4201	28	0.091	33	0.670	31	0.552	10
云南城投	0.4172	29	0.100	29	0.643	52	0.595	5
深振业A	0.4144	30	0.067	59	0.731	10	0.396	48
中弘股份	0.4110	31	0.049	82	0.772	8	0.297	91
鲁商置业	0.4104	32	0.107	25	0.646	50	0.509	17
新城B股	0.4101	33	0.138	14	0.647	49	0.373	60
合肥城建	0.4038	34	0.073	46	0.670	32	0.525	13
世荣兆业	0.4022	35	0.018	99	0.813	5	0.222	96
中航地产	0.4007	36	0.100	28	0.638	56	0.506	19
深物业A	0.3968	37	0.029	96	0.810	6	0.152	99
美都控股	0.3937	38	0.082	38	0.650	45	0.499	21
卧龙地产	0.3927	39	0.067	58	0.663	34	0.506	20
格力地产	0.3903	40	0.077	42	0.661	35	0.457	26
苏宁环球	0.3897	41	0.081	39	0.689	24	0.331	83
海亮股份	0.3890	42	0.103	27	0.650	46	0.374	56
天地源	0.3879	43	0.077	40	0.654	42	0.466	25
阳光股份	0.3868	44	0.045	88	0.722	14	0.345	77
京能置业	0.3864	45	0.055	73	0.696	20	0.395	49
中粮地产	0.3861	46	0.125	19	0.618	70	0.381	52
华业地产	0.3859	47	0.071	50	0.671	30	0.417	41
南国置业	0.3843	48	0.051	78	0.728	11	0.281	93
顺发恒业	0.3832	49	0.071	51	0.659	37	0.445	32
深深房A	0.3819	50	0.070	53	0.640	55	0.513	16
浦东金桥	0.3799	51	0.056	72	0.693	22	0.363	65
名流置业	0.3794	52	0.084	36	0.624	65	0.493	23
嘉凯城	0.3771	53	0.123	22	0.595	85	0.418	40
栖霞建设	0.3745	54	0.076	44	0.637	57	0.449	31
万泽股份	0.3714	55	0.052	77	0.674	28	0.396	47
福星股份	0.3712	56	0.098	30	0.629	63	0.360	67
香江控股	0.3670	57	0.073	47	0.648	48	0.373	59
大龙地产	0.3669	58	0.056	71	0.660	36	0.401	45

续表

企业名称	"住房100"指数	排名	因子1(规模)		因子2(效率)		因子3(增长)	
			指数	排名	指数	排名	指数	排名
中国宝安	0.3668	59	0.072	49	0.657	38	0.344	79
华联控股	0.3661	60	0.042	90	0.689	25	0.351	74
深天健	0.3616	61	0.077	43	0.622	67	0.421	38
北辰实业	0.3601	62	0.098	31	0.611	74	0.359	68
深长城	0.3589	63	0.058	68	0.656	40	0.357	69
万通地产	0.3583	64	0.069	56	0.644	51	0.349	76
苏州高新	0.3577	65	0.084	37	0.607	77	0.419	39
渝开发	0.3557	66	0.069	55	0.605	79	0.475	24
上实发展	0.3551	67	0.077	41	0.631	61	0.344	78
国兴地产	0.3525	68	0.000	100	0.540	96	1.000	1
万业企业	0.3518	69	0.060	67	0.636	58	0.378	54
莱茵置业	0.3518	70	0.070	54	0.604	80	0.453	28
中茵股份	0.3514	71	0.062	64	0.624	66	0.413	43
浙江广厦	0.3478	72	0.070	52	0.603	84	0.431	34
新黄浦	0.3472	73	0.062	63	0.620	68	0.400	46
粤宏远A	0.3472	74	0.047	86	0.656	41	0.330	84
南京高科	0.3431	75	0.068	57	0.626	64	0.325	87
新潮实业	0.3407	76	0.060	66	0.613	72	0.392	51
金丰投资	0.3365	77	0.053	75	0.619	69	0.374	57
中国武夷	0.3353	78	0.062	62	0.611	73	0.356	70
亿城股份	0.3344	79	0.063	61	0.610	75	0.350	75
多伦股份	0.3341	80	0.040	93	0.641	54	0.334	82
沙河股份	0.3297	81	0.049	81	0.615	71	0.362	66
光华控股	0.3247	82	0.027	97	0.667	33	0.231	95
昆百大A	0.3231	83	0.056	70	0.606	78	0.322	88
道博股份	0.3222	84	0.045	87	0.609	76	0.355	73
荣安地产	0.3221	85	0.049	80	0.651	44	0.181	98
银基发展	0.3196	86	0.053	74	0.590	86	0.371	62
高新发展	0.3165	87	0.058	69	0.578	87	0.381	53
鼎立股份	0.3159	88	0.048	84	0.604	82	0.319	89
天津松江	0.3099	89	0.073	45	0.542	95	0.402	44
长城集团	0.3092	90	0.050	79	0.576	88	0.371	61
永鼎股份	0.3047	91	0.053	76	0.574	89	0.338	81
津滨发展	0.3018	92	0.065	60	0.546	94	0.371	63
中江地产	0.2962	93	0.048	85	0.569	90	0.328	85

续表

企业名称	"住房100"指数	排名	因子1(规模) 指数	排名	因子2(效率) 指数	排名	因子3(增长) 指数	排名
东华实业	0.2911	94	0.048	83	0.560	92	0.325	86
中关村	0.2897	95	0.062	65	0.537	97	0.341	80
世纪星源	0.2863	96	0.040	92	0.567	91	0.302	90
绿景控股	0.2776	97	0.043	89	0.552	93	0.295	92
华丽家族	0.2424	98	0.034	95	0.529	98	0.190	97
园城黄金	0.0590	99	0.039	94	0.260	99	0.000	100
武昌鱼	0.0000	100	0.090	34	0.000	100	0.371	64

表4-7 "住房100"企业六项财务指标指数及排名

企业名称	营业收入 指数	排名	资产总计 指数	排名	营业利润率 指数	排名	总资产净利润率 指数	排名	营业收入增长率 指数	排名	总资产增长率 指数	排名
万科A	1.0000	1	1.0000	1	0.6475	35	0.3846	27	0.0020	40	0.5252	17
保利地产	0.6799	2	0.6623	2	0.6438	40	0.3752	31	0.0021	37	0.4942	26
新华联	0.0231	43	0.0363	33	0.6756	9	0.4168	16	0.0018	46	1.0000	1
招商地产	0.2709	5	0.2670	3	0.6624	20	0.4165	17	0.0026	23	0.5076	24
创兴资源	0.0008	94	0.0024	92	1.0000	1	0.5342	5	0.0013	72	0.4679	30
荣盛发展	0.1433	8	0.1156	10	0.6522	30	0.4429	11	0.0021	35	0.6630	4
葛洲坝	0.4809	3	0.1849	7	0.6154	85	0.3376	56	0.0016	62	0.4000	47
华侨城A	0.2423	6	0.1882	6	0.6615	21	0.4622	9	0.0023	33	0.4611	33
金地集团	0.3257	4	0.2545	4	0.6364	52	0.3661	37	0.0019	41	0.3745	56
冠城大通	0.0633	19	0.0312	39	0.6631	18	0.6335	3	0.0013	70	0.6080	7
阳光城	0.0622	20	0.0531	25	0.6304	64	0.3522	41	0.0025	25	0.8297	2
珠江实业	0.0179	50	0.0102	71	0.6581	24	0.5246	6	0.0018	44	0.6273	5
京投银泰	0.0115	68	0.0515	27	0.6498	32	0.2955	85	0.0034	14	0.7228	3
泛海建设	0.0446	26	0.0856	14	0.6527	29	0.3454	48	0.0040	10	0.6156	6
金科股份	0.1081	12	0.1369	9	0.6330	62	0.3314	58	0.0017	53	0.5383	16
首开股份	0.1211	9	0.1900	5	0.6359	53	0.3274	65	0.0018	45	0.4596	34
新湖中宝	0.0868	15	0.1149	11	0.6688	13	0.3950	22	0.0025	27	0.4563	36
金融街	0.1539	7	0.1692	8	0.6476	34	0.3707	34	0.0024	28	0.3819	54
信达地产	0.0347	31	0.0505	28	0.6478	33	0.3650	39	0.0016	58	0.6023	8
中华企业	0.0408	28	0.0832	16	0.6472	36	0.3207	70	0.0016	57	0.5974	10
中天城投	0.0566	22	0.0672	20	0.6358	54	0.3496	43	0.0030	20	0.5782	11
北京城建	0.0688	18	0.0741	19	0.6595	22	0.4006	20	0.0036	12	0.4661	31

续表

企业名称	营业收入		资产总计		营业利润率		总资产净利润率		营业收入增长率		总资产增长率	
	指数	排名	指数	排名	指数	排名	指数	排名	指数	排名	指数	排名
华发股份	0.0535	23	0.0803	17	0.6341	57	0.3223	69	0.0021	36	0.5625	13
广宇发展	0.0149	59	0.0076	80	0.6758	8	0.6303	4	0.0012	76	0.3895	52
华远地产	0.0279	38	0.0331	37	0.6533	28	0.3796	29	0.0018	51	0.5420	15
滨江集团	0.0877	14	0.0890	13	0.6648	16	0.4183	15	0.0036	11	0.3733	57
亚泰集团	0.1132	11	0.1053	12	0.6088	91	0.2884	90	0.0019	43	0.4958	25
天房发展	0.0174	52	0.0350	34	0.6406	46	0.3292	62	0.0006	93	0.5756	12
云南城投	0.0090	74	0.0528	26	0.6195	77	0.2981	83	0.0055	6	0.5991	9
深振业A	0.0220	46	0.0230	49	0.6736	11	0.4464	10	0.0012	75	0.4388	39
中弘股份	0.0144	60	0.0199	54	0.7066	5	0.5133	7	0.0004	96	0.3507	64
鲁商置业	0.0404	29	0.0571	23	0.6339	59	0.3200	72	0.0031	17	0.5132	21
新城B股	0.1164	10	0.0785	18	0.6335	60	0.3736	32	0.0016	61	0.3829	53
合肥城建	0.0126	65	0.0107	70	0.6308	63	0.3489	44	0.0028	22	0.5466	14
世荣兆业	0.0082	76	0.0068	83	0.8366	2	1.0000	1	0.0046	7	0.4852	27
中航地产	0.0433	27	0.0388	32	0.6244	74	0.3168	76	0.0020	39	0.5121	22
深物业A	0.0190	49	0.0078	78	0.6739	10	0.6542	2	0.0030	19	0.2424	95
美都控股	0.0311	36	0.0135	65	0.6183	80	0.3403	54	0.0019	42	0.5158	20
卧龙地产	0.0070	78	0.0076	81	0.6343	56	0.3408	53	0.0012	74	0.5223	18
格力地产	0.0157	57	0.0324	38	0.6534	27	0.3409	52	0.0018	49	0.4591	35
苏宁环球	0.0452	25	0.0448	29	0.6656	14	0.4195	14	0.0023	32	0.3441	69
海亮股份	0.1053	13	0.0161	59	0.6129	87	0.3936	23	0.0016	56	0.3967	48
天地源	0.0213	47	0.0232	47	0.6370	51	0.3419	51	0.0016	56	0.4740	29
阳光股份	0.0051	86	0.0157	61	0.7488	3	0.3836	28	0.0013	73	0.3327	74
京能置业	0.0083	75	0.0116	68	0.6723	12	0.3966	21	0.0008	86	0.4113	44
中粮地产	0.0803	17	0.0838	15	0.6331	61	0.3298	61	0.0024	30	0.3657	59
华业地产	0.0193	48	0.0269	44	0.6590	23	0.3646	40	0.0015	64	0.4232	42
南国置业	0.0254	40	0.0156	62	0.6650	15	0.4968	8	0.0045	8	0.3149	84
顺发恒业	0.0108	69	0.0279	43	0.6629	19	0.3313	60	0.0004	97	0.4426	37
深深房A	0.0065	79	0.0095	73	0.6266	71	0.3109	78	0.0011	81	0.5172	19
浦东金桥	0.0101	71	0.0211	51	0.6924	6	0.3860	26	0.0012	77	0.3637	60
名流置业	0.0169	54	0.0348	35	0.6293	65	0.2951	86	0.0018	48	0.4825	28
嘉凯城	0.0835	16	0.0658	21	0.6172	82	0.2960	84	0.0025	26	0.3951	51
栖霞建设	0.0152	58	0.0307	40	0.6426	41	0.3172	75	0.0008	89	0.4411	38
万泽股份	0.0057	82	0.0067	85	0.6631	17	0.3736	33	0.0026	24	0.3967	49
福星股份	0.0578	21	0.0562	24	0.6372	50	0.3474	45	0.0018	50	0.3486	67

续表

企业名称	营业收入		资产总计		营业利润率		总资产净利润率		营业收入增长率		总资产增长率	
	指数	排名	指数	排名	指数	排名	指数	排名	指数	排名	指数	排名
香江控股	0.0331	32	0.0291	42	0.6454	38	0.3660	38	0.0061	4	0.3576	61
大龙地产	0.0045	87	0.0077	79	0.5891	97	0.4200	13	0.0040	9	0.4314	40
中国宝安	0.0328	33	0.0296	41	0.6424	42	0.3875	25	0.0011	78	0.3486	66
华联控股	0.0016	93	0.0089	74	0.7365	4	0.3429	49	0.0006	94	0.3212	82
深天健	0.0319	34	0.0202	53	0.6195	76	0.3276	64	0.0020	38	0.4126	43
北辰实业	0.0484	24	0.0640	22	0.6349	55	0.3236	67	0.0017	54	0.3339	73
深长城	0.0143	61	0.0176	57	0.6562	25	0.3670	36	0.0008	88	0.3517	63
万通地产	0.0291	37	0.0261	45	0.6392	48	0.3689	35	0.0011	82	0.3455	68
苏州高新	0.0237	42	0.0437	30	0.6272	69	0.3009	81	0.0017	52	0.3951	50
渝开发	0.0057	83	0.0157	60	0.6114	88	0.2888	89	0.0009	85	0.4613	32
上实发展	0.0315	35	0.0416	31	0.6447	39	0.3470	46	0.0014	68	0.3269	80
国兴地产	0.0023	92	0.0040	90	0.6399	47	0.3178	73	1.0000	1	0.5084	23
万业企业	0.0163	55	0.0163	58	0.6408	45	0.3507	42	0.0070	3	0.3527	62
莱茵置业	0.0158	56	0.0136	64	0.6162	83	0.2943	87	0.0034	15	0.4298	41
中茵股份	0.0118	67	0.0116	69	0.6267	70	0.3257	66	0.0014	65	0.4003	46
浙江广厦	0.0131	64	0.0226	50	0.6276	68	0.2874	91	0.0008	87	0.4046	45
新黄浦	0.0076	77	0.0194	55	0.6383	49	0.3136	77	0.0009	83	0.3789	55
粤宏远A	0.0093	73	0.0056	87	0.6413	43	0.3909	24	0.0022	34	0.3285	79
南京高科	0.0241	41	0.0339	36	0.6460	37	0.3464	47	0.0015	63	0.3019	85
新潮实业	0.0118	66	0.0131	66	0.6264	73	0.3204	71	0.0031	18	0.3668	58
金丰投资	0.0031	90	0.0127	67	0.6542	26	0.3075	79	0.0006	95	0.3416	70
中国武夷	0.0224	45	0.0153	63	0.6284	67	0.3286	63	0.0024	29	0.3299	78
亿城股份	0.0172	53	0.0231	48	0.6340	58	0.3231	68	0.0007	91	0.3229	81
多伦股份	0.0026	91	0.0018	95	0.6412	44	0.3763	30	0.0105	2	0.2996	86
沙河股份	0.0055	84	0.0037	91	0.6285	66	0.3331	57	0.0035	13	0.3342	72
光华控股	0.0006	97	0.0002	98	0.6884	7	0.4009	19	0.0008	90	0.2088	97
昆百大A	0.0228	44	0.0098	72	0.6192	78	0.3420	50	0.0023	31	0.2962	88
道博股份	0.0007	95	0.0000	100	0.6197	75	0.3314	59	0.0014	66	0.3316	76
荣安地产	0.0391	30	0.0187	56	0.6506	31	0.4369	12	0.0057	5	0.1586	98
银基发展	0.0060	81	0.0081	76	0.6182	81	0.3019	80	0.0028	21	0.3325	75
高新发展	0.0133	63	0.0056	88	0.6102	89	0.2855	93	0.0016	60	0.3411	71
鼎立股份	0.0096	72	0.0051	89	0.6184	79	0.3394	55	0.0013	71	0.2935	89
天津松江	0.0178	51	0.0250	46	0.5918	96	0.2422	99	0.0007	92	0.3505	65
长城集团	0.0031	89	0.0019	94	0.6091	90	0.2873	92	0.0013	69	0.3309	77

第四章 中国房地产企业分析与展望

续表

企业名称	营业收入		资产总计		营业利润率		总资产净利润率		营业收入增长率		总资产增长率	
	指数	排名	指数	排名	指数	排名	指数	排名	指数	排名	指数	排名
永鼎股份	0.0103	70	0.0079	77	0.6077	93	0.2989	82	0.0011	80	0.2966	87
津滨发展	0.0134	62	0.0207	52	0.5938	95	0.2577	97	0.0009	84	0.3187	83
中江地产	0.0054	85	0.0061	86	0.6155	84	0.2889	88	0.0033	16	0.2720	91
东华实业	0.0043	88	0.0069	82	0.6082	92	0.2814	96	0.0011	79	0.2717	92
中关村	0.0275	39	0.0085	75	0.6065	94	0.2449	98	0.0014	67	0.2732	90
世纪星源	0.0006	96	0.0020	93	0.6265	72	0.2853	94	0.0018	47	0.2398	96
绿景控股	0.0002	98	0.0002	97	0.5670	98	0.3173	74	0.0004	98	0.2598	93
华丽家族	0.0060	80	0.0067	84	0.6131	86	0.2827	95	0.0003	99	0.1065	99
园城黄金	0.0001	99	0.0001	99	0.1200	99	0.4080	18	0.0000	100	0.0000	100
武昌鱼	0.0000	100	0.0003	96	0.0000	100	0.0000	100	0.0017	55	0.2520	94

参考文献

刘星毅、曾春华、江南雨、陈振华、韦小玲：《缺失数据的处理和挑战》，《钦州学院学报》2008 年第 6 期。

第五章
中国住房需求主体分析与预测

杨 慧

一 2012~2013年住房需求主体分析

（一）购房者：总体预期乐观，一、二、三线城市分化现象突出

1. 购房者总体情况：购房者预期乐观，集中入市推高房价

2012年10月至2013年9月，在购房者对住房市场预期向好的带动下，住房市场出现了量价齐升的局面。2013年1~9月，商品住房销售面积达到75434万平方米，同比增长23.9%；而2012年1~9月，商品住房销售面积为60885万平方米，同比增长 - 4.3%。2013年前三季度商品住房销售面积增长大幅提高，一方面是因为2012年前三季度住房销售面积的负增长状态使得基数较低；另一方面则充分说明2012年10月以来，全国商品住房销售量在2011年10月到2012年9月份的持续低迷状态下，出现了较大幅度的上升。在住房销售量得以大幅度提高的同时，住房销售价格也得到较大幅度上升。2013年1~9月，全国住房销售价格为6023元/平方米，较2012年同期的5549元/平方米上升了8.5%，这是自2010年房地产宏观调控政策严厉实施以来，住宅价格增速最快的一年（2010年前三季度至2013年前三季度住房价格增长率分别为5.2%，8.1%，8.0%和8.5%）[①]。由此可见，2012年10月至2013年9月，商品住房市场在强劲的购房者需求拉动下，出现了量价

[①] 数据来源：中国统计数据应用支持系统，住宅销售价格根据住宅销售额与住宅销售面积计算得来。

齐升的现象。

2012年10月以来，宏观政策环境为住房需求的大幅增长创造了条件。货币环境的驱动及房地产宏观调控政策的稳定，导致大量购房者结束观望，集中入市。2010年底以来一轮高过一轮的住房宏观调控政策，使得商品住房购房者在2010~2011年处于观望状态，等待市场新趋势，择机而动；而2012年10月以来，更为严厉的宏观调控政策并未出现，购房者担心新一轮住房价格上涨而结束观望集中入市。

2. 一、二、三线城市购房者预期差异明显，城市间需求分化现象凸显

一是一线城市需求领跑全国。从购房者需求量（住房销售量）来看，一线城市购买需求强劲，均出现了较大幅度上涨。其中上海和深圳的同比增长率均超过了30%，北京和广州分别为7.1%和8.7%。从销售价格来看，北京和深圳的销售价格分别为20417元/平方米、21693元/平方米，成为全国住房销售价格最高的两个城市。从住房销售价格增速来看，2013年前三季度增速均超过10个百分点，其中上海以18.7%的增速居于一线城市首位。可见一线城市房价增速高于全国同期8.5%的增速，住房价格上行压力高于全国平均水平。从单套住房销售面积来看，广州单套住房面积以114平方米居首，其次分别是北京、上海和深圳。单套住房销售面积除北京同比下降外，其他三个城市均出现了上涨态势（见表5-1）。

表5-1 2013年1~9月一线城市住房销售情况

城市	销售面积（万平方米）	同比增长率（%）	销售价格（元/平方米）	同比增长率（%）	单套面积（平方米）	同比增长率（%）
北京	979.8	7.1	20417	11.1	108	-1.9
上海	1310.0	36.2	18717	18.7	107	1.5
广州	790.3	8.7	13459	12.1	114	0.8
深圳	330.1	32.5	21693	14.7	92	1.8

数据来源：根据中指系统相关数据整理得来。

一线城市住房需求量及成交价格远远超过全国平均水平。一方面大城市人口数量的剧增，自住、改善性需求与投资投机性需求不断增加、拆迁导致的被

动需求等使需求旺盛,而另一方面住房市场供给不足。2001~2011年4个一线城市就有2个城市(北京、深圳)住房需求面积高于住房供给面积,以北京为例,11年间房地产开发住宅竣工面积(代表商品住房供给)一直远远小于住宅销售面积(代表商品住房需求),2001~2011年二者之差(销售减去竣工即需求超过供给面积)总计为1915.9万平方米,以103平方米/套(1998~2012年全国单套住房平均竣工面积)来计算,供求缺口为19万套。供给远小于需求,供求偏紧的矛盾一直较为突出,成为2004年以来一线城市房价过快上涨的重要原因之一。

二是二线城市需求出现分化。从购房者住房需求量来看,三亚和哈尔滨增长幅度最大,增速分别为74.5%和58.5%。增速超过40%的城市有大连(45.0%)、青岛(43.9%)和济南(43.2%);增速超过20%的城市有天津(34.9)、南京(29.4%)、成都(29.4%)、南宁(27.5)和武汉(20.0%);增速超过10%的城市有福州18.3%、昆明17.4%、宁波12.3%和厦门12.0%;增速在10%以内的城市有海口7.3%、长沙8.0%、重庆3.9%和杭州0.0%;增幅为负的城市有苏州-43.6%和贵阳-0.4%。从住房销售价格来看,除了杭州增速达到18.4%,超过全国住房销售价格8.5%的增速外,其他19个城市增速均小于全国同期增速。福州、厦门、三亚和哈尔滨4个城市住房销售价格还出现了负增长的态势。从单套住房销售面积来看,20个城市中有7个城市(天津、宁波、海口、三亚、长沙、重庆和贵阳)出现了负增长,说明购房者对小面积住房需求增强。从二线城市数据可以看出,二线城市住房需求量依旧较为强劲,但是住房价格增速有限,基本都低于全国平均水平(见表5-2)。

三是三线城市之间购房者分化较为严重。从销售面积来看,2013年1~9月,三线城市住房销售面积除了包头出现较大幅度下降外,有5个城市住房销售面积均大幅度增长,其中温州住房销售面积达到了128.2%的增长速度;从住房销售价格来看,汕头销售价格增速很快,达到了37.6%。扬州的住房价格则出现了负增长,而包头和南充则高于全国平均增幅(8.5%),东莞和温州住房价格增速低于全国平均水平。从三线城市购房者情况可以看出,这些城市住房销售价格较高,基本上都与省会城市相当,在商品住房供给及保障性住房供给持续加大的背景下,住房价格上涨幅度有限,扬州住房价格的下行也正说明了这一点。但同时从销售面积的增长也可以看到，这些城市住房需求仍然较为强劲（见表 5 - 3）。

表 5 - 2　2013 年 1 ~ 9 月主要二线城市住房销售情况

城　市	销售面积（万平方米）	同比增长率（%）	销售价格（元/平方米）	同比增长率（%）	单套面积（平方米）	同比增长率（%）
天　津	833.6	34.9	10161	1.6	102	-3.3
南　京	712.0	29.4	12705	0.9	110	5.6
苏　州	573.7	-43.6	10756	0.3	116	5.9
杭　州	677.3	0.0	17573	18.4	108	3.1
宁　波	325.7	12.3	12473	3.1	86	-10.1
福　州	202.3	18.3	12799	-1.2	118	0.9
厦　门	381.3	12.0	12681	-0.7	115	3.2
济　南	43359*	43.2	—	—	—	—
青　岛	817.9	43.9	10559	1.1	101	1.5
海　口	216.3	7.3	11909	3.2	110	-3.4
三　亚	110.3	74.5	22503	-7.2	89	-5.7
武　汉	1422.6	20.0	7530	0.0	102	0.3
长　沙	1222.4	8.0	7112	0.0	105	-2.2
南　宁	382.0	27.5	—	—	103	9.9
重　庆	1591.1	3.9	7233	8.3	90	-4.4
成　都	1080.4	29.4	8499	3.5	—	—
贵　阳	646.5	-0.4	6222	3.0	102	-0.2
昆　明	620.5	17.4	—	—	89	1.1
大　连	213.6	45.0	11667	2.3	89	2.5
哈尔滨	582.4	58.2	6844	-1.2	105	4.8

* 济南住房销售面积缺失，用住房销售套数代替。
数据来源：根据中指系统相关数据整理得来。

表 5 - 3　2013 年 1 ~ 9 月主要三线城市住房销售情况

城　市	销售面积（万平方米）	同比增长率（%）	销售价格（元/平方米）	同比增长率（%）	单套面积（平方米）	同比增长率（%）
东　莞	547	37.4	8518	4.7	106	4.0
汕　头	85	54.4	9022	37.6	85	7.2
扬　州	217	75.1	9725	-1.8	116	-8.3
温　州	263	128.2	15551	4.4	120	-10.8
包　头	204	-16.6	5092	12.0	118	4.0
南　充	265.16	45.5	4841	12.5	94	0.3

数据来源：根据中指系统相关数据整理得来。

（二）租房者：租房需求上升，租金不断上涨

购买住房与租赁住房是满足住房需求的两大重要途径，住房租赁市场是住房市场的重要方面，但是受多种因素影响，中国住房市场一直以来都轻租赁市场而重住房交易市场。随着全国特别是部分城市住房价格的持续走高，越来越多的住房需求主体因为买不起房而不得不通过租赁住房来满足住房需求时，政府和社会各界开始关注住房租赁市场的发展。

表5-4　2013年9月十大城市住房租赁价格指数

城市	住房租赁价格指数		住房销售价格指数	
	指数值	增长率	指数值	增长率
北京	2227	2.5	6021	24.0
上海	1786	6.1	5565	15.9
天津	1099	2.0	2887	12.3
重庆	1008	10.4	1364	6.8
深圳	2360	16.0	4693	23.7
广州	1870	8.0	3491	21.9
杭州	1669	10.1	3972	7.9
南京	1470	19.3	2886	18.5
武汉	1172	9.6	1515	9.8
成都	1400	9.5	1795	3.6

数据来源：根据中指系统相关数据整理得来。

近年来，住房租赁价格随着住房价格不断上涨也呈现不断上涨的趋势。租房者面临着更为严峻的租房形势，租房支出不断上升，生活负担也随之增加。2013年9月，十大城市住房租赁价格无一例外地均呈增长，其中南京、深圳、重庆和杭州4个城市同比增速超过10%（见表5-4）。近年来住房租赁价格持续上涨的原因主要有：其一，住房销售价格过高，导致较多购买者向租赁者转变。1998年以来住房价格的持续上涨，特别是在外来人口占比较高的大中城市住房价格过高且过快上涨。城镇人口自然增长及城镇化过程中大量从农村人口转化为城市人口的刚性需求有效带动了住房价格的上升，导致大量住房需求主体"望房兴叹"，被排斥在住房销售市场之外，进入住房租赁市场，带动住房租赁价格的持续上升。其二，城市发展与建设中的旧城改造、工业区搬迁升

级及城中村整治等活动导致低价租赁住房市场逐步萎缩，客观上挤出了低廉租赁价格住房，导致租赁价格整体水平的上升。

虽然住房租赁价格近年来持续增长，但是远远低于销售价格的增长速度。从十大城市数据对比可以明显看到，以一线城市为代表的住房销售价格增长速度超过了20%，其余城市增长速度也基本在10%以上，而租赁价格增长速度除南京、深圳等少数城市外，其余基本维持在10%以内。

（三）投资投机者：投资渠道狭窄，住房投资成为重要投资渠道

根据中国人民银行《全国储户问卷调查报告》，2012年第4季度到2013年第3季度，认为房价"高，难以接受"的比例整体上呈现不断上升趋势，各季度都高达66%以上。认为房价"可以接受"的仅占30%左右，仅有2%左右的储户认为房价"令人满意"；在对住房价格的预期上，认为住房价格"上涨"的储户比例也呈现不断上升趋势，从2012年第4季度的29%上升到2013年第4季度的35.8%，表明储户对住房价格上涨预期增强。而打算在未来3个月买房的比例各季度均维持在13%左右；从投资意愿来看，储户投资意愿整体上增强，超过33%以上的储户有投资的打算，主要投资领域集中在基金、房地产和股票，而打算对房地产进行投资的储户比例维持在18%以上。从储户调查问卷可以看到，储户普遍认为住房价格过高，且预期未来住房价格呈现不断上升趋势，因此房地产投资成为储户进行投资的主要渠道。

近年来住房投资投机者活跃于住房市场的原因主要在于：住房市场处于卖方市场，住房价格一直处于不断上涨的态势，购买住房可以通过二次转手或者

表5-5　2012年第4季度至2013年第3季度全国储户住房意愿

单位：%

时间	目前房价			预期房价		投资	
	高，难以接受	可以接受	令人满意	上涨	未来3个月买房	投资	房地产投资
2012年第4季度	66.6	31.3	2.1	29	15.4	33.5	18.9
2013年第1季度	68	30.1	2	34.4	14.8	37.6	19.9
2013年第2季度	66.7	31	2.3	34.1	14	35.7	18.3
2013年第3季度	67.6	30.3	2.1	35.8	13.2	36.3	18.7

数据来源：中国人民银行《全国储户问卷调查报告》。

出租获取利润；另外，城镇居民家庭收入随着经济发展不断提高，储蓄额也呈现不断增长态势，加上投资渠道缺乏等多种因素导致投资投机者将大量闲置资金投入住房市场。投资投机性需求者一方面通过购买住房增加了租赁性住房，为租赁市场发展提供了前提条件。因此适度的投资投机性需求对住房市场特别是住房租赁市场的发展有较大作用。但是当投资投机者过度涌入住房市场时，会推动住房价格的进一步上涨及住房空置率的上扬。鉴于投资投机者近年来在住房市场的过度活跃，国家出台了一系列措施对投资投机者行为进行抑制。其中最为突出和最有针对性的就是限购限贷政策的出台，限贷有效遏制了投资投机性需求者购买多套住房的资金来源及渠道。而限购则是更为直接和有效遏制投资投机者购房的措施，对于不缺乏资金的投资投机者，通过限制其户籍及购买套数的措施有效遏制了其投资投机性需求。

二 2012～2013年住房需求主体存在的问题

（一）购房者预期受一线城市房价走势影响突出

东部典型城市特别是一线城市因其重要的政治、经济及文化等方面的社会地位，其住房市场发展情况成为全国住房市场的主要风向标。1998年以来，特别是2004年以来在全国住房市场快速发展的大背景下，这些典型城市住房市场更是成为房地产开发商及普通民众投资投机及自住性购房需求的重要城市，房地产开发商有增无减的投资热情及居民旺盛的购房需求铸就了这些城市近年来住房市场的飞速发展，住房销售价格一浪高过一浪。作为全国政治文化中心的北京，其房价收入比更是不断企高，2010年达到了历史最高点20.1，从各收入等级的房价收入比来看，其中20%最高收入等级房价收入比都达10左右，超过合理区间。[①] 由此可见东部城市特别是一线城市房价收入比奇高且不断攀升的趋势严重影响到全国普通民众对全国住房市场的判断及预期，加之媒体对这些城市住房市场发展的关注程度远远高于其他城

---

① 数据来源：根据《北京统计年鉴》相关数据计算得来，下同。

市，从而导致普通民众对这些城市之外的全国住房市场与居民收入协调性的非理性判断。

（二）各收入等级购房者支付能力差距较大

虽然城镇居民收入增速总体上高于住房价格增速，一定程度上说明城镇居民收入相对于住房价格而言住房支付能力在上升。但是现实是越来越多的城镇居民感觉住房支付能力在下降，根本原因在于城镇居民间的收入分配不均衡，贫富差距大。2003~2012年各收入等级人群可支配收入变化显示，20%最高收入居民家庭与20%最低收入居民家庭可支配收入比值一直在高位运行，达5倍以上。

在各收入等级收入差距较大的影响下，全国各收入等级房价收入比必然差异较大。占全国总人口60%的居民（20%低收入居民、20%中低收入居民和20%中等收入居民）房价收入比高于全国平均水平。仅40%高收入居民房价收入比与全国平均水平相当，这两个收入等级（40%收入人群）房价收入比较为合理，有足够的购房支付能力。而20%中等收入居民房价收入比高于全国平均水平，大多数年份房价收入比在10以上，20%中低收入及20%低收入居民更不具备足够的购房支付能力。

（三）保障性住房历史欠账多，中低收入安居工程不足

全国各收入等级居民家庭收入差距大，导致各收入等级购房支付能力差距较大。全国仅20%的中高收入和20%的高收入购房者具有足够的住房支付能力。特别是20%的中低收入和20%的低收入购房者不具备购房支付能力。由于住房具有社会保障及民生特性，这部分购房者住房需求的满足不能仅靠商品住房市场，保障性住房的充分、有效供给是保障这40%中低及低收入等级购房者住房权益的根本途径。而加大保障性住房供给前的1998~2010年，国家以经济适用房为主要供给形式的保障性住房供给严重不足。住房全面市场化以来，保障性住房供给比例从一开始的20%左右下降到2010年的2.9%。虽然2011年开始的"十二五"规划明确规定全国要加大保障性住房供给，充分保障中低收入购房者的住房需求，但是由于历史欠账较多，全国

目前现状是中低收入等级购房者的保障性住房需求得不到充分满足，安居工程建设不足。

（四）"夹心层"住房支持不足，康居工程缺失

20%的中等收入等级购房者住房需求一直被忽视，一方面收入有限不具备足够的住房支付能力，被排斥在商品住房市场之外，而另一方面其收入超过保障性住房供给的收入，不具备保障性住房的申请资格，被排斥在保障性住房之外。目前全国及绝大多数标准城市对中等收入等级购房者的购房需求均没有相关政策予以支持，康居工程较安居工程建设更为不足，处于缺失而不仅仅是不足状态。

三 2013~2014年住房需求主体预测

（一）购房者：自住性需求仍为主要力量，改善性需求投资投机属性增强

目前全国限购城市已经达到了46个，除了极少数城市因为经济和房地产经济下行压力松动限购政策外，其他绝大多数城市仍较为严格地执行限购政策。46个限购城市在全国住房市场中占有较为重要的地位，从房地产投资总额及住房销售总量来看，其占全国比重均达到一半左右。实行限购后，全国住房需求主体在2012~2013年的需求仍较为强劲，充分证明全国住房市场在排挤了大量投资投机性需求之后，住房需求仍然强劲，表明自住型需求对住房需求构成的重要性及主体性。

城镇人口的增加及城镇居民可支配收入的增加是自住型需求的根本推动力。一方面，城市化为城镇人口增加提供了持续不断的动力。1991~1995年间中国城市化率年均增长0.5个百分点；1996年城市化率达到30.5%之后中国城市化开始进入快速推进阶段，2012年城市化率达到52.6%。1998~2012年年均近1.5个百分点的城市化率增长速度是推动住房市场需求的重要因素，2013~2014年，如果按年均1%的增长速度计算，仍然会有大量农村

人口转化为城市人口，新增城市人口构成了住房市场的潜在需求力量。另一方面，城镇居民可支配收入的增加直接将其潜在需求转化为实际需求。《国民经济和社会发展第十二个五年规划纲要》提出，城镇居民人均可支配收入和农村居民人均纯收入年均实际增长率将超过7%，实现与经济的同步增长。城镇居民可支配收入及房价收入比关系到其购房支付能力，城镇居民人均可支配收入增幅的上升及占国民收入比重的上升必然会提高居民购房支付能力，有效推动住房需求增加。由此可见，刚性需求在2013～2014年仍较为强劲，为住房市场需求的主要力量。

46个限购城市基本涵盖了全国重要的一、二、三线城市，这些城市严格执行限购政策对遏制投资投机性需求具有重要作用。通过在这些城市限购，首套需求得到了有效保障，但改善性需求在房价上涨预期作用下，也具有与首套需求同样的强劲性。改善性需求增加具有促进居民居住水平及生活质量提高的作用，但同时这部分购房者兼具自住与投资双重特性，在二者之间可以转化，间接起到了推动房价上涨的作用。2013～2014年在房地产调控政策趋稳的作用下，改善性需求从自住性需求向投资投机性需求转变的可能性也因此增大。

（二）租房者：租赁价格稳中有升，热点城市租房者面临更为严峻的租房市场形势

2013～2014年，住房租赁价格与住房交易价格具有相同的上涨趋势，在住房价格持续上升的趋势下住房租赁价格同样面临着上升的压力。除了以上基本支持性因素外，还在于住房租赁市场供求矛盾突出。城镇流动人口较多，中国正处于人口城镇化的快速发展时期，这些人都需在城市暂时或长期居住下来，其中大部分是靠租房解决居住问题。新增人口及新组成家庭也产生了大量需求。大中城市每年都有几万甚至几十万的常住人口增加，有成千上万对青年要组成新的家庭，除其中的小部分可以通过购买商品房解决居住问题外，大部分因收入不高、工作不稳定，主要靠租房解决住房问题。国外人口亦产生了大量的租房需求。目前我国已成为除美国之外的最大外资流入国，外商投资企业数量庞大。随着外资的涌入，大批外资企业、商户、机构及个人到中国各大城

市谋求发展,租赁房屋也就自然成为他们立足的首要条件。在住房租赁市场需求不断增加的同时,住房租赁供给增加有限,导致供求矛盾突出。

一线城市由于经济发达及综合配套等社会资源丰富,人口吸纳力强,住房销售价格增速在全国所有城市中一直居于首位。虽然住房销售价格增长的同时,住房租赁价格也随之提高,但是目前一线城市大部分住房租售比远远高于国际水平,理论上住房租赁价格还有上涨的空间。另外,随着住房限购政策对一线城市的严厉调控,客观上也遏制了可供租赁住房的增加。住房价格过高导致大量人口被排斥在住房交易市场之外,这些人口解决住房的另一主要方式便为租赁住房,由此产生的大量租房需求得不到充分有效的供给。租房难,租房价格高在2013~2014年将会持续,一线城市及部分发达二线城市租房者面临的形势更为严峻。

(三)投资投机者:房地产投资仍为重要投资渠道,房产税预期将致多套房持有者逐步释放囤积房源

2013~2014年,在住房价格预期上涨的趋势下,投资投机性需求增加与否根本在于房地产政策调控的强度。从2013年出台的"国五条"及各种形势判断,2013~2014年房地产调控政策严厉程度变化不大,以稳为主。相关政策措施主要是对现有调控政策的强调和完善。主要体现在:对限购、限价及土地供应计划的调控;对差别化信贷与外来务工人员保障性住房供给体系的完善;对房产税试点扩大的表态。从"国五条"可以看出,中央对房地产调控的力度没有减弱,目前出台的政策倾向于对以往政策的加固与完善。未来随着中央在经济领域调结构及新型城镇化战略等主基调的奠定,房地产宏观调控频繁变动的可能性不大,未来长效机制的建立将成为房地产市场调控主基调。在市场环境与政策环境下,由于投资渠道的缺乏,房地产投资未来相当长的时期内仍为投资的重要渠道。即使在限购城市,通过各种手段规避限购,及改善性需求在住房价格快速上涨的背景下兼具投资的功能,投资投机仍较为严重。另外,随着房产税试点扩大的预期逐步增强,多套房持有者在2013~2014年释放持有房源的可能性也在增大,以规避政策可能带来的利益损失。

四 政策建议

第一,推动康居:调节居民收入分配差距,保障中等收入消费者住房需求。

居民间收入分配差距较大是普通居民购房难的主要原因,应重点解决。除了提高居民收入和劳动报酬在国民收入分配中的比重、加大税收对调节居民收入分配的作用等基本措施外,房地产政策要着重房产税功能定位与推广规划,加大房产税对收入分配和住房需求的调节作用。

第二,支持安居:建立健全保障性住房进入退出机制,保障中低收入消费者住房需求。

保障性住房历史建设不足是导致中低收入消费者住房困难的重要因素。"十二五"时期是中国住房市场化以来保障性住房供应的战略转型期,随着大量开工建设保障性住房的竣工,公平分配将是新时期面临的主要问题,因此进入退出机制的建立健全是执行公平性举措的关键点。一方面要建立健全公平的进入机制。保障对象的合理界定和保障标准的制定是进入机制需要完善的两大方面,各地区要根据当地经济社会发展情况因地因时修订合理保障标准,确保真正合格保障对象实现住房需求。另一方面要建立健全退出机制。家庭收入随着家庭成员工作调动等原因其住房支付能力具有动态变化性,要建立保障性住房已居住家庭收入动态监测系统,并辅以相关法律制度强制清退不再具有保障资格的家庭。

第三,促进乐居:完善商品住房市场,合理引导高收入消费者住房需求。

乐居工程主要对象为最高收入消费者和中上收入消费者,这些消费者的主要购房类型包括别墅、高档公寓和普通商品住房等。对该部分消费者购房行为应以市场调节为主,政府适度引导。通过法律制度的完善,以及加强对商品住房市场的监管,使市场能规范高效运行;通过税收及金融政策对高收入消费者住房消费行为进行宏观调节,促进住房合理消费;通过政府规劝等方式,引导高收入者理性消费,节约利用资源,减少奢侈浪费。

G.6
第六章
中国房地产金融机构分析与预测

高广春

2012年第4季度以来，中国住房金融机构的主要特点是，机构结构的商业性特点更趋明显，商业性住房金融机构的房贷偏好明显走强，但差别化信贷依然难以落地，房贷风险隐患依然未除。

一 现状分析

（一）住房金融机构结构分析

一般而言，住房金融机构体系可以分为商业性住房金融机构、合作性住房金融机构和政策性住房金融机构三类。在大多数成熟经济体国家，三类机构分布较为合理，组合为一种多元化的机构体系。典型的例子是美国，以联邦住房贷款银行系统为代表的政策性住房金融机构、以储蓄贷款协会为代表的合作性住房金融机构、各类商业性住房金融机构和两大准政策性住房金融机构即"两房"，构成一个多元化的住房金融机构体系，为各类住房人群提供相应的服务。

自1990年代初中国实行住房制度改革以来，也曾尝试建构政策性、合作性和商业性组合的金融机构支持体系，住房公积金制度的探索、烟台和蚌埠两个住房储蓄银行的建立、以中国建设银行为主的各家商业银行开发性贷款业务和个人按揭贷款业务的开展等一系列事件，反映中国住房金融机构结构向政策性、合作性和商业性这样一种组合结构演变的趋势。遗憾的是，这一趋势并未持续进行，2000年初，两个住房储蓄银行先后转型为商业银行，住房公积金

第六章 中国房地产金融机构分析与预测

制度的探索也没有导向类似于新加坡那样的强有力的政策性住房金融体系，住房金融的商业化特点则在同时日益明显。结果是，目前中国的住房金融机构结构实际上演变为一种由商业性住房金融机构为绝对主导的结构。在这个演变过程中，相关机构或部门也曾试图加强合作性住房金融和政策性住房金融的作用，如2004年2月中国建设银行与德国施威比豪尔住房储蓄银行在天津试点开办的中德住房储蓄银行（简称中德银行），意欲引进德国的合作性住房金融模式，但在实际运行中却是逐渐向商业性住房金融靠拢，进而涉足公积金组合贷款业务，成为所谓国内首家也是唯一一家集住房储蓄、商业性按揭贷款和公积金贷款三大住房融资业务于一身的商业银行，显然这样的业务模式离德国专营性的住房储蓄合作金融模式已经相去甚远了。就住房公积金而言，关于公积金的定位和关于住房的支持模式的争论一直在继续，曾有人主张将住建部下辖的各级各类公积金管理中心改制为政策性住房金融机构，但囿于部门利益的掣肘和认识上的局限，线条明晰的政策性住房金融支持体系的建构依然在起点彷徨。

出于分析的方便，虽然中德住房储蓄银行已经演变为混合型金融机构，离开了当初的专营性定位，本报告仍将其划入合作性住房金融的范畴，但由于其公开披露的信息中没有分别给出住房储蓄、商业性按揭贷款和公积金贷款三类业务的情况，本报告无法获取其关于合作性住房金融的相关数据。本报告依然将住房公积金视作政策性住房金融，各级各类公积金管理中心被视为准政策性住房金融机构。就相关数据而言，由于其主管与监管机构住建部仅仅披露过2005～2008年住房公积金筹集和使用的情况，此后这些信息便如泥牛入海，本报告也只能依据这些数据与其他类住房金融机构进行比较。在住建部网站多达30个板块信息分布中，几乎是千篇一律沿用一个模式，包括"政策发布"、"领导讲话"、"行业动态"和"地方信息"四个方面的内容，以此对照一下国外住建部门的网站，中国住建部网站此类信息披露模式显然是过于官僚化了。商业性住房金融机构可以根据中国人民银行网站对人民币房地产贷款的发放机构的分类与概括进行识别，其范围涵盖我国"主要商业性金融机构"、"农村合作金融机构"和"城市信用社"。其中主要商业性金融机构包括国有商业银行、国家开发银行、股份制商业银行、城市商业银行、邮政储蓄银行。农村合作金融机构包括农村商业银行、农村信用社和农村合作银行。图6-1和表6-1分别给出了中国住房金融机构结构分布情况和相关可获得数据比较的情况。显然，商业性住房金融机构在此结构组合中的地位可以说是一花独放。

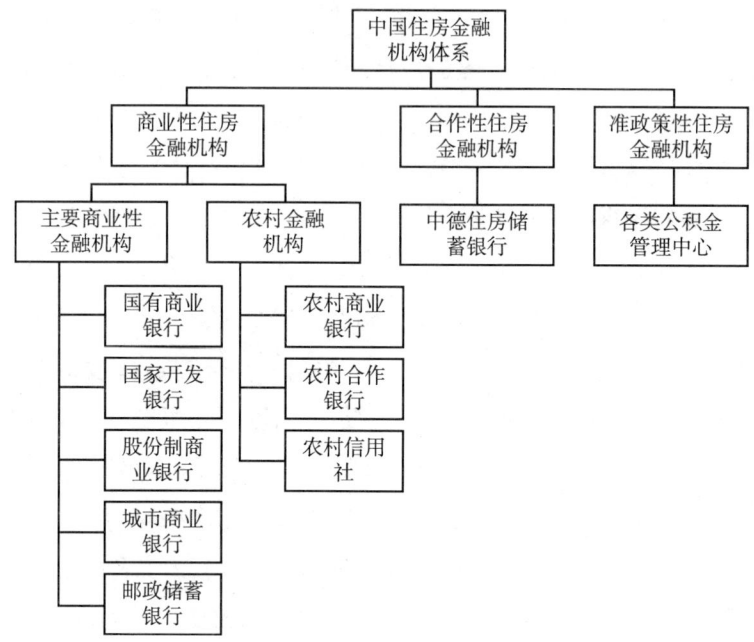

图6-1 中国住房金融机构结构分布

表6-1 中国住房金融机构结构中的信贷结构数据比较

单位：亿元

项目\年份	2005	2006	2007	2008	2009	2010	2011	2012	2013年6月
合作性住房金融机构（中德银行）	未披露	未披露	未披露	未披露	未披露	未披露	未披露	未披露	未披露
政策性住房金融机构	1195.3	1765.24	2201.57	1019.83	未披露	未披露	未披露	未披露	未披露
商业性住房金融机构	6418.0778	8156.38	11892.74	11178.19	19767.41	21774.6	20923.63	25302.26	16664.44

注：商业性住房贷款由中国房地产信息网披露的房地产企业资金来源中的国内贷款和个人按揭贷款加总而得。

数据来源：依据住建部网站中国房地产信息网等相关数据整理。

商业性住房金融机构内部不同类型金融机构所发挥的作用也存在较大差异。就银行金融机构和非银行金融机构比较而言，银行金融机构对住房开发和消费的作用远远大于非银行金融机构。从趋势上看，两者关系受房地产政策调控影响在不同时段呈现不同的特点，如自2009年底中国政府实行新一轮的房地产紧缩调控政策，特别是2010年9月底更为严厉的所谓"二次调控新政"以来，两者呈现明显的此消彼长的关系，非银行金融机构住房贷款（以下简称为"非银房贷"）规模增长加快，银行房贷增速则是持续走低，两者增速形成巨大的剪刀差。2012年随着房地产调控政策趋松，银行房贷逐步回暖，"非银房贷"增速则是持续走弱，两者间的剪刀差持续收窄，2012年第4季度"非银房贷"的增速回落至银行房贷增速以下。但自2013年初始，在乐观的城镇化战略预期下，"非银房贷"急速反弹并超过银行房贷增速，与银行房贷形成并驾齐驱的态势。此间，尽管2013年春季房地产调控又推出"国五条"，但其政策效果大打折扣，6月底的"钱荒事件"和7月底的贷款利率下限放开也没有对金融机构房贷形成明显的紧缩性影响，银行房贷和"非银房贷"增速高位局面依然持续。从比例关系看，非银房贷与银行房贷之间的比持续走高，显示"非银房贷"的作用持续增强，2012年第4季度以来，这个比例保持在12%~13%的水平，且呈现趋高走势（见图6-2）。

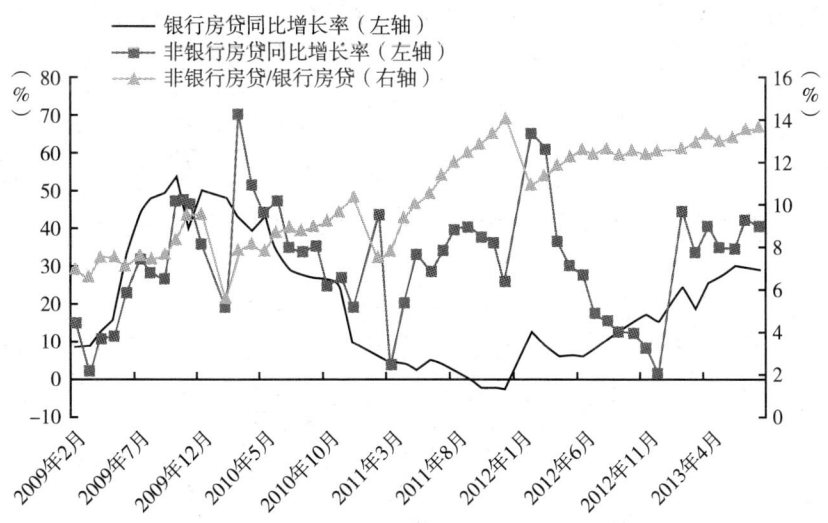

图6-2　银行金融机构房地产贷款与非银行金融机构房地产贷款的走势对比

数据来源：根据中国房地产信息网相关数据整理。

（二）商业性住房金融机构房贷偏好分析

本部分分析的主要内容是，2012年第4季度以来，商业性金融机构的房地产贷款投放偏好有什么新的特点？这些特点如何影响住房金融机构质量和收益水平？

1. 房贷偏好强劲，保障性住房贷款偏好尤甚

2012年第4季度以来，中国新一届党和政府领导班子在经济治理上致力于以放缓经济增长速度换取有效率的结构调整，这一思路正在影响金融机构资源配置的方向和结构，实体经济、小微企业正在成为金融机构重点关注的领域。那么，这是否意味着房地产领域受到冷落呢？表6-2表明，房地产依然是金融机构资金重点投放的板块，而且在2013年前三季度，在小微企业贷款、农村贷款、企业及其他部门贷款增速走缓的同时，房地产信贷投放增速依然强劲。这反映出，2012年第4季度以来，商业性金融机构对房地产领域贷款投放偏好依然很强，而且强过对其他领域贷款的投放偏好。对保障房领域的强投放偏好尤其明显，2012年底的同比增速高达近50%，2013年上半年的增速有所下降，但依然超过30%。那么究竟是什么原因使得商业性住房金融机构对房地产领域和保障房领域继续保持强偏好呢？可能的一种解释是，商业银行普遍将城镇化理解为结构转型的一部分，尽管城镇化不等于房地产但却离不开房地产，房地产的持续景气因此成为各类金融机构的普遍预期，向该领域重点配置金融资源就成为一种正常的"经济人"选择。

表6-2 部分领域金融机构贷款投放同比增速情况

单位：%

类 别	2012年12月	2013年6月	2013年9月
各项贷款	15	14.7	14.3
企业及其他部门贷款	14.5	12.30	11.6
小微企业贷款	16.6	12.7	13.6
农村（县及县以下）贷款	19.7	17.6	18.6
房地产贷款	12.8	18.1	19
房产开发贷款	10.7	11	14.9
地产开发贷款	12.4	17.2	13.1
个人按揭贷款	13.5	21.1	21.2
保障性住房开发贷款	46.6	37.5	31.3

数据来源：中国人民银行网站。

2. 住房金融机构房地产贷款规模：权重上升，结构略现分化

住房金融机构房地产贷款规模权重即房地产贷款在金融机构各项贷款中的占比，该指标可反映金融机构对房地产信贷的偏好程度及其变化趋势。图6-3表明，自2012年第4季度以来，金融机构对房地产领域的投放权重除少数几个月份以外都表现出持续增加的态势，图中的金融机构房贷数据来自中国房地产信息网中关于房地产企业资金来源中的国内贷款和个人按揭贷款之和，各项贷款数据是根据中国人民银行网站相关数据计算而得。由此可见，2012年第4季度以来，金融机构对房地产领域的贷款偏好持续走强。

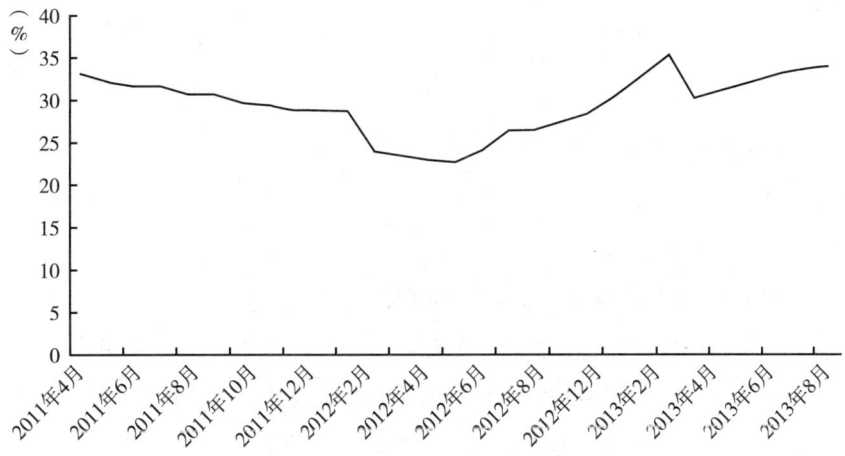

图6-3　2011年4月以来房地产企业资金来源中的贷款在金融机构各项贷款中的占比情况

房地产贷款规模占各项贷款的比重还可以通过观察上市银行的相关数据来判断和衡量。表6-3是主要上市银行房地产贷款（开发贷款+按揭贷款）占其各项贷款的比例，该表表明：①大多数上市银行的房地产贷款在其各项贷款中的占比在大多数年份保持在20%以上，兴业银行在2007年高达40%以上。②2009年以来大多数银行的房贷占比趋于走低，明显的例外是华夏银行，该行房贷占比近几年来持续走高。③2012年第4季度以来房贷占比走势出现较为明显的分化，国有银行重拾升势，股份制银行则普遍继续走低，只有华夏银行保持升势。这或许表明国有银行和股份制银行对房地产走势的判断出现了一定分歧，对房地产领域的支持偏好也发生了相应的分化。

表6-3 主要上市银行房贷（开发贷款+按揭贷款）在其各项贷款中的占比

单位：%

银行	2007年	2008年	2009年	2010年	2011年	2012年	2013年6月
工 行	20.63	20.59	24.37	25.28	23.53	21.14	21.88
中国银行	28.94	27.5	23.8	25.05	27.02	27.72	27.77
建 行	25.74	24.58	25.13	26.36	27.65	26.43	—
交通银行	19.64	18.11	18.00	19.69	19.86	19.65	19.92
招 商	25.89	23.48	30.71	28.8	27	22.98	20.01
民 生	29.1	26.97	23.03	21.45	18.22	15.85	13.94
浦 发	25.51	22.78	23.67	26.86	25.6	17.50	17.30
兴 业	42.05	34.27	30.64	30.8	27.1	23.07	22.80
华 夏	14.97	13.44	14.42	17.04	19.61	19.55	20.53
广发银行	—	15.36	19.61	23.27	21.4	18.85	—

数据来源：根据上市银行年报和半年报相关数据整理。

3. 住房金融机构房贷投放行业结构位次：高位依旧，个案下降

这个指标反映的是，与投向其他行业的贷款相比，商业银行投放到房地产领域的贷款所处的位次。

鉴于数据的可得性约束，本期报告以部分上市银行为例进行考察。从表6-4可看出，房地产贷款在各银行行业贷款投放结构中的地位举足轻重。表中绝大多数银行在绝大多数年份都将房地产贷款投放放在了首位。2012年第4季度以来，这样的格局依然持续，房地产领域贷款投放仍然是上市银行的重头戏。

表6-4 部分上市银行行业贷款投放结构中房地产贷款的位次

银行	2007年	2008年	2009年	2010年	2011年	2012年	2013年6月
工 行	2	3	1	1	1	1	1
中国银行	1	1	1	1	1	1	1
建 行	1	1	1	1	1	1	—
交通银行	2	2	2	2	2	2	2
招 商	1	1	1	1	1	1	1
民 生	1	1	1	1	2	2	3
浦 发	1	2	1	1	1	2	2
兴 业	1	1	1	1	1	1	1
华 夏	3	3	2	2	2	2	2
广发银行	—	3	2	1	2	3	—

注：本表中房地产贷款为开发贷款与个人按揭贷款之和。
数据来源：根据各上市银行年报相关数据计算。

唯一的例外是民生银行，近年来该行的房地产贷款的行业结构位次持续走低，2013年6月，已经屈居小微贷款和制造业贷款之后列第3位，主要原因是，自2009年始，民生银行在客户定位上做出重大的战略调整，转向小微客户领域，小微贷款的比重迅速提升，至2013年6月，小微贷款在整个贷款中的占比已经接近30%。同时房地产贷款的占比持续走低，由2010年的21.46%降至2013年6月份的13.94%，降幅接近8个百分点（见表6-5）。

表6-5 民生银行行业贷款投放前三位及房地产贷款的位次

单位：%，位

类别	2010年	2011年	2012年	2013年6月
房地产贷款（按揭+开发）	21.46	17.68	15.85	13.94
小微贷款	15.03	19.43	22.93	26.40
制造业贷款	13.52	15.49	15.03	14.35
行业贷款结构中的房地产位次	1	2	2	3

数据来源：依据中国民生银行网站相关数据整理。

4. 住房金融机构房地产贷款质量：整体尚好，存在隐忧

自2009年中国政府持续实施对房地产领域的紧缩政策以来，房地产信贷风险一直备受关注。中国银监会在每季度和年度关于银行业运行报告中均将房地产风险监管作为首先关注的两大风险之一（另一个是政府融资平台风险）。那么住房金融机构的房地产贷款对其资产质量究竟有何影响？常用的一个观察视角是房地产贷款的不良率，相关数据可从中国银监会网站上查到，其中关于房地产开发贷款的不良率，由于中国银监会及其他官方机构不披露季度和半年信息，本报告只能得到年度的数据。表6-6是关于主要住房金融机构贷款质量状况和房地产信贷的不良情况。该表显示，主要住房金融机构的贷款质量还是比较好的，房地产贷款质量对住房金融机构贷款质量发挥着正的影响作用，从行业比较看表6-7显示，2012年房地产开发贷款的不良率是0.71%，按揭贷款不良率仅为0.29%，因而对商业银行该年的平均不良率形成下拉作用，而诸如制造业、批发和零售业、农林牧渔业等行业贷款质量相对较差，对商业银行的平均不良率产生上拉作用。2012年第4季度以来，商业银行不良率微升,从0.95%升至0.96%,但房地产按揭贷款的不良率则是出现了微降趋势,如表6-6所示按揭贷款不良率从0.29%微降至0.28%。

表6-6 住房金融机构不良贷款率及房地产贷款不良率

单位:%

类 别	2012年		2013年	
	第3季度	第4季度	第1季度	第2季度
商业银行	0.95	0.95	0.96	0.96
开发房贷	0.71(全年)			
按揭房贷	0.30	0.29	0.29	0.28

数据来源:中国银监会网站。

表6-7 商业性金融机构不良贷款行业分布

单位:亿元,%

	行 业	不良贷款余额	不良贷款率
A	农林牧渔业	205.9	2.35
B	采矿业	31.1	0.22
C	制造业	1770.7	1.60
D	电力、热力、燃气及水的生产的供应业	192.8	0.72
E	建筑业	120.4	0.57
F	批发和零售业	1071.4	1.61
G	交通运输、仓储和邮政业	361.4	0.82
H	住宿和餐饮业	86.5	1.89
I	信息传输、软件和信息技术服务业	34.0	1.44
J	金融业	3.5	0.21
K	房地产业	279.1	0.71
L	租赁和商务服务业	105.4	0.47
M	科学研究和技术服务业	10.6	1.05
N	水利、环境和公共设施管理业	39.0	0.19
O	居民服务、修理和其他服务业	41.2	0.87
P	教育	29.0	1.20
Q	卫生和社会工作	10.0	0.46
R	文化、体育和娱乐业	12.7	0.91
S	公共管理、社会保障和社会组织	10.2	0.43
T	国际组织	0.0	0.00
	个人贷款	487.3	0.49
	信用卡	153.0	1.11
	汽车	23.4	2.16
	住房按揭贷款	204.4	0.29
	其他	106.5	0.85

资料来源:《中国银监会年报2012》。

第六章 中国房地产金融机构分析与预测

表6-8和表6-9给出的部分上市银行的开发贷款不良率和按揭贷款不良率数据也大多在2013年上半年出现了微降。这进一步反映住房金融机构房贷提升了这些机构总体贷款的质量。

表6-8 部分上市银行开发贷款不良率

单位：%

开发贷款不良率	2012年	2013年6月	开发贷款不良率	2012年	2013年6月
浦发银行	0.1	0.11	招商银行	0.63	0.58
兴业银行	0.23	0.15	建设银行	1.88	0.98

数据来源：相关上市银行年报和半年报。

表6-9 部分上市银行按揭贷款不良率

单位：%

按揭贷款不良率	2012年	2013年6月	按揭贷款不良率	2012年	2013年6月
浦发银行	0.26	0.33	招商银行	0.22	0.3
兴业银行	1.00	1.00	建设银行	0.31	0.29

数据来源：相关上市银行年报和半年报。

但是，由于中国房地产市场存在众所公认的泡沫问题、货款的期限错配、资金来源的集中度过高等问题，房地产金融机构的贷款风险依然存在。

（三）2012年第4季度以来商业银行房贷策略分析

总的来看，2012年第4季度以来，影响住房金融机构房贷策略选择的因素主要有：①"国五条"，②6月份钱荒事件，③7月份央行取消贷款利率下限（房贷利率政策不变），④国家新型城镇化战略预期。其中前三个因素是紧缩性的，第四个因素是扩张性的。

住房金融机构在前面若干指标所表现出来的很强的房贷偏好反映出，商业银行的房贷策略对新型城镇化的乐观预期在持续发挥作用，但是另一些信息则反映前三个因素也在不停地敲打着商业银行的房贷策略神经。特别是2013年2月份"国五条"颁布后，多数商业银行在房贷策略选择上或取消房贷优惠甚至提高房贷利率或者放缓贷款步伐或者停止房贷等（表6-10）。

表 6-10　2013 年以来住房金融机构房贷策略

1月	银行的贷款额度宽松,银行房贷偏好积极。如南京多家银行贷款政策十分宽松,下款也非常快。在首套房的房贷利率上,有 8 家银行可在基准利率上施行 8.5 折的优惠政策,6 家银行可享受 9 折优惠,只有中国银行和光大银行维持基准利率。(《扬子晚报》2013 年 1 月 18 日)
2月	房贷供给宽松,条件普遍优惠。如深圳大部分银行提供首套房贷利率 8.5 折优惠。提供首套房贷利率 8.5 折优惠的银行共有 9 家,包括工商银行、中信银行、浦发银行、兴业银行、广东银行、深圳农商行、邮储银行,此外还有汇丰和渣打两家外资行。此外,建行和交行可为优质客户申请到 8.8 折首套房贷利率折扣,但 8.5 折较难申请;中行、农行的客户经理则表示首套房贷最低可打 9 折;招行、平安、光大实行基准利率。(《证券时报》2013 年 2 月 26 日)
3月	受"国五条"影响,银行多停止优惠利率,首套房贷多提至基准利率或 9 折,额度趋紧。
4月	(1)受"国五条"及其细则的影响,主要银行房贷趋紧。如北京二套房的首付比例提高至 70%,主要银行均对二套房贷款实施基准利率基础上上浮的利率政策。对于首次置业者的房贷利率优惠情况是,包括工商银行、建设银行、农业银行和交通银行都提供 8.5 折优惠,中国银行也还有 9 折优惠,但也有一些银行,如招商银行、光大银行和民生银行等,将此类房贷利率的标准调整至基准利率。对于二套房贷款利率,所有银行几乎一致选择了将利率调高至基准利率的 1.1 倍。其中,农业银行还附加打分表条件。(《中国地产市场》2013 年第 6 期) (2)房贷交易市场也迅速降温,如 4 月份北京房贷市场交易量下降 40%。(《京华时报》2013 年 5 月 13 日)
5月	受"国五条"收紧房贷政策的影响,房贷投放量下降,部分消费房贷伪装转为房贷。
6月	受钱慌事件影响,各行月底最后一周停办按揭贷款审批。(《北京晨报》)
7月	6 月底钱慌事件后,银行房贷偏好下降。如北京多家银行收紧房贷,8.5 折优惠利率逐渐减少,部分银行网点已停止贷款业务。与此同时,全国多地公积金余额吃紧,出现缓贷、断贷现象。住房需求压力不减或使下半年住房贷款依然维持偏紧局面。(《中华工商时报》2013 年 8 月 3 日)
8月	受 7 月底央行利率市场化新政影响,银行房贷偏好走低,但城市间略显差异。如北京各家银行基本没有受到 7 月 20 日央行取消贷款利率 0.7 倍下限规定的影响,"银行有序放贷,整体额度偏紧",首套房贷款的优惠利率以 9 折或基准较多,但 8.5 折优惠利率多半银行已取消(2013 年 8 月 5 日《北京晚报》)。但同样是一线城市的广州部分银行暂停房贷,多数银行放款需等三个月(2013 年 8 月 23 日《广州日报》)。二线城市南京房贷趋紧程度明显。中行、建行、邮储和广发 4 家银行已经暂停二手房贷款,同时各家银行针对新房的个人房贷业务也日渐收紧。有 9 家银行目前无房贷额度或额度很少,甚至有 4 家不再办理房贷业务。在利率方面南京 19 家银行中,只有 1 家银行针对新房(首套)执行最低 8.5 折利率优惠,多家银行执行基准利率甚至上浮。(中国江苏网　2013 年 8 月 30 日)
9月	房贷总体趋紧,但城市间、银行间略显差异。如一线城市北京地区,中小银行停贷或缓贷,但大型银行或国有银行正常贷款。包括兴业银行、华夏银行、民生银行等股份制银行,以及南京银行、杭州银行等城市商行,都停止了房贷。工行房贷业务正常,审批也没有明显紧张,首套房贷款利率最低可打 9 折,二套房利率 1.1 倍起。中行和交行个人贷款也是正常发放,一般一个多月就可放款(2013 年 9 月 24 日《新京报》)。同样是一线城市的深圳大银行和中小银行房贷偏好没有差异。各大银行的二手房首套房贷款利率均有所上浮,其中,中行、建行、农行的首套房贷款利率均是基准利率上浮 10%,只有少数优质客户还享受基准利率(每日经济新闻 2013 年 9 月 23 日 08:12:25)。广州市的情况则是,多家银行取消首套房贷利率优惠,除少数外资行还有优惠外,绝大部分中资银行连基准利率都至少要上浮 5%,高的要上浮 20%,少数银行已暂停受理房贷,即使受理的贷款发放也显得"遥遥无期",排期甚至到了明年一月份(2013 年 9 月 25 日《羊城晚报》)。二线城市银行平均放款时间有所延长,但是大多数银行的个人房贷投放计划都没有减少,有 6 家银行还调整了投放计划额度。但同样是二线城市的南京则是房贷吃紧,多行取消利率优惠,提至基准利率。(新华网)

比较而言，城镇化的预期因素对相关住房金融机构的房贷策略选择的影响明显大于其他几个因素，这就可以解释 2012 年第 4 季度以来，尽管"国五条"、钱荒等紧缩条件给住房金融机构的房贷策略选择造成压力，但住房金融机构仍然表现出较强的房贷偏好。

二 存在的问题

相当一部分观点认为，住房金融机构对房地产领域的贷款投放得太多了，助长房地产泡沫的持续放大和自身风险的积聚。但这只是一种角度，从更为综合和系统的视角看，住房金融机构存在的主要问题可以概括为如下几个方面。

第一，房贷在银行金融机构各项贷款中的比重依然处于较高位。

相比于 2009 年以来的情况，住房金融机构的房地产贷款在各项贷款中的占比在下降，但依然处于较高位，特别是绝大多数上市银行对房地产依然保持着较高偏好，无论是规模还是收益，对房地产贷款的依赖度依然处于各行业贷款的首位。尤其值得关注的是，2013 年上半年大型金融机构或国有银行的房贷投放占比反弹，显示商业银行对房地产贷款的偏好在加大。

第二，房地产贷款的信用风险隐患未除。

目前中国人民银行、中国银监会以及上市银行公开披露的信息反映，房地产贷款质量处于较为安全的状态，而且部分银行在 2013 年上半年的房贷质量进一步提高了，但由于中国房价收入比过高、房地产贷款本身的流动性低、期限错配等原因造成的房地产贷款风险隐患依然存在。

第三，差别化房贷难以落地。

尽管 2013 年以来个人按揭贷款同比增速在多数月份超过 50%，但绝大多数住房金融机构总是借着诸种契机（如"国五条"、"钱荒事件"等）取消首套房贷优惠利率政策或打上一定折扣，反映出明显的逐利倾向。

第四，住房金融机构结构的非均衡状况进一步加剧明显。

首先，住房金融机构结构由商业性住房金融机构垄断的局面更加明显，这样一种格局还很难支持房地产走上稳健均衡发展之路。其次，合作性住房金融机构的作为仍然有限。目前合作性住房金融仍由中德储蓄银行一家机构支撑，

而且其专营化特点不断弱化,商业化特色日益加强,由此而言,合作性住房金融的发展难题依然待解。最后,政策性住房金融机构依然虚位以待。近年来虽然公积金管理中心的功能有一定扩大,对保障性住房的建设和消费发挥了更积极的作用,但靠这样一种不伦不类的机构很难满足日益加大的政策性住房金融的需求。

第五,保障房金融支持机构体系缺失。

自2008年国家重视保障房建设以来,保障房建设资金缺口一直是各界讨论的焦点话题,新一届领导班子对中低收入群体住房问题的重视以及更大规模的相关住房建设和消费势必会进一步凸显保障房融资缺口问题。其症结在于缺失保障房金融机构支持体系,特别是保障房商业融资的政策性增信体系缺失。

三 预测

在未来一年内,中国经济可能将依然遵循政府主导的模式,在这样的背景下,判断中国住房金融市场的未来走向的第一坐标当然是中国政府的短期宏观调控政策和长期经济改革路径。2013年11月党的十八届三中全会已经给出中国经济改革与发展的路线图,中国政府短期的宏观调控政策偏好与长期的经济改革与发展导向已昭告天下。从战略层面而言,全面改革是会议精神的主基调;从政策层面而言,放慢经济增长速度同时加快结构转型步伐是短期落实会议精神的主基调;相应的在金融服务领域,盘活存量、适度增加并用好增量则是金融资源配置的主基调。具体到住房领域,该次会议是否将诸如城镇化、土地流转等纳入会议的中心议题并形成明晰的决策直接决定房地产的未来走向和房地产金融的演变路径。可以预计,如果城镇化、土地流转如期登上十八届三中全会的会议桌,由此产生的信号绝不会与2003年的18号文同日而语,2003年18号文将中国经济导向了过度房地产化和中国房地产的过度商业化的陷阱,本次会议形成的有关决策一定是旨在有效引导房地产走上一条商业和保障相互平衡协调发展的路子,有效引导中国房地产步入稳健均衡发展之路。就房地产的短期政策而言,应该会拿出遏制房地产投机,激励保障房和消费性住房的开

第六章　中国房地产金融机构分析与预测

发和消费的新的举措。温和前行将是未来房地产市场的主基调。

基于此，住房金融领域未来走势的基本判断是，从长期看，中国住房金融机构结构有望打破商业性住房金融机构垄断的局面，逐步增强合作性和政策性住房金融机构的比重和作用，形成一个多元化的住房金融机构结构。其中，政策性住房金融机构地位提升的一种路径选项是，改造并整合现有的以住房公积金管理中心为主体的准政策性住房金融机构，建构类似于美国联邦住房贷款银行系统的政策性住房金融机构体系；合作性住房金融机构的发展还有赖于德国住房储蓄银行模式在中国的真正落地和推广。在这样一种结构演变的过程中，商业性住房金融机构在信贷规模、行业贷款布局和收益等方面，对房地产贷款目前形成的偏好在未来一年里会持续，房地产贷款质量近期依然无忧，长期可通过资产证券化等工具进行缓释，保障房贷款依然会保持较高的增速，以反向抵押贷款为代表的房地产金融创新会深化。从量上看，商业性住房金融机构对房地产业的贷款投放会保持稳健态势，比2013年有适度增长。差别化房贷行为特别是对首套房贷款的优惠会得到进一步明确和坚持，对二套房贷的首付要求可能有所降低，而对三套房及以上带有明显投机成分的住房贷款会严控。

鉴于数据的可获得性约束，本期报告仅对商业性住房金融机构房地产贷款在未来一年在各项贷款中的占比情况进行定量预测。房地产贷款的数据参考国家信息中心下辖的中国房地产信息网的相关数据，在房地产企业资金来源中，国内贷款和个人按揭贷款之和即为住房金融机构投向房地产企业的房地产贷款总额，由于这些数据直接来自政府官网统计信息，本报告继续沿用以前几期报告做法，用国内贷款与个人按揭贷款之和来计量房地产贷款，并将统计贷款改称为统计房贷。各项贷款数据来自中国人民银行网站，数据取自金融机构信贷收支统计项下金融机构人民币信贷收支表中的人民币境内各项贷款。房地产贷款在各项贷款中的占比即等于统计房贷除以各项贷款。2013年第4季度和2014年统计房贷总规模及其季度分布可借用住房金融市场给出的结果。以下估测各项贷款在2013年第4季度和2014年的走势及其在各季度的分布。

对各项贷款在2013年第4季度和2014年的走势，我们的基本判断是，在经济放缓有底线、结构转型要加快的政策引领下,未来一年的各项贷款一般不会出现大幅增长或者大幅收缩的情况,稳步适度增长将是大概率事件。从2012年第4季度以来的各项贷款走势看,截止到2013年8月份,走出的是一条缓步下行的线路(见图6-4)。6月份钱荒事件发生后,各项贷款出现企稳迹象,预计全年应该会维持在14.7%的水平。2014年是践行十八届三中全会的第一年,各项贷款增速预计会上升约1.3个百分点,全年各项贷款增速预测为16%。这样一个水平比近三年的年度均值(16.21%)略低。2013年全年各项贷款余额预计突破72万亿元,增额约9万亿元。2014年各项贷款增额超过10万亿元。

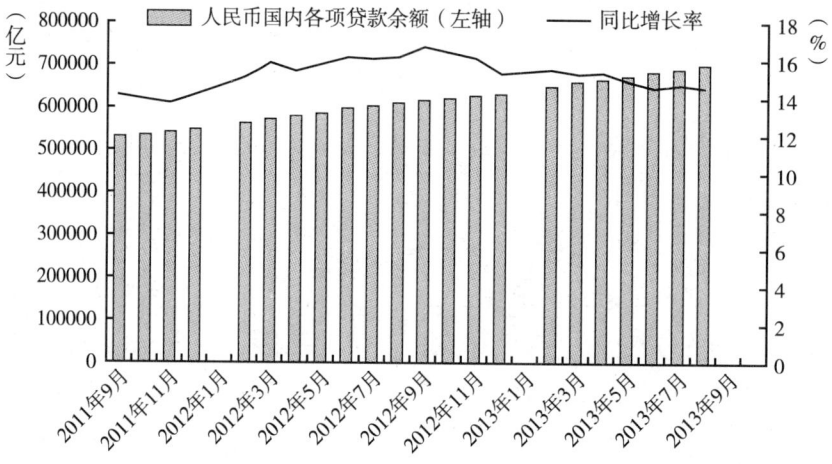

图6-4 2012年第4季度以来人民币各项贷款余额和同比增速走势
数据来源:根据中国人民银行网站相关数据整理。

从各项贷款的季度分布看,由于以往经验中存在年际差异,有些年份上半年投放多于下半年,有些年份则相反,2014年的季度分布存在不确定性。从近三年的季度均值分布看,上半年的投放量大于下半年(见表6-11),由此我们认为2014年上半年的投放量大于下半年的概率较大。

出于计算方便的考虑,本报告假定,2014年的各项贷款季度分布约为近三年的季度分布权重均值,由此推算2013年第4季度以及2014年各季度各项贷款的分布如表6-12所示。

第六章　中国房地产金融机构分析与预测

表6-11　2010~2013年各项贷款季度增长率均值和季度增长率权重均值

单位：%

时间	季度均值	季度权重均值	时间	季度均值	季度权重均值
第1季度	17.14428	26.44771	第3季度	15.83545	24.42863
第2季度	15.89890	24.52652	第4季度	15.94469	24.59714

数据来源：依据中国人民银行网站相关数据整理。

表6-12　2013年第4季度和2014年各项贷款新增预测

单位：亿元

2013年第4季度	19179.38	2014年第1季度	28176.16
2014年第2季度	26129.41	2014年第3季度	26025.13
2014年第4季度	26204.65	2014年全年	106535.4

接下来用2014年统计房贷预测值除以各项贷款在2014年的预测值，即得房地产贷款在各项贷款中的占比在2014年的年度值和季度分布值（表6-13）。

表6-13　2013年第4季度及2014年统计房贷占比预测

时间	各项贷款	统计房贷	统计房贷/各项贷款
2013年第4季度	19179.38		
2014年第1季度	28176.16	7537.59	26.75
2014年第2季度	26129.41	7225.31	27.65
2014年第3季度	26025.13	7874.37	30.26
2014年第4季度	26204.65	7978.46	30.45
2014年全年	106535.4	30615.73	28.74

四　政策建议

第一，有效引导资金支持消费性和保障性住房。

在新型城镇化推进过程中，各类住房金融机构保持着对房地产领域贷款的偏好是理性选择，政府应推出有效的激励政策支持金融机构将贷款投向符合国家城镇化政策的房地产项目和保障房项目。这些政策包括利息补贴、担保、保

险、流动性支持等多种增信工具,同时约束其对房地产投机领域的投放,优化贷款投向,相应的工具包括提高二套房贷款利率和首付比例、停止三套房贷款、禁止对豪华建设项目贷款等。同时还应鼓励商业银行特别是大型商业银行、股份制商业银行着力在新兴产业、重点实体性产业、小微金融领域开发贷款潜力,适当降低房地产贷款的比重,建构可持续的行业贷款结构体系。

第二,有效防控房地产贷款风险。

一是有效推进房地产贷款资产证券化,二是控制商业银行对房地产贷款的偏好,三是改进压力测试模型,真实反映和评估房地产贷款风险。

第三,扩大合作性住房金融机构生存和发展的空间。

首先,从法律法规以及政策诸层面界定合作性住房金融的性质、定位和空间,为真正引进并建立规范性的合作性住房金融机构提供法律法规和政策支持。其次,鼓励现有的合作性住房金融机构——中德储蓄银行坚守其专营定位,逐步退出已经进入的商业性和政策性业务领域,并探索总结包括公司治理、组织架构、市场定位、业务运营、风险管理等在内的合作性住房金融有效运行和发展模式,促成德国住房储蓄银行模式在中国真正落地,并在拟设的合作性住房金融机构中进行复制和创新。

第四,探索建构有效的保障房融资机构支持体系。

其一是尽快启动对住房公积金管理中心的改制进程,建构真正意义上的政策性住房金融支持体系,其二是建立政策性住房金融和商业性住房金融有效对接的通道,特别是尽快建立保障房建设和消费融资的增信体系,引导商业性资金支持保障房建设和消费。

第五,政策激励与约束并用,促成差别化房贷的落地和可持续性。

如政府可以考虑给予商业银行一定比例的利率补贴,促成商业银行稳定首套房贷的优惠利率,再如给予适当的流动性支持鼓励商业银行对首套房贷款坚持两成首付,对提供第三套房贷和更多套房贷的金融机构实施本息全部罚没等。

第七章
地方政府在住房发展中的行为分析与预测

蔡书凯

一 现状分析

"地方政府"是指在中央政府之下的、受中央政府控制的地方各级政府，包括省级政府、市级政府、县级政府和乡镇级政府。不同层级的政府承担的任务、责任和权力范围存在差异，因此各级政府虽然是在同一个国家政权体系之中，但它们的角色、行为和目标等存在差异。为了研究的需要，在这里，我们主要关注的是市县一级的地方政府，市县一级地方政府处在国家与社会的连接点上，在国家与社会的垂直关系链中向上离中央政府比较远，向下又最接近地方体，聚合本地区经济利益管理地方事务，因此，它的行为既具有所有地方政府行为的共通性，又具有自己的独特性。毫无疑问，在住房市场的发展过程中，这一层级的地方政府扮演了极其重要的角色。

（一）认真贯彻落实"国五条"

2013年2月20日，国务院常务会议提出五条调控措施即"国五条"，随后国务院办公厅于3月1日颁布《关于继续做好房地产市场调控工作通知》（国办发〔2013〕17号），进一步细化了房地产市场调控五项政策措施。"国五条"出台的意图很明显：就是进一步加强宏观调控，给过热的房市降温。

随后，各地相继公布了实施细则。从公布的实施细则来看，各地基本执行

了"国五条"政策。大多数城市公布了本年度的房价控制目标（见表7-1），但对"国五条"各项调控政策的落实力度存在差异（见表7-2）。部分热点城市，如北京、上海等城市的配套细则相对更严。其中，北京将二套房首付比例提高至70%，并加强对开发商的预售资金监管，并调高非普通住宅的预售许可门槛，从资金链方面进一步加码调控。

表7-1 各地出台"国五条"细则情况

公布细则省市	公布房价控制目标省市
市：北京、上海、深圳、重庆、天津、合肥、沈阳、福州、呼和浩特、济南、昆明、宁波、青岛 省：广东	市：南宁、厦门、长沙、成都、大连、贵阳、哈尔滨、海口、兰州、南昌、南京、石家庄、太原、武汉、西安、银川、郑州、杭州、长春、乌鲁木齐、西宁

表7-2 部分省市"国五条"细则

省市	时间	主要调控限购措施	税收措施
北京	2013.03.30	3月31日起,禁止京籍单身人士购买二套房。进一步提高二套房贷首付款比例,新旧政策以存量房买卖合同网签时间为准	严格按个人转让住房所得的20%征收所得税,出售五年以上唯一住房免征个税
上海	2013.03.30	严格执行第二套住房信贷政策,重点强化对异地、外籍、离异、低龄人群等借款人的贷款资格审查,不得向不符合信贷政策的借款人违规发放贷款;严禁发放第三套及以上购房贷款,适时调整第二套住房贷款的首付比例和贷款利率	严格按个人转让住房所得的20%征收所得税
重庆	2013.03.30	城区新建商品住房价格增幅低于城镇居民人均可支配收入实际增幅。主城区以外各区县(自治县)人民政府制定本区域房价控制目标,四月底向社会公布。严格执行第二套住房信贷政策,暂停发放居民家庭购买第三套及以上住房贷款	严格按个人转让住房所得的20%征收所得税
合肥	2013.03.31	确保2013年全市新建商品住房价格增幅不高于本市城镇居民人均可支配收入的实际增幅	严格按个人转让住房所得的20%征收所得税
大连	2013.03.31	2013年新建商品住宅销售价格指数同比增幅控制在同期城镇人均可支配收入实际增幅以下	严格按个人转让住房所得的20%征收所得税
厦门	2013.03.31	2013年新建商品住房价格指数同比涨幅低于城镇居民人均可支配收入实际增长幅度	严格按个人转让住房所得的20%征收所得税

续表

省市	时间	主要调控限购措施	税收措施
济南	2013.03.31	济南市2013年新建商品住房价格涨幅低于城市居民人均可支配收入实际增长水平	严格按个人转让住房所得的20%征收所得税
广州	2013.03.31	明确2013年广州新房价格涨幅要低于年度城市居民人均可支配收入实际增幅;细则同时对限购进一步升级;至于备受关注的二手房个税问题,细则指出将严格执行"国五条"的相关规定	严格按个人转让住房所得的20%征收所得税
广东	2013.03.25	明确广州、深圳于3月底前公布房价控制目标,广州、深圳限购、限价继续"双限"政策,同时还强调广州、深圳、珠海、佛山市要继续严格执行住房限购政策,并要求年内全省地市实现住房信息联网	严格按个人转让住房所得的20%征收所得税

（二）适当灵活调整地方房地产政策

1. 部分城市限购政策略有放松

执行国家相关调控政策的同时,部分城市根据当地房地产行业发展的实地情况,对调控政策作了适当灵活调整。如2013年8月6日,在房价自2011年9月以来连续22个月同比下降的情况下,温州市相关部门决定对原有限购政策进行调整:对2011年3月14日后已购买一套住宅的户籍家庭,可以再购买一套住宅,但名下所有房产只能是两套,之前名下无房产的家庭可以再购买两套。此次调整并未被中央叫停。2013年8月29日,芜湖市住建委、人保局、财政局、地税局、教育局、卫生局等六部门印发《关于进一步促进高校毕业生创新创业和稳定就业的实施意见有关事项》的通知规定,本科生买房可免契税并获2万元补助,且博士、硕士、学士、专科生在芜湖租房都可以享受政府补贴。此举被认为是变相救市。

2. 部分热点城市坚持调控决心

面对不断攀升的房价,部分热点城市继续坚持调控决心。例如,郑州市提出商品房价格"零增长"目标,并规定持有本市居住证3年以上、在本市缴纳社会保险或个人所得税1年以上的非本市户籍居民家庭,限购1套住房;对于未满20周岁的单身人员,暂停其在本市限购区域购房;对于年满20周岁的无住房单身人员,限购1套住房。8月19日,上海市住房保障和房屋管理局为稳定市场信心,强调将继续认真贯彻执行住房限购、差别化的信贷、税收等各项房地产市场调控政策措施,保持房地产市场健康稳定发展。此后,安徽省出台的《安徽省人民政府关于进一步强化土地节约集约利用工作的意见》明确规定,将限定商品住宅用地出让规模。大城市、中等城市、小城市(建制镇)的商品住宅项目用地、宗地出让面积分别不得超过300亩、210亩和105亩。江苏省国土资源厅会同省发改委、省经信委共同编制发布"限地禁地令":南京今后单幅住宅用地的出让面积最大将不得超过20万平方米,党政机关办公楼用地,也将同样受此限制。引起广泛热议则是"京七条",10月23日,北京市发布了《关于加快中低价位自住型改善型商品住房建设的意见》("京七条"),将房地产市场总体思路转变至"低端有保障、中端有政策、高端有控制",表示北京市今后将加快发展"自住型商品住房",2013年底前全市要完成不低于2万套自住型商品住房供地,今后还要根据市场需求情况进一步加大供地规模。北京市此举是地方政府从供应端入手调节供需结构从而调控房价的有益尝试。

3. 多地对公积金贷款采取应急措施

2013年1~9月楼市持续火爆,导致了公积金贷款业务规模持续增长,多个城市的公积金贷款余额"囊中羞涩"、"余额告急",多个地区已陆续收紧公积金贷款,或者是延长办理周期,部分城市已突破75%的警戒线。例如,上海市2013年上半年,共归集住房公积金和补充公积金299亿元,但同期提取、住房贷款、保障性住房建设项目贷款的金额分别为179亿元、334亿元、34亿元。

为缓解公积金贷款的资金压力,北京、杭州等城市采取"公转商"贴息方式,即公积金贷款转由受托银行发放商贷,在个人偿还商贷期间,对因商贷利率和公积金贷款利率不同产生的利息差,由公积金中心逐月补贴给借款人;合肥、厦门则采用了"轮候制"方式,即采取二手房、商转公、新建商品房现房优先发放原则。同时北京、上海、天津等多城市调整公积金缴存基数,缴存上限普遍提高,厦门、平阳等城市则降低个人购房最高贷款额度或贷款门槛。

（三）土地供应明显增加

在中国特定的制度环境下，地方政府成为一级土地市场的实际操持者、完全垄断者。2013年前三季度全国地方政府的土地供应量稳中有升，均高于上年同期，住宅用地涨幅较明显。根据中国指数研究院的统计，1～9月，全国300个城市共推出地块30892宗，面积共计118471万平方米，同比增加9%；其中住宅类用地（含住宅用地及包含住宅用地的综合性用地）9718宗，推出面积共计42829万平方米，同比增加21%。部分三、四线城市土地供过于求，土地闲置现象出现，其潜在风险值得关注。

（四）保障房建设进展顺利

加快推进保障房建设是满足群众基本住房需求、实现全体人民"住有所居"目标的重要手段。中央政府2013年初确定的保障性安居工程的建设目标为：基本建成470万套，新开工630万套，并继续推进农村危房改造。从统计的数据看（见表7-3），1～9月各地保障性工程建设基本按照中央政策要求实施。并逐步尝试完善保障房的分配、入住、退出等机制，如河南省郑州市已经开始"三房合一"的"大并轨"试点，将原有经济适用房、廉租房、公共租赁住房并轨运行，经济适用房不再销售，统一向应保群体出租，由政府根据应保群体的收入情况发放不同比例的租金补贴。同时，棚户区改造积极有序推进。

表7-3　2010年至今全国保障房计划及完成情况

单位：万套

年份	计划		实际	
	开工量	建成量	开工量	建成量
2010	580	—	590	370
2011	1000	400	1043	432
2012	700	500	722（1～10月）	505（1～10月）
2013	630	470	620（1～9月）	410（1～9月）

数据来源：中国指数研究院。

（五）重点城市多数难完成房价控制目标

在2013年初的"国五条"颁布后，大部分城市都公布了房价控制目标，并且大都与人均可支配收入（扣除通货膨胀因素）挂钩，基本以不超过城镇居民人均可支配收入实际增幅为限。其中青岛、西安两地还在文件中明确要求要"明显低于"实际人均可支配收入的增长。但是，据国家统计局发布数据显示，9月份70个大中城市新建商品住宅（不含保障性住房）价格，与上月相比，70个大中城市中价格下降的有2个，持平的有3个，上涨的有65个。同比，70个大中城市中价格下降的有1个，上涨的有69个。9月同比价格变动中，最高涨幅为20.6%，最低为下降1.8%。重点城市的房价调控目标基本告失（见表7-4）。

表7-4 部分城市房价控制目标完成情况

单位：%

城市	上半年城镇居民人均可支配收入增速	9月新建商品房价格涨速	城市	上半年城镇居民人均可支配收入增速	9月新建商品房价格涨速
北京	5.9	20.6	成都	6.1	9.1
上海	5.1	20.4	重庆	6.5	9.0
广州	8.1	20.2	武汉	7.8	10.5
深圳	8.8	20.1	南京	7.4	14.5
厦门	6.9	16.5	青岛	6.9	9.3
杭州	6.5	9.8			

数据来源：国家统计局，中国价格指数研究院。

二 存在问题

（一）主要问题

1. 财政金融风险累积

地方政府的债务严重依赖房地产的发展，累积了严重的财政金融风险。根据国家审计署2013年6月公布的"36个地方政府本级政府性债务审计结果"，2012年底债务余额中，银行贷款占78.07%，还款来源严重依赖土地出让收益，贷款抵押也严重依赖土地抵押。房地产行业的发展虽然为地方政府提供了大量建设资金，但稳定性面临挑战。房地产行业容易受到经济周期和国家房地产宏观调控政策的影响。一旦今后我国房地产行业出现持续低迷，市场将形成地价下跌的预期，银行对于融资平台储备土地的估值将相应迅速降低，那么地方政府通过土地抵质押融资模式获得的贷款额也将大幅减少。例如，2012年，国土资源部发布"土地市场运行基本情况"显示，2012年全国土地出让面积和合同成交价款分别为32.28万公顷和2.69万亿元，同比分别减少3.3%和14.7%。房地产发展的区域差异也带来了区域性财政金融风险，从2013年1～9月的土地出让数据可以看出，无论是总价"地王"还是单价"地王"，大多出现在北京、上海、广州等一线城市，二、三线城市土地市场则略显平淡。

2. 征地过程中矛盾激化

征地过程中矛盾激化主要表现在：征地范围过广，补偿标准低，被征地农民的长远利益和整体利益没有得到保护，没有给予较好的安置；征地主体缺乏有效的监督制约，征地随意性严重；政府在征地过程中单方面强制征地，没有充分考虑原用地单位和个人的权益保护；集体产权主体模糊，农民参与性差，被征地农民反对征地的意见没有采纳；在土地用途转变增值的土地收益分配中农民得到的比重较低，地方政府所得比重相对较高。这种利益分配格局带来了严重的利益冲突，已经成为社会不稳定的一个重要因素。同时，在部分区域，农民的违法抢建行为突出；部分农民在利益诉求没有得到满足的情况下，采取过激行为抗拆事件时有发生。

3. 保障房供给不足

低收入家庭的住房问题不可能通过市场来解决，需要政府提供公共服务来实现。从国外的经验来看，当保障住房占比超过50%时，保障住房对住房价格具有明显的抑制作用。在经济建设高峰期，欧美发达国家或地区的保障性住房占住房总量比例一度接近60%，日本超过50%，中国香港地区也超过45%，新加坡更是超过90%。而中国2008～2012年重点城市住房建设规划中，保障性住房的比重在23%～29%，距离50%的比重甚远。而且，在建设过程中质量问题不断，保障性住房用地出现供后未建或配套设施不健全等情况，分配时违规、违纪等腐败行为频现，建设进展缓慢，无法从根本上保障中低收入家庭的住房需求。

4. 住房供给结构失衡

住房结构失衡突出表现为商品房的大量空置和经济适用房的供应不足。商品房和小产权房大量空置（包括已出售存量商品房空置4.4亿平方米，小产权房空置11.2亿平方米），合计达15.6亿平方米，假设按照每户70平方米来估算，足以提供2229万户城市居民居住所需。另外，普通商品房供给相对不足，并且，面向中低收入家庭的经济适用房的投资额和面积在全部住房投资中的比重也持续下降。相对于应保家庭的住房需求，保障性住房供给存在巨大的缺口。享受保障性住房（包括居住廉租房与经济适用房）的家庭仅占城市人口的8%，大大低于20%的应保比例。

5. 商品房价格上涨过快

2013年7月，70个大中城市新建住宅销售价格同比升幅达7.5%，为连续第7个月上升。在判断房价合理水平方面，国际上主要采取三类指标：房价收入比、住房可支付性指数、房价租金比或租售比。从通常采用的房价收入比来看，2003年以来我国商品房价格与居民收入比持续上涨（除2008年因为全球性的金融危机波及我国房地产行业时这一比率有所下降外）。一线城市的房价收入比大都超过了10。过高房价推高了居民的生活成本，也不利于农民工"住有所居"和融入城市，对转移人口形成"挤出效应"。而从房价租金比来看，自2003年以来，整个市场连续多年以来房价租金比持续高于1，说明近年来随着房价的不断上升，租金在不断上涨，出现了"过去买不起房，现在租不起房"的现象。从住房租售比来看，近几年中国房屋的租金水平整体上在不断提升（见图7-1），中国大部分城市的租售比早已超过国际警戒线。如北京市统计局发布的数据显示，2013年9月份，北京住房租金上涨4.5%。这意味着，北京住房租金价格已经连续55个月上涨。高房价带来的购房难、租房贵等问题使许多外来务工人员无法在当地生活，更别说融入当地城市，只能"望房兴叹"。

（二）问题产生的原因

房地产业诸多问题产生的原因众多，如：中国城镇化快速推进过程中，自发产生的住房需求过大；中国的人口数量与结构决定着住房高增长的需求；土

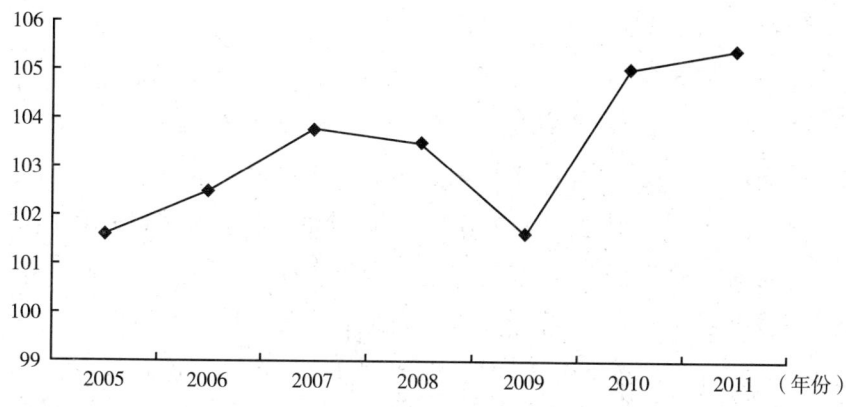

图 7-1 2005~2011 年住房租金城市居民消费价格指数（上年 = 100）

数据来源：国家统计局。

地资源的稀缺性；城市基础设施和公共服务提升；货币超发；居民收入增长；不动产的多重功能性等。其中地方政府的角色冲突也为我们观察这一问题提供有益的视角。

1. 地方政府在房地产市场中的角色

以往学者对地方政府的角色的分析主要集中在两个方面：一是强调地方政府的独立性及与中央的分权。如戴慕珍提出"地方性国家法团主义"（Local State Corporatism），指出中国经济的持续增长要归功于中央政府的分权发展策略，中央政府通过分权而给予地方政府适当的激励，地方政府则成为市场取向的代理人和行动者。沃尔德的"厂商"理论认为分权让利使地方政府降低了在经济上对国家的依赖，地方政府能够比较直接地控制和享有从市场经营中获得的利润。杨瑞龙认为利益独立化的地方政府充当了沟通权力中心的制度供给意愿与微观主体的制度创新需求的中介环节角色。另一些学者认为，即使在财政分权让利的制度模式下，地方政府依然是在中央政府控制之下的政府组织，它在许多政治因素上受制于中央，因此，它不可能变成完全的"厂商"。中央政府通过行政命令、财政控制和人事控制等方式规制地方的机会主义行为。如有学者指出，虽然经济改革为地方政府创造了新的动力和空间，但中央对地方干部的控制仍然是加强的。中央政府通过对地方干部的任命、评估和免职等，保持着对地方政府的稳固的控制，迫使地方政府承担国家行政体制一部分的角

色和职责。

由于特殊的制度安排，中国的地方政府已经内生为房地产业主体之一：土地制度为地方政府深度介入房地产带来了动力，财政分权则为地方政府深度介入房地产施加了压力，政绩考核机制则为地方政府深度介入房地产提供了推力，这些制度安排共同构成了地方政府行为的制度环境。使得地方政府在房地产市场上扮演"管理者+利益者"的双重角色。一方面，地方政府在房地产市场中扮演着"管理者"的角色。作为国家行政体制中的一部分，政府行政层级中的一个环节，必须承担房地产业"管理者"的角色和职责，保证房地产市场稳定良性运行。这与它的授权来源直接相关，地方政府的一个基本特征是贯彻国家意志、服从和执行上级指令和政策，行政管理职能上的单一化和上下级政府职能的一致性，构成了地方政府的权力来源和运作空间。房地产项目从选址、拿地、设计、建造、验收到销售，几乎每一个环节都要经过地方政府的严格审批和监督，地方政府可以直接调控地区的住房发展。毫无疑问，地方政府扮演的一个基本角色是中央政府的"代理人"，承担地方房地产市场的"管理者"角色。另一方面，地方政府是房地产市场发展的"利益者"。在特定的制度环境下，地方政府成为一级土地市场的实际操持者、完全垄断者，并对土地二级市场起到调控的作用，对土地市场价格拥有绝对的控制权，能够从土地处置及价格上涨中获得较大收益。这为地方政府获得了谋求自身利益的动机和行动空间，为对地方政府追求利益最大化的激励转变为现实的"经济人"行为提供了制度条件。分税制导致的地方政府事权和财权的不对称，导致了地方政府对土地财政的极度依赖。地方政府开始直接参与房地产行业，但其目的却不是为了（至少不是完全为了）完成国家的调控改革。"土地财政"在部分地区已经成为地方政府的主要财政非税收入来源，成为地方财政收入的"产业"支柱（见表7-5）。虽然中央政府通过土地利用总体规划等控制，但是地方政府总是可以控制土地的供应量、供应类型及转让价格；而且地方政府还设立许多国营或国有房地产开发公司，直接参与房地产市场竞争，如在上海房地产前50强中，有60%与"国资"有渊源，而前10强中就有7家。地方政府在房地产市场上的深度介入，使得其成为房地产市场的"利益者"。

表 7–5　土地出让金和地方财政收入

单位：亿元，%

年份	土地出让总收入	地方政府一般预算收入	地方全部财政收入	土地出让收入占地方全部财政收入比重
2005	5800	14389	20189	28.73
2006	7677	18129	25806	29.75
2007	13000	22709	35709	36.41
2008	9600	27703	37303	25.74
2009	14239	28644	51590	27.60
2010	29110	40613	72959	39.90
2011	33166	52547.11	92468.32	35.87
2012	28422	61077.33	106460.8	26.70

数据来源：国家统计局、财政部网站。

2. 地方政府角色冲突

只要稍做分析就会发现，在很多情况下，地方政府的这两个角色在实践中是相互冲突的。政府的"管理者"角色，其行为集中表现为执行中央政府的相关宏观调控政策。而"利益者"的角色特征却不同，面对不断增长的土地出让收入、不断增加的财政压力、以经济发展作为主要依据的干部评估标准，以及财政体制改革过程中存在的中央与地方责、权、利分割的问题，都促使地方政府向"利益者"的角色不断靠拢，在短期内凸显经济政绩。具体来说，在现行制度的约束下，地方政府是房地产发展的最大获益者。地方政府同时也是房地产调控政策的具体实施者，但其更乐意扮演"利益者"的角色。对于地方政府来说，房地产市场的高度繁荣不仅能够提高当地 GDP 的数据，同时房地产发展带来的巨额的土地出让收益和财税收入，使地方政府能够有足够的资金来发展城市建设，地方官员也因此获得更多的升迁机会。

因此，地方政府的目标利益并不一致，加之房地产具有区域性的特点，造成了地方政府在实施房地产调控政策时具有很大的政策选择灵活性，地方政府既当"裁判员"，又当"运动员"；既是"守夜人"，又是利益主体。当"管理者"和"利益者"的角色发生紧张时，地方政府的行为就更有可能向"利益者"靠拢。

三 未来预测

（一）区域差异化执行调控政策

在全国范围内，限购、限贷等行政手段会被地方政府继续实施，但不同城市的执行力度会存在差异。热点城市在房价涨幅较大的背景下，调控政策退出的可能性不大，部分房价涨幅较大的城市调控政策可能会继续加码；否则，在缺乏有效替代政策的情况下，大规模放开调控政策，对房地产市场稳定有害无益。对于房价快速上涨的热点城市，行政手段甚至会进一步升级，如"限价令"、"限房价竞地价"等手段范围可能扩大。

而部分三、四线城市则面临经济下滑压力，为满足跨越式发展和密集投资的资金需求，政府可能会对限购政策在允许范围内稍作调整。温州、芜湖等非省会对限购"松绑"微调被中央默许后，会带来一定的示范效应。各地会根据实际情况采取更加灵活的微观措施激活房地产市场。对部分无法实现房价控制目标的城市，当地政府也是不断推高房价的获利者，因此，不会对房地产市场出台严厉的政策文件，但可能会通过诸如暂停/暂缓高价楼盘入市/签约、加大中低端楼盘供应等行政性手段来干预市场，会对未来房地产市场的推出量和价格产生部分影响。

（二）土地市场上的分化行为继续强化

不同类型城市在房地产市场上的分化将进一步加剧，梯队格局发展趋势将更加显著：一、二线城市经济发达、人口众多，住房需求比较旺盛，刚需群体庞大，土地需求将继续旺盛，惜售、捂地现象会重复出现；而三、四线城市土地市场可能会继续冷清，土地推介行为进一步增加。

相对于旺盛的需求，一线城市普遍供应不足，因此，将会：调整供地结构，盘活存量建设用地，想方设法大幅提高土地供应量；并通过限价房等手段限制土地价格，促使土地价格更加合理，避免不断出现的"地王"加大房价上涨的预期，比如，北京会进一步加大自住型商品住房供地。但由于城市土地总量有限，供不应求矛盾将会依旧突出。

大部分三、四线城市由于经济水平较低、城市基础设施建设相对落后、人口外流，且由于近年来土地供应量过大，市场还在消化过程中，使得这类城市土地潜在的供应过剩风险进一步加大，土地出让难度进一步增加。因此，当地政府将会进一步降低地价、加大宣传、推介地块。

（三）保障房市场寻求突破

中共中央政治局2013年10月29日下午就加快推进住房保障体系和供应体系建设进行第十次集体学习。中共中央总书记习近平在主持学习时强调，加快推进住房保障和供应体系建设，是满足群众基本住房需求、实现全体人民"住有所居"目标的重要任务，是促进社会公平正义、保证人民群众共享改革发展成果的必然要求。预计中央政府会出台一系列相应的政策措施，地方政府也会在政策的高压下继续寻求保障房建设的破解之路，探索适宜的落实措施。

全国住房保障的财政支出中，地方政府占了大头，如，2010年住房保障支出中地方财政支出占84%，2011年住房保障支出中地方财政支出占91%。地方政府承担了保障性住房建设资金筹集工作。但对捉襟见肘的地方政府来说，开建保障性住房一方面增加了大财政支出，另一方面占用土地资源导致土地出让收入减少。

保障性住房建设周期长、资金回报率低、资金需求量大，在地方财政难以支撑下去的情况下，地方政府可能会向社会放开、动员社会力量参与。比如，安徽省颁布了于11月1日起施行的《安徽省保障性住房建设和管理办法（试行）》，其中规定对政府投资建设的保障房，主要发挥市场机制的作用，鼓励企业等社会力量投资建设保障房，由政府提供相关政策支持，并将社会力量投资建设的保障性住房，纳入当地建设规划、年度计划和管理，一视同仁地享受政府提供的各项支持政策。因此，将会有更多的地方政府继续寻求保障房建设的破解之道。

（四）积极缓解公积金资金压力

面对公积金贷款供求矛盾异常突出的现实，地方政府已经采取各种方式减

住房绿皮书

轻公积金资金压力。随着房地产业的发展，公积金贷款的资金压力会进一步加大，可能会有更多的地方政府加入这一行列。除了短期应对之策外，从长期看，地方政府会进一步依法缴存、开源节流、完善公积金制度，并建立合理的存贷比率和稳定有效的公积金保值增值投资渠道。

四 政策建议

地方政府作为国家行政体制中的一部分，国家行政层级中的一个环节，是房地产市场调控政策的执行者和协同者，是实现宏观经济安全、居者有其房的实践者，是房地产市场调控能否顺利推进的关键。由于房地产市场调控具有很强的行政特征和区域色彩，地方政府的行政执行意愿和执行强度就显得尤为重要和关键。中央政府房地产调控政策主要依靠地方政府执行、实施和落实。

为了实现地方政府从"利益者"的角色向真正的"管理者"角色转变，实现地方政府从角色紧张到角色协调，优化地方政府行为和房地产市场绩效，必须加强机制设计和制度协同，破解地方政府行为角色的路径依赖。在这个过程中，首先必须坚持市场化、制度化方向，强调民生导向。

一是市场化方向。根据腾讯网 2013 年 10 月的网络调查，16.39% 的调查对象认为房地产行业已经全面市场化，70.49% 的调查对象认为尚未彻底市场化。通过制度变革和创新，让市场机制成为资源配置的主要机制应该成为房地产业发展的主导方向。比如，明晰土地产权关系，强化产权约束，扩大房产税试点范围，强化交易环节的税收政策，用长效的税收机制逐渐取代限购行政手段，等等。区分政府和市场的职能，分层拆分需求，保障归政府，市场化改革促供给，从而构建出"以政府为主提供基本保障、以市场为主满足多层次需求的住房供应体系"。

二是制度化方向。从房地产调控的现实来讲，虽然中央政府出台了许多政策措施，但是由于很多政策未得到严格的执行，使得我们的房地产市场调控管理越来越依赖短期性手段、行政手段，缺乏对宏观调控的机制构建和制度安排的统筹规划，使得调控结果离最初的目标相去甚远。因此，完善相关法律制度，提高制度的可操作性，健全与之相关的实施机制，避免政府权力运行中"越位"、

"缺位"和"错位"现象，消除或减少人为创造的"寻租"空间。通过顶层制度设计，从源头上改变地方政府的预期、效用函数和激励机制，遏制地方政府对短期卖地利益的追逐，使地方政府从"经济人"回归公共利益代表者。

三是民生本位。应该改变片面强调房地产经济发展的经济政策范式，建立民生本位的社会性住房政策范式。在服务民生方面，地方政府除了应积极承担保障住房责任外，还应加强对房地产供应结构的引导。中央政府和地方政府应携手构建双轨和三层体系，政府负责中低收入的保障性需求，市场负责多元化的需求，高中低不同的住房需求人承担不同的责任、享受不同的社会福利。热点城市的地方政府需满足市民的自住型首套房需求；而房地产市场持续低迷的城市，地方政府应更多地思考如何在既定的政策框架内寻求有效的突破口。

具体可以采取以下四条措施。

一是健全市场约束机制。健全房地产市场的相关约束机制，对当前的土地制度作适宜调整。在土地基本制度框架不可能发生大变的情况下，应该按照兼容性、互补性和关联性的原则完善土地供给制度和其他相关制度：国家向农民颁发土地使用权证书，取消农村集体经济组织或村民委员会的土地所有权和相关的调整、征用权力，农民对自己赖以生存的土地资源拥有完整的权力，该权力与目前国有土地完全相同，可转让，可交易；土地使用权转让由交易双方按市场原则定价，各级政府须按照市场原则征用土地；多元化土地开发主体，允许政府收购储备机构以外的民营土地开发机构逐渐进入土地开发市场，从而改变政府收购储备机构双边垄断的土地开发市场格局；将土地管理和土地经营彻底分开分离，政府履行土地管理和市场监督的"管理者"职责，土地经营则交由市场主体；实行土地"年租制"，将土地出让金分为几十年收取，其他税费也应平摊到住房寿命有效期内的保有阶段，从而有效规避土地开发主体行为的短期化。

二是建立区别而联动的三类居住用地供应制度。理论与实践都表明，房地产市场是区域寡头垄断市场，这决定了房地产价格是垄断价格。在市场失灵的领域，供求及由供求关系决定的竞争失灵。向开发商购房几乎成了大多数人获取住房的唯一的渠道。因此，有必要建立区别而联动的三类居住用地供应制度。第一，完善乐居住房用地有偿出让的竞争机制；第二，完善安居住房用地

资源资产化的保障制度，将通过行政划拨的土地作为公益性资产，参照市场价格作价入股，投资开发公共和共有产权的租赁房；第三，建立商品房用地出让收益的反哺制度。从而，构建多层次住房保障体系。第一，严格区分政府和市场的职能，分层拆分需求，充分激发市场活力；第二，建立合理的住房供应体系，保障房归政府，市场化改革促供给。

三是重构财政分权体系。财政困境是地方政府深度介入房地产市场引起角色冲突的根源，有必要重新调整中央、地方财税关系。可以从两个层面重构财权体系：一是重新按照"事权与财权"相匹配的原则和激励相容性原则，规范中央、省及省级以下财政分权改革，使得财权和事权相对称，让各级政府各得其所、各尽其能。二是开征房产税，使地方政府获得长期、稳定的税源。在"土地财政"之外为地方政府寻找新的财政收入的增长点，建立责权对等的财政税收管理体制，既体现中央政策的统一性、权威性，又能兼容解决地方的差异性，从而保证房地产调控政策落到实处。

四是优化政绩考核体系。政绩考核是地方政府行为的指挥棒。尽管中央从2003年以来就提出要转变房地产增长方式，但在现行的政绩考核体系影响下，地方政府深度介入房地产市场是其最优选择。建议改进对地方政府官员政治晋升的考核体制，建立以增加公民福利导向的政绩考核体系，引导和激励地方政府从管理者的角度监管房地产市场，从公共治理角度治理地方事务，缓解地方官员因过分追求地方经济增长和政绩导致的对房地产业过分依赖。在地方政府的政绩考核办法中，把维护房地产市场秩序、稳定住房价格、改善住房供应结构、保障房建设情况等纳入考核指标体系，引导地方政府的注意力集中在服务公众的能力和公众的满意度等方面。

此外，还要坚持加强房地产市场基础性政策建设，如个人住房信息联网、不动产登记、房地产开发企业诚信共享系统，注重市场的长期公平建设，强化相关辅助政策的出台和实施，避免过度强调政策的短期市场效应和市场效率。在此过程中，应在充分考虑现有利益格局情况下，采取渐进、迂回的路径，把握好各项政策实施时点，以渗透方式促进地方政府的角色转换，避免引起市场大幅度震荡。同时，鉴于中国各地方房地产发展阶段的差异，政策制度要保持一定的弹性，尽量避免"一刀切"。

参考文献

Oi, J. C.: "The Role of the Local State in China's Transitional Economy", *The China Quarterly*, 144: 1132 – 1149, 1995.

Oi, J. C.: "Fiscal Reform and the Economic Foundation of Local State Corporatism in China", *World Politics*, 45 (1): 606 – 632, 1992.

Walder, A. G.: Local Governments as Industrial Firms: An Organizational Analysis of China's Transitional Economy, *American Sociological Review*: 263 – 301, 1995.

杨瑞龙:《我国制度变迁方式转换的三阶段论———兼论地方政府的制度创新行为》,《经济研究》1998年第1期。

吴东、李棱雪:《从房屋租售比看我国房地产市场的健康状况》,《科学时代》2012年第17期。

吴灿燕、陈多长:《浙江省土地财政问题实证研究》,《财经论丛》2009年第3期。

倪鹏飞:《深化城镇住房制度综合配套改革的总体构想(下)》,《财贸经济》2012年第12期。

高富平:《政府在房地产市场中的角色定位》,《理论前沿》2009年第12期。

钱滔:《地方政府治理与房地产市场发展》,《浙江社会科学》2010年第3期。

王筝、仲伟周、吴淑娥:《分税制下的地方政府行为激励与房地产市场改革》,《中国房地产》2012年第14期。

周建军、代支祥:《论房地产市场调控中的中央与地方政府的博弈》,《财经理论与实践》2012年第1期。

市场体系

Chinese Housing Market System

G.8
第八章
中国住房市场形势分析与预测

邹琳华

一 2012~2013年市场概况：自住型需求恐慌入市推动大城市房价飙涨，中小城市楼市出现明显滞胀

2012年第3季度，随着货币环境有所趋松、调控政策效力衰减和房价预期的微妙转变，大城市住房成交量放大，房价相应出现反弹。但由于房地产企业高库存及资金紧张状况依旧，房价反弹力度较弱。2012年第4季度到2013年前三季度，大城市住房库存消耗较大，房价涨速加快。房价的上涨又引发了首次购房及改善需求的恐慌，刚性需求的集中入市进一步推动了房价的飙涨。此外，"国五条"增加二手房交易税费的调控政策阻碍了二手房入市，从而进一步激化了住房市场供求矛盾。而中小城市虽然总体房价有所上涨，但是商品

住房滞销严重，后市并不乐观（表8-1）。

1. 自住型需求恐慌入市推动大城市房价飙涨，北上广深房价涨幅领跑全国

2012~2013年，中国大城市房价由试探性的缓慢上涨，逐步演变为恐慌性的暴涨。北京、上海、广州、深圳4个一线城市，房价涨幅领跑全国。这几个城市房价涨幅完全突破了2013年初公布的房价调控目标，其他大城市也即将或已经突破了年初的房价调控目标，地方版的房地产调控政策面临升级。

与2009年末上一轮房价暴涨有较大投机成分不同，本轮房价上涨主要由刚性需求的恐慌性入市所推动。本轮价格暴涨的主要是大城市，这些城市都实行了住房限购政策，投机性购房者被最大限度挤出，首次和改善性需求者成为购房的主体。针对二手房出售的高税收政策使二手房市场的活跃程度下降，加剧了大城市住房供求矛盾。

2012年12月在国家统计局公布的70个大中城市中，新建商品住宅价格指数同比上涨的有40个，持平的有4个，下降的有26个。70个大中城市价格指数平均涨幅为-0.04%。环比上涨的有54个，持平的8个，下降的8个，环比平均涨幅为0.33%。北京、上海、广州、深圳4个一线城市价格指数同比涨幅分别为2%、0%、2.4%和0.9%（见图8-1、8-2）。

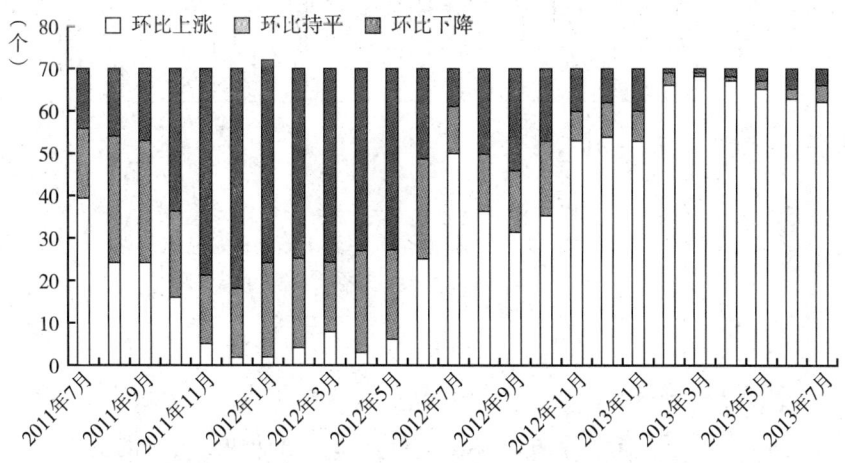

图8-1　2011~2013年中国70个大中城市新建商品住宅价格指数环比上涨、持平与下降个数

数据来源：国家统计局。

到2013年9月，70个大中城市新建商品住宅价格指数同比上涨的有69个，下降的只有1个，同比平均涨幅为8.7%。同比超过10%的城市达到了15个，24个城市涨幅在8%～10%。北京、上海、广州、深圳4个一线城市房价同比涨幅均在20%以上，创自2011年1月国家统计局实施新的《住宅销售价格统计调查方案》以来的最高涨幅。考虑到因售房合同拆分、阴阳合同等现象带来的数据失真，北京等一线城市多数楼盘的实际价格同比涨幅在50%以上（见图8-1、图8-2、图8-3）。

2013年9月，70个大中城市新建商品住宅价格指数环比上涨的有65个，持平的3个，下降的2个，环比平均涨幅为0.72%，为自2012年6月以来连续第16个月环比上涨。其中北京、上海、广州、深圳4个一线城市环比上涨率均在1.2%以上，其中上海达1.6%。（见图8-1、图8-2）。

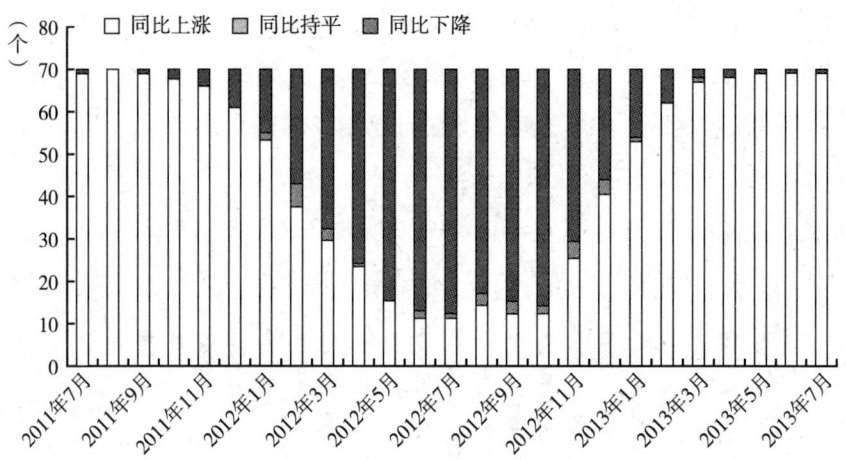

图8-2　2011～2013年中国70个大中城市新建商品住宅价格
指数同比上涨、持平与下降个数

数据来源：国家统计局。

2. 成交量持续放大，库存水平依然较高

2012年下半年开始，住房市场成交量从极度萎缩到逐月回升。房地产企业也随之缓慢提价以试控市场反应。2012年1～6月，全国商品住宅销售面积35347万平方米，同比下降11.2%；2012年1～12月，全国商品住宅销售面积98467.51万平方米，同比增长2%。

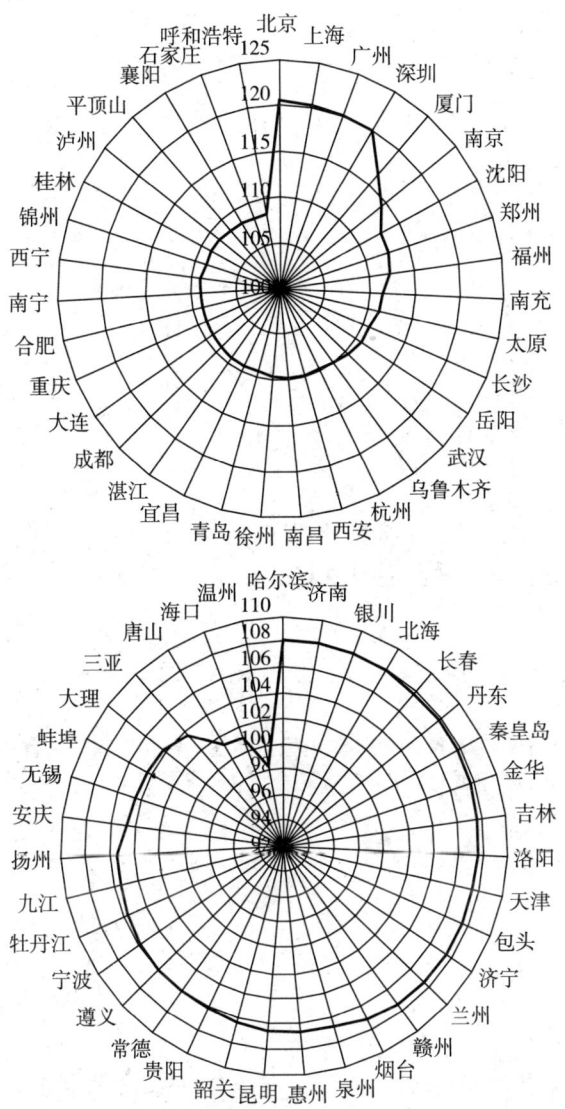

图 8-3　2013 年 9 月 70 个大中城市新建商品住宅价格同比指数

数据来源：国家统计局。

到 2013 年，由于刚性需求恐慌性集中入市，住房市场成交量进入爆发性增长期，一线城市一房难求，日光盘频现。不仅购房重新需要排号摇号，甚至有不少普通住宅楼盘要求购房者事先提供 50 万元存款证明，开盘当天才予以接待。

2013年1~2月,全国商品住宅销售面积9493.7万平方米,同比增长55.2%。此后部分由于同比基数上升的原因,销售面积增长率有所下降,但仍维持较高水平。2013年1~9月,全国商品住宅销售面积75434万平方米,同比增长23.9%(见图8-4、图8-5)。

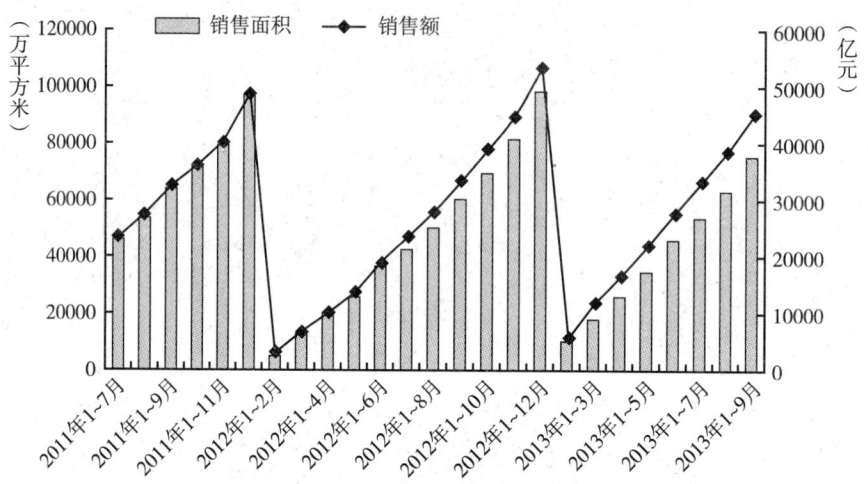

图8-4 2011~2013年中国商品住宅销售面积与销售额

数据来源:国家统计局。

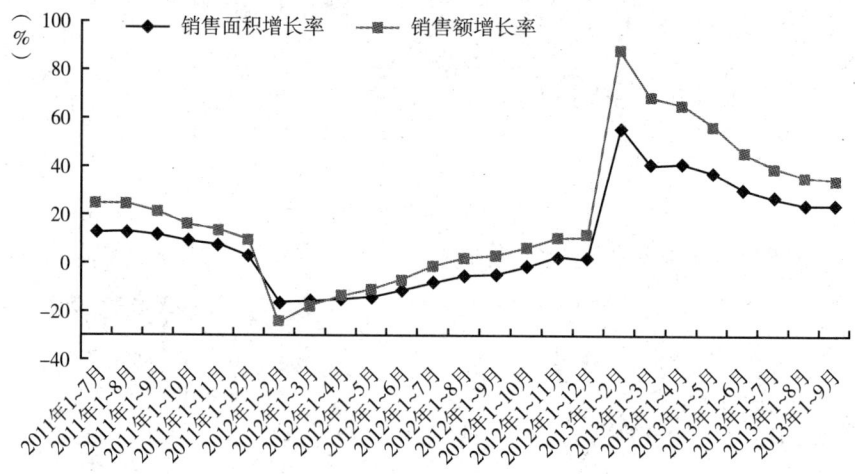

图8-5 2011~2013年中国商品住宅销售面积与销售额同比增长率

数据来源:国家统计局。

2012~2013年，尽管总体成交量快速回升，但由于四线城市（中小城市）前期开发量较大且出现滞销，当前商品住房库存仍保持在较高水平，且商品住房库存呈高增长态势。2008年底，由于受金融危机的影响，我国商品住房库存曾出现55.5%的高增长，待售商品住房面积达10660万平方米。经历了2009年和2010年的库存低增长后，2011年底又出现了35.8%的高增长，2011年期末商品住房待售面积达16904万平方米。到2012年12月底，商品住宅待售面积达23619万平方米，同比增长30.6%，增速比2011年底下降5.2个百分点。由于2013年第2、3季度总体销售增速放缓，2013年9月末，全国商品住宅待售面积29326万平方米，同比增长40.5%，增速比2012年末又上升9.9个百分点（见图8-6）。①

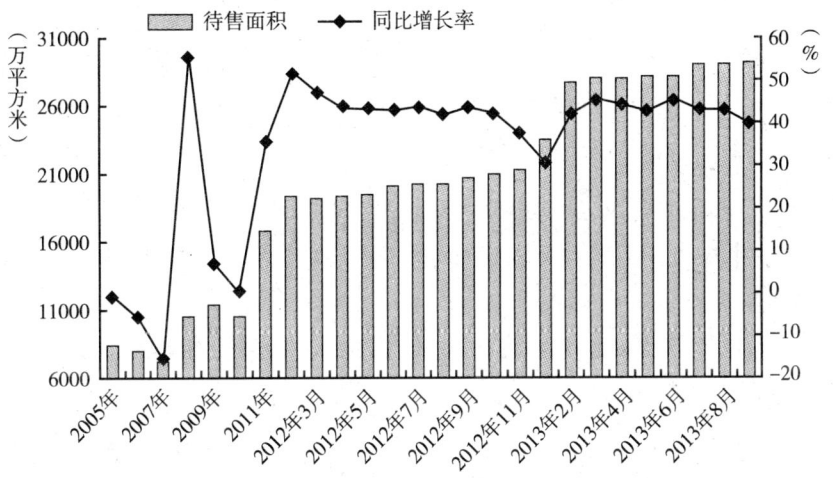

图8-6　2005年以来各期末中国商品住宅待售面积及其同比增长率

数据来源：国家统计局。

3. 资金回笼速度加快，开发企业资金面较宽松

随着成交量爆发和价格的回调，开发企业资金回笼速度加快。2012年

---

① 待售商品房面积：是指房地产开发企业报告期末已竣工的可供销售或出租的商品房屋建筑面积中，尚未销售或出租的商品房屋建筑面积，包括以前年度竣工和本期竣工的房屋面积，但不包括报告期已竣工的拆迁还建、统建代建、公共配套建筑、房地产公司自用及周转房等不可销售或出租的房屋面积（据国家统计局）。

1~8月，销售额增速已经开始由负转正。2012年1~12月，全国商品住宅销售额53467.18亿元，同比增长10.9%，增速比1~2月份的-24.7%提高了35.6个百分点。2013年1~9月，全国商品住宅销售额45437亿元，同比增长34.5%，增速比2012年1~12月又提高了23.6个百分点（见图8-4）。

从2012年7月份开始，房地产开发企业资金来源增速有所提高。2012年1~12月份，房地产开发企业本年到位资金96537.67亿元，同比增长12.7%。2013年由于市场转热，房地产企业资金面显著好转。2013年1~9月份，房地产开发企业本年到位资金87828亿元，同比增长28.7%，比2012年1~12月增速上升16个百分点。其中，国内贷款14568亿元，增长32.3%；利用外资391亿元，增长23.4%；自筹资金33674亿元，增长18.4%；其他资金39195亿元，增长37.7%。在其他资金中，定金及预收款24281亿元，增长36.1%；个人按揭贷款10297亿元，增长45.8%（见图8-7、表8-1）。

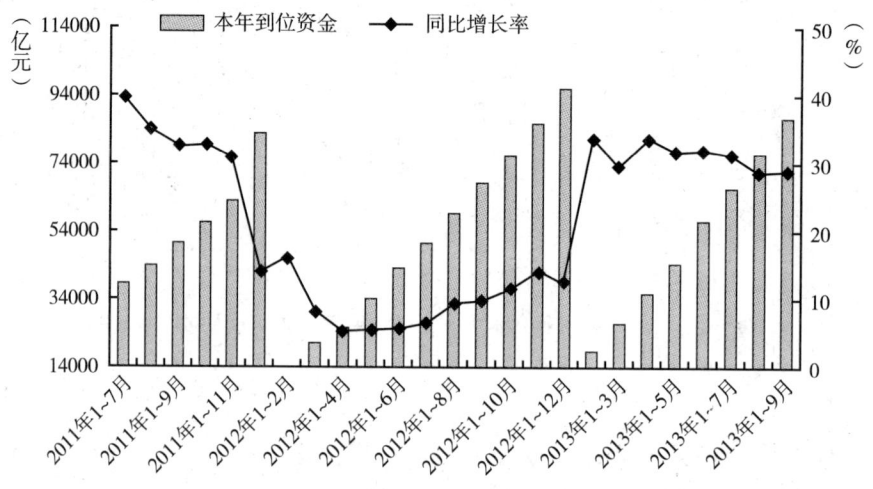

图8-7 2011~2013年中国房地产开发企业本年到位资金及其同比增长率

数据来源：国家统计局。

从结构看，龙头企业要优于中小企业，主要业务布局于一线城市的企业要优于三、四线城市的企业。

表 8-1 2013 年 1~9 月份全国房地产与住宅市场主要指标

指 标		绝对量	同比增长(%)
开发投资类	商品住宅开发投资(亿元)	41979	19.5
	商品住宅施工面积(万平方米)	443102	12.5
	商品住宅新开工面积(万平方米)	106055	6.4
	土地购置面积(万平方米)	25167	-3.3
	土地成交价款(亿元)	6082	14.6
	商品住宅竣工面积(万平方米)	41170	1.4
交易类	商品住宅销售面积(万平方米)	75434	23.9
	商品住宅销售额(亿元)	45437	34.5
	商品住宅待售面积(万平方米)	29326	40.5
资金来源类	房地产开发企业本年资金来源(亿元)	87828	28.7
	其中:国内贷款	14568	32.3
	利用外资	391	23.4
	自筹资金	33674	18.4
	其他资金	39195	37.7
	其中:定金及预收款	24281	36.1
	个人按揭贷款	10297	45.8

资料来源:国家统计局。

4. 投资增速触底回升,未来供给有望增长

2013 年商品住宅开发投资增速触底回升。2012 年市场总体处于去库存阶段,开发企业手中有较大的商品房库存需要消化,且开发企业总体资金紧张,商品住宅开发投资低迷。2012 年 1~12 月份,全国商品住宅投资 49374.21 亿元,同比增长 11.4%。增速比上年同期回落了 18.8 个百分点。进入 2013 年,一方面房价快速上涨,另一方面开发企业库存消耗较大急需补充库存,投资增速上升很快。2013 年 1~9 月份,全国商品住宅投资 41979 亿元,同比增长 19.5%。增速比 2012 年 1~12 月提高了 8.1 个百分点(见图 8-8)。

2013 年土地市场颓势改观,大中城市"地王"频现。从 2011 年以来,房地产开发企业土地购置面积与成交价款增速逐波下降,2012 年 1~2 月已经出现负增长,土地市场降温显著。2012 年 1~12 月份,房地产开发企业土地购置面积 35666.8 万平方米,同比下降 19.5%;土地成交价款 7409.64 亿元,同比下降 16.7%。2013 年房地产企业对未来预期由悲观转为乐观,购地积极性

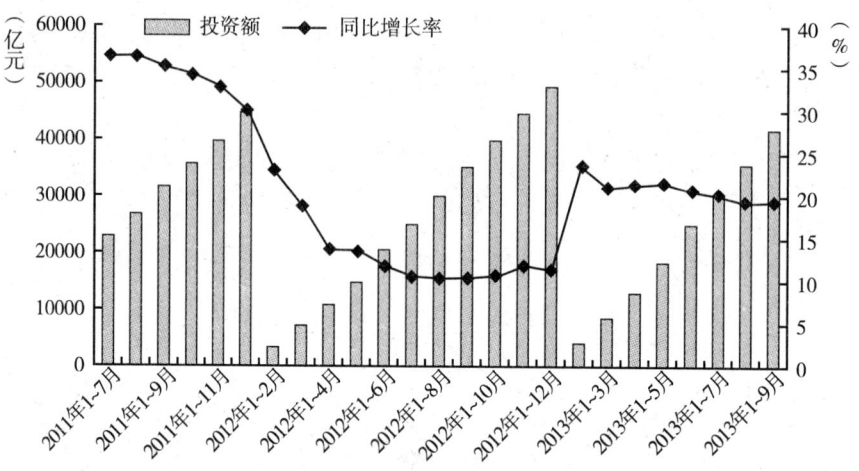

图 8-8 2011~2013 年中国商品住宅开发投资额及其同比增长率

数据来源：国家统计局。

显著增加，大中城市争抢"地王"现象突出，土地成交出现较高溢价。这为未来 1~2 年内住房供给的扩大打下了基础。2013 年 1~9 月份，房地产开发企业土地购置面积 25167 万平方米，同比下降 3.3%，降幅比 2012 年 1~12 月份缩小 16.2 个百分点；土地成交价款 6082 亿元，同比上升 14.6%，增速比 2012 年 1~12 月份上升 31.3 个百分点（见图 8-9、图 8-10）。

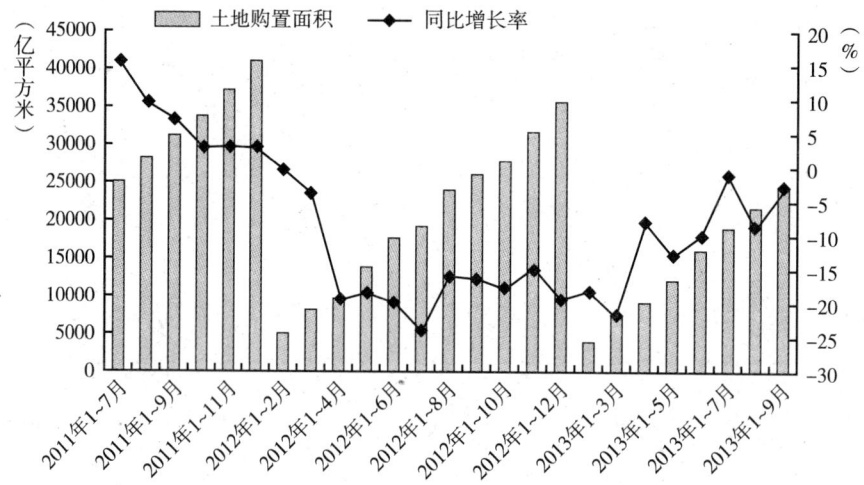

图 8-9 2011~2013 年中国房地产开发企业土地购置面积及其同比增长率

数据来源：国家统计局。

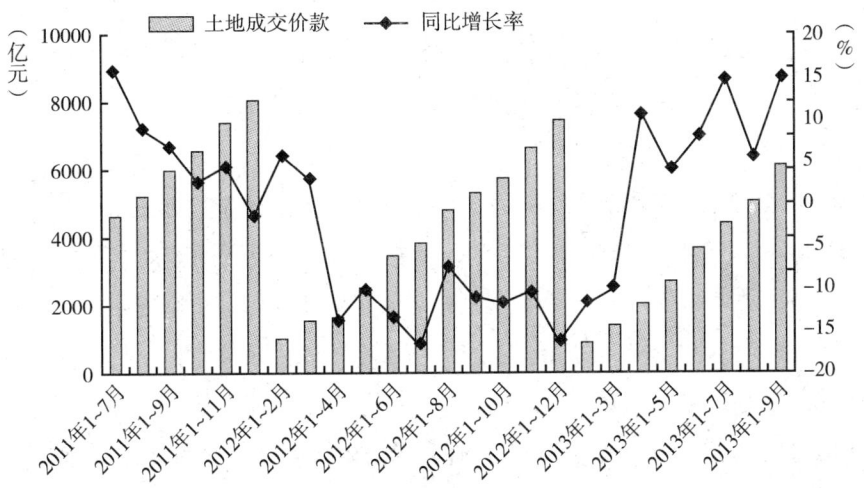

图8-10 2011~2013年中国房地产开发企业土地成交价款及其同比增长率

数据来源：国家统计局。

5. 中小城市住房滞销，少数城市房价下跌

在一、二线城市房价暴涨的同时，不少三、四线城市或中小城市虽然房价有所上涨，但住房市场已经出现显著滞销现象，开发商在苦苦支撑。众多中小城市的新城区，因开发量过大而购房者相对不足，被媒体称为"鬼城"。2013年9月，在国家统计局公布的70个大中城市新建商品住宅价格指数中，北京、上海、广州、深圳4个一线城市同比平均上涨20.33%，环比平均上涨1.4%；天津等31个二线城市同比平均上涨9.27%，环比平均上涨0.7%；唐山等35个三线城市同比平均上涨6.87%，环比平均上涨0.6%。

在浙江、内蒙古等地的部分前期住房市场过热的城市如鄂尔多斯、温州等，因经济下滑，住房供大于求，房价曾出现显著下跌。从历史和国际经验看，房地产泡沫破灭与经济衰退有密切联系，一般来说，只要经济增长预期不出现逆转，房地产市场不会出现崩盘现象。现阶段我国房价下跌主要出现在少数经济衰退的城市，中国大多数城市经济增长前景看好，在未来10年内有望维持较快的经济增速，因而中国城市房价不会出现整体崩盘现象。即便在下跌较典型的温州，住宅市场也出现了初步复苏迹象。

二 2012～2013年市场变化分析：开发商与购房者的非理性预期导致房价短期波动

1. 供给方的"羊群行为"：开发商从悲观退地到争抢"地王"

2011年下半年到2012年上半年，在突如其来的严厉调控冲击下，购房者集中观望，住房销售不畅，开发企业资金回笼困难，部分房企处于资金链断裂的边缘，对市场前景极为悲观。土地市场遇冷，地块频频流拍。甚至有部分知名房地产企业公开提出要退出市场，永远不再从事房地产业。

但仅仅过了一年，到2013年，随着市场销售的超预期好转，开发企业库存快速下降，资金充裕起来。市场预期又变得过于乐观，不断大举抢地，导致"地王"频出。

2011年下半年到2012年上半年由于开发企业对市场前景过于悲观，开发投资下滑，直接导致了2012年下半年到2013年大中城市住房供给的相对短缺。而2013年开发企业争抢"地王"，又为未来住房供求缓和甚至供大于求埋下伏笔。

2. 需求方的"羊群行为"：购房者从集中观望到恐慌性入市

2011年，严厉的限购限贷政策在挤出了投机性购房者的同时，使自住型购房者对房价下跌寄予厚望，市场观望气氛浓厚。因观望导致的局部房价短暂下跌又进一步加剧了市场观望。愤怒的前期购房者，因房价下跌甚至竞相打砸售楼处。商品房严重滞销，楼市出现了"八套房追逐一个购房者"的局面。

2012年下半年，部分自住型购房者对市场失去耐心，住房销售出现好转，房价缓慢上行。这又进一步使自住型购房者的房价下降希望破灭，购房者重返市场。2013年，自住型购房者又恐慌性集中入市。在购房者支付能力与2012年初没有出现显著改善的条件下，市场供求形势却出现逆转，由"八套房追逐一个购房者"变成"八个购房者追逐一套房"。房价出现大幅度上涨，购房需求却只增不减。市场一房难求，排号摇号等选房方式重新大行其道。在北京等城市，供求比过低摇号购房希望渺茫，购房者甚至私下不惜动用各种关系，只求成功购房。

3. 高交易税费政策抑制了投资投机者手中存量供给的释放，激化了大中城市的市场供求矛盾

2013年2月26日，国务院办公厅发布《关于继续做好房地产市场调控工作的通知》（国办发〔2013〕17号），提出了完善稳定房价工作责任制、坚决抑制投机投资性购房、增加普通商品住房及用地供应、加快保障性安居工程规划建设、加强市场监管等五项内容组合性政策（"国五条"），其中关于"税务、住房城乡建设部门要密切配合，对出售自有住房按规定应征收的个人所得税，通过税收征管、房屋登记等历史信息能核实房屋原值的，应依法严格按转让所得的20%计征"的规定对市场的冲击最大。二手房转让的增税政策抑制了二手房出售，使原本供不应求的市场显得供给更加短缺，进一步加剧了市场恐慌，促使了大城市房价的暴涨。

三 问题与挑战：行政管控扭曲市场，供求矛盾长期存在

当前住房市场存在的主要问题是，一方面行政管控过多扭曲了市场信号，造成开发商和购房者对房价的非理性预期，助长了市场短期波动，降低了市场供给效率；另一方面大中城市住房供求矛盾长期存在，从长期看大中城市房价仍呈上涨趋势。

1. 行政管控过多，扭曲市场信号

针对住房需求的直接管控政策如限购、限贷、限价虽然可能在短期内控制需求的过快膨胀，但是长期看行政管控无疑会导致市场信号扭曲，加剧市场波动，不利于居民住房水平的提高：一是限购导致刚需集中观望或集中入市，给房价造成冲击，从而也影响了开发商对市场的预期；二是限价导致房价失真，部分城市对预售价格采取直接管控手段，致使合同拆分、价外价现象普遍存在，房价调控实际上变成了房价指数调控，价格指数失真严重；三是针对外地户籍家庭的歧视性限购政策与新型城镇化建设目标相悖；四是限贷政策限制了资金的合理流动，可能使资金利用效率下降。

2. 住房交易税费过高，激化供求矛盾加重购房负担

当前二手住房交易税费过高。一项交易需要支付的营业税、契税、个人所

住房绿皮书

得税、中介服务费等各项税费，总计可以达到住房总价的20%以上。高交易税费不仅未能起到抑制投机、平抑房价的作用，反而增加了普通民众的购房负担：一是高交易税费与限购政策存在重叠与矛盾，既然限购政策认为本地居民拥有二套以内住房属于合理需求并许可购买，就应当在税收上给予相应的支持，而不宜继续采取惩罚性的高税收政策。限购与高税费政策结合的后果是，迫切需要自住或改善住房条件的普通购房者，却咬牙承受针对投机者设计的高税收。二是在大中城市住房供求矛盾长期存在的条件下，税制设计无论如何精巧，高额的交易税费也必然将转嫁给真实的住房需求者，城镇化带来的新增人口，以及因收入增长想改善居住条件的人，才是高交易税费的真正承担者。三是过高的交易税费使住房改善变得极为困难，从而也刺激了住房的超前消费。四是大城市新房供应不足，急需降低交易税费松绑二手房以平抑房价。

3. 市场监管尚不到位，市场秩序较为混乱

虽然近十年来中国房地产业发展很快，市场规模迅速扩张，并很快上升为国民经济的支柱产业，但政府管理水平跟不上市场的快速发展，市场监管缺位现象突出，市场秩序较为混乱。在商品房市场上，房屋质量问题层出不穷，各种交易纠纷频发，开发商违规销售屡禁不止，虚假宣传炒作造势几成常态。而作为购房者，维权非常困难。特别是在预售条件下，购房者需要在房子没盖好之前支付全额房款，而开发企业对于商品房交付条件界定模糊，直接导致了众多市场纠纷。在租赁市场上，中介垄断房源、侵吞押金、单方变更协议、违规隔断等侵犯业主及租客利益现象屡见不鲜。

4. 产业结构层次较低，产品品质有待提升

尽管中国房地产业已经上升为国民经济的支柱产业，但却总体上仍然处于粗放式的发展阶段，融资能力和土地储备规模仍是衡量企业实力和竞争力的最重要指标，房地产企业热衷于跑马圈地扩大规模，而对于产品研发和品质提升并不放在重要位置。房地产产品风格偏于单一，品质相对较低。绿色、节能、环保、智能化的新的理念尚没有在房地产产品中普及。而未来随着绿色环保观念的深入人心、绿色革命的兴起与政府对房地产环保强制要求的提高，将从供给与需求两个方面对房地产产品的绿色化提出更高的要求。此外，信息技术和物联网的普及以及智能城市的建设，也将促使房地产产品向智能化、网络化发展。

5. 大城市住房供求矛盾长期存在，市场无法解决低收入阶层住房困难

现阶段中国城市高房价的根本原因是：中国经济腾飞与城镇化加速所形成的住房需求增长呈弱爆发性态势，住房市场供应增长无法跟上需求增长，造成长期供不应求的局面。并且由于土地的稀缺性及环境保护的需要，房地产供给约束存在一定的刚性。中国经济发展与城镇化的快速推进都是今后数十年的大趋势，难以逆转。从这个角度看，大中城市高房价现象将长期存在。实施了严厉的行政性限购政策后，大城市房价仍出现强劲上涨，也证明了我国大城市住房真实需求十分强劲。这也给房地产市场稳定和房地产调控提出了挑战。

四 2013～2014年市场预测：大城市短线见顶，中小城市颓势延续

1. 前期上涨过快的一、二线城市，房价短线见顶稳中有降

导致一、二线城市房价短线见顶的直接原因包括：一是房价大幅上涨使住房支付能力下降；二是2013年住房销售爆发性增长，自住型住房需求被大量消耗，在限购政策不出现转变的条件下，需求后期增长乏力；三是2012年底和2013年开发商争抢"地王"预示着后期住房供给将显著增加；四是房价过快上涨的城市政府将面临较大的压力，调控政策全面升级，如北京市推出两年7万套比市价低30%的自住型商品房政策，深圳市也将二套房贷提高到70%，这些调控政策客观上起了稳定自住型购房者预期的作用，可以暂时缓解市场恐慌情绪。

从长期看，一、二线城市是我国未来人口的主要流入区域，住房供求矛盾长期存在，高房价现象难以有效缓解，市场长线仍然看好。

经历了2012年第4季度到2013年前三季度房价的快速上涨，一、二线城市房价最快将在2014年第1季度短线见顶，到2014年第4季度前，房价将稳中有降。2014年各项指标的预测值（参考）如表8-2所示。

表8-2 2014年第1~4季度住房市场预测（参考）

指标	2014年第1季度	2014年第2季度	2014年第3季度	2014年第4季度	2014年总体形势
销售价格	上涨或稳定	稳定	稳定	稳定或小幅下降	稳中有降
销售量	增速放缓	增速放缓	增速放缓	增速放缓或下降	增速放缓

2. 三、四线城市楼市颓势延续,"鬼城"现象可能扩大

以中西部地级市为主体的三、四线城市在大城市化趋势和县域经济快速发展的夹击下,经济出现相对空心化。住房市场将延续2012~2013年滞销态势,部分城市房价可能步入下跌通道。由于三、四线城市前期造城运动产生大量住房供给,在人口外流、楼房滞销的条件下,"鬼城"现象可能扩大。但在几大城市群内的中小城市,由于经济分工的有利地位,仍可能维持相对较好的发展趋势。

五 政策建议:弱化行政管控,深化市场改革

(一)短期政策目标:稳定市场预期,避免房价大起大落

商品房兼具投资品与耐用消费品双重属性,其价格受市场预期影响很大。对市场供求形势的非理性判断,可能会造成购房者的集中入市或开发企业的争抢"地王"等"羊群行为",加剧市场波动,又进一步强化非理性预期。经历了2013年大城市房价的飙涨,平衡一、二线城市住房供求特别是普通商品住房供求,稳定住房市场预期,是2014年住房市场的重要短期政策目标。

(二)长期政策目标:建立自住为主、适度投资、市场调节、政府监控的市场架构

以往的住房市场调控存在两大教训:一是过于排斥市场投资投机,单纯地认为投资投机将推高房价激化供求矛盾,而忽视了住房投资投机沟通当前与未来需求桥梁的作用。二是过于高估政府管控房价能力,而忽视了市场调节机制本身作用的发挥。事实证明,政府难以有效管控房价,未来平抑房价调节供求还需要更多地依赖市场机制的作用。

总结以往经验教训,结合中国住房的主要问题与矛盾,未来中国住房政策的取向将是:通过弱化行政管控使市场机制能够充分发挥作用;通过深化市场改革最大限度地改善居民实际住房条件。

因而未来的政策目标可以概括为:建立自住为主、适度投资、市场调节、政府监控的市场架构。

（三）政策建议

1. 理顺市场供求机制，强化市场预期管理

政府应将短期政策的重点放在市场预期管理上，避免购房者或开发企业出现集中性的"羊群行为"，给市场造成冲击，引发房价短期大起大落。政府要根据发展需要，保持土地供给特别是普通商品住房土地供给稳定增长，形成相对稳定的供地规则，不可饥饿式供地或集中密集推地；降低住房交易税费，简化住房交易程序，使住房配置效率提高；避免对夹心层住房保障或房价作出不切实际的承诺；保持政策的相对稳定，政策的实施或退出要采取渐进式，留出缓冲期，或采取正负面政策对冲的办法；紧密监控市场，对给市场预期造成重大影响的事项，要及时发布可靠消息，消除流言或打击借机炒作行为；明确各级政府稳定市场预期责任，要第一时间平息可能造成房价重大波动的市场不实传言；当住房市场出现显著的过冷过热，政府应及时采取适当措施出手干预市场，稳定市场预期。

2. 逐步放开住房限购，适时推进房产税改革

限购政策虽然有效限制了住房投资投机，但同时也扰乱了市场供求信号，造成市场对房价预期的非理性波动，降低了住房资源的配置效率。限购政策针对外地户籍家庭购房的歧视性限制，妨碍了人口流动和新型城市化的建设。对于供求矛盾突出的一线城市，限购还阻碍了这些城市的国际化进程及全球影响力的增强。未来应逐步取消住房限购政策，由市场自由调节住房供求。

为避免政策取向变动过快带来的市场冲击，首先，可以考虑将限购政策实施权下放给各地方政府，由地方政府根据房价、供求矛盾状况自行决定是否采用限购措施，以及采用何种限购措施。其次，改变以往政策中各直辖市、计划单列市、省会城市和部分房价上涨过快城市必须限购的"一刀切"式规定。最后，随着房价的稳定，逐步全面取消限购。

在逐步放开住房限购的同时，因地制宜地推进房产税改革，通过合理的住房持有税设计达到鼓励自住、抑制投机的目的。

3. 放宽住房信贷限制，支持首次置业和改善性需求

住房信贷限制政策虽然可以抑制房价控制金融风险，但限制过严将降低资

金使用效率，扭曲住房市场，最终不利于城市化的发展及居民住房水平的提高。特别是对信贷资金价格（按揭利率）的强制性上浮规定，对市场信号的扭曲很大。住房信贷政策重点应转为在防范金融风险的前提下，重点支持首次置业及改善性住房需求。加大对以改善为主的家庭第二套房的信贷支持，适度降低第二套房的按揭成数。继续限制三套及以上住房贷款。同时取消对二套住房的按揭利率强行上浮政策，由金融机构根据风险自行确定贷款利率。对于卖一买一、名下仍只有一套房的家庭，无论是否有贷款记录，都比照首套房信贷政策给予信贷支持。取消对住房公积金贷款的利率下限管制，让住房公积金充分发挥支持居民改善住房条件的作用。

4. 降低二手住房交易税费，减轻购房者实际负担

二手房高税费政策将妨碍闲置二手房入市、激化供求矛盾、增加购房者的负担。在当前住房市场供求矛盾突出的条件下，亟须尽快降低二手房交易税费。具体包括：一是扩大契税优惠，所有普通商品住房契税均按1%的优惠税率收取；二是取消5年限制，所有普通商品住房交易免征营业税；三是取消自用5年及唯一生活用房限制，所有出售普通商品住房的所得均免征个人所得税；四是设置中介费率强制性最高标准，将住房买卖中介费综合费率标准降至总房款1%以下或单宗交易总费用降至5000元以下，二者取其低。

5. 放松住房开发管制，增强开发市场竞争

通过降低门槛、促进商品住房开发市场竞争，有效提高住房供给数量、降低住房供给成本。一是简化住房开发建设的审批、规划和上市销售手续，清理住房开发建设过程中的各种不合理税费；二是允许单位、个人在符合规划的条件下利用自有土地自建住房和上市出售；三是积极培育代建、合作建房等多种形式的住房供给模式；四是建立与自建房、代建、合作建房相适应的产权多级拆分制度与便利程序；五是探索与代建、合作建房、自建住房相适应的住房融资模式，给予代建、合作建房、自建住房必要的金融支持；六是有条件放开住宅用地的容积率管制，允许符合条件地块由开发单位根据市场需要自定开发强度。

6. 加大房地产市场监管力度，抓紧出台住房三包制度

政府监管是完善市场调节制度的重要方面。一是加大政府对市场监管力度，重罚虚假宣传、销售欺诈等违法违规行为；二是建立市场禁入制度，对于不良行为企业、个人给予市场禁入处罚；三是规范完善住房预售行为，将样板房作为预售的前置条件与交房合约标准；四是抓紧出台住房三包制度，不断提高住房产品的质量与售后服务水平，保护购房者的合法权益。

7. 完善房地产信息系统，推进房产信息公开化

房地产信息的公开化对于住房市场的理性健康发展极为重要。一是建立政府公益性房地产信用信息系统，并完善信息公开发布与共享机制；二是尽快实现住房产权的统一登记与全国联网；三是在不动产统一登记制度的基础上，推进房产产权信息的公开化与网络公开查询，以更好地落实物权法规定，保障不动产交易安全，有效保护不动产权利人的合法财产权；四是根据谁投资、谁受益的原则，鼓励民间机构投资建立营利性房地产信息系统。

8. 明确住房保障范围，厘清政府与市场界限

为提高住房市场效率、保证社会公平及消除腐败土壤，住房保障范围应严格限定在无法通过市场解决住房问题的人群。其他各类人群的住房问题都应交由市场解决。消除保障范围扩大化及保障房水准过高带来的住房保障资源为更具有利益诉求渠道的各类利益群体所占据，而真正需要保障的人反而无法获得保障的现象。

由各地方政府根据本地经济社会发展状况、动态确定本地最低基本住房条件。凡是能够通过个人购买或租赁获得基本住房条件的人，均不应由政府提供住房保障。住房保障形式应以租金补贴为主，政府根据被保障人群的收入状况给予租金补贴，使其能够在租赁市场上通过个人收入加补贴达到本地最低住房条件。避免因保障房建设不当带来的质量低劣、贫民窟聚集等现象。

第九章
中国住房租赁市场形势分析与预测

邹琳华

一 2012~2013年租赁市场形势：租金持续快速上涨，租房压力显著增大

2012~2013年，中国住房租赁市场延续了2010年以来租金快速上涨的走势，租金占收入的比重增长很快，租房负担增大。尽管如此，由于高房价的原因，租金回报率相对低下，但总体仍处于可接受的合理范围内。分区域看，一线城市无论租金涨速、租房负担都要大于二、三线城市，但租金回报率要低于二、三线城市。

1. 住房租金持续快速上涨，租金涨速超过物价

住房租金持续快速上涨。2010年以前，租金长期缓慢增长，房价租金比越来越大，租房成为一项较经济的选择。2010年以来，住房租金出现持续较快速度的上涨。2012年6月开始，随着居民消费价格租金指数的快速上扬，租金涨幅持续高出CPI的涨幅。2012年12月，租金指数同比上涨3.3%，同期CPI上涨2.5%，租金指数涨幅较CPI涨幅高出0.8个百分点。进入2013年，虽然CPI指数有所上扬，但是租金指数上涨更快，二者的差距进一步拉大。至2013年9月，租金指数同比上涨4.4%，同期CPI上涨3.1%，租金指数涨幅较CPI涨幅高出1.3个百分点（见图9-1、图9-2）。至2013年9月，租金指数已经实现连续45个月上涨，其中北京连涨55个月，广州连涨51个月，深圳连涨54个月，上海连涨39个月。

第九章　中国住房租赁市场形势分析与预测

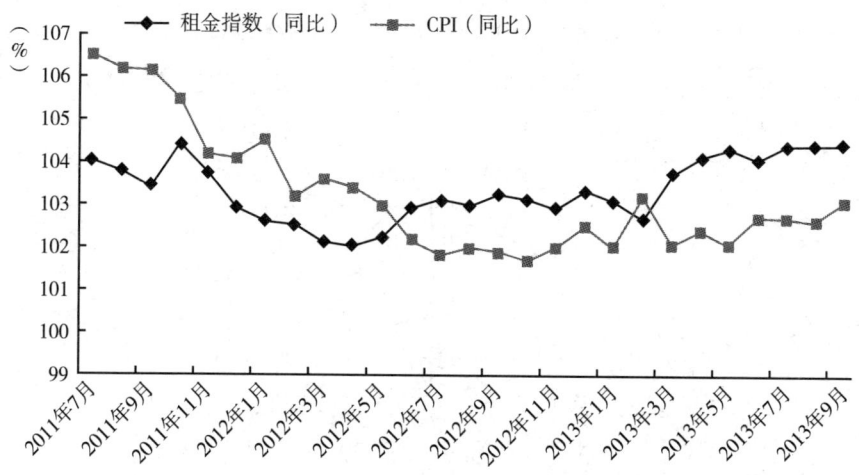

图 9-1　2011~2013 年 CPI 与居民消费价格租金指数（同比）

数据来源：国家统计局。

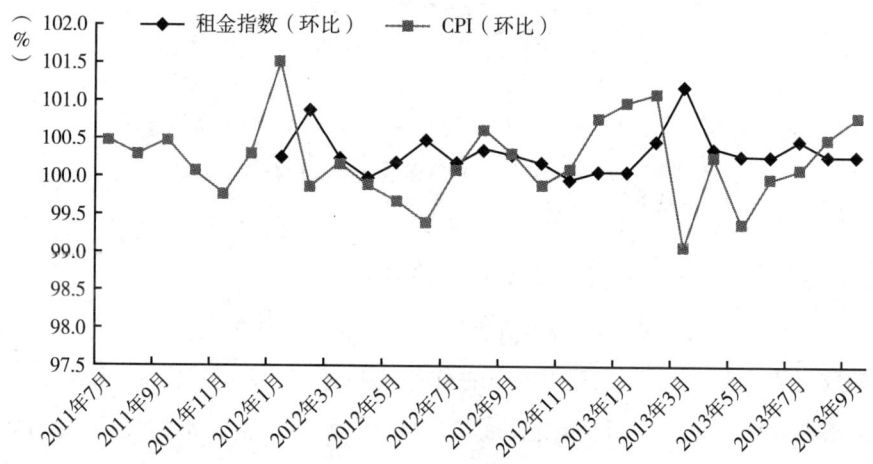

图 9-2　2011~2013 年 CPI 与居民消费价格租金指数（环比）

数据来源：国家统计局。

租金绝对水平较高。从租金绝对水平看，大城市租金总体要高于中小城市，东部城市总体要高于中西部城市，一线城市总体要高于二、三线城市，南方城市总体要高于北方城市。2013 年 9 月，32 个大中城市中每平方米租金水平最高的依次是北京、深圳、上海、南京、广州，二类地段住宅租金集中成交价分别达到每平方米 65.00 元、64.81 元、58.00 元、58.00 元和 35.78 元。二类地段住宅租金集中成交价每平方米最低的依次是呼和浩特（14.00元）、济南（16.73元）、银川（17.60元）、长春（19.00元）、沈阳（19.00元）（见图9-3）。

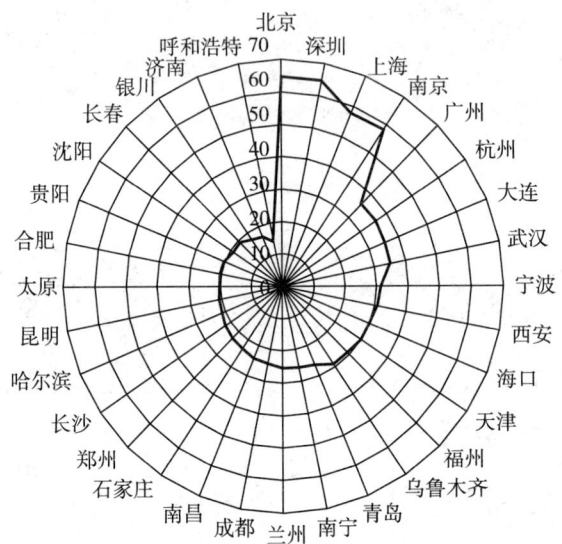

图9-3　2013年9月大中城市二类地段住宅市场租赁价格

数据来源：国家信息中心，因数据缺失或存在特异值，样本不包括厦门、重庆、拉萨、西宁。

2. 租房负担显著增大，一线城市负担最重

从以租金收入比度量的租房负担看，租房负担总体较大。一线城市租房负担指数（租金收入比）大都很高，总体租房负担最大；西北、东北城市租房负担指数较低，租房负担相对较小。32个大中城市中租房负担指数最高的分别是北京、南京、深圳、乌鲁木齐、上海，最低的依次是呼和浩特、济南、沈阳、长沙、合肥（见图9-4）。

租金占家庭可支配收入的比重达到较高水平。如果以三口之家租住80平方米住房为参照标准计算，32个大中城市居民家庭平均每1元可支配收入中，用于租金的支出为0.34元。分城市看，租金支出占收入比例最高的北京、南京、深圳、乌鲁木齐、上海，居民家庭平均每1元可支配出入中，用于租金的支出分别为0.54元、0.51元、0.51元、0.50元、0.46元。除上海外，租金支出都占可支配收入的一半或以上。租金支出占收入比例最低的呼和浩特、济

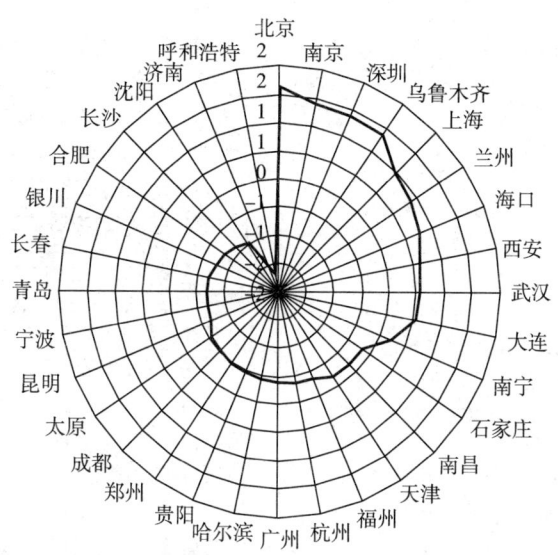

图9-4　2013年大中城市租房压力（租金收入比）指数

注：因数据缺失或存在特异值，样本不含重庆、拉萨、西宁。指数计算经标准化无量纲处理。

南、沈阳、长沙、合肥，居民家庭平均每1元可支配出入中，用于租金的支出分别为0.15元、0.16元、0.23元、0.24元、0.25元。租金支出都在可支配收入的1/4以及以下（见图9-5）。

租房负担增大，是收入增长和住房供给紧缺的共同结果。因而租房负担重的城市，一般都具有两个特征，即收入水平较高，同时人均住房面积较低。当然租房负担轻的城市并不意味着生活水平较高，这大多是经济发展水平较低、食品等刚性支出占收入比重较高的结果。少部分可能是住房供给量高、当地人均住房面积较大的结果。

3. 房价租金比较高，租房回报较为低下

租金回报率总体较低。虽然中国城市租金从2010年以来连续快速上涨，但是与高房价相比，租金回报仍较为低下。在北京、上海等一线城市，租金房价比甚至要低于一年期存款利率。图9-6为2013年31个大中城市住房租金年回报率，各城市平均值为3.39%。由于该值为毛回报率，并没有除去各种维护（折旧）成本，实际除去各种费用的净回报率要远低于一年期定期存

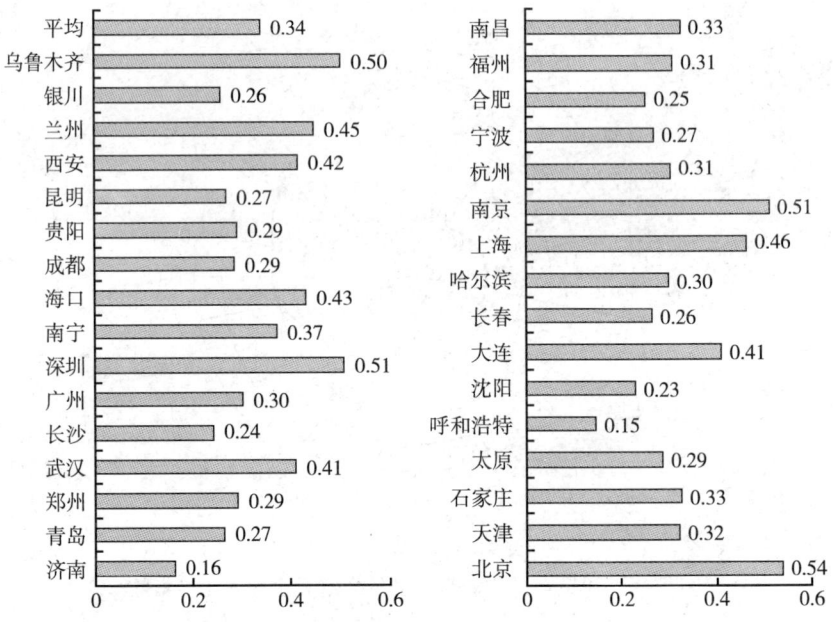

图9-5　2013年大中城市居民家庭平均每1元可支配收入中的租金支出
（以三口之家租住80平方米住房为参照标准计算）

注：因数据缺失或存在特异值，样本不含重庆、拉萨、西宁。租金数据采用2013年9月二类地段住宅租金集中成交价，来源于国家信息中心。收入数据采用2012年城镇居民家庭可支配收入，来源于国家统计局。

款利率。但总体而言，我国城市住房租金回报率尚在可接受合理范围。北京、上海等大城市租金净回报率只有大约1.5%。与国外同类城市5%~6%租金回报率相比，我国城市租金回报偏低。这意味着，如果房价或房租在未来不继续上涨，购房出租将是一项回报较低但尚可接受的投资渠道。在31个大中城市中，毛租金回报率最高的有西安（5.51%）、海口（5.43%）、乌鲁木齐（4.78%）、石家庄（4.69%）、贵阳（4.51%）。毛租金回报率最低的有宁波（1.54%）、深圳（2.02%）、杭州（2.04%）、北京（2.12%）、天津（2.16%）。

应当注意的是，毛租金回报率相对较高的城市，租金净回报率并不一定高。这些城市毛租金回报率之所以相对高，很大程度上是因为出租房维护成本占租金的比率较高。

第九章 中国住房租赁市场形势分析与预测

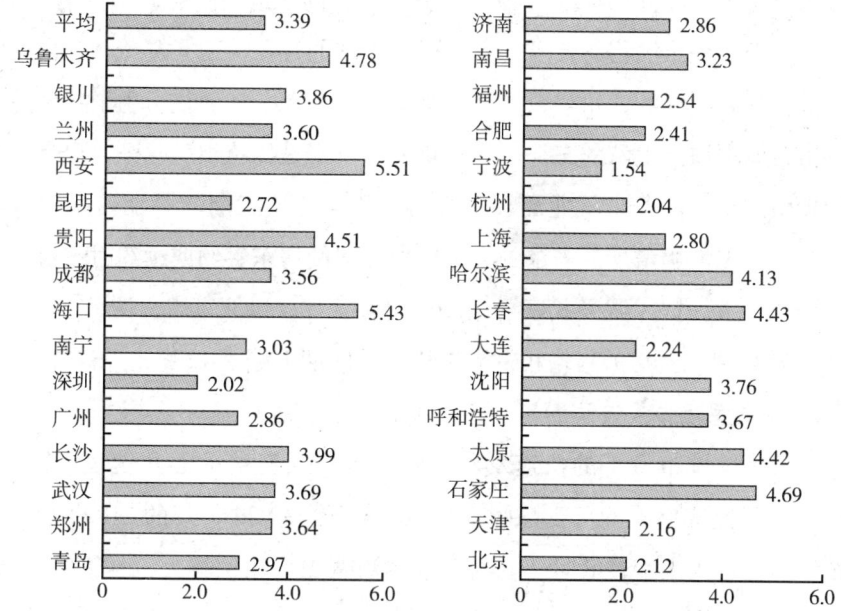

图 9-6　2013 年 31 个大中城市住房租金毛回报率（%/年）

注：因数据缺失或存在特异值，样本不含南京、重庆、拉萨、西宁。租金及房价数据均采用 2013 年 9 月二类地段商品住宅集中成交价。计算结果为毛回报率，没有去除运营维护费用。

二　近期租金快速上涨的主要原因分析

近期租金上涨的原因很多，包括城市化大趋势形成的租房卖方市场格局、房价快速上涨拉动租金上涨、收入快速增长推动租金上涨、中介垄断房源哄抬租金等。但租金上涨最根本的原因，还是经济增长带来收入的快速增长及城市住房供应相对不足。房主通过对土地使用权的垄断性占有，将租住者因经济增长所获得的外溢收益部分最大限度地变成房租。

1. 租房市场总体仍是买方市场，租金上涨已经形成惯性

在城市化的大背景下，城镇人口总体处于净流入状态。在今后 20 年，中国的城市每年将增加相当于目前东京市的人口，而城市人口占总人口的比重将从今天的大约一半攀升至 2030 年的将近 2/3。由于租赁市场总体上仍处于买方市场,租金上涨预期深入人心,住房租赁合同普遍短期化。每次合同到期,房主一般都要提出涨租的要求。由于搬迁成本的存在,为了避免频繁搬家,每当租赁合同到期续约,租户只能被动接受租金上涨。从而住房租金特别是大中城市租金呈现惯性上涨的态势。如每年七八月份是传统租房旺季,也是房租上涨较集中的季节。务工就业潮、毕业潮、开学潮"三潮"叠加使租房市场异常繁荣,需求大幅增加。需求的大幅增加,促使房东签约或续约时趁机提出较高的涨租要求。据"我爱我家"市场研究院统计,以北京市为例,7月中旬通过"我爱我家"找房的新增租赁需求比6月同期上涨了12%。

2. 城市居民收入较快增长,租金水平水涨船高

随着中国城市经济的快速发展,城镇居民工资水平上升较快。2012年,中国城镇居民家庭人均可支配收入24564.7元,较2011年的21809.8元增长12.6%。在收入水平较低时,食物等基本消费支出比例较大,尽管收入增长,租金增长不会太快。当前我国已经跨入中等收入国家门槛,恩格尔系数降低,租金必然快速增长。另外,随着大中城市产业升级加速,社会群体的收入结构发生变化,中等收入群体不断壮大,他们正取代中低收入者成为决定市场租金的主要需求因素,这也使得租金水平能以更快速度增长。由于城市土地使用权的垄断性占有,工资增长的很大比例都被房主通过涨租的形式所占有,租房者的实际生活水平上升并不明显。

3. 大中城市房价飙涨,拉动租金快速上涨

2012年下半年以来大中城市房价的快速上涨也成为租金上涨的助推因素。根据国家统计局数据,2013年9月,70个大中城市新建商品住宅价格指数平均同比上涨8.7%,其中北京、上海、广州、深圳4个一线城市涨幅首次全部超过20%,创下2011年1月以来的最高涨幅。一、二线城市房价持续上涨加速,也导致出租者对租金预期提高。具体而言,房价上涨从两个渠道拉动租金的上涨:一是房价上涨使一部分购房支付能力偏低或不愿意接受住房涨价的潜在购房者挤出,进入租房市场;二是房价的上涨抬高了房东的租金要求,房东需要在上涨后的房价和租金之间作一个权衡决策,如果租金上涨低于预期,房东将选择售房而非出租,从而降低租赁市场供给。

4. 限购政策驱使中高收入者租房，深刻改变租房市场需求结构

一、二线城市社会资源与较高收入工作机会较多，住房需求相对集中。限购政策导致部分较高收入住房需求积压在租赁市场，带动了房屋租金价格上涨。为了抑制投机投资性购房，中央要求各直辖市、计划单列市、省会城市和部分房价上涨过快城市出台相应的住房限购政策。政策规定，本地户籍居民家庭不允许购买第三套住房，能够提供相应纳税或社保缴纳证明的外地户籍居民家庭不允许购买第二套住房，无法提供上述证明的外地户籍居民家庭不允许购房。按中国租赁市场的一般情况而言，租赁市场的主要需求群体是中低收入者及刚毕业参加工作的人。而中高收入者及有较高支付能力的人，一般都倾向于购房而非租房。但2011年以来全面推进的住房限购政策，深刻改变了租房市场的需求结构，许多外地户籍的中高收入者家庭或支付能力较高家庭由于没有购房资格，只能暂时选择租房居住。中高收入家庭大量进入租赁市场从根本上改变了租金的形成机制，由以前中低收入者的收入水平决定租金，转变成中等收入者的收入水平决定租房市场租金。

5. 城市大规模拆迁改造，带来租房需求刚性增长

近年来，大多数城市地方政府都启动了较大规模的城市拆迁改造。2008～2012年，全国改造各类棚户区1260万户。2013～2017年计划改造各类棚户区1000万户。其中城市棚户区800万户，2013年改造232万户，并要求各地区逐步将其他棚户区、城中村改造，统一纳入城市棚户区改造范围，稳步有序推进。作为主要低端出租房源之一的城中村、城市棚户区的大规模拆迁，一方面减少了大量中低端出租房供给，另一方面被拆迁的市民、村民也对过渡性的出租房源产生了刚性需求。此外，一些城市出于提升城市整体品质、改善居民住宅条件等考虑，启动了对老旧住宅区的外观、保温节能等公益性改造，并且政府提供租金补助，由被改造的居民临时性寻找租住房源，也对区域租赁市场供求造成一定的冲击。

6. 租房中介机构争夺房源，炒作控制片区租金

占有出租房源数量决定了租房中介机构的佣金收入。中介机构为了争夺房源，不断抬高房主的期望租金水平。中介通过抬高房主的预期租金占有房源后，只能抬价推介给租房者。有些中介机构还通过大量代理片区出租房源，控

制片区租房市场价格。部分中介机构赚取差价、恶性抬价的种种不规范行为极大地扰乱了房屋租赁市场,在给租客带来极大成本的同时,也哄抬了所在区域的房租价格。

不过总体上看,中介机构只是利用信息、人力优势,对租金上涨有推波助澜的作用,并非租金上涨的根本原因,它们无法决定市场走势。

三　问题与挑战

1. 房价租金携手飙涨,租房家庭与有房家庭的贫富差距加大

在房价和租金同时快速上涨的条件下,租房者与有房者的贫富差距必然不断拉大。即使收入水平完全相同,有房家庭和租房家庭实际生活水平存在显著差异,长期租房家庭总体存在相对贫困化的趋势。在北京、上海等大城市,随着租金相对工资的快速上涨,许多人将面临既买不起房也租不起房的窘境。

2. 低收入阶层群租聚集现象普遍,形成一大社会问题

为降低房租负担,使收入能够维持基本生活需要,大中城市中部分收入低于平均水平的群体,将被迫采取群租、租住地下室等非法出租空间等方式。或者聚居于城乡结合部、城中村、近郊农村,形成独特的"聚居村"。这些地方居住条件差、存在严重的安全隐患,环境卫生脏乱,社会治安复杂。加上租户缺乏社会保障、思想情绪波动较大,容易产生焦虑感、挫折感等心理问题,进而形成一大社会问题,与现代城市文明相悖。

针对群租现象,很多城市都制订了相应的租房标准。北京市住建委等部门2013年7月18日印发《关于公布我市出租房屋人均居住面积标准等有关问题的通知》,规定"出租房屋人均居住面积不得低于5平方米,每个房间居住的人数不得超过2人",要求房屋出租过程中应当以房屋原规划设计为居住空间的房间为最小出租单位,不得改变房屋内部结构分割出租,不得按床位等方式变相分割出租。此外,厨房、卫生间、阳台和地下储藏室等不得出租供人员居住。

北京、上海、广州等城市都曾开展过声势浩大的整治群租行动,由物业配合,房管、公安、消防等部门联合执法。但群租现象依然普遍,无法根治。群租存在的经济根源在于，在收入差距较大的条件下，租赁市场无法给低收入群体提供较好的住房条件。

3. 公共政策对租房家庭存在歧视，租房家庭无法享受自有住房同等权益

目前的教育、社保、医保等公共政策大都按户籍所在地与房屋产权所在地两条线共同管理。由于租房家庭缺乏有效的利益诉求渠道，其权益很少被纳入公共服务管理者的视野，租房家庭无法享受与房主同等的权益。如租房家庭的子女不能按租住房屋所在学区就近上学，而这在欧美属于很正常的权利。此外，租房者也大都排除在当地的养老保障、住房保障体系之外，不能就近就医报销医疗费用。歧视性公共政策一方面极大地损害了租房家庭的权益，另一方面也使住房市场消费者过分偏好于购房而非租房，造成市场扭曲。

4. 租房中介服务市场管理混乱，囤积房源、哄抬租金及欺诈现象较为常见

当前租房中介和信息服务市场秩序较为混乱，各种垄断抬价、欺诈客户现象较突出。常见的手段有垄断房源操纵片区租金、居间代理两头吃差价、私自隔断分租、擅扣押金等，甚至还有殴打、恐吓客户的事件发生。这些违规违法行为不仅推高了租金，也破坏了市场秩序，大大提高了租房信息成本。

在北京等城市，为了占有房源，一般每家中介都会派专人时刻紧盯一些租房信息网站，只要发现有租房新帖，就会第一时间电话联系房东，甚至会假扮租客先去实地看房。那些即将到期的房源也是中介的重点目标。为了占有房源，中介往往会在房东报价的基础上承诺能以高得多的价格租出。独占房源后，中介再以比房东初始报价更高的价格，将房源推荐给租客。

除了相互抬高租金的不正当竞争，中介还经常充当"二房东"角色赚取其中的差价。"二房东"从房东手中租到房子，再自己转租出去。很多小中介为赚取更多利润，还会把房间打成隔断，进行群租，从而使单套租金最大化。这也是近年来房租被不断推高的原因之一。中介通常跟房东签2~3年的合同，但跟租客则是半年或一年一签，每次续租都要求涨房租。结果使得租金被不断推高，成本都转嫁到了承租人身上。

租房中介服务市场管理混乱，这一方面是由于执法不力、缺乏有效管理，导致市场劣币驱逐良币；另一方面是由于市场竞争不充分，违规欺诈收益过高，成本较低。

5. 中介服务市场行政门槛过高，人为提升中介信息成本

一般认为，中介信息市场囤积房源、哄抬租金、欺诈客户等不规范行为较为常见，因此相关部门应加大对中介的检查监督力度，发现问题严厉打击。在监管同时，提升中介准入门槛，并鼓励行业自查自律，倡导良性竞争，2013年7月，住建部和国家工商总局便联合下发通知，要求各地、各部门全面开展房地产中介市场专项治理工作，整顿和规范房地产中介市场秩序，严肃查处房地产中介机构和经纪人员的分割出租、吃房租差价等10类违规违法行为。进入10月，住建部等部门已赴各地开始排查、检查，并将对违规中介进行处理。而根据北京市房地产中介行业协会发布的《关于房屋租赁代理业务管理工作有关问题的通知》，为了保障租房者的利益，新申请从事房屋租赁代理业务的房地产经纪机构，注册资本不低于100万元，从业年限不低于3年（以资质备案时间为准），必须向指定银行交纳不低于60万元的租赁代理保证金，如从事买卖房屋业务还要交纳100万元保证金。未交存风险准备金和未开设房屋租赁代理租金专用账户的机构，不得从事租赁代理业务。换句话说，在北京市从事租赁和住房买卖中介业务的起点门槛是260万元，单纯中介业务的起点门槛是160万元。

抬高租赁中介门槛行为虽然为了规范市场秩序，保护客户权益，实际却限制了中介市场的竞争，人为提高了中介服务成本，迫使很多中小中介变成黑中介。这不仅大大损害了租房者的利益，同时也损害了中小经营者的利益，与深化市场经济原则背道而驰。这导致租房中介费畸高，房租价格被操纵。在北京等城市，租房中介服务费一般要一个月租金，动辄数千元，大大增加了租房负担。

6. 租房者在市场中处于弱势地位，合法权益难以得到有效保护

在当前的租赁市场上，租客无论在经济还是政策法规方面都相对处于弱势地位。从经济方面看，一是因为大中城市住房租赁市场总体处于卖方市场，租客相对弱势；二是租客存在较高的搬迁成本，不接受涨租就要承担搬迁成本。从政策法规方面看，现行法规对租客权益缺乏有效保护，如果房东提前逼迁、驱赶房客、中途涨租、扣押金等，租客往往难以有效保护自身权益。特别是无充分理由扣押金现象，在租赁市场较为普遍。由于城市低收入租房群体的弱势地位，他们被社会形象地称为"蚁族"或"鼠族"。

7. 房主缺乏维护住房积极性，出租房居住条件相对较差

与自住房相比，出租房普遍缺乏维护，居住条件较差，家具家电较为陈旧。究其原因，一方面是由于房租主体来源于土地使用权的区位垄断性，而改善居住条件所带来的租金收益较低；另一方面是由于房东特别是拥有多套房房东，大多属于懒散的投资者，缺乏潜心经营的精神，对改善租户居住条件所带来的细微收益并不敏感。从这点看，对于长期居住需求而言，自住比租赁更有利于提高居民的实际居住条件。

8. 因子女教育而产生的被动性租房需求上升较快且具有刚性

对于无力或不愿意承担高昂学区房价格的居民家庭，通过择校等途径进入意愿学校，再在学校附近租房的也形成一大租房需求。中国历来重视子女教育，古代即有"孟母三迁"的传统。虽然政府三令五申禁止择校，但是现实中择校仍然较为常见。随着家长对子女教育重视程度的提升和对名校的追逐，因子女教育而产生的被动性租房需求有较快上升趋势。这使好的学区租金价格高涨，并拉动了整体租金的上涨。

四 2013～2014年住房租赁市场预测：租金继续惯性上涨

租金从需求方看主要取决于城市人口净流入与租房群体的收入增长状况，从供给方看主要取决于人均住房面积的增加。由于我国在未来十年仍有望维持相对较高的经济增速，同时城市化仍是短期不可逆转的大趋势，城市人口呈净增长趋势。而随着经济社会发展，土地开发成本也将越来越高。此外，随着劳动力成本的提升，房屋的维护成本将不断增加。因而租金水平在未来5～10年内仍将维持持续较快的增长。

2014年租金水平的预测值（参考）如表9-1所示。

表9-1 2014年第1~4季度租赁市场预测（参考）

指标	2014年第1季度	2014年第2季度	2014年第3季度	2014年第4季度	2014年总体形势
租金	上涨	上涨	较快上涨	上涨	上涨

五 政策建议：完善住房租赁市场，维护租赁者合法权益

1. 顺应新型城镇化要求，实现租房与自有住房同权

由于租房家庭无法享受房产所有家庭同等权利，使得现有的城市化在一定程度上沦为半城市化或伪城市化。大量农村人口进入城市并成为常住人口，却没有享受相应的公共权利。除了工作性质有点类似产业工人外，生活方式及所享受的公共服务仍和农民没有区别。他们只能回农村盖房并大量闲置，极大浪费了社会资源。新型城镇化要求进一步打破捆绑于户籍、房屋产权上的不平等。不能要求每个新市民都能买得起房，但只要是当地常住人口，不论买房租房是否有当地户籍都应平等享受公共服务与权利。在履行同等义务的基础上，保障租房家庭与自有住房家庭在教育、医疗、社会保障等公共事务或服务上享有同等的权利。

2. 立法严格保护住房租赁者的合法权益，扭转租赁者在租房市场中的弱势地位

制订《住房租赁法》，通过立法保护租赁者的各项合法权益，扭转租赁者在租房市场中的弱势地位。可参照欧美国家成熟住房租赁市场对租户权益的保护举措，通过立法形式，将合同租赁期内租赁住房空间视同个人合法财产，赋予房客非法院裁定不受逼迁的权利。对于房东强行逼迁及擅自搬走租户个人行李行为，可按侵犯个人合法财产依法追究刑事责任。同时赋予租房者享受与自有住房同等的权利，任何机构、个人不得因为没有产权歧视性对待租户。

3. 降低租房中介服务市场门槛，强化对租赁中介服务的事中事后监管

通过提高中介服务市场门槛的办法来规范中介服务市场违背了市场规律，将适得其反。发展租房中介和信息服务市场不是要提高中介和信息服务市场门槛，而是要进一步降低中介行业进入门槛，提高行业竞争度。通过强化竞争，切实提高中介服务效率，降低中介服务成本，避免将中小中介逼成黑中介。一是撤销对中介服务机构从业的经纪人资格数量要求、风险保证金要求、最低注册资本特殊规定，在准入条件上将其视为一般行业对待；二是严禁各地方政府、行业协会自设准入标准；三是取消各级政府、行业协会对中介服务费下限的指导、指令性规定,由市场竞争决定合理中介服务价格;四是加强对租赁中介服务机构行为的事中事后监管,建立信用体系和违规禁入制度,重罚违法违规行为,必要时依法追究刑责。

4. 鼓励常住家庭自有住房,降低长期租房比率

由于房东一般缺乏改善租户居住条件的积极性,租房居住的居住条件总体无法与自有住房相比。另外,在经济快速增长的大背景下,租金长期上涨将妨碍居民分享经济增长收益。应采取鼓励常住家庭自有住房政策,降低长期租房者的比率。在控制金融风险的前提下,尽可能给予首次置业者以更多的金融支持。对首次购房的各种交易税费给予降低、减免优惠。政府还可以通过地价适度返还等方式,支持居民首次购房,提高住房自有率。

5. 规范租赁合约,租金上涨过快城市可根据需要设置租金涨幅上限

参照世界各国的范例与经验,对租赁合约的一些重要条款进行必要规范。如规定合约存在期内或续约时,每次涨租间隔必须达一年以上;房东无权强迫租户提前搬迁,在因不可抗力或双方协商一致需租户搬迁时,由房东支付重新安置费用等。在租金上涨过快的城市,还可授权地方政府在一定时期内,适时适度干预市场,对合约期内或续约时每次租金涨幅上限作出强制性规定。

G.10
第十章
中国土地市场形势分析与预测

张慧芳

一 2012~2013年土地市场运行基本状况

自2010年1月的"国十一条"至2013年2月的"国五条"出台,本轮房地产调控持续了整整三年的时间。其间,国家密集出台了土地调控政策,使土地政策成为本轮房地产调控的重要着力点。从政策出台的密集度看,实际上至2012年7月国土资源部、住房和城乡建设部发布《关于进一步严格房地产用地管理巩固房地产市场调控成果的紧急通知》止,已经改变了以往土地新政几乎月月迭出并且屡屡加码的状况(这意味着政策出台密集期在2012年7月业已结束)。除"国五条"外,自2012年第4季度以来的一年间,几乎没有出台新的调控政策,而只是相机执行已有的土地政策和给人以随时会出台房地产调控长效机制的预期。

(一)土地供应量与成交量:计划供应量有所下降,实际供应量和实际成交量同比均较大幅度上升,住宅用地涨幅明显;市场整体持续向暖

2013年全国住房用地计划供应15.08万公顷,与2012年全国住房用地供应计划15.93万公顷和实际供地量11.08万公顷相比,分别下降5.34%和增加36.10%,是过去5年年均实际供应量(9.77万公顷)的1.5倍。其中,全国保障性安居工程用地和中小套型商品房用地计划供应11.98万公顷,占住房用地供应计划的79.4%,比上年提高了0.6个百分点。计划供应保障性安居工

程用地 4.16 万公顷，占住房用地供应计划的 27.59%，与 2012 年计划（4.76 万公顷）相比，减少 0.6 万公顷，下降 12.61%，但能够充分满足 2013 年新开工 630 万套保障性安居工程用地应保尽保的要求。计划供应商品住房用地 10.92 万公顷，占住房用地供应计划的 72.4%，其中中小套普通商品住房用地计划供应 7.82 万公顷，占商品住房用地供应计划的 71.6%（见表 10 - 1）。70 个大中城市住房用地计划供应 5.03 万公顷，是过去 5 年年均实际供应量（4.03 万公顷）的 1.2 倍，其中一线城市（北、上、广、深）计划同比增加 2.8%。

表 10 - 1　2011 ~ 2013 年全国住房用地供应计划

单位：万公顷，%

用地类型	2011 年			2012 年			2013 年		
	计划供应	实际供应	计划完成率	计划供应	实际供应	计划完成率	计划供应	相比 2012 年计划供应增长率	相比 2012 年实际供应增长率
保障房和棚改房	7.74	4.81	115.07*	4.76	—	100**	4.16	-12.61	—
中小套型商品房	9.39	6.07	64.6	7.80	—	—	7.82	0.26	—
其他住房	4.67	2.71	58.0	3.37	—	—	3.10	-8.01	—
合计	21.80	13.59	62.3	15.93	11.08	69.6	15.08	-5.34	36.10

* 2011 年初，保障性安居工程安排用地计划 7.74 万公顷，后测算用地需求约 4.18 万公顷，截至 2011 年 12 月 31 日，各地落实用地计划 4.81 万公顷，全面保障了中央 1000 万套保障性安居工程用地需求，所以计划完成率可视为 100%。如果以 4.18 万公顷为计划供应量，则计划完成率为 115.07%。

** 根据国土资源部 "2012 年房地产用地管理调控情况新闻发布会"，截至 2012 年 10 月底，全国 30 个省（区、市，不含西藏）和新疆生产建设兵团，均提前落实了当年中央下达的保障性安居工程任务所需用地，落实率超过 100%（具体数据不详）。

资料来源：根据国土资源部历年公布的相关数据整理计算获得。

2013 年的土地市场延续了上年底的回暖行情。根据中国指数研究院的数据，2013 年 1 ~ 9 月，全国 300 个城市共推出土地 30892 宗，推出面积 118471 万平方米，较上年同期增长 8.9%；其中住宅类用地（含住宅用地及包含住宅用地的综合性用地，下同）9718 宗，推出面积 42829 万平方米，同比增长

21.3%。由于市场持续向暖,全国土地成交量整体高于供应量,其中住宅类用地月度成交量共有8个月同比增长。9月全国300个城市共成交土地2554宗,成交面积10376万平方米,环比下降10%,同比下降4%;其中住宅类用地821宗,成交面积4153万平方米,环比增加2%,同比增加9%(见图10-1)。

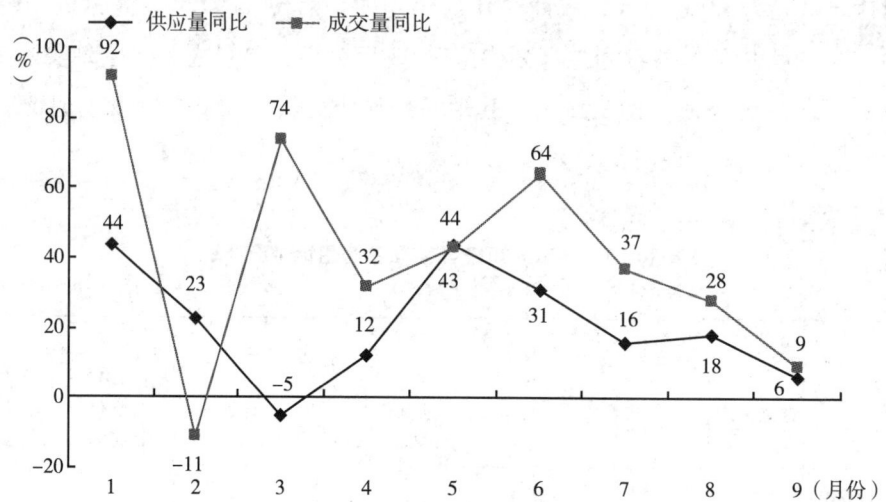

图10-1　2013年前三季度全国300个城市住宅用地月度供应量与成交量同比增长率

资料来源:原始数据来自CREIS中指数据,http://www.fdc.soufun.com。

（二）土地成交价格与溢价率:成交价格总体涨幅明显,整体水平持续高位运行,楼面均价环比、同比持续上涨,价格创历史新高,溢价率稳步回升

1. 成交地价

2012年第4季度住宅用地价格同比上涨2.3%,环比上升1.2%,结束了连续5个季度的下滑。综合看,2012年第4季度以来,全国主要监测城市[①]地价总体水平持续小幅上涨,累计涨幅明显,综合、商服、住宅、工业地价分别上涨157元/平方米、358元/平方米、290元/平方米、21元/平方米。综合、住宅地价环比连续6个月、同比连续4个月持续加速上涨,整体水平处于较高

---

① 全国主要监测城市指105个监测城市。

位运行。2013年第3季度，全国105个主要监测城市住宅地价总体水平为4910元/平方米，连续6个季度加速上升，处于较高位运行。与上年同期相比，城市综合地价整体持续上升，涨幅超过5%的城市占比超四成（见图10-2、图10-3、图10-4）。

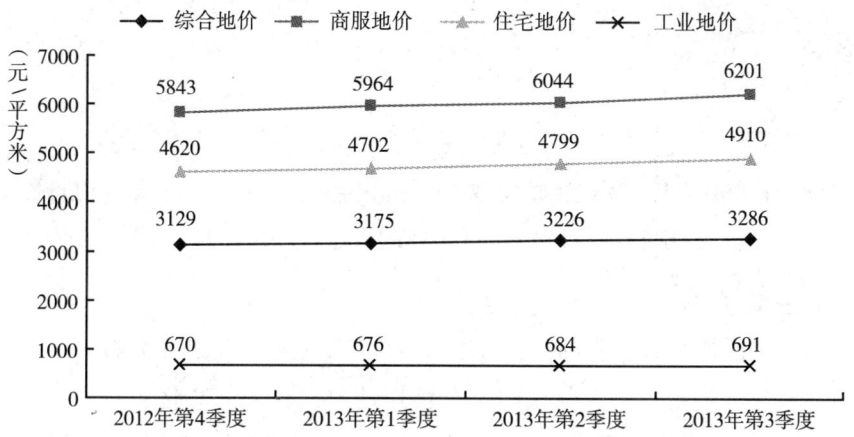

图10-2　2012年第4季度至2013年第3季度全国主要监测城市分用途地价水平

资料来源：原始数据来自中国土地勘测规划院城市地价动态监测组，中国城市地价动态监测，http://www.mlr.gov.cn。

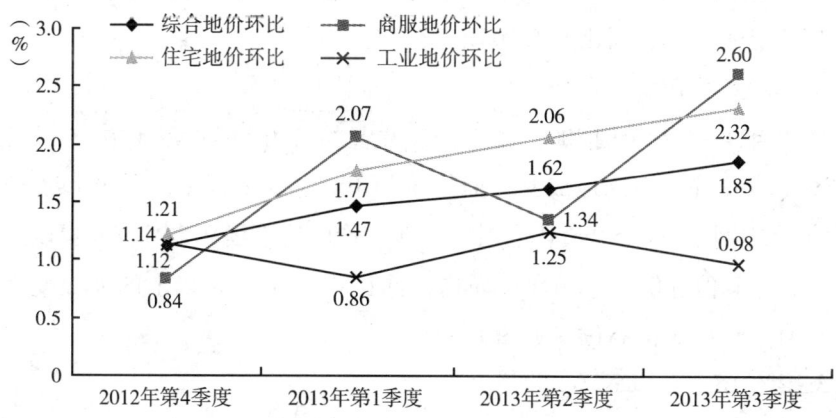

图10-3　2012年第4季度至2013年第3季度全国主要监测城市分用途地价环比增长率

资料来源：原始数据来自中国土地勘测规划院城市地价动态监测组，中国城市地价动态监测，http://www.mlr.gov.cn。

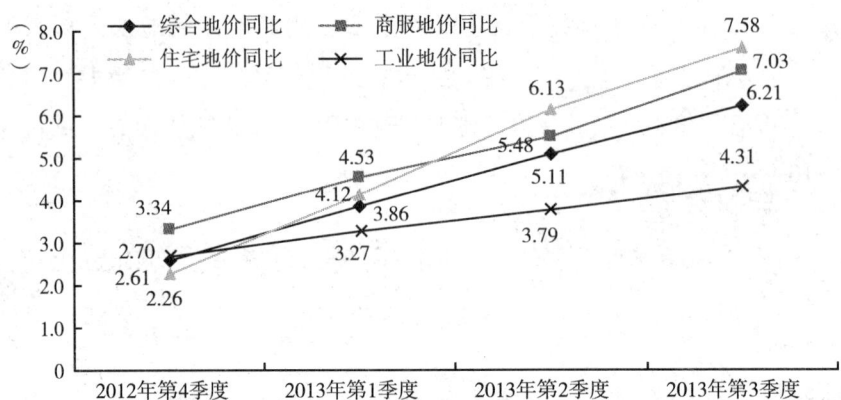

图 10-4 2012 年第 4 季度至 2013 年第 3 季度全国主要监测城市分用途地价同比增长率

资料来源：原始数据来自中国土地勘测规划院城市地价动态监测组，中国城市地价动态监测，http://www.mlr.gov.cn。

另据中国指数研究院的数据，2013 年以来，全国成交总价前十名的住宅用地（包括住宅用地及含住宅的综合性用地）总价为 570 亿元，约为上年全年前十名的 1.7 倍，为 2010 年以来的最高值。特别是 2013 年第 3 季度以来，"抢地潮"在一、二线城市频繁上演，大型房企向核心城市加速回流，全国土地成交价格上升，9 月全国 300 个城市成交楼面均价为 1650 元/平方米，环比上涨 38%，同比上涨 63%；其中，住宅类用地成交楼面均价为 2307 元/平方米，环比上涨 37%，同比上涨 60%。

2. 成交楼面地价

2013 年 1～9 月全国 300 个城市成交楼面均价为 1165 元/平方米，同比上涨 38%；其中住宅类用地成交楼面均价为 1607 元/平方米，同比上涨 33%。分月度看，全国 300 个城市住宅用地楼面均价同比连续 9 个月较大幅度上涨，除 4 月外，其他月份住宅用地楼面均价同比均出现 20% 以上的大幅度增长，其中 9 月达到 60% 的高位（见图 10-5）。

3. 溢价率

2013 年 1～9 月，全国 300 个城市土地平均溢价率为 17%，较上年同期增加 10 个百分点；其中住宅类用地平均溢价率为 20%，较上年同期增加 13 个百分点。第 3 季度土地市场延续上半年的活跃态势，高溢价成交现象比较集中，1～9 月住宅用地月度平均溢价率全部高于上年同期值（图 10-6）。

第十章 中国土地市场形势分析与预测

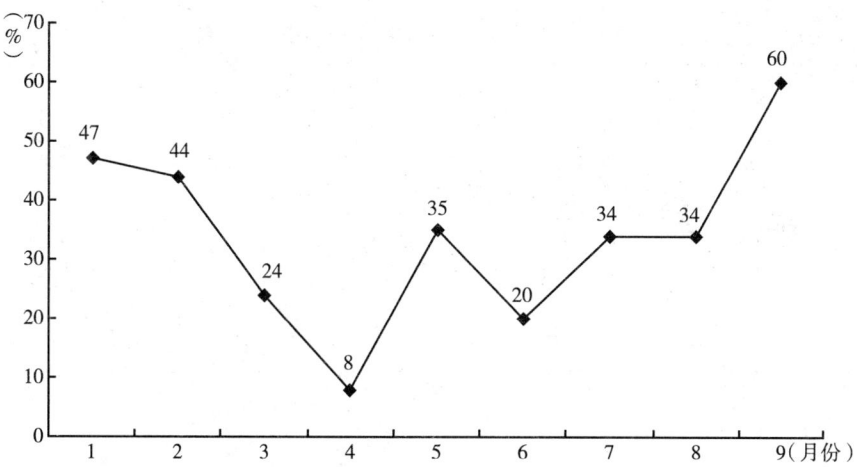

图 10-5 2013 年前三季度全国 300 个城市住宅用地成交楼面均价同比增长率

资料来源：原始数据来自 CREIS 中指数据 http：//www.fdc.soufun.com。

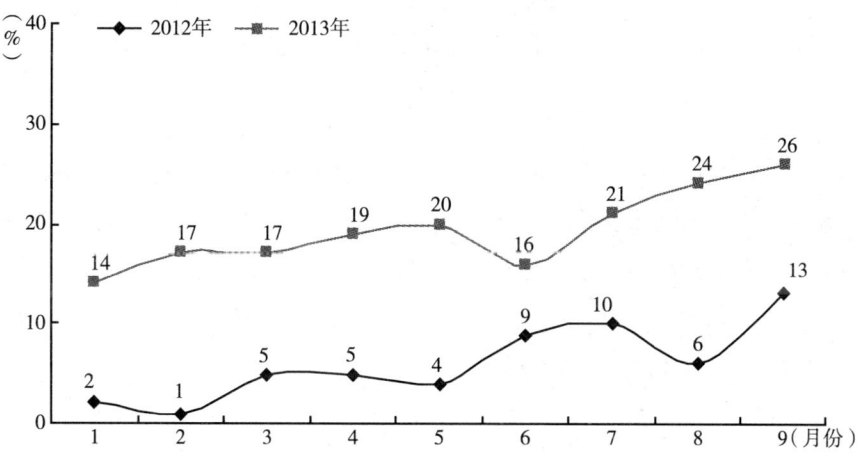

图 10-6 2012、2013 年 1~9 月全国 300 个城市月度住宅用地溢价率（月度）

资料来源：原始数据来自 CREIS 中指数据 http：//www.fdc.soufun.com。

从较长时间段分季度看，2010 年第 4 季度以来，全国百城住宅用地平均溢价率持续走低，从 2012 年第 2 季度开始连续 7 个季度持续上升，从 2012 年第 1 季度的 1.9% 上升到 2013 年第 3 季度的 24.1%，已处于历史较高水平。分年度看，2009 年底以来，全国百城住宅用地平均溢价率持续大幅走低，至 2011 年底达到历史低点，之后以较大幅度持续上升（见图 10-7）。

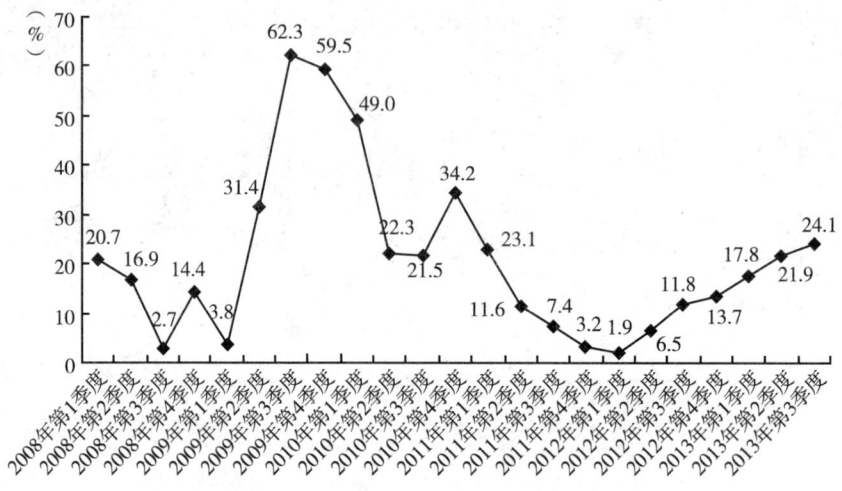

图 10-7 百城住宅用地平均溢价率走势（季度）

资料来源：原始数据来自 CREIS 中指数据 http://www.fdc.soufun.com。

（三）土地出让金：2012 年出让金总额大幅缩水，下降幅度达 14.6%；2013 年前三季度全国土地出让金同比大幅增长

在房地产调控背景下，2012 年全国土地出让金总额大幅下跌。根据国土资源部《2012 中国国土资源公报》公布的数据，全年出让国有建设用地面积 32.28 万公顷，出让合同价款 2.69 万亿元，同比分别减少 3.3% 和 14.6%（图 10-8）。

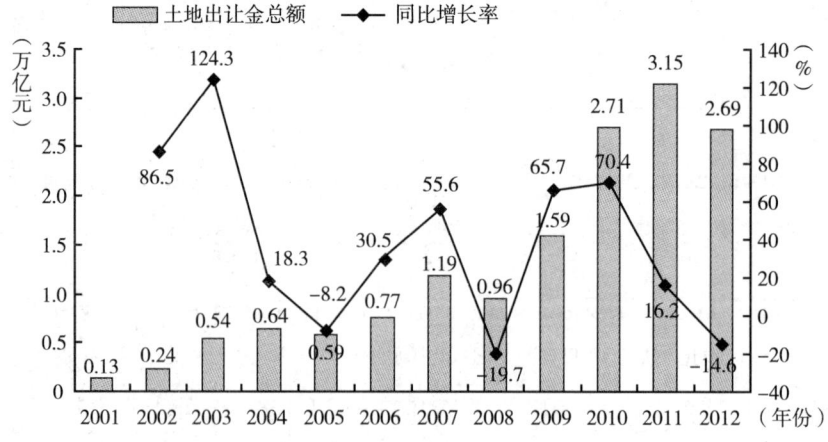

图 10-8 2001~2012 年土地出让金总额及其增速情况

资料来源：根据国土资源部和国家财政部历年公布的数据综合整理获得。

2013年前三季度，全国土地出让金大幅上涨。根据中国指数研究院的监测数据，全国300个城市的土地出让金收入近21107亿元，比上年同期的12435亿元增加近70%。全国主要城市土地出让金收入创造了历史新高，其中上海卖地收入最高，约1568亿元。从涨幅看，与上年前三季度相比，卖地收入前10名的城市同比全部上涨，除武汉外，涨幅均超过10%，其中还有6个城市的涨幅超过100%。在这些城市中，深圳的涨幅最大，为475%，其次是广州，涨幅为431.2%。

（四）十大重点城市土地市场行情：总体供需量价齐升，"地王"频现；地价环比、同比涨幅和平均溢价率均大幅高于百城平均水平

2013年前三季度，重点一、二线城市土地市场一扫上年供需两淡的境况，市场热度持续升温，"地王"热潮由一线城市蔓延至长三角二线城市。1～9月，十重点城市中除深圳、成都、武汉三城市外，住宅用地供需量均同比上涨。从供应量看，1～9月，十个重点城市除深圳、成都、武汉外住宅用地累计供应量均超过上年同期，杭州、北京和上海分别以232%、154%、108%的同比涨幅位居前三，累计供应量最高的三个城市为重庆、上海和天津，分别为1020万平方米、696万平方米、622万平方米。从成交量看，1～9月，十重点城市中除深圳、武汉外住宅用地累计成交量均超过2012年同期，杭州、上海和北京分别以382%、128%、114%的同比涨幅位居前三，累计成交量最高的三个城市重庆、上海、武汉，分别为977万平方米、669万平方米、595万平方米。从涨幅看，1～9月，杭州、北京、上海三个城市住宅用地供求量同比涨幅位于十重点城市前列，土地市场量价齐升，为"地王"出现最集中的区域，总价出现了近220亿元的上海徐家汇中心地块，单价也出现了7万元/平方米左右的北京农展馆地块，重点城市地价上涨难以控制。从溢价率看，1～9月，十重点城市平均溢价率同比均增加，并且维持较高水平，深圳、上海、成都分别以76%、59%、50%的平均溢价率位居前三。2013年的"金九银十"高价地密集出现加剧了市场预期，北京、上海等城市年初制定的房价控制目标恐难以实现。

(五)三大重点区域土地市场行情：综合地价走势与全国相同；住宅地价环比、同比均以较大幅度上升

1. 综合地价水平

2013年前三季度，三大重点区域综合地价走势与全国基本相同；住宅地价环比、同比均持续以较大幅度上升，特别是珠三角地区，住宅地价环比、同比均持续大幅加速上升。区域综合地价水平均高于全国总体情况。2013年第3季度，长江三角洲、珠江三角洲、环渤海地区综合地价水平分别为4831元/平方米、4713元/平方米、3512元/平方米，分别较全国平均水平高1545、1427和226元/平方米。

2. 地价增长率

2013年前三季度，综合地价环比增长率，珠江三角洲连续大幅上升，长三角和环渤海地区小幅波动（见图10-9）；同比增长率以较大幅度连续上升（见图10-10）。

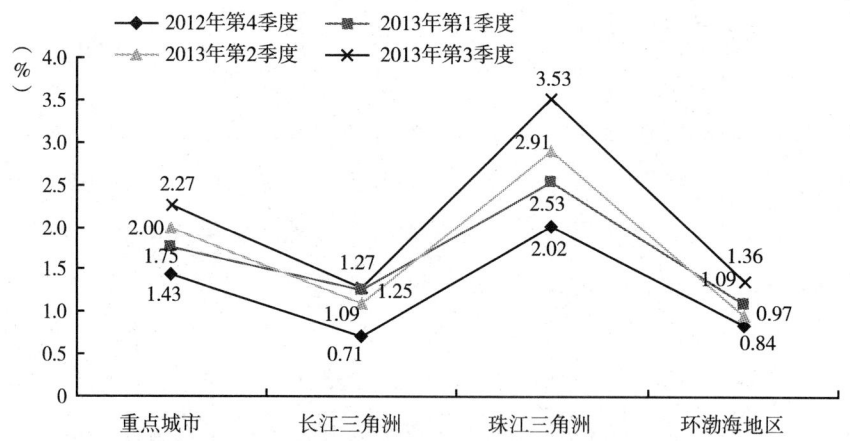

图10-9　2012年第4季度至2013年第3季度重点区域综合地价环比增长率

资料来源：原始数据来自中国土地勘测规划院城市地价动态监测组，中国城市地价动态监测，http：//www.mlr.gov.cn。

(六)主要龙头开发商土地购置情况：销售良好，资金充足，重回一、二线城市，补仓意愿强烈，不断创造"地王"，寡头垄断日趋强化

2012年9月以来，房地产行业销售状况良好，特别是龙头开发商资金充

裕。2013年前三季度排名前十的开发商销售情况见表10-2。与市场回暖前房企购地趋向三、四线城市不同，2013年购地向一线及热点二线城市回归的趋势明显，从而导致北京、上海等一线城市和南京等热点二线城市频繁产生"地王"项目。

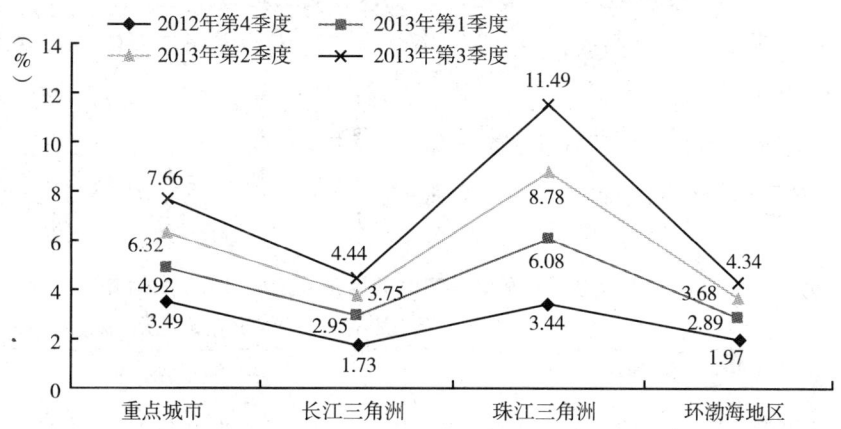

图10-10　2012年第4季度至2013年前三季度重点区域综合地价同比增长率

资料来源：原始数据来自中国土地勘测规划院城市地价动态监测组，中国城市地价动态监测，http://www.mlr.gov.cn。

表10-2　2013年前三季度房地产开发商销售排名

单位：亿元，%

开发商	万科集团	绿地集团	中海地产	保利地产	恒大地产	碧桂园	万达集团	华润置地	世贸房地产	绿城中国
销售额	1279	1012	900	895	746	614	580	497	482	433
同比增长	33	40	19	17	21	105	23	30	36	32

资料来源：2013年前三季度中国房地产企业销售TOP50排行榜，http://www.news.dichan.sina.com.cn/。

2013年前三季度，十大代表性房地产企业累计购地金额为2447亿元，比上年全年水平高出11%，是上年同期的1.5倍。房企分化已较为明显，一线房企加紧拿地，二线房企则忙于融资。在2012年第3季度规模约1000亿元房地产信托到期后，众房企良莠不齐的局面更加显现。在此情况下，房地产行业或将迎来新一轮的洗牌，寡头垄断日趋强化。

（七）保障性安居工程用地：用地计划应保尽保，计划落实有力有效

根据国务院部署，2013年全国新开工保障性安居工程住房633万套，用地4.16万公顷。随着中央保障性安居工程建设任务分解落实以及棚户区改造力度加大，2013年4月份以来住宅用地中保障房用地占比始终保持在20%以上。截止到2013年9月底，中央下达633万套保障性安居工程任务所需用地已全部落实，实现了应保尽保。总体看，保障性住房用地供应力度不断加大，计划落实有力有效，已经提前完成全年目标。

上述分析的相关数据如表10-3所示。

表10-3 2012年第4季度至2013年第3季度土地市场总体情况

单位：元/平方米，%

区域		2012年第4季度			2013年第1季度			2013年第2季度			2013年第3季度		
		地价	环比	同比	地价	环比	同比	地价	环比	同比	地价	环比	同比
综合地价	重点城市	4348	1.43	3.49	4424	1.75	4.92	4512	2.0	6.32	4614	2.27	7.66
	长江三角洲	4661	0.71	1.73	4719	1.25	2.95	4770	1.09	3.75	4831	1.27	4.44
	珠江三角洲	4314	2.02	3.44	4423	2.53	6.08	4552	2.91	8.78	4713	3.53	11.49
	环渤海地区	3395	0.84	1.97	3432	1.09	2.89	3465	0.97	3.68	3512	1.36	4.34
商服地价	重点城市	7466	0.75	4.04	7651	2.48	5.27	7732	1.06	5.79	7980	3.21	7.66
	长江三角洲	8383	0.64	1.67	8515	1.57	3.06	8629	1.34	4.27	8746	1.36	4.96
	珠江三角洲	15144	1.29	2.17	15424	1.85	5.86	15919	3.21	7.25	16602	4.29	11.13
	环渤海地区	6135	0.61	2.23	6196	0.99	2.58	6335	2.24	4.48	6474	2.20	6.21
住宅地价	重点城市	6349	1.42	2.98	6479	2.05	5.06	6642	2.52	7.40	6824	2.75	9.02
	长江三角洲	7505	0.93	0.08	7621	1.55	2.52	7739	1.55	4.48	7889	1.94	6.14
	珠江三角洲	7336	1.69	2.29	7571	3.20	5.59	7890	4.21	10.75	8291	5.08	14.93
	环渤海地区	5327	1.14	1.99	5383	1.05	3.08	5452	1.29	4.47	5550	1.79	5.39

续表

区域		2012年第4季度			2013年第1季度			2013年第2季度			2013年第3季度		
		地价	环比	同比	地价	环比	同比	地价	环比	同比	地价	环比	同比
工业地价	重点城市	838	1.75	3.86	847	1.07	4.58	862	1.77	5.21	873	1.28	5.96
	长江三角洲	858	0.59	3.37	865	0.82	3.35	870	0.58	2.84	875	0.57	2.53
	珠江三角洲	831	2.34	4.53	849	2.17	6.39	865	1.85	7.59	885	2.31	9.10
	环渤海地区	682	0.59	1.94	690	1.17	2.83	691	0.14	2.52	695	0.58	2.57

资料来源：根据国土资源部历次公布的数据整理。

二 当前土地市场存在的主要问题

（一）不同城市的土地市场分化加剧，一线城市和核心二线城市持续火热，量价显著齐升，部分二线和三、四线城市不温不火甚至冷清

2012年第4季度以来，土地市场出现冷热不均，土地的上涨和下跌在不同的城市同时存在。一线城市和核心二线城市土地市场持续火热，量价显著齐升，单价"地王"和总价"地王"接连出现，创历史新高，且很多地块出现"面粉贵过面包"的情况，导致房价预期上涨，与2013年初房价控制目标背道而驰，也使一、二线城市开发风险加大。同时，从全国土地购置面积情况看，2013年前8个月同比下降了9.1%，虽然较上年同期（-16.2%）跌幅有所收窄，但土地市场总体上依然是供应不足的。与一线城市和核心二线城市土地市场的火爆相比，三、四线城市土地市场则相对冷清一些。一线城市"地王"与三、四线城市所谓"空城"并存，"一线供给不足和三、四线供应过量"的土地市场分化异常特征更加显著。

（二）行业集中度进一步提高，土地市场寡头垄断日益加剧，中小房企生存越加艰难

一方面，土地一级市场中，政府作为卖方完全垄断的局面多年来没有改变。另一方面，开发商作为土地市场买方的寡头垄断的程度进一步提高，这会

进一步造成住房市场垄断,房价更难以下调。本轮调控,在历经近三年的行业洗牌后,目前市场上购地主力是销售回款较好、资金实力雄厚的大房企和上市房企,尤其是央企和国企。近年来,上述寡头垄断的程度不断增强。基于大型房地产开发企业优势的规模效应和品牌效应,导致资源进一步向龙头房企聚集,强者恒强,行业集中度维持高位。

2013 年前三季度,全国房地产销售 TOP 10 企业所占市场份额为 14.43%,比 2012 年同期的 14.06% 又有提高。而 TOP 20 企业市场份额则增加了 1.05 个百分点,由 19.25% 提高到了 20.3%。在销售面积集中度方面,2013 年前三季度 TOP 10 企业市场份额同比增加了 0.92 个百分点,从 8.39% 上升至 9.31%。同时,TOP 20 企业市场份额也较上年同期增加 1.24 个百分点。伴随着大型房企(尤其是央企和国企)资金加速扩充,房企竞争格局也再度改变,显示出强者更强的局面。总体来看 TOP 10 和 TOP 20 的龙头企业销售额从 2009 年上半年到现在已经接近翻番。①

相比之下,中小房企未来更加艰难,生存空间受到挤压,强者越强、弱者越弱,这一方面是市场规律的结果,另一方面楼市调控更加剧加快了房企的分化速度。对于大房企来说,有着几十、几百个项目,有不同的开发周期,不同时期都有收入,可以平衡企业的业绩,风险也相对分散,企业发展也相对稳定。而中小企业项目较少,受调控影响比较大,业绩不稳定。因此,未来中小房企生存越加艰难。在政策调控长期化,经济增长放缓,居民收入增长趋缓的情况下,房价难以再现几年前持续上涨的情景,再加上土地市场的门槛被越抬越高,行业将加速洗牌,如果不加以支持,实力弱小的中小房企拿地动力减少或无力拿地,如此,中小房企或将逐步退出行业。

(三)商品住房用地计划供应偏少,一线城市和热点二线城市相形更嫌不足

近几年住房用地计划供应总量持续缩减(2011 年、2012 年、2013 年计划供应分别为 21.80、15.93、15.08 万公顷),而在持续减少的计划供应下,又把重点放在了保障性住房用地的供应上,商品住房特别是普通商品住房用地供

---

① 中国房地产信息集团联合中国房地产测评中心共同发布:《2013 年第 3 季度房企销售 TOP50》排行榜,新浪乐居 http://www.dichan.sina.com.cn/zt/2013Q3phb/index.shtml。

应相对偏少。同时，由于各种原因，国土资源部通过供地计划供应的大量土地或被地方政府过多地囤于土地储备中心，以便通过垄断供应高价出让；而被地方政府出让的土地或又被开发商囤在手中，以便坐等升值。这样，国家供应的土地经过层层的"漏出"，导致了土地大量闲置，形成了无效供应。

此外，供地区域结构也不甚合理，住房用地需求小的三、四线城市供地量偏大，而住房用地需求量大的一、二线城市供地量偏少。这使得2012年第4季度以来，一、二、三、四线城市土地市场冷热不均，一、二线城市过于火爆，三、四线城市相对冷淡。同时，大多数大中型开发商也没有完成全年的拿地目标，这都是供地区域结构不合理造成的。

（四）地方政府依赖土地财政的状况依旧，推高地价的意愿强烈

据国家审计署审计结果公告显示的地方政府本级政府性债务，36个地区2012年底债务余额共计3.85万亿元。其中，21个地方政府承诺以土地出让收入为偿债来源的债务余额有7746.97亿元，占这些地区债务余额的54.64%。债务缠身的地方政府急于"以地换钱"，对土地财政的依赖状况依旧，同时，由于2012年土地市场整体低迷，土地出让金大幅下跌，地方政府财政状况恶化，2013年地方政府推高地价的意愿更加强烈。2013年前三季度，300个城市共推出11.8亿平方米土地，同比增长8.9%，而土地出让金收入21107亿元，比上年同期的12435亿元同比增加近70%，土地价格上涨的幅度可见一斑。卖地收入的疯狂上涨，又进一步加深了地方政府的土地财政依赖，致使未来房地产调控的阻力进一步增强。目前，地方政府债务已经进入集中偿还期，政府新的投资项目还在不断上马，一旦土地财政难以持续，地方政府债务链就可能出现断裂危机，继而酿造巨大的社会危机。但遗憾的是，目前还没有找到可代替土地财政的政府收入来源，一直酝酿的物业税的开征也还遥遥无期。

三 2012~2013年土地市场总体判断与展望

自2010年1月开始的本轮调控已持续三年多，调控效果显现的同时，市场潜力积蓄，市场蕴涵的作用进一步增强。2012年第4季度以来的土地市场

表现表明一个新的房地产市场发展周期已经开始。综合前述各章关于未来国际国内政治经济形势的判断，尤其是稳增长、调结构、控通胀成为新一届政府的重要任务，未来一段时间土地市场或继续呈稳中趋升态势。

（一）土地供需总量和商品住房用地供需量或较大幅度增加，成交量或进一步放大

随着国家稳增长和城镇化战略的实施，包括基础设施用地在内的全国建设用地供应总量或会继续较大幅度增加。从住房用地看，按照近几年政府调控房价的立足点从控制需求转向增加供给，或者控制需求与增加供给并重的思路，以及2012年住房用地供应量和成交量同比双双均有较大幅度下降的现实，2013年虽持续回暖但成交量仍嫌不足，为确保调控目标的实现，2014年住房用地的供需量或继续有较大幅度增加，在保证保障房用地的情况下，商品住房用地也会较大幅度增加。在此情况下，受政府调控和市场周期的双重影响，土地供需或会双向增加，市场活跃度或会有所上升但波动不会太大，土地成交量或会进一步扩大。

（二）土地价格稳中略升，总成交额或稍高于2013年水平

本轮调控已持续三年多，自2013年2月"国五条"出台以来，大半年来国家没有出台新的楼市调控政策，多是对以往的政策加以细化和强调，而近来地方政府以各种变通办法放松调控的做法，中央政府也不再像以往那样立即叫停，政策面放松迹象明显，但不断给人以出台房地产调控长效机制的预期。而地方政府对土地财政的依赖状况近几年不会改变，推高地价的意愿依然强烈。综合各种因素的考量，2013年第4季度到2014年第3季度，土地市场会继续活跃，楼面地价或会稳中趋升，但不会波动太大，由于土地成交面积也有可能增加，2014年土地的总成交额或会高于2013年的水平。

（三）区域分化仍将持续，一线城市和核心二线城市土地现相对短缺，价格或持续上涨；多数二、三线城市成交量或持续放大，价格相对稳定；部分三、四线城市成交量萎缩，价格下降

2012年的土地市场在空间上已经呈现分化状态。一方面，一线城市和核

心二线城市规模越来越大，再继续扩大的空间越来越小，土地越来越稀缺，价格出现持续上涨；另一方面，随着城市化的持续推进，二、三线城市甚至小城镇成为城市化的主战场，由于之前楼市调控力度在一、二、三、四线城市中依次减弱，中小城市甚至基本没有实行调控，不少开发商于是转战二、三、四线城市，使这类城市土地市场成交量持续放大，但由于土地相对充足，除极少数优质地块外，价格也没有上涨过多过快。2013年以来，大型房企又回归一、二线城市抢地补仓，使土地市场在空间上分化加剧。未来的土地市场，随着大型房企资金更加充裕，接下来肯定会加大在重点城市的拿地力度，一线城市地价或将继续被推高。综上，区域分化仍将持续，一线城市和核心二线城市土地现相对短缺，价格或持续上涨；多数二、三线城市成交量或持续放大，价格相对稳定；部分三、四线城市成交量萎缩，价格下降。

四 加强土地市场调控、推动土地市场有效发展的政策建议

基于当前土地市场的发展态势，以及面临的主要问题，今后一段时间土地市场调控的主要任务是：结构性加大土地供应，促进土地市场均衡发展；促使地价下跌或至少保持平稳；防止新"地王"产生，以降低住房建造成本、保障商品住房的可持续供应和稳定住房市场预期，把土地市场引导到理想的发展态势上；继续落实好保障性安居工程用地计划，促进已供住房用地开发建设，确保完成保障性住房开工和建设计划。

（一）实施差异性调控措施

适当增加一线城市和热点二线城市土地供应，尤其是商品住房用地供应，同时减少三、四线城市土地供应，并重点制定好相应城市的土地调控目标，防止区域分化加剧。

基于一线城市和热点二线城市土地市场已经出现和可能继续出现的量价齐升的过热风险，需要适当增加土地供应并制定好土地调控目标，落实调控责任并加强行政问责。同样，由于三、四线城市和部分二线城市土地市场已经出现

供应过量的迹象，要相应减少这类城市的土地供应，以避免出现所谓"鬼城"、"空城"。"鬼城"、"空城"是"只要土地城镇化、没有人口城镇化"的极端现象。土地供应要与产业集聚、人口流动、公共服务布局相衔接，土地市场发展要与新型城镇化进程相协调。要严格控制新增建设用地，优化土地利用空间布局，充分考虑城市群与大中小城市衔接，使得土地供应与城镇化战略相匹配，防止土地城镇化快于人口城镇化。

落实责任的前提是制定好目标。建议将国土资源部下发的《关于做好2012年房地产用地管理和调控重点工作的通知》进一步细化，结合经济增长目标、房价调控任务、基准地价等限期制定可考核的土地调控目标，包括供地规模、供地结构、供给价格区间和溢价率区间，落实调控责任，并作为行政问责的依据。土地调控的目标管理也可作为土地市场调控的长效机制。土地需求是一种引致需求，土地价格不能长期过高地偏离国民经济增长。要通过科学的计划建立地价稳定增长机制，每年制定土地调控目标，土地价格目标上涨率以与经济增长率维持在基本相同的水平上为宜，保持土地市场的平稳健康运行。

（二）减缓行业集中度提高的速度，防止寡头垄断，支持和规范中小房企发展

一方面要避免通过设置不合理的、过高的竞买资格条件即"政策性壁垒"，人为地抬高开发商的开发门槛，使有限的土地资源越来越集中于少数实力雄厚的开发商手中而形成"寡头垄断"，从而无法充分发挥市场竞争机制。从拍卖结果来看，能够成功拿地的开发商越来越少，土地垄断不断加剧。这样的发展趋势如果不加以防范，到最后会导致整个房地产市场由几个地产巨头垄断。总之，在这种趋势下，必然会造成少数大开发商不仅成为房地产一级市场上的寡头垄断买主，也成为房地产二级市场中的寡头供给者。而且，这两种垄断力量是相辅相成、互相加强的，最终在两个市场中均形成寡头垄断的市场结构。正是在这个意义上，土地的获取已经成为房地产企业最大的进入壁垒。建议调控中注意要弱化而不是强化土地市场垄断，例如通过限制大型房企尤其是央企土地购置贷款，来降低土地市场寡头垄断的程度。

另一方面,要通过降低门槛、分拆地块,或以优惠政策支持中小房企发展。鉴于中小房企一般不甚规范,应相应地加以制约。

(三) 强化经济手段对土地市场的调控作用,同时严格法制监管

2003年以来的土地宏观调控结果证明,要达到宏观调控满意效果,必须实现土地调控从依靠行政手段调控为主向利用经济和法律手段转变,即转向土地租税费、土地产权、规划等手段。为此,必须对土地经济手段宏观调控政策体系进行构建。

市场经济是法制经济。在加强经济手段调控、坚持市场化改革方向的同时,必须严格法制监管。

(四) 长期着眼于破解"土地财政"难题,系统性完善和构建土地及房地产基础性制度

以上主要是基于短期视角的建议,从长期来看,要着眼于财税制度、土地制度以及住房制度等基础性制度的改革和完善,尤其是要破解"土地财政"难题,尽快出台《物业税》、《遗产税》、《基本住房保障法》、农村集体建设用地市场建设等法律法规,抓紧修改完善《土地管理法》、《城市房地产管理法》等法律,尽快找到各方都能接受的办法处理好目前大量存在的"小产权房"问题。"土地市场的调控法宝在土地市场之外",只有致力于有关土地市场的基础性制度建设,才能达到治本的目的。

综上,未来对土地市场的调控应以经济手段和法律手段为主建立起长效调控机制,而以行政手段为辅对市场进行纠偏。

参考文献

中国土地勘测规划院城市地价动态监测组:《中国城市地价动态监测》相关资料。
国土资源部网站、住房和城乡建设部网站、国家统计局网站、国家财政部网站等相关资料。
中国指数研究院:2011~2013年中国房地产市场研究资料。

中国房产信息集团联合中国房地产测评中心共同发布：《2013年第3季度房企销售TOP50》排行榜，新浪乐居 http：//www.dichan.sina.com.cn/zt/2013Q3phb/index.shtml。

中国土地挂牌网（http：//www.landlist.cn/）相关资料。

世联地产（http：//www.worldunion.com.cn/）相关资料。

倪鹏飞：《住房绿皮书：中国住房发展报告（2012～2013）》，社会科学文献出版社，2012。

张慧芳：《土地征用问题研究——基于效率与公平框架下的解释与制度设计》，经济科学出版社，2005。

曹振良、高晓慧：《中国房地产业发展与管理研究》，北京大学出版社，2002。

曹振良：《房地产经济学通论》，北京大学出版社，2003。

朱秋霞：《中国土地财政制度改革研究》，立信会计出版社，2007。

张杰、杨重光、卢静：《土地市场发展指数：指标体系构建与测算验证分析》，《开发研究》2013年第3期。

王青、陈志刚、叶依广、黄贤金：《土地市场发展的经济驱动机制：理论与实证分析》，《中国人口·资源与环境》2007年第17卷第3期。

〔美〕诺斯：《经济史中的结构与变迁》，三联出版社，1991。

G.11
第十一章
中国住房金融市场形势分析与预测

高广春

一 现状分析

2012年以来，中国房地产金融市场呈现出一些新的特点，包括房地产资本市场出现松动，房地产信托市场活跃，资产证券化等，但从整体看商业性住房金融市场占主导的格局依然延续，其中房地产信贷板块的主导地位也继续保持。本期报告首先从房地产企业资金来源结构切入，逐层分析房地产企业资金来源的诸种渠道和板块之间的关系，主要房地产金融板块的运行轨迹、未来趋势、存在的问题和政策建议。

（一）房地产企业资金来源结构分析：信贷市场主导格局依然

关于房地产企业资金来源结构数据，目前披露最为详尽的渠道是国家信息中心下辖的中国房地产信息网，但该网站披露的数据存在诸多争议。中国人民银行、中国银监会曾就房地产企业资金来源中的贷款进行针对性调研并以此对国家信息中心的数据进行调整，如中国人民银行在《2004年中国房地产金融报告》中曾得出结论，房地产企业自筹资金中的70%来自银行贷款，定金和预收款中的30%来自银行贷款①。中国银监会统计司在2005年发表的一篇调

---

① 百度：《2004年中国房地产金融报告》。

查报告《中国房地产资金来源状况专题调查分析与建议》① 也提出了调整意见。近几年无论是中国人民银行还是中国银监会均未公开发布类似的调研报告，由于中国房地产企业的融资环境实际上没有发生多少变化，本期报告认为，这些调研结论仍然适用现在的状况。以下首先依据国家信息中心的数据对房地产企业资金来源结构进行分析，并依据中国人民银行的调查结论对房地产企业资金来源的结构进行综合分析和估计。

国家信息中心对房地产资金来源结构细分层级如图 11-1 所示，由此房地产企业资金来源包括两大类，其一是本年资金来源小计，该类来源又进一步分为 4 个分项和 6 个小分项；其二是各项应付款合计。目前包括中国统计局、中国人民银行、中国银监会等政府机构均按照此统计口径进行统计并发布相关数据。

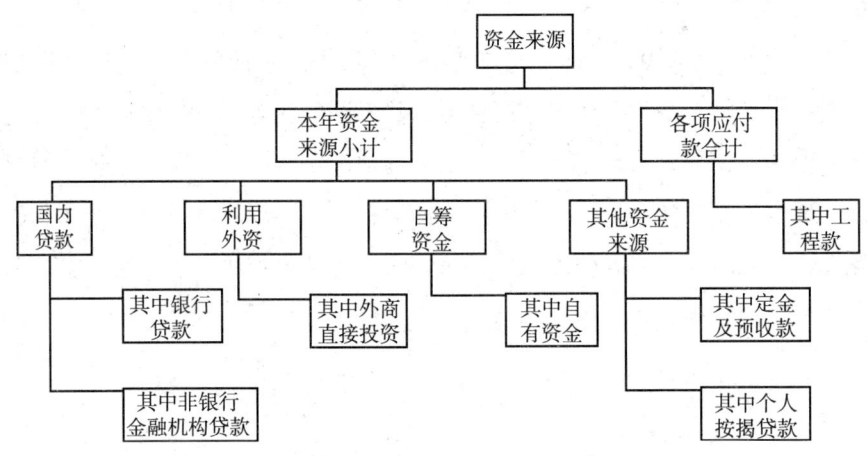

图 11-1　国家信息中心房地产企业资金来源细分结构

对于上述两类资金来源，绝大多数政府和研究机构更为关注"资金来源小计"一类，本期报告也首先聚焦于该类来源的结构状况。表 11-1 是依据国家信息中心发布的相关数据整理的房地产企业资金来源结构分布，此表表明，房地产企业资金来源中的第一来源是房地产企业的自筹资金，第二来源是

---

① 百度：浙江在线-住在杭州网，《中国房地产资金来源状况专题调查分析与建议》。

房地产企业其他资金来源,第三来源才是金融机构贷款(即表中的统计房贷＝国内贷款＋个人按揭贷款)。

表11-1 依据国家信息中心相关数据整理的房地产企业资金来源结构

单位:%

时间	统计房贷占比	利用外资占比	自筹资金	其他来源(不包括按揭贷款)
2012年9月	26.49	0.46	41.68	31.37
2012年10月	26.42	0.44	41.25	31.89
2012年11月	26.20	0.43	41.23	32.14
2012年12月	26.21	0.42	40.48	32.89
2013年2月	31.67	0.46	38.73	29.13
2013年3月	30.89	0.47	37.53	31.10
2013年4月	30.87	0.46	36.38	32.29
2013年5月	29.83	0.44	36.77	32.97
2013年6月	29.12	0.41	37.80	32.67
2013年7月	29.00	0.40	37.63	32.97
2013年8月	28.57	0.45	37.96	33.02

数据来源:依据中国房地产信息网相关数据整理。

从趋势上看,2013年初,房地产开发贷款和个人按揭贷款升势明显,5月份以后出现缓慢下降。自筹资金和其他资金来源表现出相反的态势(见图11-2),利用外资则是基本呈缓降态势(见表11-1)。这样一种趋势组合背后的主要原因是2013年2月底的"国五条"逐步产生了对房地产信贷的紧缩效果。

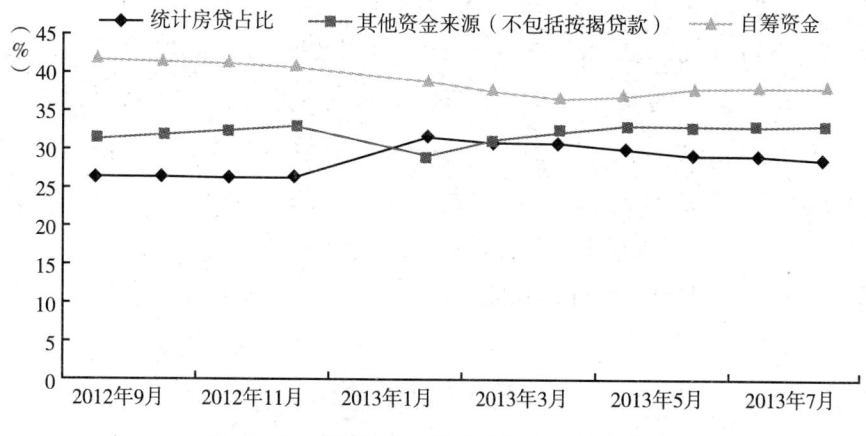

图11-2 房地产企业资金来源小计结构走势

数据来源:依据中国房地产信息网相关数据整理。

依据中国人民银行的调研结论，本期报告整理出的房地产企业资金来源结构分布如表11-2，此表显示，房地产企业资金来源中，排在第一位的是金融机构贷款，而且占比处于绝对优势，本报告称之为实际银行贷款；排在第二位的是其他资金来源，称之为实际其他资金来源；第三位的是自筹资金，称为实际自筹资金。

表11-2 依据中国人民银行的调研结论对表11-1的调整

单位:%

时间	实际银行贷款/来源小计	实际自筹资金/来源小计	实际其他资金来源/来源小计
2012年10月	57.40	16.50	23.91
2012年11月	57.34	16.49	24.05
2012年12月	57.06	16.19	24.64
2013年2月	59.97	15.49	21.75
2013年3月	59.13	15.01	23.21
2013年4月	58.76	14.55	24.05
2013年5月	42.36	14.71	24.64
2013年6月	42.73	15.12	24.43
2013年7月	42.75	15.05	24.69
2013年8月	42.85	15.19	24.77

从趋势上看，三类资金占比走势与上述以国家信息中心数据为依据的整理所得数据走势类似。2013年2月实际房贷占比处于统计区间的最高点即59.97%，此后趋降；自筹资金和其他来源呈现缓升趋势。

特别值得注意的是，实际银行房贷在5月份后出现了明显的下降，这除了归因于"国五条"的紧缩政策外，非银房贷的崛起也是一个重要原因。图11-4显示，非银房贷自2013年2月份以来一直保持着40%左右的同比增长率，其余银行房贷的比例也呈明显升势，这样的走势实际上也产生了降低银行房贷在房地产企业资金来源中所占比重的效果。

（二）房地产金融市场板块分析

本期报告聚焦以下四个板块的分析，其一是房地产银行信贷板块，其二是房地产信托板块，其三是房地产资本市场板块，其四是房地产贷款证券化板块。

第十一章 中国住房金融市场形势分析与预测

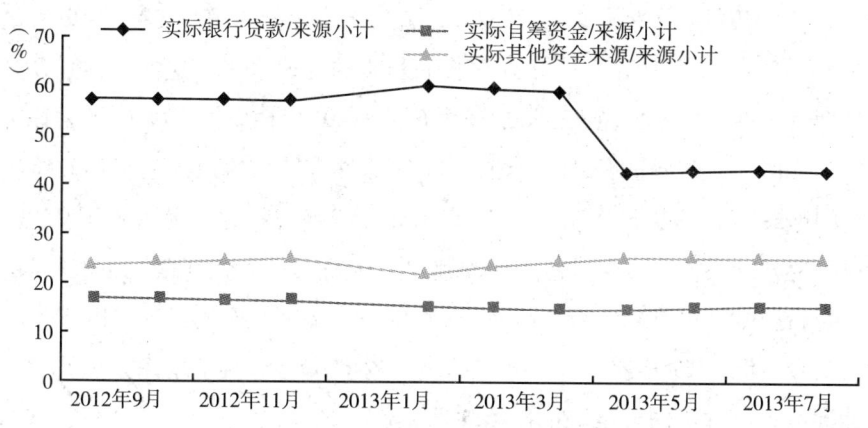

图 11-3 房地产企业实际资金来源结构趋势

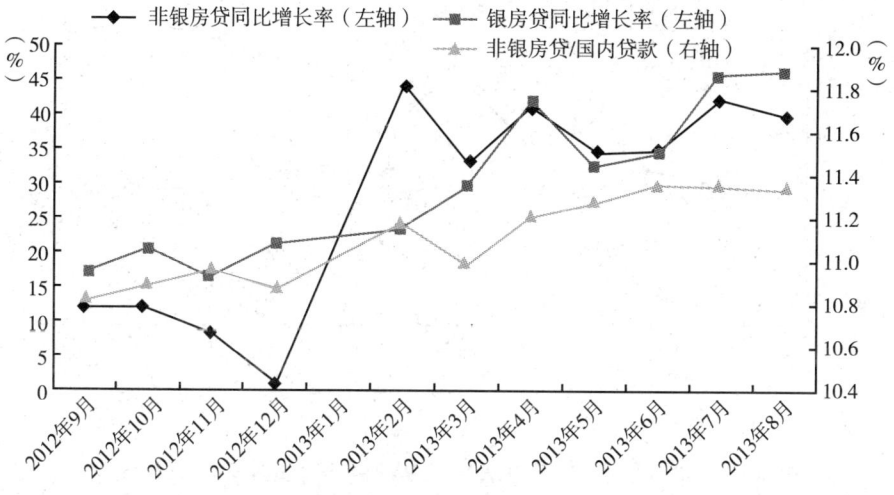

图 11-4 银行房贷和非银房贷走势比较

数据来源：根据中国房地产信息网相关数据整理。

1. 房地产银行信贷板块

由于本部分主要考察房地产银行信贷在一定期间内的变化趋势，不涉及与其他类型资金的比较问题，中国人民银行调研报告所做的调整对本部分分析的差异性影响较小，所以只依据国家信息中心的相关数据进行分析。

（1）房地产开发贷款：强劲上扬

图 11-5 表明，房地产银行贷款同比增速在 2012 年第 4 季度以来保持升

势，2013年伊始强劲增长高达26.4%，此后3月小幅下降，但4月以后基本保持升势，6月、7月和8月份均平稳在30%的增速水平。这样一种强劲升势与同期货币供应量的平稳表现形成较大反差。2013年以来，M2同比增速徘徊于14%～16%，继续呈现走低态势，M2的此种走势恰恰反映了货币政策当局的意图即既不扩张也不紧缩。在M2走出如此线路的同时，房地产开发贷款增速持续上升，反映出资金对房地产领域的明显偏好，这样的偏好当时来自商业银行对新型城镇化战略的积极预期。3月份的小幅下降应该源自"国五条"的紧缩信号，但2013年前8个月的整体表现反映市场对新型城镇化战略的敏感弹性远远大于对"国五条"的敏感弹性。

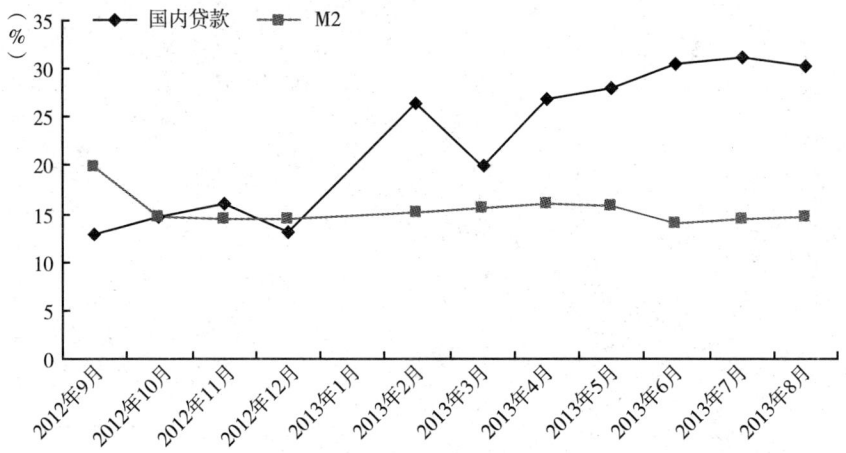

图11-5　2012年第4季度以来M2和房地产开发贷款同比增长率走势

数据来源：根据中国房地产信息网和中国人民银行网站相关数据整理。

（2）个人按揭贷款：高位运行

如图11-6相对于房地产开发贷款，房地产个人按揭贷款同比增速更为强劲。在2013年2月～6月间连续4个月份增速维持在60%左右的高位，此后2个月份增速虽然走低，但依然保持着50%以上的水平。个人按揭贷款的此种强劲走势的背后有着与房地产开发贷款类似的原因，反映个人住房需求持续高涨。但由于尚无相应渠道披露住房需求的细分类型，所以其中究竟有多少是刚性需求有多少是投机性需求，无从得知。

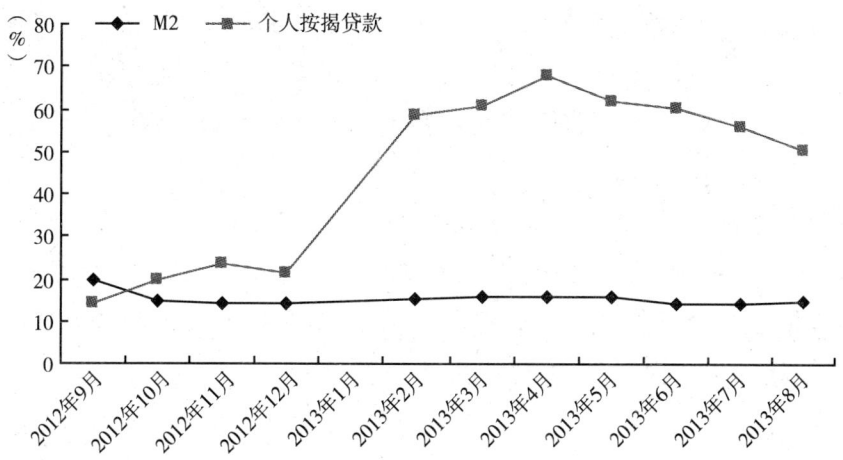

图 11-6 2012 年 4 季度以来 M2 和个人按揭贷款累计同比增长率走势

数据来源：依据中国房地产信息网相关数据整理。

开发贷款和按揭贷款的上述走势在商品房价格变化中得到较为充分的反映。图 11-7 显示，房地产开发贷款、个人按揭贷款和商品房价格变化水平虽然有异，但趋势一致，都是在 2013 年初强劲上涨，此后虽有下降但依然保持在高位。由此可见，2013 年以来房地产信贷的较快增长是构成商品房价格保持高位的重要因素。

综上，房地产开发贷款和个人按揭贷款在 2013 年以来的走势表明，国家

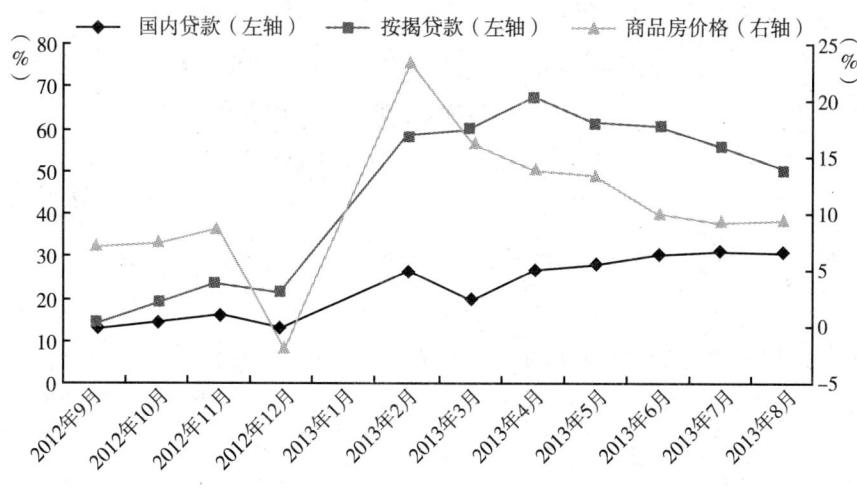

图 11-7 开发贷款、按揭贷款和商品房价格增速趋势

数据来源：根据中国房地产信息网相关数据整理。

城镇化战略预期和国五条对房地产资金配置均发挥了调控和引导作用,但前者的作用远大于后者。由于两者对金融机构资金配置的引导方向是相反的,由此引出的一个重要启示即国家的长期战略和短期政策如何才能有效搭配。

2. 房地产信托板块

关于房地产信托,可以查询的数据渠道是中国信托业协会网站,由于该网站按季披露数据信息,月度数据无从查知。该网站按季度披露的业务数据中有两类数据是有关房地产的,其一是资金信托按投向划分的房地产资金,其二是新增信托项目按投向划分的房地产资金。

图 11-8 是关于资金信托房地产投向季度余额和季度新增额走势曲线,该图显示,无论是余额还是新增额,2012 年第 4 季度以来均呈现较大增幅。资金信托房地产投向余额 2012 年第 4 季度比 2012 年第 3 季度增加 100 多亿元,2013 年第 1 季度比 2012 年第 4 季度增加接近 1000 亿元,2013 年第 2 季度比第 1 季度也增加了约 400 亿元。这样的走势恰好与 2012 年同期负增长的走势形成明显对比。2012 年同期房地产市场乍暖还寒,房地产信托资金到期兑付风险风雨欲来,使得房地产信托运营环境陡然恶化。而 2013 年上半年,虽然也存在兑付高峰期(2013 年 3~4 月和 2013 年 7~8 月),但这样的风险或者是被对新型城镇化的乐观预期轻易融化,或者是应对兑付高峰的有意安排,然而无论出于何种原因,房地产信托在 2013 年上半年经历了又一个经营的春天是毫无疑问的。

同上述资金信托房地产投向季度余额和季度新增额的走势曲线类似(见图 11-9)。新增信托项目按投向划分的房地产资金走势呈现了 2013 年与 2012 年冰火两重天的特点,2012 年上半年新增信托项目房地产投向季度同比呈现 30% 左右的负增长,而 2013 年第 1 季度和第 2 季度的增幅分别为 125.52% 和 244.70%。显然,如此类似走势背后的机理也应该是一样的。

综上,2012 年第 4 季度以来,房地产信托呈现出高速上涨和高位运行的态势,这种态势与对国家新型城镇化战略的乐观预期以及房地产市场的繁荣之间形成一种高度正相关的图景。

3. 房地产资本市场板块

(1) 房地产一级资本市场

首先看房地产一级资本市场融资情况。自 2009 年中国政府对房地产实施

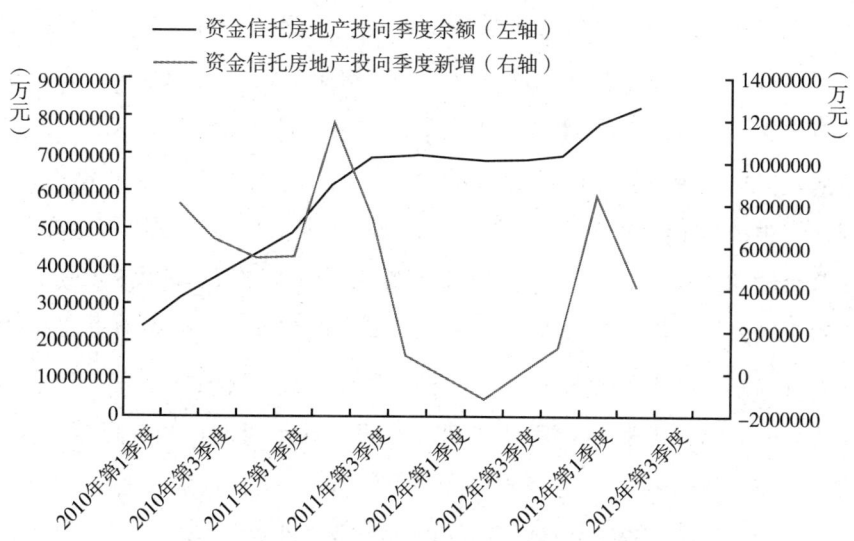

图 11-8　资金信托房地产投向季度余额和季度新增额

数据来源：根据中国信托业协会相关数据整理。

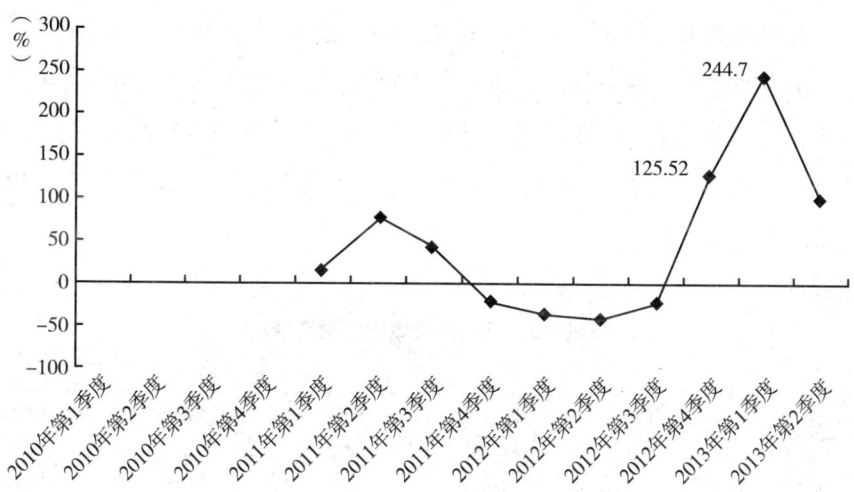

图 11-9　新增投资项目房地产投向资金季度同比增长走势

数据来源：根据中国房地产业协会相关数据整理。

紧缩性调控以来，房地产资本市场可以说是乏善可陈。2010 年 4 月 17 日，国务院发布《关于坚决遏制部分城市房价过快上涨的通知》，要求对存在炒地及捂盘惜售等违法违规行为的房地产开发企业，暂停上市、再融资和重大

资产重组。随后,证监会便宣布暂缓受理房企重组、上市及融资申请。但从市场层面看,三年多来,房地产企业对开放再融资的需求一直持续,特别是2010年9月底国家出台更严厉(史上最严厉)的调控和监管政策后,房贷紧缩明显,房地产企业资金链趋紧,不少开发商都向监管层提出再融资方案。据统计,2010年初至2013年7月底,已有40家上市房企提出再融资计划,但在监管层的严控导向下,其中30家被迫放弃融资计划。进入8月份,房地产资本市场融资开闸政策预期开始升温,诱发性事件即8月2日新湖中宝发布再融资预案,几天后的8月6日,宋都股份也公布其融资方案,拟募资15亿元投向刚性需求的商品住房项目建设。短短两个月时间里,已经有10余家房企发布再融资预案。房企再融资动机各异,包括旧城改造(棚户区改造)、(刚性)商品房开发、纯商品房开发、资产注入等,但一般认为,房企再融资的开闸是有条件的,更有可能获得再融资机会的是涉及旧城改造和保障房的项目或企业。

尽管市场需求不断而且对政策预期趋于积极,相关的理论研究也偏好于肯定放开房地产企业再融资对于房地产企业的稳健发展以及对于金融体系稳定的积极意义,但决策层和监管层面一直保持高度审慎。表11-3显示,近几年房地产IPO、配股和可转债发行持续保持零纪录,增发规模在2012年不足20亿元,2013年前10月仅为3亿元。

表11-3 近年来资本市场融资情况

单位:亿元

时间	首发	增发	配股	债券发行	可转债发行
2009年	12.20	597.85	0.00	577.37	0.00
2010年	14.00	52.61	0.00	105.03	0.00
2011年	0.00	243.33	0.00	591.55	0.00
2012年	0.00	16.70	0.00	832.80	0.00
2013年10月21日	0.00	3.07	0.00	1286.68	0.00

资料来源:依据wind资讯相关数据整理。

由于房地产一级资本市场融资规模缩小,近几年来房地产资本市场融资在房地产企业融资中的占比一直在低位徘徊,图11-10显示,2012年第4季度

第十一章 中国住房金融市场形势分析与预测

以来，在资本市场融资（直融）与信贷市场融资（国内贷款+个人按揭贷款）构成的总额中，资本市场融资占比处于进一步走低态势，由 2012 年 10 月份的 7.63% 下降至 2013 年 9 月份的 1.39%。

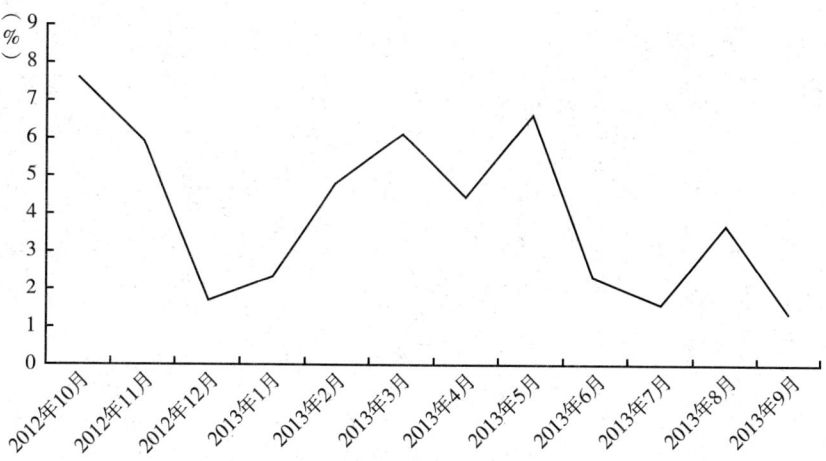

图 11-10　2012 年第 4 季度以来房地产资本市场融资权重变化趋势

数据来源：依据 wind 资讯相关数据整理。

从房企一级资本市场融资结构看，股票融资和债券融资呈现很大差异。股票融资几近为零，而债券融资却是大幅增加（见表 11-4）。

表 11-4　2012 年第 4 季度以来房地产资本市场融资结构细分比较

单位：亿元

时间	IPO	增发	债转股	债券发行
2012 年 10 月	0	0	0	174.09
2012 年 11 月	0	9.2	0	130.5
2012 年 12 月	0	0	0	54.5
2013 年 1 月	0	0	0	72.55
2013 年 2 月	0	0	0	151.28
2013 年 3 月	0	0	0	151.52
2013 年 4 月	0	0	0	124.67
2013 年 5 月	0	3.07	0	171.55
2013 年 6 月	0	0	0	75.86

续表

时间	IPO	增发	债转股	债券发行
2013年7月	0	0	0	43.34
2013年8月	0	0	0	99.49
2013年9月	0	0	0	40.59
2013年10月	0	0	0	152.01
总计	0	12.27	0	1441.95

数据来源：依据wind资讯相关数据整理。

特别是2013年房企债券发行激增，截止到2013年10月21日债券发行总额达1287亿元，同比增幅达54.5%（见图11-11）。这些数据表明，证监会在继续关紧房地产企业股票市场融资大门的同时，国家发改委有意通过债券市场融资为房地产企业直接融资需求减压。

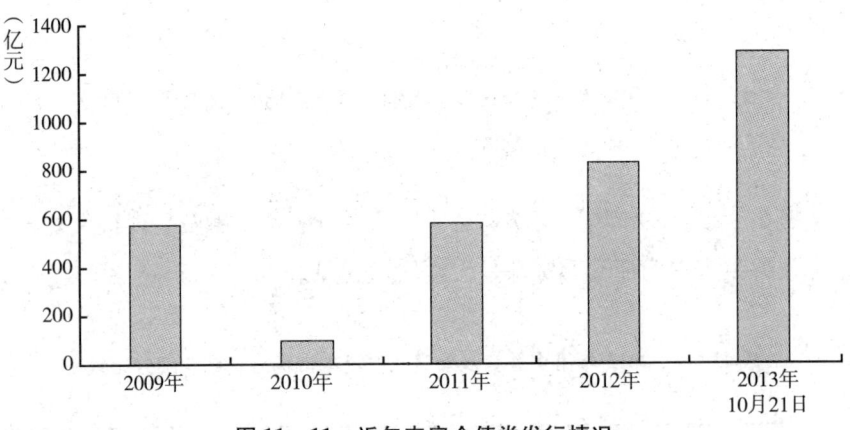

图11-11 近年来房企债券发行情况

数据来源：依据wind资讯相关数据整理。

综上，2012年第4季度以来，房企一级资本市场融资特点是，融资总规模持续低位徘徊，股票融资依然封冻，债券融资增势强劲。

（2）房地产二级资本市场

首先从市值角度看，图11-12显示，2012年第4季度以来，相对于沪深总市值，房地产市值呈现波动萎缩趋势，这显示，监管部门对房地产股票融资的冰冻措施逐渐取得成效。但总的看来萎缩程度不高，这又表明房地产板块的二级市场投资价值依然被看好。

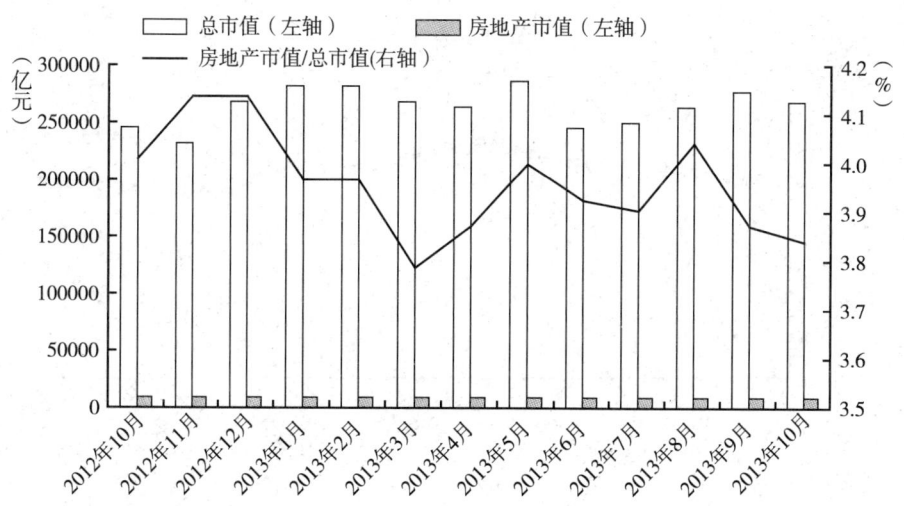

图 11-12 2012 年第 4 季度以来房地产市值与总市值关系及其走势

数据来源：依据 wind 资讯相关数据整理。

其次，从市盈率的视角看，相对于大盘（上证 A 股）走势，房地产板块的市盈率在大多数统计期间高于上证 A 股市盈率。2012 年第 4 季度以来，此种态势依然延续，房地产板块市盈率比上证 A 股市盈率高出 2~4 个百分点，反映在股票市场总体低迷的情况下，二级资本市场对房地产板块依然保持着相对较高的热度（见图 11-13）。

综上，2012 年第 4 季度以来房地产资本市场的特点是：①相对于房地产金融机构贷款，房地产资本市场融资规模依然在低位徘徊。②从一级资本市场融资结构细分视角看，在房地产企业股票融资几无作为的同时，债券融资大幅走高。主要原因是股票融资由证监会审批，债券发行由发改委审批，两部门不同的政策取向决定了股票融资和债券融资在资本市场上的不同表现。③二级资本市场对房地产企业依然保持着高出资本市场总体水平的热度，反映出房地产股票的投资价值高于总体股票市场投资价值。

4. 资产证券化板块

资产证券化重新获得高层的认可是住房金融市场在 2013 年的一个重要亮点。起始于 20 世纪 70 年代的资产证券化，在 2005 年以试点的形式落脚中国，但 2008 年全球性金融和经济危机使得中国相关决策层对资产证券化有了新的

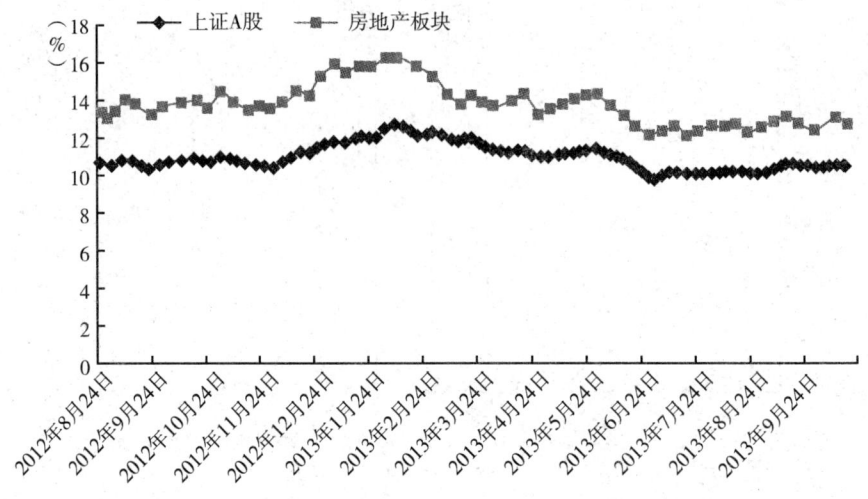

图 11-13　上证 A 股市盈率和房地产板块市盈率比较

数据来源：依据 wind 资讯相关数据整理。

判断并终止了试点工作，时任中国银监会主席公开宣称，中国不会把一个贷款细分再包装，搞成债券卖出去。4 年之后的 2012 年，在房地产调控紧缩、金融机构房贷资产风险压力加大的背景下，市场和决策层逐渐形成新的共识：问题不在于证券化技术本身，而在于对证券化技术的滥用者。2012 年 6 月，央行、银监会和财政部联合发布《关于进一步扩大信贷资产证券化试点有关事项的通知》，重启中国资产证券化之旅，试点额度 500 亿元。2013 年中国政府高层在"盘活存量，用好增量"的金融资源配置原则下，进一步强化证券化的作用。7 月初，国务院办公厅发布《关于金融支持经济结构调整和转型升级的指导意见》，明确提出以常规化的方式逐步推进信贷资产证券化，8 月底，国务院总理李克强主持召开国务院常务会议，决定进一步扩大信贷资产证券化试点，以国务院常务会议的形式推进资产证券化，这恐怕在中国资产证券化历史上是空前的。9 月底，央行与银监会邀请主要商业银行及部分中介机构召开信贷资产证券化工作会议，商讨资产证券化的具体落地方案，会议明确要求20 家参会的中资银行申报信贷资产证券化试点方案及发行额度，并在 2014 年上半年完成发行。据称此次试点额度 3000 亿元，是 2012 年的 6 倍之多。尽管在额度分配上将其中的 1000 亿元给了国家开发银行进行铁路贷款证券化，但与房地产有关的证券化仍然存有空前的机遇。

另外，2013 年 3 月 15 日，证监会发布《证券公司资产证券化业务管理规定》，实际上是允许企业资产证券化，其中规定作为证券化的基础资产包括企业应收款、信贷资产、信托受益权、基础设施收益权等财产权利及商业物业等不动产。这显然为商业物业所有者特别是拥有大量商业物业的房地产公司提供了新的融资渠道。此后不久，海印股份推出资产证券化方案，该方案基础资产为"原始权益人因经营管理特定商业物业而享有的商业物业自专项计划成立之次日起五年内的经营收益权"，融资规模 16 个亿。其中，优先级资产支持证券约 15 亿元，由符合资格的机构投资者认购，次级资产支持证券约 1 亿元，由公司代表原始权益人全额认购。方案还承诺，若此次专项计划基础资产未来现金流不足以偿付完毕资产支持证券的本金和预期收益，则公司将代表原始权益人进行差额补足。

综上，近一年来的中国资产证券化的推进过程体现出重要进展，其一是着眼于将资产证券化引入常规化发展的轨道，此进展可避免短期的政策和人为扰动以及由此引发的资产证券化市场的大幅波动，进而引发金融市场的波动。其二是引入多种新的风险防范措施，防止证券化技术的滥用和风险的放大。如单个银行业金融机构购买持有单只资产支持证券的比例，原则上不得超过该单资产支持证券发行规模的 40%；信贷资产证券化各发起机构应持有由其发起的每一单资产证券化中的最低档次资产支持证券的一定比例，原则上不得低于每一单全部资产支持证券发行规模的 5%，持有期限不得低于最低档次证券的存续期限等等。这些进展无论对住房金融机构还是对房地产企业借助资产证券化技术改善融资和风险管理都提供了良好基础。

二 存在的问题

（一）住房金融市场过度集中于间接融资市场的问题趋于明显

无论是前面的房地产资本市场板块分析还是后面的住房金融市场指数分析均显示，在房地产企业资金来源中，金融机构贷款的比重远高于房地产资本市场的融资比例，2012年第4季度以来，得益于债券发行量的大幅增加，房地产资本市场融资总量大幅提升，但相对于增级幅度更大的金融机构信贷融资，其比例反而有进一步走低的趋势。这样的融资结构实际上是中国金融市场结构不均衡在房地产金融市场中的反映，这样的融资结构易于加大间接金融机构特别是银行金融机构的资产风险，不利于银行金融机构形成稳健的资产负债结构，也不利于金融体系的稳定。

（二）住房信贷市场板块的强劲走势给房地产调控政策带来压力

尽管住房市场对新一轮推进新型城镇化战略的乐观预期和宏观经济政策保底式增长的信号使得住房信贷市场自2012年第4季度以来一改前两年的颓势，呈现出强劲上扬的态势，成为住房市场繁荣和住房价格不断走高的重要推手，但城镇化毕竟不等于房地产，过多资金对住房市场的热捧，势必引发宏观调控对房价泡沫的担忧，而且由于目前缺乏对于这些资金细分性流向的可操作的检测体系，无法有效判断这些资金是进入了投机性领域还是刚性需求领域或者是决策层希望的城镇化领域，这无疑会给房地产调控带来压力。

（三）住房金融市场风险犹存

尽管相关金融机构已披露的信息多显太平，但住房金融市场风险不容小觑。首先是房地产融资市场的集中度过高，持续给相关金融机构的资产负债的期限结构和风险结构管理施加压力。其次是房地产信托板块风险堪忧。由于中国房地产信托目前依然对于信托人的债权实行刚性兑付，房地产信托资金的高涨无疑会加大信用违约的压力。

（四）资产证券化的有效推进存在约束

一是额度规模还较为有限。此轮新试点放出3000亿元，而且其中1000亿元已经给了国开行，其他银行分2000亿元的"羹"，难免有僧多粥少之嫌。据统计2012年，美国证券化产品发行量达2.2万亿美元，余额9.9万亿美元；同期欧洲证券化产品发行量2308.5亿欧元，余额1.6万亿欧元。二是对基础

第十一章 中国住房金融市场形势分析与预测

资产规定过于苛刻。各轮资产证券化试点规定均要求将优质资产证券化，禁止将风险较大资产证券化。然而证券化的一个核心功能即风险分散和转移，并且借助真实出售、风险隔离和信用增级等方式保证相关资产的风险和收益结构实现有效率配置。尽管2008年全球新经济和金融危机表明对资产证券化技术的滥用会放大金融风险，但危机后发达国家并没有要求只对优质资产证券化，而是对滥用行为（诸如无限次资产组合和证券化）施加限制。由此我国只要求将优质资产证券化的做法不仅使得资产证券化基本丧失风险管理的本义，而且也大大降低资产证券化发起人的积极性。建议适度放开对于风险资产证券化的限制。

三　未来预测

（一）预测思路

住房金融市场的未来走向取决于多种因素，很重要的一个因素即2013年11月份中国共产党的十八届三中全会所确立的中国经济改革与发展路线图。其中，城乡统筹、城镇化、土地流转等有关决策将有望有效引导房地产走上稳健均衡发展之路。相应的，在住房金融市场方面，融资渠道多元化、房地产资本市场融资开禁、房地产贷款以及商业地产证券化等将成为未来一年内住房金融市场的主色调。但从长期看，起码是在未来五年内，中国房地产市场融资过于集中于金融机构贷款的状况发生较大改变的概率较大，房地产企业直接融资比重会有较大幅度上升。

鉴于数据的可获得性约束，本期报告继续延续前几期报告的做法，选取商业性住房金融机构房地产贷款指标并预测其在2013年第4季度和2014年一年的规模及其季度分布；基础数据主要取自中国统计局网站信息和国家信息中心下辖的中国房地产信息网的相关数据，金融机构房地产贷款为房地产企业资金来源小计类项下的国内贷款和个人按揭贷款之和，本报告继续沿用以前几期报告做法，将国内贷款与个人按揭贷款之和定义为统计房贷。具体步骤如下：

第一步是预测2013年第4季度的统计房贷规模,基本方法是依据前三季度的走势估测第4季度累计值的同比增长率,然后依据已有数据进行推算。

第二步是预测统计房贷在2014年的规模。基本方法是依据统计房贷累计值同比增长率经验数据,估计2014年的增长率,然后将2013年的数据换算为2014年的数据。

第三步是预测统计房贷在各个季度的分布。基本方法是参照以往统计房贷季度分布的经验数据,对统计房贷在2014年4个季度的比例分布进行估计,进而得出相应的规模分布。

(二)统计房贷预测过程和结果

1. 2013年第4季度和2014年统计房贷规模预测

依据均值进行预测是一个可选项,但图11-14表明,由于2007~2013年各年的统计房贷同比增速波动太强,各年值和此间的均值间的离差都很大,很难通过均值进行预测。通过每年前三季度的增速情况预估第4季度的数值,通过上一年的增速情况结合对未来一年房地产金融走势的判断预估未来一年的增速及规模就成为更可行的选项。

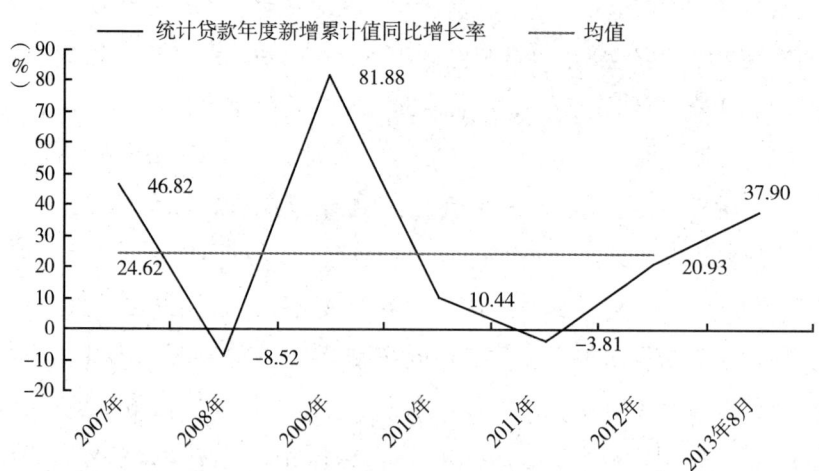

图11-14　2007至2013年8月中国房地产统计房贷年度增长率及其均值

数据来源:根据中国房地产信息网相关数据整理。

依据中国统计局网站和中国房地产信息网公开披露的信息,2013年前9月的统计房贷是24865亿元,同比增长37.59%。综合考虑宏观经济改革和调控因素、商业银行信贷额度宽紧度因素、2012年统计房贷增速等因素,2013年第4季度的房地产贷款增速趋于走低将是大概率事件。结合2012年的增速情况,2013年统计房贷增速在10%~20%的区间内,以10%估算全年的统计房贷规模大约2.8万亿元,第4季度规模约为3135亿元,同比增速为10.66%。考虑未来一年房地产温和前行的走势,对2014年统计房贷累计值同比增幅估计值约为10%,由此得出的规模将可能突破3万亿元(见表11-5)。

表11-5 2013年和2014年统计房贷规模预测

单位:亿元,%

类别\年份	2008	2009	2010	2011	2012	2013	2014
统计房贷	10829.06	19695.58	21751.4	20923.63	25302.26	27832.49	30615.73
统计房贷增长率	-8.52	81.88	10.44	-3.81	20.93	10	10

数据来源:依据中国统计年鉴和中国房地产信息网相关数据估算。

2. 2014年统计房贷季度分布预测

首先看近年来统计房贷的季度分布的经验值。图11-15表明,虽然统计房贷分布均值是下半年贷款规模大于上半年,但实际各年分布差异性较大,一

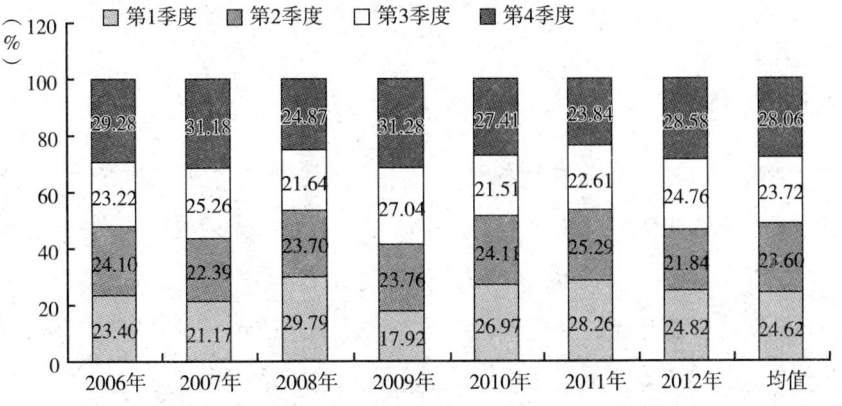

图11-15 统计房贷季度分布、季度均值及其分布

数据来源:依据中国房地产信息网数据整理。

般是与短期房地产调控政策有很大的相关性。从2013年的季度分布看下半年大于上半年，综合考虑诸种因素2014年房地产政策调控上半年与下半年相比相对紧的概率较高，由此判断2014年全年的贷款分布与均值分布较为接近的概率较大。由此估计2014年的统计房贷季度比重分布结构为：24.62%、23.60%、25.72%、26.06%。规模分布结构分别是：7537.59亿元、7225.31亿元、7874.37亿元、7978.46亿元（见表11-6）。

表11-6 2014年住房统计房贷规模及其季度分布预测

年度规模（亿元）		30615.73
季度比重分布（%）	第1季度	24.62
	第2季度	23.60
	第3季度	25.72
	第4季度	26.06
季度规模分布（亿元）	第1季度	7537.59
	第2季度	7225.31
	第3季度	7874.37
	第4季度	7978.46

数据来源：依据中国房地产信息网相关数据预测整理。

四 政策建议

（一）有效扩大住房直接融资市场比重

中国政府在《金融业发展和改革"十二五"规划》中的内容之一是显著提高直接融资的比例，这给住房金融市场领域的改善无疑提供了良好机会。在以往，针对住房股票市场的放行往往伴随着地价和房价的飞涨，此即所谓股价、地价和房价的互相拉扯现象，因此在调控房地产市场的政策选项中，提高房地产专业上市门槛甚至暂停房地产企业的上市，往往成为必选项。实际上，放宽对房地产企业在资本市场融资的限制与房价和地价的飞涨之间的关系只是表象，背后的症结在于住房制度设计缺陷和土地财政。由此而论，房地产资本市场规模和比重的提升，从根本上而言，一是要依赖于住房制度的重新设计，二是要地方政府摆脱对土地财政的依赖，在住房制度重构和去土地财政的过程中，政策层面应及时调整顺势而为，将房地产市场资本市场融资纳入房地产稳健发展的长效机制的建构之中。

（二）有效细分资金流向，引导资金进入消费性住房领域

新一届政府的新型城镇化战略的确会给房地产市场带来良机，但此良机并非给投机性的房地产市场而是给消费性和保障性的住房市场。问题在于有没有相应制度和机制保证资金进入消费性和保障性住房领域。这几年虽然存在对首套房贷、二套房贷和多套房贷的区别标准，但总体而言目前所谓的首套房贷、二套房贷以及多套房贷产品，以及投机性、投资性房地产开发融资、消费性房地产开发融资等等产品在实际运行中并没有进行有效细分并进行相应的划分、统计和披露，因而也就无法有效评价国家所谓差别化的房地产金融政策及其落实效果，实际的情况往往是大量资金以所谓支持保障性、消费性住房的名义行了房地产投机之实。其中主因在于国家虽然推出了差别化政策，却没有推出相应有效的实施方案而是基本沿用传统的实施手段，其结果是，迄今为止相关机构仍然不能公开披露与差别化信贷政策对应的数据信息，如首套房贷的规模、改善型房贷的数据、投机型房贷的数据等等。所以未来房地产金融的监管除了关注规模和增速等传统的指标以外，还应尽快形成有效细分针对房地产领域的各类房贷产品的标准和相应的甄别、统计、披露和评价体系。

（三）借助证券化技术有效防控房地产资金风险

正如前述，近年来，中国逐渐摆脱对资产证券化的恐惧症，将其视为金融资产优化和金融体系优化的重要工具，特别是今年以来，在高层"盘活存量，用好增量"的政策导向下，资产证券化成为国务院会议的重要议题。由此预计资产证券化将在未来一段时间内有一个较快的发展期，但囿于额度限制和基础资产规定约束，资产证券化还很难成为房地产金融资产优化的有效工具，为此建议决策层，其一适度扩大试点规模，特别是给予房地产信贷领域的试点规模；其二是放松关于基础资产质量约束，只要是投资级以上的资产均可作为房地产贷款证券化的基础资产。

五 住房金融市场指数

依据数据的可得性情况,本期报告选择一个指标即房地产资本市场融资(K)和金融机构贷款(L)之比,记为 K/L。以下介绍测算方法、结果及其意义。

(一)指数测算方法

房地产资本市场融资即指房地产企业通过 IPO、增发、债券发行、可转债发行等方式所获得的资金,代表直接融资;房地产金融机构贷款则指前面介绍的统计房贷即国内贷款和个人按揭贷款之和,代表间接融资。

房地产资本市场融资基础数据取自 wind 资讯,统计房贷基础数据则来自中国统计年鉴和国家信息中心下辖的中国房地产信息网。

K/L 既可以通过年度值之比获得,称为 K/L 年度指数,也可以通过月度值算出,称为 K/L 月度指数。对于年度指数,由于缺乏 2006 年以前的个人按揭贷款数据,2000~2005 年间的 L 仅指国内贷款。2006 年以后是国内贷款 + 按揭贷款。

对于月度指数,统计房贷的基础数据来自中国房地产信息网,资本市场融资基础数据来自 wind 资讯。

(二)计算结果和意义

1. K/L 年度指数

图 11-16 表明,自 2000 年以来 K/L 年度指数在绝大多数年份低于 10%,有 4 个年份不足 2%,2010 年不足 1%。这样的结果反映,房地产企业融资结构中,资本市场融资额对房地产企业的支持远小于金融机构对房地产企业的支持,房地产融资过于集中于间接金融机构,必然会影响这些机构的资产负债结构和风险结构,进而影响金融体系的稳定。

2. K/L 月度指数

图 11-17 表明,K/L 月度指数在 2007~2009 年处于相对高位后,自 2010

第十一章 中国住房金融市场形势分析与预测

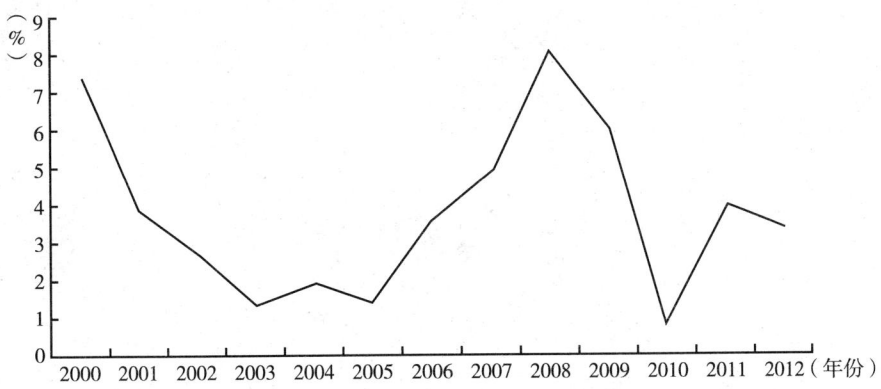

图 11-16 房地产企业融资年度指数

数据来源：依据 wind 资讯和中国房地产信息网相关数据整理。

年始在较低位徘徊，2013 年以来 K/L 月度指数进一步走低。显示出比 K/L 年度指数更高的信贷融资集中度，这样的状况会给以银行为主体的金融中介机构的资产负债带来期限结构的平衡，给资产风险管理带来较大压力。

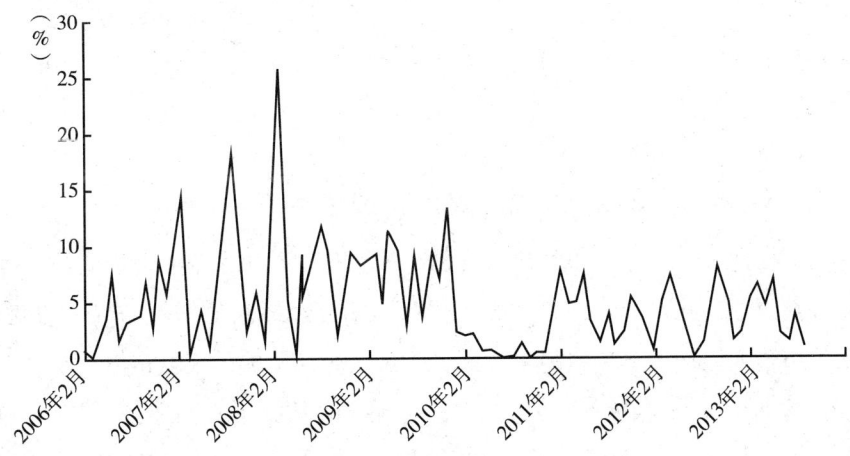

图 11-17 房地产企业融资月度指数

数据来源：依据 wind 资讯和中国房地产信息网相关数据整理。

公共政策

Chinese Housing Policies

G.12
第十二章
中国住房市场监管

刘伟 杨杰

2013年是中国住房市场监管面临巨大考验的一年。在2012年底，中国住房市场有所回暖，房地产市场量价齐涨、"地王"重现、企业销售业绩持续攀高，出现过热前兆。一方面，大城市住房市场已经逐渐适应限购带来的变化，住房价格进入缓慢上升期；另一方面，大量资金从限购的大城市流入二、三线城市，推动二、三线城市住房价格上涨。在这种情况下，国务院于2013年初公布"国五条"，在加强市场监管的同时强化了现有政策的监管力度。2013年3月以来，中国住房市场出现新的变化，房地产业投资环境全面回暖，大、中城市住宅成交量有所上升，重点城市房价再次上浮。因此，对现有调控政策执行力度的监管成为2013年住房市场监管重点。

本章对2012年11月至2013年10月住房市场监管政策进行分析，指出2013年住房市场监管现状与问题，并利用中国住房市场监管指数对34个大中城市住房市场监管进行测度分析，从审批、监督和服务三个方面来考察住房市场的企业开办、住房土地、住房开发、住房销售、住房租赁和物业管理六大环节，并对各环节监管做出评价。最后，就中国住房市场监管提出政策建议。

一　住房市场监管政策分析[①]

2012年底至2013年，中国住房市场持续升温。为实现稳定住房市场的目标，预防房地产市场出现过热情况，监管部门加大了对住房政策执行的监管力度。2013年2月，"国五条"发布，提出严格落实地方政府房地产市场调控和住房保障职责，加强对地方政府责任监管；继续严格实施差别化住房信贷、税收政策和住房限购措施，强化信贷监管与限购监管；规范住房租赁市场，加强市场监测和监管，完善房地产市场信息披露制度。这为2013年住房市场监管定下基调：一方面加强住房市场土地、信贷及租赁监管力度；另一方面加强对地方政府住房政策执行力度监管，尤其强化限购政策和差别化信贷监管。

1. 住房土地监管：强化闲置土地检查力度，监督地方政府管理职责

2012年11月，国土资源部、财政部、央行和银监会四部委联合发布《关于加强土地储备与融资管理的通知》，要求加强土地储备管理，对土地储备总规模进行长期监管。

2013年2月22日，国土资源部在京召开全国房地产用地管理和调控工作报告会，对于各地2013年土地供应工作提出了意见，一方面按照《闲置土地处置办法》强化对闲置土地监管力度，积极查处违规囤地事件；同时要求加强对土地价格和供应的监管力度，保持正常的地价形成机制，消除异常信号及波动，避免地价信号被利用，造成市场恐慌。

2013年3月8日，吴邦国委员长在十二届全国人大一次会议第二次全体会议中明确指出，今年全国人大常委会要抓紧研究制定五年立法规划，并继续审议土地管理法修正案草案。除了重新修订《土地管理法》外，《农村集体土

[①] 资料来自住房与城乡建设部、国土资源部和地方住房与城乡建设委、国土资源管理局等官方网站。

地征收补偿条例》、《集体经营性建设用地流转指导意见》等法案也会相继出台，目标直指土地征用监管。一系列土地征用、流转监管政策、法规的出台，将极大规范土地市场行为，一方面保护农民合法权益，有利于缩小城乡差距，促进社会稳定；另一方面进一步完善土地市场监管，为当前土地市场流转出现的混乱局面提供解决方案。

2013年4月18日，国土资源部印发"双保工程"行动方案，提出严格土地规划管控，实施节地制度，促进城乡统筹发展。"双保工程"行动方案提出，开展以土地利用规划和计划实施情况为主要内容的审核督察，督促省级人民政府履行土地管理法定职责；落实633万套保障性安居工程建设用地，严格目标责任考核，加强对保障性安居工程建设用地监管力度；推进不动产统一登记制度建设，开展全国土地登记信息动态监管查询系统建设，建立一批国家级土地登记信息动态监管查询系统建设示范基地；开展节约用地制度和政策实施情况的专项督察，促进各地全面落实节约集约用地制度；对省级政府耕地保护责任目标履行情况进行检查，对土地管理中的突出问题开展专项督察，监督地方政府履行土地利用和管理职责。国土资源部要求适时部署对年度行动重点工作完成情况调研督导，各派驻地方的国家土地督察局要加强对土地管理政策改革试点的跟踪和督察，及时报告发现的问题。

2. 住房信贷与销售监管：严格监督差别化信贷执行情况，强化商品房预售许可管理

2012年11月，国土资源部、财政部、央行和银监会四部委联合发布《关于加强土地储备与融资管理的通知》，提出土地储备融资资金应按照专款专用、封闭管理的原则严格监管。贷款用途可不对应抵押土地相关补偿、前期开发等业务，但贷款使用必须符合规定的土地储备资金使用范围，不得用于城市建设以及其他与土地储备业务无关的项目。

2013年2月，"国五条"提出坚决抑制投机投资性购房，强化对投机投资性购房信贷监管。"国五条"要求：2013年起，各地区要提高商品房预售门槛，从工程投资和形象进度、交付时限等方面强化商品房预售许可管理，稳步推进商品房预售制度改革。继续严格执行商品房销售明码标价、一房一价规定，严格按照申报价格对外销售。各地区要切实强化预售资金管理，完善监管制度；尚未实行预售资金监管的地区，要加快制定本地区商品房预售资金监管办法。对预售方案报价过高且不接受城市住房城乡建设部门指导，或没有实行预售资金监管的商品房项目，可暂不核发预售许可证书。各地区要大力推进城镇个人住房信息系统建设，完善管理制度，到"十二五"末，所有地级以上城市原则上要实现联网。同时，继续严格实施差别化住房信贷政策。银行业金融机构要进一步落实好对首套房贷款的首付款比例和贷款利率政策，严格执行第二套（及以上）住房信贷政策。要强化借款人资格审查，严格按规定调查家庭住房登记记录和借款人征信记录，不得向不符合信贷政策的借款人违规发放贷款。银行业监管部门要加强对银行业金融机构执行差别化住房信贷政策的日常管理和专项检查，对违反政策规定的，要及时制止、纠正。对房价上涨过快的城市，人民银行当地分支机构可根据城市人民政府新建商品住房价格控制目标和政策要求，进一步提高第二套住房贷款的首付款比例和贷款利率。

为响应"国五条"，各地区纷纷出台差别化信贷新政，同时加强了对金融机构监管力度，大力强化差别化信贷监管。上海市加强对金融机构违规发放第三套及以上购房贷款的查处力度；深圳市出台监管政策，加强对房地产税收征管的监督力度，对执行差别化住房信贷政策的监管力度也有所加强；北京、天津等省市加强了对转让住房所得征税的督察力度。

2013年2月，住建部印发《住房和城乡建设部2013年重点稽查执法工作方案》，提出继续开展房地产市场调控政策执行情况的督促检查，贯彻落实既有调控政策，严格执行差别化住房信贷、税收政策和限购措施，抑制投机投资性住房需求，加快中小套型普通商品住房建设。加强房地产市场准入、销售、租赁、登记、估价、经纪和物业服务等方面的管理，特别是预售资金监管方面的监督检查。对《国有土地上房屋征收与补偿条例》贯彻落实、房屋征收规范化管理和相关违法违规行为进行专项检查。同时，继续强化住房公积金督察制度，组织住房公积金督察员对利用住房公积金贷款支持保障性住房建设试点城市巡查，积极稳妥推进试点工作。开展住房公积金廉政风险防控检查验收，保证廉政措施落实到位。加大对住房公积金历史遗留涉险资金清收力度，保障资金安全，维护缴存职工权益。

2013年6月，住建部稽查办公室发布《稽查办公室2013年工作要点》，

指出住建部稽查办将组织开展试点项目巡查和资金安全检查。按照统一部署，对利用住房公积金贷款支持保障性住房建设试点项目开展巡查。配合公积金监管司继续开展住房公积金涉险资金清收等专项检查。同时，住建部稽查办将加强住房公积金督察员制度建设。完善住房公积金督察员管理和工作制度，做好住房公积金督察员服务保障，研究建立住房公积金督察员信息管理平台。

3. 住房建筑质量监管：重点监督危房改造，打击违规转包、分包

2013年2月，住建部印发《2013年重点稽查执法工作方案》，提出加强城市市政公用设施建设监督检查。同时，继续加强农村危房改造任务落实情况督促检查，重点检查危房改造农户档案信息公开情况、改造资金使用情况、质量安全及建筑节能示范情况，确保完成改造任务。开展传统村落保护、村庄整治专项检查。此外，住建部将继续组织对北方采暖地区既有建筑供热计量及节能改造工作、可再生能源建筑应用示范工作执行情况的督促检查。进一步加大建筑节能法律法规执行情况督促检查力度，强化新建建筑执行节能强制性标准的监督检查，重点查处违规使用墙体保温材料和施工环节质量不达标等问题。住建部还要求进一步加强建筑市场监督执法检查力度，严厉打击虚假申报资质，违规招投标，违法转包、分包等违法违规行为，严肃追究注册人员执业责任，规范建筑市场各方主体行为。继续加强对保障性安居工程、在建城市轨道交通和大型公共建筑工程的监督检查，确保房屋建筑和市政基础设施工程质量安全。开展建筑起重机械安全、住宅质量和工程勘察质量等专项治理，全面排查和及时整改质量安全隐患。同时，住建部继续会同有关部门组织对全国高强钢筋推广应用情况的督促检查。推动地方健全高强钢筋推广应用管理机制和制度，开展高强钢筋生产、工程设计、施工图审查、施工、监理等单位执行有关工程建设标准情况的监督检查工作。

4. 保障性住房监管：加强安居建设检查，"棚改"质量成为监管重点

2013年2月，住建部发布《重点稽查执法工作方案》，提出继续加强对保障性安居工程建设情况的核查检查，重点检查年度目标任务分解、项目开工竣工、工程质量安全等情况，特别是要把配套设施建设检查摆在突出位置，确保已建成保障房尽早投入使用。加强保障性住房分配管理和退出情况督促检查，严肃查处违法违规行为。

2013年4月，住建部发布《关于做好2013年城镇保障性安居工程的通知》，要求加强对保障性住房建设任务的督察力度；在与有关部门的沟通协调、明确职责、协力推进棚户区（危旧房）改造的同时做好监督防范工作；要大胆实践创新，努力破解住房保障工作中面临的矛盾和问题；探索政府监管、市场运作、高效持续的保障性住房管理制度；坚持以人为本理念，完善公平分配制度，健全实施机制，建立快捷便民的住房保障服务体系；创新住房保障工作绩效考核办法，引导市、县切实加强保障性住房建设和管理，满足困难家庭基本需求；探索建立存量保障性住房资产监管制度；严格落实住房保障目标责任制、考核问责制、违规责任追究制，严格执行招标投标、资金管理、质量安全等工程项目管理的各项规定，严格执行保障性住房分配、使用管理的各项规定，特别是严禁以任何形式向住房不困难的家庭提供保障性住房，严肃查处擅自改变保障性安居工程用途、套型面积等违法违规行为。

5. 租赁市场监管：严肃监督查处违法中介，重点监测虚假房源等十大不法行为

2013年6月，住建部与国家工商总局发布《关于集中开展房地产中介市场专项治理的通知》，提出严肃查处房地产中介机构和经纪人员的以下违法违规行为：发布虚假房源信息，造谣、传谣以及炒作不实信息误导消费者的行为；诱导、教唆、协助购房人通过伪造证明材料等方式，骗取购房资格、骗提或骗贷住房公积金、规避限贷的行为；采取内部认购或雇人排队制造销售旺盛的虚假氛围以及通过炒卖房号非法牟利的行为；协助当事人签订"阴阳合同"规避交易税费的行为；违反《商品房屋租赁管理办法》规定，擅自改变房屋内部结构分割出租，为不符合安全、防灾标准的房屋提供租赁经纪服务以及低价收进高价租出赚取差价的行为；侵占、挪用房地产交易资金的行为；未履行书面告知义务，强制提供代办贷款、担保服务并额外收取费用的行为；泄露、出售或不当使用委托人的个人信息，谋取不正当利益的行为；未取得营业执照或未在房地产主管部门备案，擅自从事房地产经纪服务的行为；借用冒用房地产经纪人员名义签署房地产经纪服务合同，以及租借房地产经纪人员资格证书或注册证书的行为。

二 住房市场监管现状与问题

目前中国住房市场监管体系仍存在重大问题，表现为监管标准模糊、缺乏监管主体、监管责任不清、惩处力度不足。特别是2013年中国住房市场出现普遍回暖，部分地方政府在经济上升动力较为有限的情况下放松了对政策与市场的监管力度，同时住房工程质量、住房中介行为等方面均出现一些问题，主要表现有以下几点。

1. 住房土地监管仍有漏洞，闲置土地监管力度不足

住房土地监管仍有漏洞，开发商在获得土地之后出于种种原因闲置土地，未能实现土地转化为住房供给。部分开发商违法转让土地，或擅自改变用途、性质，违法违规建房。截至2012年底，中国未竣工房地产用地48.17万公顷，未开工房地产用地14.45万公顷。从数据上看，仍有大量已供土地处于闲置状态。

2. 房屋市政工程生产安全事故同比上升，工程质量监管亟待加强

2013年前三季度，全国共发生房屋市政工程生产安全事故384起、死亡478人，比去年同期事故起数增加20起、死亡人数增加25人，同比分别上升5.49%和5.52%；全国有32个地区发生房屋市政工程生产安全事故，其中，有14个地区的事故起数同比上升；全国共发生房屋市政工程生产安全较大事故18起，比上年同期增加2起；全国有13个地区发生房屋市政工程生产安全较大事故，其中江苏发生3起，福建、江西、云南各发生2起，上海、安徽、河南、湖北、湖南、四川、陕西、甘肃、新疆各发生1起，其中江苏省8～9月份连续发生了3起较大事故，充分说明工程监管存在极大隐患，房屋工程安全监管亟待加强，建筑安全生产形势不容乐观，必须引起有关部门高度重视。

3. 部分省市采取模糊监管政策，放松二手房差价个税监管

2013年，中国经济增长出现下滑势头，部分省市出于种种原因放松了对住房税收的监管力度。尤其是部分省市，在出售二手商品房按照差价征收个人所得税时采取模糊政策。在"国五条"发布之后，仍有相当数量的城市并没有出台出售二手商品房按照差价征收个人所得税的具体细则。部分省市在出台地方住房监管政策时出现"放空炮"现象，只有监管目标，没有监管细则和实施方法。

4. 住房信贷监管仍需加强，房地产信托存在风险

2013年上半年，多数省市加大了对住房建设资金支持力度，其中部分省市出于经济发展考虑放松了住房信贷监管。而更需要警惕的是，2013年民间金融和房地产信托在住房信贷中逐渐活跃，对住房信贷监管形成新的挑战。尤其在2013年中期，银行业出现"钱荒"，部分城市民间资本借机进入房地产信贷行业，带来极大风险。

5. 住房中介问题突出，租房监管名存实亡

2013年，中国大城市房价有所上升，加之大城市住房限购政策严格，房屋租赁市场非常火热。面对巨大利益，房屋租赁中介机构大增。由于中介服务中从业人员流动性强，同时部分中介机构本身没有合法从业资格，加之租房当事人法律意识薄弱，房屋租赁市场监管体系漏洞百出等原因，房屋中介违法违规事件频出。据统计，2013年上半年北京市消费者协会接到房屋中介投诉150余件。而绝大多数租房纠纷中，租客采取忍气吞声的方法，实际房屋中介违法违规行为要更加严重。

三 中国城市住房市场监管指数分析

政府监管是政府行政机构依据法律授权，通过制定规章、行政许可、监督检查等行政处理行为对市场参与主体的行为实施的直接或间接监督和管理。政府监管主要针对微观经济层面上外部性、自然垄断、信息不对称、不公平等，是政府对企业、产业或单个市场的监管，主要目的在于规范市场秩序，增进社会福利，减少个体经济决策给社会带来的损失。

本章从住房企业的设立到住房的形成以及管理的六大标准环节——企业开办、土地市场、住房开发、住房销售、住房租赁和物业管理即住房企业的设立，住房开发土地的获取，土地市场的开发过程，住房销售过程，以及住房售出以后的住房租赁和物业管理过程来考察住房市场监管。按照上述理论框架，本部分将构建一个中国城市住房市场监管指数，指标体系参照《中国住房发展报告

(2011~2012)》，分为企业开办、土地市场、住房开发、住房销售、住房租赁和物业管理六大环节，包括一级指标6个，二级指标18个，三级指标29个。

鉴于大中城市的地位和样本数据的可得性，本章选择中国内地34[①]个大中城市作为中国城市基本面的代表。指数所采用数据除Z1.1.1房地产开发企业设立登记数据来源于世界银行集团《2008中国营商环境报告》[②]以外，其余数据均来自该城市政府相关职能部门的网站。[③]

数据处理主要可分为两类：一是对相关网站上查到的原始数据的处理；二是对各级指标数值的合成，最终求得该城市的住房市场监管指数。指标体系中所有三级指标的指标数值均来自原始数据，利用原始数据在城市中的排位百分比得分。对于各级指标数值的合成，本部分主要采用层次分析法（AHP）的思想，在一级指标合成住房市场监管指数时，权重采用主客观相结合的方法。最终使用的合成权重是按主观权重和客观权重各占50%的比例计算而来。经计算，各一级指标的权重值如下：Z1企业开办为0.193，Z2土地市场为0.174，Z3住房开发为0.160，Z4住房销售为0.174，Z5住房租赁为0.143，Z6物业管理为0.155。

1. 总体分析：监管强度保持稳定，前期政策总体延续

2013年，中央和地方政府为防止房价过快上涨，总体上继续保持了前期对住房市场较高强度监管的态势，出台的各项加强从土地审批、住房开发、预售到信贷监管的政策和措施基本都得到延续，市场总体平稳运行。从2013年住房市场监管指数上看，2013年排前十名的城市依次为：北京、天津、成都、上海、广州、南京、重庆、南昌、武汉和杭州，与2012年排前十名的城市依次为：北京、成都、天津、广州、上海、南京、重庆、杭州、南昌和武汉相比，进入前十名的城市没有发生变化，只是部分城市的排名有所改变，但变动均在两名以内，变动较小。

[①] 除西藏拉萨以外，中国内地直辖市、计划单列市和省、自治区的首府城市，共35个城市；因新疆乌鲁木齐的数据无法获得，因此只取了34个大中城市。
[②] 数据库地址 http://www.doingbusiness.org/data/exploreeconomies/china。
[③] 城市数据查询时间为2013年10月1日左右，不同城市的数据可能在查询时间上相隔几天，但经比较，时间上细微的差别对结果影响极小，详细的数据处理方法可联系作者。

第十二章 中国住房市场监管

房地产企业作为住房市场最主要的参与主体，一向是住房市场监管的主要对象。因此，在住房市场监管指数的6个一级指标中，前4个指标企业开办、土地市场、住房开发及住房销售，都是围绕着房地产企业的市场行为，分别从其设立、拿地、开发和销售这四个环节，衡量政府对各环节的监管强度。

对房地产企业开办的监管，目的在于防止投机性的和实力不足的企业进入房地产业，从而规避由于房地产企业自身原因而带来的问题，因此这方面监管越严格，整个房地产行业中企业的综合素质就越高，由企业自身原因所产生的市场风险就越小。2013年企业开办监管指数排名前十的城市为：北京、成都、上海、大连、银川、厦门、重庆、深圳、广州和长春。

目前对土地市场的监管根本上主要是对房价预期的管理，所谓"面粉贵了，面包就便宜不了"，因此2013年为防止房价上涨预期的形成，各地基本延续了前期对土地市场的监管力度，规范房地产企业的拿地行为，尽量避免"地王"的出现。2013年土地市场监管指数排名前十的城市为：天津、武汉、北京、宁波、昆明、上海、南昌、重庆、南京和合肥。

对住房开发的监管是对房地产企业生产行为及产品质量的监管，从而保证其合法及规范地开发，向市场提供合格的住房产品。近几年来，人们除对住房价格高度关注外，对住房质量问题越来越关注，因此这方面的监管更加受到政府部门的重视，在不断加强。2013年住房开发监管指数排名前十的城市为：北京、成都、长春、上海、武汉、广州、银川、合肥、深圳和昆明。

对住房销售的监管是调控房价的终端。2013年，住房销售监管强度总体上也保持平稳，部分房价上涨较快城市有所加强，如北京市住建委6月份发布新规，加强对商品房预售资金的监管，广州从4月起实行商品房售价网上申报制度，成为继北京之后，又一个执行该制度的城市。2013年住房销售监管指数排名前十的城市为：上海、南京、北京、郑州、天津、沈阳、太原、成都、南昌和广州。

对住房租赁的监管一直是房地产市场监管中最不被重视的方面。近几年，各地一直积极推进保障房建设和着力推行公租房，而对于商品房的租赁监管却并不重视。究其原因，一方面住房租赁行为十分分散，本身就难于监管；另一方面其对地方经济及财政收入贡献甚微且社会关注度较低，因此对于地方政府来说是件吃力不讨好的事情。虽然部分城市也零星出台了关于加强住房租赁市场监管的新规,但总体上缺乏可操作性,执行效果较差。2013年住房租赁监管指数排名前十的城市为:广州、重庆、成都、北京、天津、长沙、石家庄、太原、福州和沈阳。

对物业管理的监管也是房地产市场监管中的薄弱环节,但由于物业监管的对象主要为物业服务企业,因此相较住房租赁监管,其监管的难度较小。2013年以来各地也在不断加强对物业管理的监管,如2013年物业管理监管指数排第一位的北京市于4月初对25个未按时填报收支报告的物业项目进行了处罚,并作为不良记录记入物业服务信用系统,排名第26位的哈尔滨于7月份成立了物业服务监管指挥中心等。2013年物业管理监管指数排名前十的城市为:北京、天津、杭州、成都、南宁、南昌、长沙、昆明、呼和浩特和兰州。

另外,从住房市场监管指数各项指标总体来看,34个大中城市总体上在企业开办、住房土地和物业管理三个一级指标上表现较好,而在住房租赁、住房开发和住房销售上有待加强。尤其在住房开发和住房销售环节,得分均值低且标准差小,说明对各城市来说,这两个方面均相对薄弱。从二级指标来看,各个环节总体上均呈现出审批强于服务、服务强于监督的态势,且除企业开办环节上各城市在监督上的差异程度小于服务外,在其他环节上均表现出从审批、服务到监督各城市之间差异程度越来越大的态势(见表12-1)。

表12-1 34个大中城市住房市场监管指数一、二级指标得分均值、标准差及排名

指 标	均值	排名	均值	排名	标准差	排名	标准差	排名
Z1 企业开办	0.5561	1			0.1443	3		
Z1.1 审批			0.6455	1			0.1501	1
Z1.2 监督			0.4391	3			0.2618	2
Z1.3 服务			0.4942	2			0.3100	3
Z2 住房土地	0.5506	2			0.1593	4		
Z2.1 审批			0.6312	1			0.1605	1
Z2.2 监督			0.4435	3			0.3568	3
Z2.3 服务			0.4964	2			0.2695	2
Z3 住房开发	0.5320	5			0.1247	1		
Z3.1 审批			0.6648	1			0.1632	1

续表

指　标	均值	排名	均值	排名	标准差	排名	标准差	排名
Z3.2 监督			0.3291	3			0.3304	3
Z3.3 服务			0.4693	2			0.2629	2
Z4 住房销售	0.4912	6			0.1391	2		
Z4.1 审批			0.6377	1			0.1466	1
Z4.2 监督			0.3126	3			0.4096	3
Z4.3 服务			0.3767	2			0.2693	2
Z5 住房租赁	0.5374	4			0.1768	6		
Z5.1 审批			0.6112	1			0.2164	1
Z5.2 监督			0.4302	3			0.3735	3
Z5.3 服务			0.4969	2			0.3060	2
Z6 物业管理	0.5394	3			0.1760	5		
Z6.1 审批			0.6866	1			0.1771	1
Z6.2 监督			0.2904	3			0.4051	3
Z6.3 服务			0.4942	2			0.3100	2

2. 比较分析：监管强度与城市所处区域经济发展水平、行政级别有较强的一致性

表12-2为各地区、各行政级别城市住房监管指数的均值和排名。对其分析可知，住房市场监管强度与城市所处区域经济发展水平及城市的行政级别有较强的一致性。在经济较发达地区或当前经济发展较快地区的城市，其住房市场监管指数一般较高，行政级别较高的城市，其住房市场监管指数也一般较高。

从区域住房市场监管指数均值来看，排在第一和第二位的环渤海和东南地区地处沿海，为我国经济最发达的地区，其房地产市场规模较大，房价也明显高于其他地区，因此相较其他地区，监管强度也更高。排在第三和第四位的中部和东北地区，近年来经济发展较快，据计算，2011年34市中，中部和东北地区城市的平均GDP增长率分别为13.84%与12.85%，高于排在第五和第六位的西南和西北地区城市分别为14.77%和12.82%的平均增长率，总体上监管强度也提升较快（见表12-3）。

表12-2 34个大中城市住房市场监管指数及排名

城市	住房市场监管指数	排名	Z1 企业开办	排名	Z2 住房土地	排名	Z3 住房开发	排名	Z4 住房销售	排名	Z5 住房租赁	排名	Z6 物业管理	排名
北京	0.812	1	0.830	1	0.797	3	0.798	1	0.739	3	0.788	4	0.928	1
天津	0.708	2	0.664	11	0.841	1	0.559	15	0.642	5	0.746	5	0.807	2
成都	0.706	3	0.789	2	0.545	21	0.757	2	0.597	8	0.788	3	0.777	4
上海	0.682	4	0.739	3	0.699	6	0.678	4	0.759	1	0.576	15	0.610	11
广州	0.662	5	0.675	9	0.608	13	0.673	6	0.587	10	0.925	1	0.538	19
南京	0.606	6	0.573	17	0.646	9	0.456	26	0.758	2	0.610	13	0.580	13
重庆	0.603	7	0.693	7	0.676	8	0.493	22	0.390	26	0.833	2	0.545	17
南昌	0.583	8	0.379	29	0.697	7	0.578	13	0.595	9	0.591	14	0.693	6
武汉	0.581	9	0.597	15	0.811	2	0.674	5	0.409	24	0.458	20	0.511	22
杭州	0.581	10	0.621	13	0.604	14	0.507	21	0.405	25	0.564	16	0.792	3
长春	0.574	11	0.673	10	0.587	15	0.699	3	0.415	23	0.458	21	0.591	12
厦门	0.571	12	0.693	6	0.614	12	0.468	24	0.434	19	0.633	11	0.576	15
昆明	0.561	13	0.471	24	0.739	5	0.608	10	0.432	21	0.462	19	0.659	8
沈阳	0.560	14	0.400	28	0.585	16	0.531	18	0.639	6	0.663	10	0.580	13
深圳	0.557	15	0.684	8	0.549	20	0.616	9	0.387	28	0.625	12	0.477	24
合肥	0.542	16	0.644	12	0.644	10	0.633	8	0.529	15	0.436	23	0.322	30
大连	0.532	17	0.736	4	0.453	25	0.468	23	0.536	14	0.417	25	0.534	21

续表

城市	住房市场监管指数	排名	Z1 企业开办	排名	Z2 住房土地	排名	Z3 住房开发	排名	Z4 住房销售	排名	Z5 住房租赁	排名	Z6 物业管理	排名
郑州	0.529	18	0.556	19	0.561	19	0.578	12	0.648	4	0.436	24	0.364	27
太原	0.523	19	0.356	32	0.585	17	0.566	14	0.614	7	0.689	8	0.360	28
石家庄	0.498	20	0.557	18	0.347	28	0.539	17	0.512	16	0.701	7	0.348	29
银川	0.497	21	0.721	5	0.509	22	0.641	7	0.568	12	0.330	30	0.133	34
济南	0.485	22	0.488	22	0.489	23	0.516	20	0.568	11	0.246	34	0.572	16
长沙	0.482	23	0.447	25	0.355	30	0.373	30	0.389	27	0.716	6	0.693	7
哈尔滨	0.467	24	0.428	26	0.619	11	0.539	16	0.455	18	0.265	32	0.474	26
宁波	0.463	25	0.477	23	0.782	4	0.365	32	0.349	29	0.489	18	0.292	31
呼和浩特	0.458	26	0.423	27	0.400	26	0.527	19	0.434	19	0.322	31	0.648	9
青岛	0.456	27	0.601	14	0.485	24	0.465	25	0.241	34	0.390	27	0.534	20
福州	0.451	28	0.498	21	0.570	18	0.367	31	0.341	30	0.686	9	0.250	33
海口	0.439	29	0.581	16	0.356	27	0.430	27	0.553	13	0.402	26	0.273	32
兰州	0.439	30	0.286	34	0.318	32	0.585	11	0.423	22	0.451	22	0.625	10
南宁	0.437	31	0.374	30	0.326	31	0.395	29	0.280	33	0.561	17	0.746	5
西宁	0.414	32	0.367	31	0.298	34	0.424	28	0.498	17	0.367	29	0.542	18
西安	0.380	33	0.552	20	0.341	29	0.311	33	0.284	32	0.265	33	0.496	23
贵阳	0.341	34	0.335	33	0.307	33	0.272	34	0.294	31	0.383	28	0.474	25

从区域住房市场监管指数标准差来看,东北、环渤海和西北地区的标准差较小,显示出这些地区各城市之间监管程度差异相对较小,区域住房市场发展较为均衡,而东南、中部和西南地区的标准差则较大,显示出这些地区城市之间监管程度差异相对较大,区域住房市场发展状况差异较大(见表12-5)。

从行政级别住房市场监管指数均值来看,总体上行政级别越高的城市监管力度越大。各分项排名中,除住房销售监管指数,出现了副省级城市低于地级城市的情况外,其余分指数均表现出了从直辖市到副省级城市,再到地级市,依次递减的状况(见表12-4)。

从行政级别住房市场监管指数标准差来看,直辖市、副省级城市和地级市三个类别的标准差依次缩小,显示出行政级别越高的城市之间监管程度差异越大,相互之间的住房市场发展水平差异越大(见表12-6)。

四 政策建议

2013年是中国住房市场普遍回暖的一年,但住房市场监管不太理想。住房质量问题频出,部分地方政府监管力度不足,"炒房"现象死灰复燃。为强化中国住房市场监管体系,应注意以下几点。

1. 住房监管务必要确立监管主体,建立全面监管体系

目前中国住房市场监管依然缺乏有效主体,政府监管存在漏洞,市场监管有待加强,第三方监管力量薄弱。地方政府一方面住房监管人力十分有限,另一方面缺乏足够监管动力。而市场监管一方面名不正言不顺,无法得到有效支持,另一方面地方住房市场受地方政府掣肘,市场监管力量十分薄弱。住房市场第三方监管组织长期无法得到扶持,民间自发成立的住房监管组织没有合法身份,难以履行监管职能。此外,住房监管标准十分模糊,监管内容和具体责任人不够明确,缺乏行之有效的惩罚机制,监督执行情况与监督结果没有公示,完全无法形成有效震慑。

因此,住房监管务必首先确立监管主体。明确地方政府责任,制定切实可行的惩罚机制,并严格执行,细化监管内容,完善监管标准,做到能威慑、能监督、能发现、能查处。同时,积极引导市场监管,支持住房市场消费者通过

第十二章　中国住房市场监管

表 12-3　分区域住房市场监管指数均值及排名

区域	总排名均值	Z1 企业开办	排名	Z2 住房土地	排名	Z3 住房开发	排名	Z4 住房销售	排名	Z5 住房租赁	排名	Z6 物业管理	排名
环渤海	0.592	0.628	1	0.592	1	0.575	1	0.540	1	0.574	2	0.638	1
东南	0.572	0.620	2	0.634	2	0.516	4	0.502	4	0.638	1	0.514	5
中部	0.543	0.525	3	0.609	5	0.567	2	0.514	2	0.527	4	0.517	4
东北	0.533	0.559	4	0.561	3	0.559	3	0.511	3	0.451	5	0.544	3
西南	0.514	0.540	5	0.492	4	0.492	5	0.424	6	0.571	3	0.579	2
西北	0.452	0.451	6	0.408	6	0.509	6	0.470	5	0.404	6	0.467	6
全国	0.535	0.556	—	0.551	—	0.532	—	0.491	—	0.537	—	0.539	—

表 12-4　分行政级别住房市场监管指数均值及排名

行政级别	总排名均值	Z1 企业开办	排名	Z2 住房土地	排名	Z3 住房开发	排名	Z4 住房销售	排名	Z5 住房租赁	排名	Z6 物业管理	排名
直辖市	0.701	0.731	1	0.753	1	0.632	1	0.633	1	0.736	1	0.723	1
副省级市	0.545	0.599	2	0.581	2	0.536	2	0.471	2	0.520	2	0.555	2
地级市	0.480	0.466	3	0.466	3	0.501	3	0.474	3	0.502	3	0.475	3

表 12-5　分区域住房市场监管指数标准差及排名

区域	总排名标准差	Z1 企业开办	排名	Z2 住房土地	排名	Z3 住房开发	排名	Z4 住房销售	排名	Z5 住房租赁	排名	Z6 物业管理	排名
东北	0.025	0.117	1	0.113	3	0.095	3	0.070	1	0.185	4	0.199	5
环渤海	0.035	0.119	2	0.120	4	0.123	4	0.121	2	0.136	6	0.159	3
西北	0.066	0.110	3	0.069	2	0.082	1	0.131	3	0.222	1	0.110	1
东南	0.081	0.137	4	0.081	6	0.128	6	0.132	5	0.127	6	0.217	6
中部	0.092	0.087	5	0.073	1	0.118	2	0.177	4	0.158	3	0.180	4
西南	0.112	0.121	6	0.144	5	0.164	5	0.147	6	0.212	5	0.157	2
全国	0.101	0.144	—	0.159	—	0.125	—	0.139	—	0.177	—	0.176	—

表 12-6　分行政级别住房市场监管指数标准差及排名

行政级别	总排名标准差	Z1 企业开办	排名	Z2 住房土地	排名	Z3 住房开发	排名	Z4 住房销售	排名	Z5 住房租赁	排名	Z6 物业管理	排名
地级市	0.063	0.125	3	0.155	3	0.114	3	0.115	2	0.142	2	0.195	3
副省级市	0.084	0.114	2	0.118	2	0.126	2	0.140	3	0.195	3	0.119	1
直辖市	0.087	0.072	1	0.079	1	0.135	1	0.169	1	0.113	1	0.176	2

合法手段监督住房市场。此外，还应大力扶持第三方监管组织，建立政府负责、市场有效的全面监督体系。

2. 住房监管应长期稳定，不能"热胀冷缩"

目前中国住房市场监管政策与标准在实际执行时浮动很大，地方政府根据本地经济发展需要和住房市场形势，以种种名义对住房监管执行加以调整。在经济遇到挫折时期就会放松住房市场监管力度，以求在经济上获得较大发展；经济长期繁荣时期会以加强监管的名义设立寻租，从中获取收益。如此饮鸩止渴的监管行为将会对中国住房市场形成极大损害，十分不利于中国住房市场平稳健康发展。因此，住房监管应坚持长期、稳定，不因市场涨落而波动，严格执行现有法律与监管制度，不得随意调整标准。同时，应细化住房市场监管标准，确立监管责任人，要求一旦发生"微调"现象能及时发现、及时查处，形成威慑力。

3. 住房监管应一视同仁，不能"抓大放小"

目前中国大城市已经形成本地住房市场监管体系，由于大城市住房市场处于媒体风口浪尖，城市政府出于谨慎考虑对住房市场监管较为重视。但中小城市住房市场监管普遍存在漏洞，特别是住房土地监管、信贷监管等方面，二、三线城市长期游离于媒体监管的视野范围之外。特别是经济较为发达的东南沿海地区，大城市与中小城市间监管力度差距很大。随着中国城镇化的不断推进，二、三线城市的地位不断加强。低房价不代表低风险，中国住房市场监管体系不能"抓大放小"，而应"一视同仁"。目前大城市房价较高，限购、限贷执行力度较强，住房投机受到一定程度压制，因此房地产信托和民间资本已经大量涌入二、三线城市，一旦在住房信贷等方面出现监管漏洞，导致个别二、三线城市"鬼城"现象大规模出现，将会对中国城镇化带来巨大损害，甚至影响中国经济发展的大局。

4. 住房监管应全面覆盖，不能"重买轻租"

住房租赁市场一向是中国住房市场监管的薄弱环节。目前中国住房租赁市场监管漏洞频出，无论监管法律体系，还是执法力度，都远远落后于商品房销售市场。一方面，商品房销售市场的购房者具有一定经济能力，往往拥有相应的社会影响力，而住房租赁市场消费者一般为收入较低人群，社会影响力较弱;另一方面,租赁市场中介数量庞大,人员流动性强,而商品房开发商数量较少,监管难易程度不同。但以上原因不能成为住房监管"重买轻租"的理由。住房租赁市场是住房市场重要补充部分,理应与住房销售市场同等重视,甚至在目前住房租赁市场特别混乱的时期,应更加重视住房租赁监管体系的建立和完善,实现中国住房租、购市场均衡发展。

G.13
第十三章
中国住房社会保障

赵英伟 董振兴

一 现状分析

2013年是全面贯彻落实十八大精神的开局之年,是实施"十二五"规划承前启后的关键一年,是加快推进新型城镇化建设重要的一年,也是住房保障工作继续全面深化的一年,本年度的住房社会保障政策的工作重点就在于"一切从民生出发、由建房向建社区转移、更重视保障房的各项配套设施的完善、着手建立社区生活的配套系统"。我国正处于社会转型和经济发展方式转变的关键时期,解决好关系到人民群众切身利益的住房问题就显得尤为重要,安居乐业一直是人类生存最基本的需求,"住有所居"是一个国家社会安定、经济发展的必要条件。我国的住房保障体系要以我国国情为出发点,建立一个多层次的、以市场为基础、政府给予一定保障且实行"一户一套"的住房保障体系。其主要的保障对象是最低收入户、低收入户、中等偏下收入户中没有房产需要租赁住房的家庭;"城漂"一族及符合相应条件长期留在城镇的农民工也应纳入住房保障中,不应仅仅限制于城镇户籍人口而应面向城镇常住人口,体现"以人为本"的社会理念,实现民生,让全社会人们都实现"居者有其屋"。

(一)保障房建设现状

2012年,全国城镇保障性安居工程开工768.83万套、基本建成590.20万套(含竣工453.59万套),通过银行贷款、住房公积金贷款、企业债券等社会渠道筹集资金4667.67亿元[①],至2012年底,全国所有市县均已建立了廉租

---

① 数据来源于国家审计署网站。

第十三章 中国住房社会保障

住房制度，初步建立了住房保障体系，保障性安居工程覆盖面不断扩大。在这基础上，2013年的住房社会保障得到了进一步"夯实"，全国计划新开工城镇保障性安居工程630万套，基本建成470万套。截至8月底，全国保障性安居工程已开工560万套，基本建成356万套，分别达到年度目标任务的89%和76%，完成投资7200亿元①。保障房已不能局限于数量上的增加，而是要切实发挥其改善民生作用，使得中低收入家庭住房困难得到实实在在的解决。受保障家庭最关心保障住房社区配套是否完善，生活是否便利，因此在住房保障这一层面上充分体现出由建房到筹建社区的政策转变，进一步提高与保障房相关的基础配套设施的投入力度，做到保障性安居工程与配套设施同步规划、同时交付使用，确保竣工项目及早投入使用，切实维护好保障者的利益。

就目前而言，城乡二元分割结构导致了人口流动的规模日益庞大，但流动人口中的中低收入者比重较高，其住房保障任务就更为复杂艰巨。区域产业转移和"产城融合"发展，为完善住房保障体系提供了新的机遇；随着保障性住房存量资源不断增加，住房保障体系优化调整的政策空间也越来越大（见图13-1）。2013年各地区的保障房建设计划中黑龙江最为突出，依据该省住

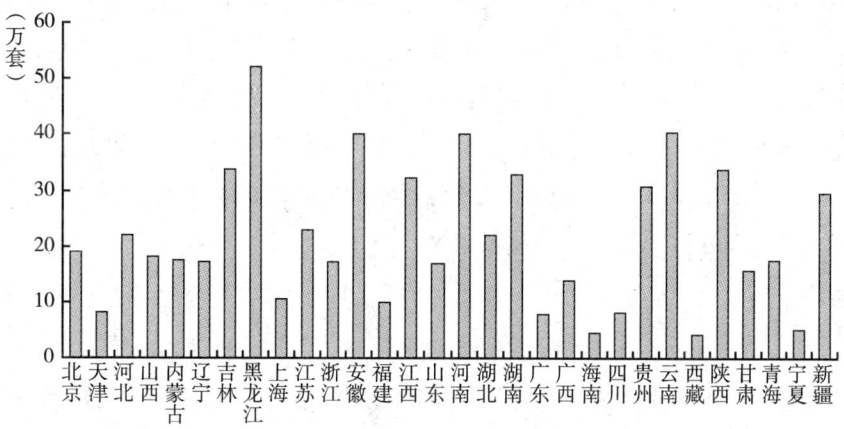

图13-1　2013年全国各地区计划建设保障房套数

资料来源：各地区政府、住建厅网站。

---

① 数据来源于中华人民共和国住房和城乡建设部网站：http://www.mohurd.gov.cn。

房与城乡建设厅公布数据，2013年黑龙江省保障性安居工程开工总任务为52.3万套，竣工总任务42万套；安徽省今年将建40万套保障房，房源向新就业、外来务工人员等倾斜；四川将实施"农民工住房保障行动"今年实施20%公租房将面向农民工；云南省城镇保障性安居工程总的目标任务仍是40.32万套（实物建房30.32万套，发放租赁补贴10万户），在保障房的建设上虽然总套数比2012年有所降低，但是更加强调对房屋建设质量的保证、配套设施的完善和保障对象覆盖面的扩大上。

（二）主要政策

1. 深化、夯实保障房建设，筹建市民社区促进新型城镇化发展

住房和城乡建设部2013年4月3日发布了"关于做好2013年城镇保障性安居工程工作的通知"要求加快落实年度建设任务。2013年全国城镇保障性安居工程建设任务是基本建成470万套、新开工630万套。各省（区、市）住房城乡建设（住房保障）部门要会同有关部门，督促市、县尽快将确定的年度建设任务落实到具体项目[①]。我国在实施保障性安居工程的过程中，特别强调要强化统筹规划，从城镇化发展和改善居民住房条件等实际情况出发，把保障性安居工程建设和城镇化发展充分结合起来。一方面，向贫困群体提供必要的帮助，解决中低收入家庭住房困难，让其"居者有其屋"；另一方面，随着我国经济、社会、人口及住房供求关系变化以及"十二五"规划城镇化的要求，2013~2020年，我国将处于城镇化快速推进阶段，此时住房保障体系面临着一系列新挑战。中国城镇化不单纯强调城镇人口的比重，更重要的是强调城镇化的质量，尤其是包含住房保障在内的公共服务质量要不断提升，加强建设规划，提高配套设施及公共服务水平建设，能够让中低收入住房困难家庭充分地融入到市民生活里。在保障房的建设规划中充分考虑各居住群体的生活习惯，就各区域分别合理规划布局保障性住房建设。此外，考虑保障性住房项目的交通便利，配套完善，环境优美，群众满意的高起点规划建设，从绿化、道路到周边学校、商场、医疗设施等均同步配套齐全。

---

① 住房和城乡建设部网站：http://www.mohurd.gov.cn。

2. 加强财税支持、多渠道筹集资金确保城镇住房保障的顺利实施

我国要加强保障性安居工程建设，加大资金筹集及监管力度，中央在财政、税务给予大力支持，多渠道筹集资金，大力支持保障性安居工程的建设。为了能够降低保障房的建筑成本，能够最大限度地降低保障房价格，围绕民生这一主题，体现以民为本的社会理念，2012年6月，国家税务总局纳税服务司有关负责人针对房地产开发企业在开发商品住房项目中配套建造廉租住房、经济适用房，对廉租住房是否能免缴土地使用税的问题给予明确的答复，即保障性住房可免缴城镇土地使用税。这一举措，在降低了保障房价格的同时，可以使得更多的中低收入者获得住房保障，能够让住房保障惠及广大中低收入者，能够实现安居梦。

财政部发布的信息，2013年除了继续提供财政资金外，还将提供贷款贴息或投资补助、减免相关税收等多种渠道来确保城镇保障性安居工程项目的顺利开展。财政部印发了《关于做好2013年城镇保障性安居工程财政资金筹措等相关工作的通知》，该通知提出了六大举措，首先要严格按照规定渠道筹集城镇保障性安居工程财政资金，如各地市各级财政部门可以从公共预算、土地出让收益、住房公积金增值收益、地方政府债券收入、国有资本经营预算等中安排资金，以用于公共租赁住房、廉租住房、城市棚户区改造等需要资金的城镇保障性安居工程项目①。

3. 将棚户区改造纳入到住房保障的核心工作

2012年12月，住房和城乡建设部等7部门联合下发通知，该通知指出，各地市要深入贯彻落实科学发展观，以改善民生、改善住房困难群众住房条件为出发点和落脚点，把棚户区（危旧房）改造作为城镇保障性安居工程的重要内容，加快推进集中成片棚户区（危旧房）改造，积极推进非成片棚户区（危旧房）改造，逐步开展基础设施简陋、建筑密度大的城镇旧住宅区综合整治，稳步实施城中村改造，着力推进资源型城市及独立工矿区棚户区改造。预计到"十二五"末，全国成片棚户区（危旧房）力争基本全部完成改造，同时，住房条件得到改善，基础设施得到完善，居住质量得到提高。棚户区改造

---

① 中华人民共和国财政部网站：http://www.mof.gov.cn/。

是重大的民生工程和发展工程，根据《国务院关于加快棚户区改造工作的意见》的要求，2013～2017年改造各类棚户区1000万户①，使居民住房条件得到明显改善，基础设施和公共服务设施建设水平不断提高（见图13-2）。

4. 严抓保障房建设的质量，提倡绿色建设保障性住房

在保障性住房的建设中，要求把好规划设计关、建筑材料关、施工质量关和竣工验收关，确保安居工程质量过关。要合理安排布局，改进户型设计，方便保障对象的工作和生活。

设计要绿色、建筑材料要绿色，最大限度地节约资源、保护环境和减少污染，为世界的未来着想。2013年1月，国务院转发了国家发改委、住房和城乡建设部的《绿色建筑行动方案》，其中明确提出促进城镇绿色建筑发展，自2014年起全面执行绿色建筑标准。但是，部分地区已充分畅想绿色环保、可持续发展观，关爱民生，为人民创造实实在在的福利，为子孙后代留有后路，早已实施绿色环保保障房建设。如2013年9月9日，昆明市住房和城乡建设局、市规划局联合下发了《关于城镇保障性住房全面执行绿色建筑标准的通知》，昆明新建的保障房项目，若没有按照绿色建筑标准规划和设计，将无法取得相关的审批手续。并且，对已投入使用的绿色建筑也要实施绿色物业管理，还应达到相应的绿色运营标准。此次下发的绿色通知已体现出了绿色、节能、环保，让保障对象得到更为宜居的居住环境，并带动所有新建建筑迈向可持续发展的绿色之路。昆明的这一举措比国家提出的省会城市保障房从2014年起要全面执行绿色建筑标准，提前了1年。绿色建设保障性住房，体现了可持续发展观，能够惠及更多的老百姓，惠及多代人民，没有以破坏环境为代价来换取相应的保障，这样能够实现"绿色化"的安居梦，这才是解决民生问题的关键点。

5. 放松户籍限制、使外来务工人员具有申请保障性住房的条件

近几年，城镇外来务工人员在申请公共租赁住房时，都会有种种户籍限制。2013年（见图13-3），以广东、浙江、上海、江苏、北京为代表的发达地区聚集了大量的农村外来务工人员，为了惠及更多的外来务工人员，让更多

---

① 数据来源于中华人民共和国住房和城乡建设部：http：//www.mohurd.gov.cn

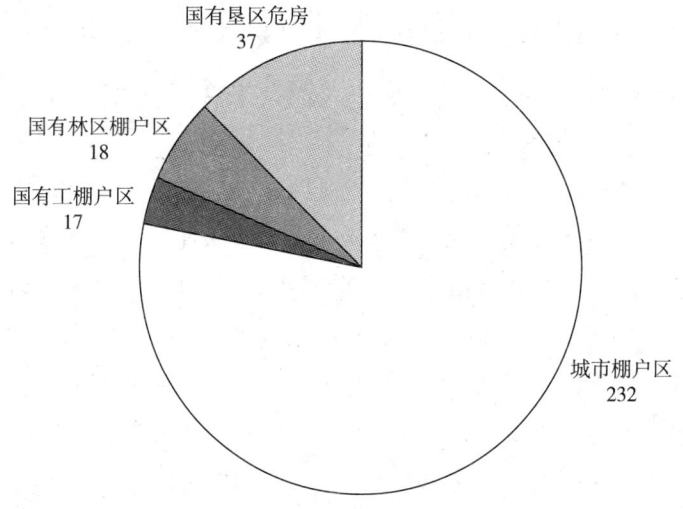
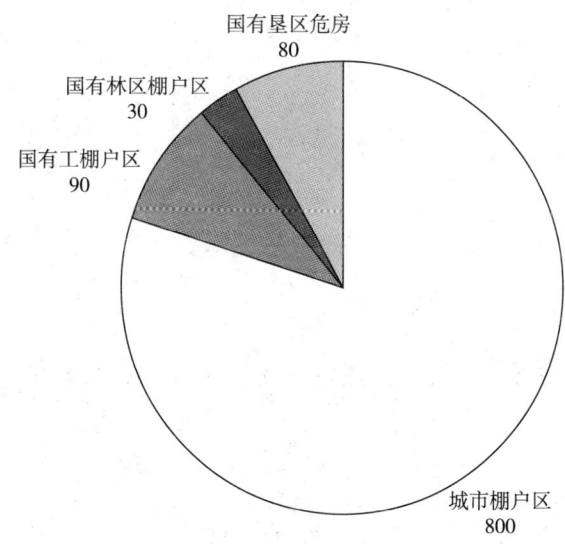

图 13-2 棚户区 2013~2017 年改造计划：1000 万户

资料来源：中华人民共和国住房和城乡建设部。

人得到基本的住房生活保障，各地市根据自身的实际情况，制定相应的外来务工人员申请条件，取消户籍限制门槛，取消社保缴纳要求等限制，使得外来务工贫困群体也能够实现"居者有其屋"的安居梦,这样一来,务工人员就会全身心地投入到自己的工作当中去,提高工作效率,在一定程度上解决了用工荒这一难题,同时也拉动了当地经济的快速发展。如2013年,河北省保障性住房管理中心下发了《关于切实解决城镇外来务工人员住房保障问题的通知》,要求各设区市应将年度可分配公共租赁住房15%左右比例的房源,用于向符合条件的外来务工人员分配。无独有偶,海南的住房保障范围从本地户籍住房困难家庭向新就业职工、外来务工人员、环卫工人等住房困难家庭延伸,同时,放宽乡镇城镇户籍在县(市)城镇租、购保障性住房的限制,以及符合条件的城镇户籍人口和常住人口,包括失地农民等,可纳入住房保障范围;还有许多其他地市都制定出相应的措施来让保障性住房惠及外来务工人员中住房困难人群,如山东省济南市住房保障和房产管理局下发《关于扩大外来单身职工公共租赁住房分配标准的通知》规定,外来务工人员与本市户籍人员申请公租房全面实现"同城待遇"。

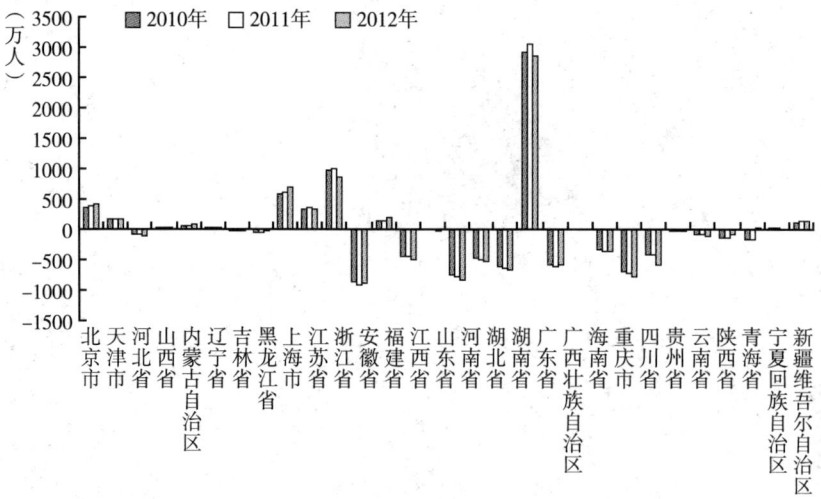

图13-3　2010~2012年农村人口净流入

资料来源:国家统计局网站。

6. 连续跟踪审计保障房,其审计覆盖面扩大

2011年11月至2012年3月,国家审计署曾对66个市县其2011年城镇保障性安居工程建设管理情况进行了全面的审计,并于7月向社会公布了审计结

第十三章　中国住房社会保障

果。在这次审计的基础上，国家审计署和地方各级审计机关将对保障性住房进行更为系统、更为全面的跟踪审计。今后的审计内容将覆盖保障性住房工程任务分解、保障性住房建设、保障房分配和保障房后续管理四大环节。从2012年起，国家审计署将连续四年对全国城镇保障性住房政策的贯彻执行情况进行全面跟踪审计，通过各种措施，来发挥审计的建设性作用，以保障人民群众民生住房利益。据国家审计署介绍，目前，国家审计署已就四年保障房跟踪审计工作制定了实施和指导意见，并于2012年10月正式启动2012年度的跟踪审计工作，切实做好民生保障房工作。2012年审计工作顺利开展并取得优异成果，为2013年进行保障房的审计工作埋下了伏笔，能够充分有效地反映保障房相关信息，同时让保障对象对申请保障做到心中有数，对"居者有其屋"充满希望。

综上所述近几年来我国城镇住房保障总体状况呈现出了"供不应求"态势。就2012年而言，我国住房保障仍出现"供需不平衡"的现象，存在"供需缺口"的问题，但供需缺口与以前相比缩小到174万套。① 在"十二五"规划中，我国确立了建设3600万套城镇保障性住房的目标。其中，2012年和2013年就已分别新开工768万套和630万套，并且已基本建成505万套和470万套。② 用这两年的竣工率来推算，"十二五"规划的新开工3600万套保障性住房，在"十二五"结束之年即2015年，可基本建成2800万套，那时我国住房保障供应量将达到5400万套，住房保障将进一步改善，基本可以实现"居者有其屋"的美好理想，向着全面建设和谐社会及城镇化又前进一步。

二　存在的问题

近年来，在我国保障性安居工程的建设进行得如火如荼，其建设数量以百万套增加，但其中却暴露出了不少的问题。本年度的主要问题集中在保障性住房管理层次的不清晰，对保障人群的定义模糊，各地区在建设中对哪些应该是

---

① 邵挺：《我国城镇住房和住房保障的总体情况及发展趋势》，《中国经济时报》2013年6月24日第005版。
② 数据来源于新华网，http://finance.chinanews.com/house/2013/02-20/4581654.shtml。

由政府主导的、哪些应该交予市场主导的分工不明确，其边界模糊没有明确的政策方针。另外，对于各地区由于建房资金短缺对公积金挪用时有发生，造成公积金账户空转，普通市民正常的公积金贷款得不到保证，扰乱了正常的住房信贷秩序；保障性住房的价格缺乏定价标准，定价偏离保障性住房的真实意义。

我国是一个"以民为本"的社会主义国家，要想真正实现"以民为本"，体现民生，就必须彻底解决中低收入者的住房问题，就要从住房社会保障所存在的问题下手，对症下策才能又快又准地及时有效地解决民生住房问题，其当前所面临的住房保障问题如下：

1. 保障性住房管理层次不清晰，不同规模城市的管理趋同化严重，定价与实际收入背离

以北京、上海、广州、深圳为表的大城市本身商业住宅价格很高，造成在保障房的建设成本、定价标准与三、四线城市的差异极大，一、二线城市的保障房价格已经远低于本地市场的商品房销售价格，但是与三、四线城市的商品房相比较还是较高，使得一、二线城市的低收入家庭无力购买保障房，而有经济实力购买的家庭完全可以在三、四线城市自主购买商品房，因此对待不同规模的城市，采用趋同化保障房措施已经越来越难以满足当前一、二线城市低收入家庭的实际需求。在保障房的建设中简单地采用低价提供土地，让房地产开发商自主建房的管理模式，不适合当前的保障房需求，其没有依据保障型住房人群低收入、生活能力差等特点来设计房屋的结构，开发模式基本上与商业化建设项目没有什么不同。如一些开发商在经济适用房开发中常从自身利益出发，自行定户型、定面积、定销售对象，导致住宅面积过大、总定价过高，使得住房保障的意义有所改变，真实性让人质疑。理论上来讲，住房保障对象是指那些无力进入住房市场租房或买房的中低收入家庭，而如何科学合理地划分中低收入家庭是一个普遍性的难题。由于各地区经济发展水平和居民居住水平的差异，对住房的购买能力不同，对住房保障的需求也大不相同，而且对低收入家庭和中低收入家庭的划分标准也不同，从而保障对象的范围和保障标准也将有所不同，按照统一的标准实施住房社会保障容易导致住房保障出现"过度"或者"不足"的情况，这可能会造成住房困难群体对住房保障政策实施的有效性产生质疑,甚至对住房保障制度做出不公平的判断,背离了住房保障制度的初衷。此外,也会对国家产生负面的影响,没有在人民群众中树立良好的国家形象。

2. 住房保障资格审查机制不健全、档案管理工作存在纰漏

当前,保障性住房的申请、审核主要是由街道居民委员会负责。由于街道、社区没有住房保障专门工作人员,以及信息的滞后性,难以保证信息审核工作的准确性。而且工资收入审核在我国当前的税收体制下是一个复杂问题,且部分自由职业者的工资收入也难以掌握,因此,住房保障资格审查还存在着漏洞,审查的结果具有一定的偏差,不能确保保障者能获得应有的被保障权。此外,目前的经济适用房制度是终身享用,并可以出售盈利,未能建立退出机制和监管机制,存在把保障性住房当成投资房,将经济适用房、廉租房转手倒卖或出租获利等扰乱住房市场秩序的现象,使得那些保障对象没有得到实实在在的保障,还是买不起住房,没有稳定的居住环境,而开发商却获得了巨大的商业收益,这违背了建设保障住房的初衷。保障性住房管理还存在一定的漏洞,使得住房保障政策没有发挥真正的作用,中低收入者还是没有得到相应的保障。

住房保障档案管理是住房保障的重要基础工作。目前,我国住房保障档案管理还比较弱,住房保障档案制度不健全、管理不规范、运行低效、信息安全的管理体制和工作机制上都存在一定的漏洞,使得申请保障性住房的保障对象信息没有实现"一户一档"制,会出现同一人不同地区多次申请保障性住房的现象,占用他人获取保障房的机会,或再次转手变卖,从中获取非法收益,扭转保障性住房的真实意义。

3. 政策覆盖面相对较小,存在着信息的不对称

近些年来,保障性住房政策仅覆盖城镇居民,排斥了农村进城务工等住房困难群体。2013 年,我国正处于快速城镇化阶段,流动人口数量相当大,进城务工人员绝大部分属于低收入群体,其住房保障问题尚无明确的政策。在我国城乡二元户籍制度和城镇化的大背景之下,大量的农村劳动力进入城镇,从事着收入较低的工作且居住条件差。根据《经济适用住房管理办法》的规定,经济适用住房的购买者必须具有当地城镇户口,这就将外来务工人员排除在了

住房保障福利之外。

目前,我国的住房保障信息公开度还存在一定的欠缺,相关部门没有真实、完整、及时地披露相关的住房保障信息,如保障人群、保障资格、开工套数、基本建成套数及实际开工套数、基本建成套数,侵害了保障群众的知情权,虚报、瞒报等弄虚作假行为时有发生,尤其是有些已经开放了针对外来人口住房保障的地区,信息的公示不到位,很多农民并不知道自己能享有的保障和权利,使得住房保障者对我国的住房保障存有疑虑,对国家提供保障房的数量是否是真实的存在疑虑。

4. 保障性住房的分配机制不健全,存在着严重道德风险

目前,保障性住房在开发建设、销售等环节缺乏严格的控制和有效的监管,在住房分配过程中,存在着严重的信息不对称和道德风险。分配过程中最重要的是保障性住房分配信息公开,让所有的保障对象及时获知相关政策来申请住房保障。如保障性住房待分配房源情况没有公开,会使得部分保障对象没有第一手资料,以至于没有申请到保障房,而失去获取保障房的机会。其中,一个最大的弊端是分配对象信息及分配结果信息没有及时公开,这里面往往会存在徇私舞弊的情况,如没有申请的保障对象或者本身就不属于保障对象,通过"走后门"而获取有力的保障房,收入较高的家庭也能够获得住房保障等,保障性住房没有一套公平的分配机制。尽管政策规定必须对住房保障对象进行严格的审核,但由于我国目前存在的个人收入不透明、社会信用体系残缺、权力监督欠缺等问题,有效、公平地分配保障性住房资源还存在一定的困难。

5. 保障性住房的配套设施欠缺

由于土地成本等原因,经济适用房和公租房大都选址偏远,被迫建在交通不便、基础设施不完善的城市边缘,虽然解决了低收入困难家庭的住房困难问题,但随之又产生了交通、教育、医疗不便及自来水、供电等公共配套设施建设滞后等问题,给他们的生活增加了一些负担,弱化了保障性住房的作用。在北京市第十三届人民代表大会常务委员会第十四次会议上,《加快保障性住房建设,解决中低收入群体住房困难议案办理》审议意见落实情况报告中指出,北京保障性住房小区市政基础设施和公共服务设施建设滞后问题普遍存在,给居民生活造成极大不便。对于保障性住房配套市政基础设施和公共服务设施,必须明确市区两级政府与开发建设企业的相关责任。无独有偶，济南市的经济适用房主要分布在二环主干道附近和城区的西南边缘，配套设施缺乏，与一些大型的公共基础设施相距较远，住户的出行成本较高，没有实现全方位的保障。

6. 住房公积金制度保障范围不足且使用上存在漏洞，存在超标准挪用现象

住房公积金制度是一项住房保障制度，其贷款利率比商业贷款利率低，有助于减轻城市居民购买住房的贷款压力，但获取住房公积金贷款的条件很多。因此，缴纳基数高、工作好的人员，在住房公积金的使用上占有明显的优势，农村居民不能缴纳住房公积金也就是说其不具有申请公积金贷款的资格。而且，许多地市规定，除装修、买房或退休等特殊情况外，缴纳人不能取出住房公积金，若缴纳的住房公积金的年利率为 1.21%，远低于同期存款利率，这意味着绝大多数住房公积金多年将存在低息账户里。实际上，这些钱大部分被放在了各地市的银行里，银行可获取丰厚的收益。根据《住房公积金管理条例》第 29 条的规定，公积金中心通过公积金存款或其他方式获得的收益，并不归缴存人所有，将被各地政府财政拿走，地方政府动用公积金的盈余来建设保障性住房本身是无可厚非的，2009 年住建部也启动了利用住房公积金闲置资金支持保障性住房建设的试点工作，试点城市可将 50% 以内的住房公积金结余资金，作为贷款来支持保障房建设。① 但地方政府在对公积金的使用上有过度使用的嫌疑，进入 2013 年后中国新闻网等主要媒体报道各地公积金额度紧张，有些城市甚至出现挤兑现象，说明个别城市的确存在公积金的过度挪用现象。公积金是城市普通居民购房时所能获得为数不多的贷款优惠，如果出现影响城市居民正常使用公积金的情况，那么我们不得不深思设立公积金的初衷是什么。

三 政策建议

为了能够更好解决中低收入者住房困难问题，以充分体现保障民生、"以

---

① 住房和城乡建设部网站：http://www.mohurd.gov.cn。

人为本"的社会理念,实现"居者有其屋"的社会理想,就以上住房保障问题提出以下政策建议。

1. 在完善住房保障政策法律法规体系的基础上,采用灵活的保障房措施,加强建立保障性住房的合理定价制度

各国住房保障的成功经验都表明,要保持住房保障政策的连续性和可持续性,必须要有相关的法律制度进行规范。美国先后于1949年通过了《住房法》、1968年通过了《住房与城市发展法》。我国虽然先后出台了《经济适用住房管理办法》、《廉租住房保障办法》、《公共租赁住房管理办法》,但仅仅依靠政府规章是不够的。应借鉴我国香港、新加坡等地区的成功经验,以法律法规的形式规定住房保障对象收入标准、保障水平、资金来源、保障对象准入和退出资格的审查、管理机构和监督机构的职能,以及对违法违纪行为进行惩处等的具体条款。

针对不同规模的城市采用不同的保障房措施:一、二线城市以租赁为中心,根据低收入人群的实际收入设立灵活的租金累进制度,当低收入人群的收入增加的时候,所付的房租也随之升高,形成良好的循环机制;三、四线城市以出售为中心,由于具有低成本的优势,三、四线城市的保障房造价低,低收入群体具有购买的能力,可以通过税收、财政的补贴促进低收入群体的购买意愿,实现"居有其所"的理想。

由于保障性住房不属于市场赢利项目,其价格不能完全由市场决定,单独融资建设的难度较大,加之受条件偏紧、配套设施等因素影响,其合理定价至关重要。保障性住房的房价核定应综合建设成本、财务成本、市场因素等各个方面,政府干预价格既要利用价格机制又要考虑居民承受力,实现科学合理定价。因此,应构建各类保障房的成本标准及各类保障房的定价原则与刚性标准,为合理定价提供依据。

2. 建立保障房档案系统,加大住房保障审核、信息披露和公示力度

要按照住房保障对象"一户一档"、住房保障房源"一套一档"的原则,严格执行档案管理规范,集中时间、人力和物力,全面完成住房保障制度实施以来形成的档案资料建档工作。要加快推进档案信息化管理,开发档案信息采集、管理和应用软件,建立档案信息数据库,编制不同种类档案相互关联的检索工具，建设档案信息管理系统。对历史积累档案可分阶段、分批次实施纸质档案电子化；对即期档案应同步实施纸质档案电子化，实现档案管理信息化，提高管理效能。

保障性住房准入审核过程非常复杂且涉及面广，也极为关键，能使社会保障性住房在销售或者配租方面有效分离不符合申请条件的居民，从而极大提高住房保障政策的运作效率。保障性住房属于稀缺的房地产资源，获得保障性住房，相当于获得当地政府给予的巨大财政补贴。申请者获得巨大的变相财政补贴后，应当接受公众的监督，并且延长公示期限，通过公众监督，可以有效地辨别申请人的类型。

同时，应严格按照国家统计局明确的统计范围和指标口径等，开展保障性安居工程统计工作。完善分配环节各项数据的报送机制，确保数据真实、完整、及时。会同有关部门加强对市县统计工作的监督指导，提高对基层统计人员的培训，消除虚报、瞒报等弄虚作假行为。完善住房保障信息公开制度，做好年度建设计划、开竣工项目、计划完成情况、分配退出等各环节信息的公开，保障群众的知情权和监督权等。

3. 合理划分住房保障范围，科学确定住房保障对象

如何科学合理地确定住房保障对象，是建立科学合理的住房保障制度的关键。住房保障对象是无力进入住房市场购买或者租赁住房的中低收入群体。而如何界定中低收入家庭，并没有在政策层面做出明确的规定。因此需要对收入标准进行更详细的划分，通过对家庭实际收入和家庭住房面积两项指标的衡量来确定保障性住房供应对象，并根据各地区的具体实际情况来确定能够享受保障性住房的家庭收入标准和家庭住房面积标准。要发挥住房保障的真正作用，使得住房保障政策让需要保障者得到应得的保障，不是让富有者购买保障房，而使得中低收入者对"居者有其屋"望而却步。

4. 完善保障性住房分配，加大惩罚力度，保证公平分配

通过建立恰当的分配标准，实施货币化、补贴式的分配制度，以实行分配房源、分配政策、分配程序、分配过程、分配对象、分配结果、退出结果、投诉处理"八公开"的分配制度，这是公开、公平分配的关键。此外，要完善保障性住房分配管理政策，使困难群众能够获得住房保障、最困难群众优先获

得住房保障。据相关部门规定，2013年底前，地级以上城市要明确外来务工人员申请住房保障的条件、程序和轮候规则。坚持规范操作，确保保障性住房分配结果群众满意、社会认可。全面实施住房保障档案管理制度，抓紧建立住房保障对象信用管理制度，完善失信惩戒办法。积极创新保障性住房管理机制，不断优化居住环境，完善社区管理和服务，努力把保障房小区建成群众安居乐业的"美丽家园"。

要建立健全住房保障监管机制，并加大惩罚力度，保证公平分配。建立多渠道的住房保障监管机制其主要渠道是建立责任制，采取年初签订目标责任状，年底绩效考评的办法检查住房保障任务落实情况；人大、政协对住房保障过程予以全程监督，并聘请社会各界监督员、中低收入家庭人员参与日常考核；利用媒体及网络载体公示各地方政府住房保障任务执行情况、住房保障项目选址及建设情况、住房保障家庭申请审核情况、住房保障资金落实及使用情况等信息，保证住房保障政策公开、公平、公正性；对通过虚报、瞒报、弄虚作假等手段骗取住房保障的，明确处罚手段、操作细则及执行处罚的部门。通过各方人员的参与，来提高保障性住房分配的公平性、管理的有效性。

5. 加强保障性住房的配套设施建设力度

着力解决影响保障住房建设的瓶颈问题，统筹规划，联合规划部门做好保障性住房的规划选址，努力以科学的规划引导、加快保障性住房建设步伐；加大资金投入，落实保障，鼓励引导社会资金参与公共配套设施建设，着力提升保障住房建设品质，搞好公共配套。在保障房建设过程中，抓紧建设保障住房小区外道路、水、电灯公共配套设施，对周边的医疗、教育和公交等公共服务设施要及早规划实施，方便群众日常生活，减少社会矛盾。通过建立配套基础设施和公共服务的政绩考评体系，落实责任主体，强化对责任部门激励和约束。同时，在"面积不大、功能全，占地不多、环境美"的原则下，严格按标准套型面积，即经济适用住房每套建筑面积在60平方米左右、中低价位商品房每套建筑面积90平方米以内的面积进行建设；严格按照普通商品房标准实施绿化、休闲健身广场、文化娱乐广场等附属配套设施建设。严格进行质量管理，加强建设过程中的质量控制，严格按照国家的有关规范和程序，切实建设"造价不高、质量好"的保障性住房，使配套设施与项目主体工程同时开工或配套设施提前开工建设,并保证与主体工程一同竣工交付使用,为居民生活提供方便。

6. 完善住房公积金制度,在保证城市居民正常使用公积金的前提下,支持保障房的建设

随着经济的发展及我国城镇化进程的加快,已有大量的农民工涌入城市,但是他们大都没有能力购住房,所租的房屋往往也是城市中条件较差甚至是最差的,居住环境相当恶劣。但是,在城市建设中农民工发挥了重大作用,故应该把农民工纳入到住房公积金的覆盖范围之内,给他们提供稳定的资金,保障他们能够租房的基本能力。此外,应当建立房价与住房公积金的互动机制,二者之间同向波动,当价格提高时,可适当地提高公积金缴费率,使住房公积金发挥真正的作用;住房公积金的增值及收益可以用来建设职工住房或对职工贷款贴息等,让公积金的收益用在适当处,发挥其真正效用。另外,还要完善法律法规、加大执法力度、加强监督管理,让其有法可依。

社会的住房保障政策,是一个"民生政策"。必须以民生为本,扎扎实实地做好基层工作,政策上的任何一个小的"瑕疵"都会影响到贫困家庭的命运,关系到千家万户的生计,因此,相关部门应当本着全心全意为民服务的宗旨,将工作做细致、做到位,让贫困家庭树立起生活的信心,提高整个社会的幸福指数。

第十四章
中国住房宏观调控

魏劭琨

一 2012~2013年住房宏观调控政策分析

总体来看，2012~2013年度住房宏观调控分为两个阶段：第一阶段是2012年10月至2013年7月，政策的特点为住房调控的进一步趋紧，以"国五条"的出台为顶点，对热点城市投机投资性需求的抑制再度升级。其中，北京和上海的配套政策相对严格，很好地体现了中央调控的精神，其他城市也基本延续了调控的政策方向，变化不大。第二阶段是2013年7月之后。中央对于住房市场的调控手段逐步着力于住房调控长效机制，包括土地改革、保障安居工程、新型城镇化等一系列政策措施正在加紧研究中，而各地也纷纷进行住房调控政策的微调。就整体表现来看，从这一阶段起，中国住房调控政策开始从政府干预向市场的调控为主转变。最明显的例子就是9月份，各地"地王"纷纷出现，而面对地价快速上涨的局面，中央没有再次大面积使用行政手段来调控，只是保持了对住房市场的关注，仅仅使用局部微调和"小动作"，此行为没有对市场预期和需求产生抑制和干扰，很好地维护了市场的稳定。

简单看来，这一年度住房宏观调控是从紧向松转变，7月之后很少再出现政府频繁出台各项调控措施的现象。但是，实际上中央政府的调控并不是单纯的"松"。第一，中央政府对于住房市场采取更多的是让住房市场机制来调节需求和供给，更加关注对住房市场的认识，只有充分认清楚住房市场波动的真实原因，才能真正出台有效的调控措施，从而减少盲目进行政府行政干预和调控带来的市场干预过度。第二，中央政府正加紧研究和制定住房市场的长效调节机制，房产税、个人住房信息系统全国联网等的研究也越来越成熟。长效调节机制出来之前，大动作的可能性不大。第三，中央政府对于现阶段内住房市场的非正常波动，也采取部分手段及时控制和调节，但采用的手段及时、灵活、有效，市场波动较小。整体来看，本次对住房市场的调控政策的转变显示中央对住房市场的调控政策越来越成熟，也更加有针对性。

（一）行政手段：限购政策继续严格执行，政策调控进入平稳转型期

2012~2013年度，住房宏观调控政策总体来看是"继续坚持房地产市场调控政策不动摇"。这一原则在2012年10月份的国务院常务会议、12月份的中央政治局会议和中央经济工作会议以及2013年2月的国务院常务会议上都反复强调。总体来看，2010年以来坚持"房地产市场调控政策不动摇"的调控原则，是针对我国住房市场剧烈波动的有效选择。政策稳定才能减少政府调控对市场预期的影响。

目前，我国住房市场的行政调控政策主要有以下几个方面的内容。

（1）限购。中央要求对限购政策坚决执行。在上述历次会议中，中央和国务院都坚决要求各地坚决执行限购政策。其中，在2013年2月20日国务院出台的"国五条"中，再次明确重申了坚决执行住房限购等调控政策，坚决抑制投资投机性购房需求。同时，"国五条"中也规定了"其他城市房价上涨过快，省级政府应要求其及时采取限购措施"。这对限购政策进行了一定程度的升级。

（2）问责。"国五条"再一次提出要求各地公布年度房价控制目标，建立健全稳定房价的考核问责制度。基于问责制度，一般地方政府对中央的住房调控政策会认真执行，当然地方政府执行的好坏还取决于问责的实际执行效果。

（3）限价。"国五条"中提出各地要按照保持房价基本稳定的原则，制定本地区年度新建商品住房价格控制目标，并向社会公布。这一制度短期来看，是稳定房价的有力保障。此外，地方政府在中央指导下也纷纷出台各种调控措

施和细则。尤其是"国五条"之后,各地在中央要求下陆续颁布当地"国五条"细则,各地之间细则也有差异。同时,各地也纷纷出台房价调控目标。总体来看,北京和上海执行相对严格。例如,北京规定单身人士禁买二套房,并进一步提高二套房贷首付比例;上海强化了二套房的贷款资格审查。而其他地方对中央的要求执行基本不到位,中央的精神没有得到很好落实,只是在二手房交易环节个人所得税征收上基本保持一致。

(二)财税政策:差别化税收政策稳定持续,房产税改革越来越近

与往年住房财税政策变化相比,2012~2013年度房地产财税政策也表现为非常平稳,基本都延续了往年的政策,没有发生太大的变化。

一方面,继续坚持和强化差别化的税收政策。在2012年10月17日国务院常务会议和12月25日的全国住房城乡建设工作会议中,都强调要继续严格实施差别化住房税收政策,坚决抑制投机投资性住房需求,支持合理自住和改善性需求。在基本坚持和延续以前措施的基础上,2013年3月1日《国务院办公厅关于做好房地产市场调控工作通知》中明确指出,税务、住房和城乡建设部门要密切配合,严格落实对出售自有住房按规定征收个人所得税。这项规定只是在原有税收政策的基础上,对出售个人住房所得征收个人所得税的进一步强调和解释,并没有改变原来的税制。此通知发布后,北京、上海等部分地区也出台相应政策,严格落实20%的个人所得税征缴工作。

另一方面,房产税正在紧锣密鼓的研究中。2013年3月1日国务院办公厅发布的"国五条"细则中明确提出:"总结个人住房房产税改革试点城市经验,加快推进扩大试点工作,引导住房合理消费。税务部门要继续推进应用房地产价格评估方法加强存量房交易税收征管工作。"这也是未来房产税改革的方向。同时,财政部、发改委也在十二届全国人大四次会议中都指出下一阶段的工作重点包括扩大个人住房房产税改革试点范围。2012年底,谢旭人也在《经济日报》、《人民日报》采访中多次指出个人住房房产税的试点经验应及时总结并逐步推广。并且,从上海税务局公布的数据来看,2011年来上海市房产税试点稳步推进,取得了一定的成效。

(三)金融政策:差别性信贷政策稳定有力,住房信贷市场预期平稳

在金融领域,本年度的调控政策也表现为政策的稳定和延续,继续通过金融政策抑制投机投资性需求,鼓励自住型购房需求,同时,进一步加强了住房公积金的管理。

第一,差别化的住房信贷政策得到进一步的延续。2012年10月17日,国务院常务会议上提出继续严格实施差别化的住房信贷政策。12月的全国住房城乡建设工作会议也指出2013年的重点工作任务之一是继续严格实施差别化住房信贷政策。并且,"国五条"也再一次要求严格实施差别化住房信贷政策。2013年7月5日,《国务院办公厅关于金融支持经济结构调整和转型升级的指导意见》中提出对房地产行业继续秉持"有保有压"的原则,在防控融资风险的前提下,进一步落实差别化信贷政策,促进市场需求结构合理回归。主要表现为:一方面是抑制住房投机投资行为。为此,7月20日,《中国人民银行关于进一步推进利率市场化改革的通知》出台,提出取消金融机构贷款利率0.7倍的下限,由金融机构根据商业原则自主确定贷款利率水平,同时规定针对个人住房贷款利率浮动区间暂不作调整。这是要求商业银行严格执行差别化信贷政策的具体体现。另一方面,对居民的合理购房需求要坚决支持。2013年6月19日,李克强总理主持召开国务院常务会议,在会议中明确表示支持居民家庭首套自住购房。虽然对此没有出台具体措施,但是针对家庭自住型购房的各项支持政策,必然会成为未来住房市场的重要内容。

第二,住房公积金管理的加强,这也成为本年度的重点。2012年12月,全国住房城乡建设工作会议上就提出2013年的工作任务之一是加快修订《住房公积金管理条例》,做好资金安全和使用管理工作,出台归集、提取、个人贷款、财务会计等业务规划,加快住房公积金监管信息系统建设;并要求加强对住房公积金管理问题的研究。这是继2012年2月6日住建部发布《关于进一步加强住房公积金管理工作的通知》以后,再一次将住房公积金作为房地产管理的重要工作。各地纷纷进行住房公积金政策的调整,主要是由于地方公

积金贷款发放已经达到历史最高水平。尤其是2013年上半年住房市场成交量和金额高速增长，导致公积金贷款业务规模进一步增长。很多地方公积金的归集额赶不上贷款的增速，形成公积金存贷倒挂。其中，北京、徐州、杭州等城市采取公转商贴息方式，合肥、厦门则采用了轮候制等方式，同时北京、上海、天津等多城市调整公积金缴存基数，缴存上限普遍提高，厦门、平阳等城市则降低个人购房最高贷款额度或提高贷款门槛，武汉还取消已实行三年的公积金缴存"保底限高"政策。

第三，调整存款准备金率等宏观货币政策没有再出现，这是与往年最大的不同。2009年以来，几乎每年宏观货币政策都要进行多次调整，存款准备金率、利率等成为调节房地产市场货币量非常重要的工具。但是，2012年10月份以来，这种现象没有再次出现。这说明，本届政府对于宏观经济有良好的信心和把握，对经济的调控着眼于长远，短期内更加注重市场机制的作用。同时，也说明政府对于合理调控市场预期的做法相对成熟。

（四）土地政策：强化供给和监督，推进土地制度改革

土地政策是2012~2013年度住房市场调控的重头戏。在继续坚持增加土地供应的同时，也在土地的监管和制度改革方面进行了一定的调整。具体表现为以下几个方面。

一是继续坚持和强化以往的土地政策，努力增加住房土地供给。2012年中央经济工作会议要求继续坚持房地产调控政策不动摇。之后国土部门多次会议均强调坚持这一原则。主要集中在以下几点：第一，努力增加土地供给，重点保证保障房建设用地和中小商品房用地。2012年10月17日，国务院常务会议指出，加快普通商品住房土地供应，有效增加普通商品房供给。12月18日，国土资源部新闻通气会指出，将进一步加大分类指导力度，区分不同城市，指导督促采取切实措施，保持土地市场稳定足额供应。2013年2月22日，国土资源部在京召开全国房地产用地管理和调控工作报告会，进一步指出要保证土地供给、快速释放存量、均衡供地。4月3日，国土资源部通知，将强化土地规划统筹管控，做好保障性安居工程用地供应。4月27日，国土资源部下达《关于2013年全国土地利用计划的通知》，要求控制大城市建设用

地规模，合理安排中小城市和小城镇建设用地；用地计划指标要向保障性住房倾斜。第二，坚决稳定土地价格。2012年12月18日，国土资源部新闻通气会还指出要平抑土地市场价格的异常波动。2013年2月22日，全国房地产用地管理和调控工作报告会上提出稳定地价的目标。9月25日，国土资源部召开部分城市房地产用地管理和调控工作座谈会，要求进一步做好房地产用地管理和调控，保持城市地价平稳，切实稳定土地市场。

二是对土地制度进行改革。主要集中在集体土地入市增加住房用地和为长期调节机制做准备两个方面。2013年8月7日，国土资源部召开利用集体土地建设租赁住房试点工作闭门会议，对京、沪首批集体土地建设租赁住房的经验进行总结。与此同时，集体土地建设租赁房试点将在2013年迎来第二批试点启动。集体土地建设租赁房对于保障房建设和增加住房供给、缓解住房需求具有很强的现实意义。试点的扩大将进一步改善房价上涨过快地区土地和住房供给情况。此外，9月3日，国土资源部下发的《关于进一步加快农村地籍调查推进集体土地确权登记发证工作的通知》也为下一步不动产统一登记奠定坚实基础。

三是继续强化对土地的监督管理。2012年11月15日，国土资源部、财政部、央行、银监会联合发布《关于加强土地储备与融资管理的通知》，要求加强土地储备管理，强化土地储备融资风险管控。2013年2月22日，全国房地产用地管理和调控工作报告会上也强调要加大闲置土地处置力度。2013年7月，证监会在多次新闻发布会上均强调，对存在闲置土地、炒地以及捂盘惜售、哄抬房价等违法违规行为的房地产开发企业，将暂停上市、再融资和重大资产重组。2013年7月11日，全国土地利用动态巡查工作现场会提出要在全国范围内建立土地利用动态巡查制度，对建设用地开发利用情况实行全程监管，防止土地闲置浪费。同时，国土资源部进一步明确了闲置土地处置的相关要求，加大对闲置土地的清查处置力度，处置的每个环节都要录入监管系统，闲置土地要向社会公开，并及时抄送金融监管等部门。9月9日，国土资源部在网站公示一起挂牌督办的违法用地案件，昭示省级重点项目也不能作为违法用地的挡箭牌。总体来看，对于土地闲置、浪费等行为，多部门、严要求的监管制度会起到更好的作用。

（五）保障房政策：继续增加建设力度，努力实现有效分配和管理

2012~2013年度住房保障政策主要包括以下几个方面。

一是继续加大保障房的建设力度。这也延续了2010年以来保障房建设的政策。2012年10月17日，国务院常务会议指出，要继续推进保障性安居工程建设，确保保障房公平分配到低收入群众的手中。12月12日，中央经济工作会议指出要继续加强保障性住房建设和管理，加快棚户区改造。12月25日，住建部在全国住房城乡建设工作会议上提出2013年的工作任务之一是努力完成城镇保障性安居建设任务，尤其是要加大配套设施建设力度，2013年城镇保障性安居工程建设的任务是基本建成460万套，新开工600万套。同时，在2013年人大和政协的多次会议上，也对保障房建设的目标、运行和监管机制等进行要求。

二是保障房的融资问题。2013年8月22日，国家发改委下发《关于企业债券融资支持棚户区改造有关问题的通知》，对专项用于棚户区改造项目发债募集资金额度比例，放宽至总投资的70%上限，这意味着棚改项目融资渠道进一步拓宽，有利于棚户区建设的加快。

三是保障房的监管问题。2013年8月9日，国家审计署发布2013年第29号公告，公布"2012年城镇保障性安居工程跟踪审计结果"。公告称，2012年全国城镇保障性安居工程开工768.83万套、基本建成590.20万套（含竣工453.59万套）、新增发放廉租住房租赁补贴52.99万户。通过各类城镇保障性住房建设和棚户区改造，为953.74万户中低收入住房困难家庭提供安居保障，惠及2667.77万人。整体来看，保障房建设效果显著。审计过程中也发现，有10.84万户不符合保障条件的家庭，因提供不实资料、相关部门审核把关不严，违规享受保障性住房实物分配3.89万套、领取租赁补贴1.53亿元；360个项目或单位挪用保障性安居工程专项资金57.99亿元，用于归还贷款、对外投资、征地拆迁以及单位资金周转等非保障性安居工程项目支出。说明，我国在保障房建设、管理、分配等方面还存在不少问题，在下一年度的工作中要进一步改进。

（六）其他政策：长效机制积极构建，城镇化的影响逐步加深

另外，在住房调控领域还有以下几个方面的内容。

一是住房长效调控机制的进展。2013年3月15日，住建部部长姜伟新表示，目前全国已有40个城市完成住房信息联网，今年6月底将完成500个城市的住房信息联网。同时，5月16日，国土资源部副部长胡存智在接受记者采访时明确提出国土部正积极会同有关部门推动不动产统一登记制度建设，预计2014年6月底前出台不动产登记条例。加上房产税试点的不断深入，我国住房市场的长效调节机制的研究基本已经相对成熟。

二是住房市场监管进一步加强。2013年4月15日，发改委通报了八家房地产企业违反明码标价规定，并强调，房地产企业必须严格遵守《商品房销售明码标价规定》，在交易场所醒目位置放置标价牌、价目表或者价格手册，一次性公开所有可售房源。这是发改委自2011年以来第三次对违反正常市场秩序的房地产企业进行曝光和通报。此举也有利于进一步清理住房市场。

三是城镇化对住房市场的影响。十八大以来，随着新型城镇化战略的提出，我国城镇化的发展对住房市场的影响也在逐步增强。2012年12月25日，住建部在全国住房城乡建设工作会议上提出2013年的工作之一就是配合国家发展改革委深入研究我国城镇化问题。传统的房地产经济学分析，房地产市场受到市场供需关系的影响。而在城镇化快速发展的中国，基本公共服务水平与覆盖范围也成为影响房地产市场的非常重要的因素。当前，从我国房价涨幅来看，上涨幅度最快、价格最高的地区都是等级较高的城市，这些城市的基本公共服务水平相对较高，如北京、上海。因此，城镇化政策对于住房市场的影响也是非常重要的。2013年4月9日，住建部发布《关于做好2013年城镇保障性安居工程工作的通知》明确要求各地有序扩大住房保障覆盖范围，在2013年年底前，地级以上城市要明确外来务工人员申请住房保障的条件。这项政策的出台，将进一步推动我国城市住房市场的增长，也给住房市场带来更多的挑战和机遇。

二 住房调控存在的问题及未来挑战

总体来看，2012~2013年度住房调控与前几年相比具有明显的变化，主要是在"继续坚持房地产市场调控政策不动摇"的原则下，我国住房宏观调控政策体现了很好的稳定和延续性，政策没有出现大起大落，政策变化对住房市场的影响最小化，市场预期管理相对改善；同时，住房市场宏观调控从"政府调控为主"向"市场调控为主、政府调控辅助"转变，更加符合住房市场的基本规律。但是，短期内我国住房市场依旧波动较大，土地价格和住房价格依旧快速上涨，住房市场供需矛盾仍然凸显，反映出我国在住房宏观调控方面依然存在一些问题。

（一）问责制度仍然没有兑现

2010年以来，历次国务院出台的住房调控政策里都要求对房价上涨过快地区要约谈和问责。2013年"国五条"中再次规定："国务院有关部门要加强对省级人民政府稳定房价工作的监督和检查。对执行住房限购和差别化住房信贷、税收等政策措施不到位、房价上涨过快的，要进行约谈和问责"。但是，一直以来，我国各城市的房价都不断上涨，部分时期、部分城市的房价涨幅还非常高。比如2013年9月份，全国70个大中城市除了温州房价下降之外，其余城市房价全部上涨，而且北京涨幅高达两成。从现在来看，2013年各地的调控目标基本不会完成，而且这几年地方的房价调控目标基本都没有完成。但是，2010年至今还没有一个城市被问责，问责制的严肃性受到挑战，也就失去了其作为城市住房调控手段之一应有的作用。

（二）很多地方的调控细则和目标敷衍了事

"国五条"中规定各地制定相关调控细则，并"按照保持房价基本稳定的原则，制定本地区年度新建商品住房价格控制目标"。从各地"国五条"细则来看，只有北京和上海执行较为到位，基本体现了中央的意图，而其他城市无论是从政策细则的内容,还是在执行层面,都与中央"严格调控"的精神相违背。例如成都、南京、大连、长沙等城市出台的细则只有短短数行字,其实只是房价控制目标,很难体现房价的控制度;海口还没有出台具体细则。从各地调控目标来看,很多地方如南京、长沙、大连、西安等仍然规定"新建商品住宅销售价格低于城镇居民家庭人均可支配收入实际增幅";而在我国经济基本稳定、不会出现剧烈下滑的前提下,城镇居民家庭人均可支配收入仍会保持10%以上的增幅,这意味着地方城市的房价还将上涨10%以上。而且,制定目标是一回事,调控不调控是另一回事;只有目标,而没有行动,就让目标形同虚设。

(三)地方政府多次试图放松限购,再次凸显地方对房地产的依赖

2012~2013年度,我国坚持对住房市场的调控,并且,要求各地也严格执行。但是,从2013年各地的执行情况来看,地方对于限制房价上涨的动力不足。继2012年度多个城市对住房市场政策进行微调、甚至尝试放松限购被叫停以后,本年度仍然有一些城市通过各种手段变相对限购政策进行微调。例如,温州市相关部门对原有限购政策进行微调,2011年3月14日后已购买一套住宅的,即日起还可以再购买一套住宅,但名下已有两套房产的仍不能购买,名下之前无房产的可以连续购买二套。温州成为46个限购城市中首个对限购令调整并未被中央叫停的城市。芜湖市出台规定,本科生买房可免契税并获2万元补助。还有一些城市有试图放松限购的迹象。

地方政府对于限购政策"蠢蠢欲动"的重要原因还在于地方政府寄希望于房地产投资对当地经济的拉动。从各地经济发展来看,房地产成为很多城市的支柱产业,随着住房政策一年紧于一年,各地房地产市场受到更多的冲击,地方政府房地产相关的收入减少,地方经济也受到一定的限制。在地方财力和经济从紧的情况下,地方政府的第一反应还是通过房地产来拉动经济增长和增加政府收入。这也再次暴露出我国地方政府对房地产过于依赖的问题。

（四）"地王"频现，土地调控不到位

2012年11月以来，我国各地"地王"再次频频出现。上海黄浦区、深圳宝安、北京等地纷纷爆出高价。11月30日，南京下关一块土地出让56.2亿元，成为当年全国"地王"。随后，上海一块土地价款高达56.8亿元。仅2012年第4季度，上海就出现4块"地王"。进入2013年，"地王"出现更加频繁，价位更高。7月份，上海出现175亿元的天价，随后深圳也出现123.6亿元的土地出让价。北京、杭州、武汉、天津等地也纷纷爆出天价"地王"。无论从数量方面，还是价位方面，本轮"地王"的出现是近几年历史之最。"地王"频现反映出我国土地市场短期内严重的供不应求。

尽管国土资源部下达《2013年全国土地利用计划的通知》中，要求2013年全国各地新增建设用地计划安排量与去年持平；控制大城市建设用地规模，合理安排中小城市和小城镇建设用地；用地计划指标要向保障性住房倾斜。但是，从2013年度全国70个大中城市房价上涨程度来看，大中城市土地供给明显不能满足住房的需求，这是房价上涨的一个重要原因。当然，目前市场上住房供给相对较少是过去一两年土地供应产生的问题，但是，这暴露出我国土地调控不到位，土地供给在这几年存在较大的波动。此轮"地王"的出现，预示着本期土地市场供给从紧，那么未来这批土地上建成的住房价格必然还要上涨。同时，也再次暴露出地方政府对土地出让金的严重依赖。2013年我国各地税收收入出现大幅减少，地方财力压力增大，在这种情况下，寄希望于大幅土地出让带来的资金缓解地方支出压力，是地方政府的普遍想法。仅2013年上半年，北京市土地出让总收入就达到664亿元。但是，严重依赖土地出让的方式，从长远来看，会产生严重的弊端，加剧地方债务负担和金融风险，无异于"饮鸩止渴"。

（五）住房调控长效机制仍然是"只闻其声不见其人"

2013年以来，我国住房市场调控开始逐步向市场机制过渡，其中，非常重要的一环是住房调控长效机制。我国住房调控长效机制包括房产税试点扩容、个人住房信息系统全国联网、健全不动产统一登记制度。这三项政策很早就被提出，但是一直都处于研究状态，迟迟未能落地。

一是房产税只是停留在研究层面，仍然不见踪迹。房产税一直以来被民间"寄予厚望"。但是，房产税从调控住房市场的角度来讲，并不一定能够对房价带来立竿见影的效果，它只是住房调控机制中的一环。2012～2013年度，我国对于房产税的讨论多次进入发改委和财政部的日程，相关研究也更加成熟。从目前上海试点经验来看，尽管只是涉及增量部分的课税，但是涉及征税的范围较小，对市场和普通居民不构成很大影响，因此扩大试点范围基本没有问题。但是，房产税试点迟迟没有扩大，不禁让人对房产税大失所望。而且，在房价上涨较快的大城市，如北京、广州等地，房产税试点无疑具有更重要的意义。

二是住房信息系统建设仍然毫无动静。个人住房信息系统建设作为住房调控的重要组成部分，起着为住房市场和住房调控政策提供信息的重要作用。继2012年6月40个主要城市的联网目标尚未完成以来，我国个人住房信息系统联网的扩围工作，在一定程度上也陷入了"停滞"状态。2013年3月，住建部曾下发相关通知，要求地方做好个人住房信息系统联网工作。全国住房信息系统预定2013年实现县级以上城市联网，届时异地购房和多套购房行为监管以及房地产税政策将具备基本的数据基础支持。不过，目前住房信息系统联网没有任何动静。住房信息系统迟迟不能建立，为房产税等住房长效机制的运行带来一定困难。

三是不动产登记制度难度更大。5月16日，国土资源部副部长胡存智在接受记者采访时明确提出国土资源部正积极会同有关部门推动不动产统一登记制度建设，预计2014年6月底前出台不动产登记条例。但是，这项制度比前两项的难度更大，实现的可能性更小。而且，相对于前两项，不动产登记制度的相关消息和报道几乎没有，民间对政府在此方面的进展毫无所知。

三　2013～2014年中国住房调控政策建议

针对2013～2014年国际经济形势逐渐复苏，国内经济趋于稳定以及房地

产市场再次反弹的可能性，2014年住房市场调控政策的建议如下：我国2013~2014年住房调控要在继续坚持差别化住房信贷、税收和限购政策，坚持严格抑制投机投资性需求的政策的同时，加快住房调节长效机制的建设速度并尽早出台，强化市场机制在住房调控中的主导地位，辅以政府及时、有效、干扰小的微调，早日实现住房市场健康发展。

（一）目标与任务

政策目标：2014年政策目标应该在经济"稳增长、调结构、促改革"的背景下，也实现住房市场的"稳增长、调结构、促改革"。具体表现为：在价格上，实现住房价格长期稳定，防止出现短期内和长期内反复波动的趋势，重点是保障中小型商品房、自住型商品房价格稳定；在供给上，努力调整住房供给结构，切实实现政府提供保障性住房、市场满足多层次住房需求，政策扶持和鼓励中小型商品房和自住型商品房，真正实现完善的住房多层次供应。在制度上，要加大住房市场改革力度，多方面政策入手，有进有退，维护公平、公正的市场秩序。

主要任务：2014年住房市场调控的主要任务是保证宏观经济和住房市场的稳定增长，防止宏观经济和住房市场出现剧烈波动。具体就是既要保证宏观经济稳定增长，防止出现经济反弹和下滑；又要保证住房投资稳定增长，满足中低收入居民的住房需求。

一方面，加快建设和完善住房市场机制，努力实现住房市场调控从政府调控向"市场调控为主"的转变，确保住房市场长期内健康、稳定发展。另一方面，在继续执行现有住房调控政策的基础上，加快住房长效调节机制的建设进度，完善现有行政、金融、税收、土地、保障房等调控手段，长期化、固定化、制度化，为住房市场机制提供科学、合理的补充和约束机制。

（二）政策原则

针对目前我国住房市场可能出现的问题，在未来的调控中应该坚持以下原则：统筹兼顾、毫不动摇；市场为主、政府为辅；合理稳定、灵活有效；统一协调、上下一致；长短结合、标本兼治。

统筹兼顾、毫不动摇：2014年对宏观经济和住房市场既要防止宏观经济剧烈波动，保证经济的稳定增长；又要坚持住房调控政策毫不动摇，要防止房地产市场剧烈波动，实现住房供给稳定增长和满足不同层次人群需求。

市场为主、政府为辅：是指要加快建立和完善住房市场机制，实现市场机制对住房市场的自动调节，避免盲目行政干预和外部因素的影响；同时，在充分尊重市场机制的前提下，也要进一步建立、健全住房市场的政府调控机制，辅助市场机制促进住房市场稳定、健康发展。

合理稳定、灵活有效：是指2014年要在各项宏观政策上继续坚持积极的财政政策和稳健的货币政策，实现市场的稳定、合理发展；同时，也要积极推进各种新的改革措施，努力创造公平竞争的住房市场环境，并积极采取多项微观手段，及早解决突出问题。

统一协调、上下一致：是指住房调控机制要切实实现中央和地方、地方各级政府之间、不同部门之间、不同地区之间的统一，做到各种调控机制和政策充分协调、完全理解和切实把握，又要做到各项调控措施和机制的有效执行、上行下效，切实实现调控目标。

长短结合、标本兼治：是指调控住房市场要将2014年的短期目标和长期目标结合起来，要将住房市场的短期问题和长期制度建设结合起来，通过多种政策措施的推出，建立和完善住房制度，并且完善相关的信贷、财税、土地调控机制。通过长期制度建设来预防未来房地产市场的风险，同时也要注意防范短期内住房调控政策微调带来的市场风险和房地产市场持续低迷给宏观经济带来的风险。

（三）政策措施

第一，建立和完善住房市场。坚持房地产市场化发展方向，在保证住房市场稳定增长的基础上，推进住房市场相关制度改革，努力营造公平、公正、公开的住房市场环境。研究和制定《房地产法》，以法律来规范和约束房地产行业运行中政府、企业、个人等相关主体的市场行为。在完善、约束政府监督和提高行业、企业自律的基础上，改进住房市场的管理，促进住房市场平稳运

行。加快住房要素市场建设,推进土地、金融、税收等制度的改革,实现相应制度对住房供给的有力保证和合理调节。

第二,重构"安居、康居、乐居"的住房供应体系。加快住房供应体系的重新构建,通过完善住房市场和加大政府保障力度,早日构建以政府提供基本保障、市场满足多层次需求的住房供应体系,切实实现全体居民的"安居、康居、乐居"。①以政府投入为主,鼓励市场和个人积极参与,切实加大资金、土地等的投入力度,努力增加保障房的供给,满足低收入居民的基本住房需要,实现低收入群体的"安居"。②以市场提供为主,政府提供相应财税、金融、土地等优惠政策,加快普通商品房、自住型商品房的建设和供给,满足广大中等收入人群的住房需求,实现这些人的"康居"。③以市场机制为主导,合理发展高端住宅,满足高收入人群对住宅的高品质需求,并通过相应调节机制合理引导和规范。

第三,进一步加大保障房建设和管理力度,加速推进"安居"工程。一是要继续加大保障房建设力度。按照"十二五"规划提出的"建设城镇保障性住房和棚户区改造住房3600万套,到2015年全国保障性住房覆盖面达到20%左右"两个任务为基本目标,合理划分各年度建设任务,各级地方政府要全力完成。采取相应措施鼓励企业和个人积极参与保障房建设。积极探索多渠道的保障房建设资金来源和建设模式,增加中高端商品房配建保障房的比例。二是要加快保障房管理制度的建设和完善,确保保障房的公开、公正、公平。尽快研究和出台《住房保障法》,严格明确保障房的使用方向、适用人群和建设模式;要加快建设保障房信息公开机制和管理机制,确保保障房的有效利用;尽快研究保障房退出机制,实现保障房的合理流动;制定相应惩罚机制,对非法侵占保障房的个人和机构,给予严厉处罚,包括经济处罚、行政处罚,甚至刑事处罚。

第四,加快提高普通商品房市场化供给,努力保证"康居"工程。中央政府在继续坚持鼓励和引导自住型、中小型和改善型普通商品房政策的基础上,进一步对符合政府导向的普通商品房供给主体给予更多税收、金融等政策支持,鼓励市场主体增加普通商品房供给量。地方政府要充分理解中央住房调控目标和住房体系的精神,积极落实相应政策,并制定切实有效的各项措施,努力发展普通商品住宅,增加自住型、中小型普通商品住宅在住房结构中的比重。要探索适用于自住型、中小型普通商品房的相关土地和金融政策机制,增加小块土地出让比例,发展小户型、小楼盘等房地产开发,对小户型、小楼盘提供更优惠信贷支持等。

第五,尽快推出住房市场长效调节机制。一是加快房产税改革步伐。扩大房产税试点省市,将房价上涨较快、人口较多的城市尽早纳入房产税试点范围。在已经开展房产税试点的上海、重庆等地,逐步将房产税由增量房向存量房过渡。二是加快个人住房信息系统建设。要尽快公布个人住房信息系统建设的计划目标和时间表。及时向社会公布个人住房信息系统建设进度。要将个人住房信息系统建设作为地方政府考核的主要标准之一,对限期内没有完成个人住房信息系统建设的地方领导要进行问责。

第六,建立完善的住房行政调控机制。在维持住房市场长期稳定健康发展的基础上,根据我国住房市场的特点和实际情况,完善现有住房行政调控机制。一是完善住房调控目标机制。要根据各地经济发展、住房市场的实际情况、人口分布和结构、一、二、三线城市等科学、合理地制定住房调控的目标,调控目标包括住房价格波动、供应量、住房信贷及增长、土地供应及价格波动、保障房建设目标等,并公布具体、详细数字作为调控目标和问责的参考。其中,要特别注意一线城市的住房价格波动。二是建立住房市场行政调控的约束机制。在房价、地价等出现剧烈波动、市场不稳定的情况下(比如,房价增长超过20%,房价下跌超过30%等),中央政府可以采取相应措施进行紧急应对;除此情况下,中央政府不应出手干预,应保持住房市场的自动调节。加快研究制订具体方案,以法律形式予以固定。其中,特别要建立对一线城市的住房市场行政调控的约束机制。三是强化住房市场预期管理,防止一、二线城市的住房市场波动向三、四线城市扩散,也要防止三、四线城市住房市场波动影响到一、二线城市。

第七,加大土地供应,推动住房市场相应的土地制度改革。一是中央和各地方政府要限期制定土地调控的目标。包括供地规模、供地结构、价格区间等,落实调控责任。各地住宅用地供给在未来几年内要年均增长20%,个别房价上涨过快的地区要提高到30%。各地要切实认真执行。二是要继续坚

持有保有压的土地政策。继续严格执行中小型商品房和保障性住房用地不低于住房建设用地供应总量70%的规定，个别房价上涨过快的地区要提高到80%以上。对于普通商品住房和保障房用地要努力保障和增加，对于高档住房和别墅建设要严格审查，严厉禁止非法进行高档住房和别墅的建设。三是加大土地规划调整的力度，提高居住用地的比重，并努力确保保障房和普通商品房的土地供给，保证住房用地的使用效率。四是加强土地审批管理。对保障性住房和普通商品房，要进一步简化审批程序、加快审批速度，对于房价较高地区要加大审批和督察力度。五是完善土地出让制度，探索多种方式相结合的土地出让机制，积极探索集体建设用地入市的方式，从制度层面增加住房用地供给。适度鼓励实行小块土地出让的方式，尝试小面积房地产的开发。

附件：

2012年10月至2013年9月住房宏观调控政策汇总

附表1 "国五条"

	措施	具体内容
一	完善稳定房价工作责任制	各直辖市、计划单列市和除拉萨外的省会城市要按照保持房价基本稳定的原则，制定并公布年度新建商品住房价格控制目标。建立健全稳定房价工作的考核问责制度
二	坚决抑制投机投资性购房	严格执行商品住房限购措施，严格实施差别化住房信贷政策。扩大个人住房房产税改革试点范围
三	增加普通商品住房及用地供应	2013年住房用地供应总量原则上不低于过去五年平均实际供应量
四	加快保障性安居工程规划建设	配套设施要与保障性安居工程项目同步规划、同期建设、同时交付使用。完善并严格执行准入退出制度，确保公平分配。2013年底前，地级以上城市要把符合条件的外来务工人员纳入当地住房保障范围
五	加强市场监管	加强商品房预售管理，严格执行商品房销售明码标价规定，强化企业信用管理，严肃查处中介机构违法违规行为。推进城镇个人住房信息系统建设，加强市场监测和信息发布管理

第十四章　中国住房宏观调控

附表2　2012～2013年前三季度住房调控之行政手段

时间	机构	内容
2012年10月17日	国务院	国务院常务会议指出，要坚定不移地搞好房地产市场调控。严格实施差别化住房信贷、税收政策和限购措施。抓紧研究制定符合我国国情、系统配套、科学有效、稳定可预期的房地产市场调控政策体系
2012年11月12日	十八大	指出，住房是重要的民生问题，党中央、国务院历来高度重视解决群众的住房问题。自2011年以来，房地产市场总体朝着调控预期方向发展，不合理需求得到抑制，供求关系明显改善，房价趋于稳定。下一步，各地区、各部门将继续贯彻党中央决策部署，坚定不移地做好房地产市场调控工作，不断完善政策体系，抑制投机投资性购房需求，支持居民合理自住性需求，巩固调控成果，促进房地产市场平稳健康发展
2012年12月4日	中央政治局	召开会议指出，要大力保障和改善民生，加强房地产市场调控和住房保障工作
2012年12月12日	中央经济工作会议	会议明确指出，要继续坚持房地产市场调控政策不动摇，要继续加强保障性住房建设和管理，加快棚户区改造
2012年12月25日	住建部	全国住房城乡建设工作会议提出2013年的几项工作任务之一：坚定不移地搞好房地产市场调控，继续严格实施差别化住房信贷、税收政策和限购措施，坚决抑制投机投资性住房需求，支持合理自住和改善性需求
2013年2月20日	国务院	国务院常务会议指出，要研究部署房地产市场调控工作，提出五条调控措施即"国五条"
2013年3月1日	国务院	发布"国五条"细则（《关于继续做好房地产市场调控工作通知》国办发〔2013〕17号），要求各地制定并公布年度新建商品住房价格控制目标。建立健全稳定房价工作的考核问责制度。严格执行商品住房限购措施，严格实施差别化住房信贷政策

附表3　2012～2013年度住房宏观调控之各地"国五条"细则

城市	内　容
北京	自3月31日起禁止非京籍单身人士购买二套房；严格按个人转让住房所得的20%征收个人所得税，出售五年以上唯一住房免征个税；进一步提高二套房贷首付款比例；新旧政策以买卖合同网签时间为准
上海	坚决抑制投资投机性购房，严禁发放第三套及以上购房贷款；同时要增加普通商品住房用地供应，落实全年供应量不低于前5年年均实际供应量的要求；深化完善"四位一体"住房保障体系，根据确定的目标任务，确保全年新开工建设、筹措各类保障性住房和旧房综合改造10.5万套、750万平方米，基本建成保障性住房10万套、730万平方米；加强市场监管，查处违法违规行为；加强房地产市场监测走势研判
广州	增加普通住房用地的供应
天津	明确2013年新建商品住房价格控制目标为：新建商品住房价格涨幅低于城镇居民人均可支配收入实际增长幅度。严格按照转让住房所得的20%计征；对不能核实房屋原值的，应依法按照核定征收方式计征
厦门	房价涨幅低于居民收入增幅　公布新建商品房价格控制目标

279

续表

城市	内容
大连	为落实国务院办公厅关于继续做好房地产市场调控工作有关精神,稳定房屋价格,2013年我市新建商品住宅销售价格指数同比增幅控制在我市同期城镇人均可支配收入实际增幅以下。新建商品住宅销售价格以国家统计部门权威发布的统计指标为依据
合肥	作为落实"国五条"的细则,合肥市明确了2013年新建商品住房价格增幅的"上限",并要求已备案的商品住房3个月内不得涨价。但对于此前"国五条"中提出的出售二手商品住房按照差价的20%征收个人所得税这一政策如何执行,合肥市此番出台的通知中并未提及
南京	2013年度全市新建商品住房价格涨幅低于城镇居民家庭人均可支配收入的实际增幅。但内容中并未提及会征收20%的税
贵阳	2013年新建商品住房价格增幅低于当年贵阳市城镇居民家庭人均可支配收入实际增幅
济南	新建商品房价格涨幅低于城市居民人均可支配收入实际增长水平
重庆	新建商品住房价格增幅低于城镇居民人均可支配收入实际增幅;严格执行第二套住房信贷政策,暂停发放居民家庭购买第三套及以上住房贷款
青岛	加大住房保障力度,房价增幅要低于收入增幅
郑州	明确新建商品住房价格增幅不高于年度城镇居民人均可支配收入实际增幅。对"20%个税"以及"二套房利率""限购是否扩大"等政策暂未提及
武汉	2013年度新建商品住房价格增幅低于年度城镇居民人均可支配收入增幅
南昌	2013年度我市新建商品住房价格增幅控制在我市当年城镇居民人均可支配收入的实际增幅以内
长沙	长沙市2013年新建商品住房价格必须控制在城镇居民人均可支配收入扣除居民消费价格上涨后的实际增幅以下,保持基本稳定
深圳	从八个方面做好房地产调控,落实"国五条"。八方面内容主要包括:完善房价调控工作机制、加强房地产税收征管、严格实施差别化住房信贷政策、严格执行商品住房限购政策、增加住房和用地供应、加快落实保障性安居工程规划建设、进一步加强市场监管、加强市场预期管理

附表4　2012~2013年度住房宏观调控之地方调控

8月6日	温州	相关部门决定,对原有限购政策进行调整:原2011年3月14日后已购买一套住宅的,即日起还可以再购买一套住宅,但名下已有两套房产的仍不能购买,名下之前无房产的可以连续购买二套。其中名下有一套住宅的认定包括已经签订购房合同但未取得房产证的住宅。新措施同时明确,本市户籍居民家庭是指夫妻双方及未成年子女。自此,温州成为46个限购城市中首个对限购令调整并未被中央叫停的城市
8月28日	芜湖	出台规定,本科生买房可免契税并获2万元补助
8月19日	上海	住房保障和房屋管理局重申,将继续认真贯彻执行住房限购、差别化的信贷、税收等各项房地产市场调控政策措施,保持房地产市场健康稳定发展;从8月19日起至年底,在全市范围内开展房地产经纪市场专项治理工作,重点检查经纪机构执行"限购"等调控政策的情况

续表

9月	舟山	一度传出放松限购,随后住房保障和房产管理局相关负责人表示,目前并未明确调整相关限购政策
9月2日	郑州	住房保障和房地产管理局召开新闻发布会,声明自2013年9月2日起对未满20周岁的无住房单身人员,暂停其在本市限购区域购房;对于年满20周岁的无住房单身人员,限购一套住房,已有一套住房的禁止再度购买;将外地户籍1年居住证明的要求提高至3年,纳税、社保证明仍维持1年
9月初	郑州	推出升级版"限购令",抬高住房限购门槛,规定20岁以上才能购房,以降低房价涨幅
9月下旬	江苏省、安徽省	先后出台"限地令",对出让规模、土地储备监管等问题进行详细规定

附表5　2012~2013年度房地产调控之财税政策

11月20日	谢旭人	财政部部长谢旭人在《经济日报》发表文章,指出认真总结个人住房房产税改革试点经验,研究逐步在全国推开,同时积极推进单位房产的房产税改革
12月3日	谢旭人	财政部部长谢旭人接受人民日报采访时指出,统筹推进房地产税费改革,对房地产交易环节征收的有关税种进行简并,认真总结个人住房房产税改革试点经验,研究逐步在全国推开,同时积极推进单位房产的房产税改革
12月23日	上海	上海市税务局公布,截至11月底,共认定约5万套住房需要缴纳房产税,其中,2011年认定2万套,今年认定3万套。在完成认定的住房中,应税住房比例约占20%,其中,80%以上的购房者是本地户籍。90%的应缴税住房使用0.4%的税率,主要集中在非中心城区
3月1日	国务院	发布国五条细则(《关于继续做好房地产市场调控工作通知》国办发〔2013〕17号),要求充分发挥税收政策的调节作用。税务、住房城乡建设部门要密切配合,对出售自有住房按规定应征收的个人所得税,通过税收征管、房屋登记等历史信息能核实房屋原值的,应依法严格按转让所得的20%计征。总结个人住房房产税改革试点城市经验,加快推进扩大试点工作,引导住房合理消费。税务部门要继续推进应用房地产价格评估方法加强存量房交易税收征管工作
5月24日	国务院	批转发改委《2013年深化经济体制改革重点工作的意见》,意见中要求扩大个人住房房产税改革试点范围。随后发改委相关人员在记者见面会中明确表示房产税扩围今年将会有具体动作
8月28日	十二届人大常务四次会议	财政部长楼继伟和国家发改委主任徐绍史分别指出下一阶段的工作重点包括扩大个人住房房产税改革试点范围
4月1日	北京市税务局	《关于个人转让住房所得征收个人所得税问题的问答》,严格执行20%税率

附表6 2012~2013年度住房宏观调控之金融政策

1日	武汉	武汉市房管局《武汉市新建商品房预售资金监管暂行办法》启动
12月25日	全国住房城乡建设工作会议	会议提出2013年的几项工作任务:坚定不移地搞好房地产市场调控,继续严格实施差别化住房信贷、税收政策和限购措施,坚决抑制投机投资性住房需求,支持合理自住和改善性需求。加快修订《住房公积金管理条例》,继续做好资金安全和使用管理工作,出台归集、提取、个人贷款、财务会计等业务规划,加快住房公积金监管信息系统建设。并要求加强对住房公积金管理问题的研究
6月19日	李克强	国务院总理李克强主持召开国务院常务会议,研究部署金融支持经济结构调整和转型升级的政策措施,并在会议中明确表示支持居民家庭首套自住购房
7月5日	国务院办公厅	发布《国务院办公厅关于金融支持经济结构调整和转型升级的指导意见》(国办发〔2013〕67号),提出十条措施对近期金融业面临的问题及未来工作进行部署。其中对房地产行业继续秉持"有保有压"原则,在防控融资风险的前提下,进一步落实差别化信贷政策,加大对居民首套住房的支持力度,同时抑制投资投机需求,促进市场需求结构合理回归
7月20日	人行	《中国人民银行关于进一步推进利率市场化改革的通知》出台,其中提出取消金融机构贷款利率0.7倍的下限,由金融机构根据商业原则自主确定贷款利率水平,同时规定针对个人住房贷款利率浮动区间暂不作调整
4月8日	北京住房公积金管理中心	《关于实行住房公积金个人贷款差别化政策的通知》:公积金二套房贷首付提至7成
4月7日	浙江	省直单位住房公积金中心《关于调整2013年度省直住房公积金贷款月缴交额标准的通知》:大幅提升公积金可贷额度月缴存比例,连续缴存满1年,且最近一年月缴额在235元及以上的,可申请住房公积金贷款;贷款额度收紧,以公积金贷款50万元为例,此前月缴存额超过487元即可,调整后最低月缴存额提升至1088元
4月3日	苏州	苏州住房公积金管理中心《关于调整苏州市住房公积金贷款相关规定的通知》:公积金贷款额度调整为公积金账户余额十倍(原为最高50万元),贷款年限按照月还款额度不应超过月缴存基数的50%确定;连续缴存期限上调至12个月;中等偏低收入住房困难家庭购买保障性住房申请贷款的,其贷款额度可适当上浮,最多不超过3万元

附表7　20120~203年度住房宏观调控之土地政策

11月15日	四部委	国土资源部、财政部、央行、银监会联合发布《关于加强土地储备与融资管理的通知》,要求加强土地储备管理,强化土地储备融资风险管控
11月28日	温家宝	主持召开国务院常务会议,讨论通过《中华人民共和国土地管理法修正案(草案)》,对农民集体所有土地征收制度做了修改
12月18日	国土资源部	国土资源部新闻通气会,会议主题为,采取切实措施,稳定房地产用地供应,抑制异常地价。会议指出,将按照中央经济工作会议要求,继续坚持房地产调控政策不动摇,进一步加大分类指导力度,区分不同城市,指导督促采取切实措施,保持土地市场稳定足额供应,平抑土地市场价格的异常波动
2月22日	国土资源部	在京召开全国房地产用地管理和调控工作报告会,对于各地2013年土地供应工作提出了五点意见:"一要保证充足的增量,在编制今年的住宅用地供应计划时,要统筹考虑,提前安排;二要快速释放存量,要加大工作力度,促其尽快形成住房上市;三要继续加大盘活闲置土地力度,按照新的《闲置土地处置办法》,加大工作力度。四要运用多种手段,均衡供地。另外,还要保持正常的地价形成机制,坚持通过市场配置土地资源,按供求规律保持土地供应总量,消除异常信号及波动,避免地价信号被利用,造成市场恐慌。"
4月3日	国土资源部	通知,将加强和完善土地宏观调控作为首要目标,增强和改进新增建设用地年度计划管理,强化土地规划统筹管控;加强和改进建设项目预审,加强房地产用地调控;做好保障性安居工程用地供应,切实维护农民土地权益
4月16日	国土资源部	公告:2013年全国住房用地计划供应15.08万公顷,是过去五年年均实际供应量(9.77万公顷)的1.5倍;保障性安居工程用地计划供应4.15万公顷,商品住房用地计划供应10.92万公顷,"三类住房"用地计划占住房用地计划总量的比重进一步提升至79.4%
4月27日	国土资源部	《关于下达2013年全国土地利用计划的通知》:2013年全国下达各地新增建设用地计划安排量与去年持平;控制大城市建设用地规模,合理安排中小城市和小城镇建设用地;农村地区实行新增建设用地计划指标单列,单列规模不得低于国家下达计划指标总量的3%~5%;用地计划指标要向保障性住房倾斜;合理安排基础设施和产业用地
7月11日	国土资源部	全国土地利用动态巡查工作现场会在常州召开。会议在总结常州、海宁、合肥、瑞金、临沂、东莞6个城市土地利用动态巡查试点的基础上,在全国范围内建立土地利用动态巡查制度,对建设用地开发利用情况实行全程监管,防止土地闲置浪费。国土资源部进一步明确了闲置土地处置的相关要求,加大对闲置土地的清查处置力度,处置的每个环节都要录入监管系统,闲置土地要向社会公开,并及时抄送金融监管等部门。通过推行土地利用动态巡查制度,能大力盘活存量建设用地,最终促进土地开发利用
7月	证监会	在多次新闻发布会上均强调,对存在闲置土地、炒地以及捂盘惜售、哄抬房价等违法违规行为的房地产开发企业,将暂停上市、再融资和重大资产重组
8月7日	国土资源部	国土资源部召开利用集体土地建设租赁住房试点工作闭门会议,对京、沪首批集体土地建设租赁住房的经验进行总结。与此同时,集体土地建设租赁房试点将在2013年迎来第二批试点启动,广州将有可能成为第二批试点城市之一

续表

9月9日	国土资源部	在网站公示一起挂牌督办的违法用地案件,昭示省级重点项目也不能作为违法用地的挡箭牌
9月3日	国土资源部	下发《关于进一步加快农村地籍调查推进集体土地确权登记发证工作的通知》,要求采取切实有效措施,进一步加快农村地籍调查,全面推进集体土地确权登记发证工作。《通知》指出,各地要通过组织开展农村地籍调查,全面掌握农村范围内每一宗土地的利用类型、数量、分布及权属、界址等产权状况,为当前开展的集体土地确权登记发证工作提供基础支撑,同时为下一步不动产统一登记奠定坚实基础
9月10日	江苏省	发布《江苏省征地补偿与被征地农民社会保障办法》(省政府第93号令),确立了被征地农民社会保障"即征即保、应保尽保、分类施保、逐步提高"的原则
9月25日	国土资源部	召开部分城市房地产用地管理和调控工作座谈会,要求进一步做好房地产用地管理和调控,保持城市地价平稳,切实稳定土地市场

附表8　2012～2013年度住房调控之保障房政策

10月17日	国务院常务会议	推进保障性安居工程建设,确保保障房公平分配到低收入群众的手中
12月12日	中央经济工作会议	会议明确指出,要继续坚持房地产市场调控政策不动摇,要继续加强保障性住房建设和管理,加快棚户区改造
12月25日	住建部	全国住房城乡建设工作会议提出2013年的几项工作任务:努力完成城镇保障性安居建设任务,尤其是要加大配套设施建设力度,明年城镇保障性安居工程建设的任务是基本建成460万套,新开工600万套
3月5日	人大	第十二届全国人民代表大会第一次会议开幕会上提出今年保障性安居工程的建设目标是:基本建成470万套、新开工630万套,并继续推进农村危房改造
3月3日	政协	全国政协十二次会议提出,不仅要增加保障房供应,公平分配,更要加强保障性住房后续管理
3月8日	人大	十二届人大一次会议吴邦国强调"要建立健全保障性住房公平分配和运营机制,从而真正使低收入住房困难户得到实惠"
4月9日	住建部	发布《关于做好2013年城镇保障性安居工程工作的通知》明确要求各地适当上调收入线标准,有序扩大住房保障覆盖范围;在今年年底前,地级以上城市要明确外来务工人员申请住房保障的条件
5月10日	北京住建委	《关于规范已购限价商品住房和经济适用住房等保障性住房管理工作的通知》:新购保障房须夫妻共办产权。家庭新购经适房或限价房时,必须夫妻双方共同签订购房合同,房产证上也要写上夫妻二人的姓名;已购房屋未满五年需要处置的,由住房保障部门指定符合条件的家庭购买,或按原价回购,不得上市出售

续表

7月4日	国务院	《国务院关于加快棚户区改造工作的意见》，提出全面推进各类棚户区改造，2013~2017年改造各类棚户区1000万户；加大政府支持力度，多渠道筹措资金；提高规划建设水平；加强组织领导和监督检查等
8月9日	国家审计署	发布2013年第29号公告，公布"2012年城镇保障性安居工程跟踪审计结果"。公告称,2012年全国城镇保障性安居工程开工768.83万套、基本建成590.20万套(含竣工453.59万套)、新增发放廉租住房租赁补贴52.99万户。通过各类城镇保障性住房建设和棚户区改造，为953.74万户中低收入住房困难家庭提供安居保障，惠及2667.77万人。审计过程中也发现，有10.84万户不符合保障条件的家庭，因提供不实资料、相关部门审核把关不严，违规享受保障性住房实物分配3.89万套、领取租赁补贴1.53亿元；360个项目或单位挪用保障性安居工程专项资金57.99亿元，用于归还贷款、对外投资、征地拆迁以及单位资金周转等非保障性安居工程项目支出
8月22日	国家发改委	下发《关于企业债券融资支持棚户区改造有关问题的通知》，对专项用于棚户区改造项目发债募集资金额度比例，放宽至总投资的70%上限，这意味着棚改项目发债杠杆提高了10个百分点

附表9　2012~2013年度住房宏观调控之其他政策

12月25日	住建部	全国住房城乡建设工作会议提出2013年的几项工作任务之一：配合国家发展改革委深入研究我国城镇化问题
3月15日	住建部	部长姜伟新表示，目前全国已有40个城市完成住房信息联网，今年6月底将完成500个城市的住房信息联网
4月22日	广州国土房管局	《关于落实广州市房地产市场调控政策加强房地产市场监督的通知》：执行商品房价格指导 房地产开发企业应严格执行商品住宅销售明码标价、一房一价规定；商品住宅预售前，房地产企业应办理预售价格网上申报，并接受国土房管部门的价格指导；未办理网上价格申报的，或申报价格过高且不接受国土房管部门指导的，暂不核发预售许可证；超过申报价格销售的，暂停网上签订商品房买卖合同
4月15日	发改委	通报八家房地产企业违反明码标价规定，罚款总金额超千万；房地产企业必须严格遵守《商品房销售明码标价规定》，在交易场所醒目位置放置标价牌、价目表或者价格手册，一次性公开所有可售房源
5月16日	国土资源部	副部长胡存智在接受记者采访时明确提出国土资源部正积极会同有关部门推动不动产统一登记制度建设，预计2014年6月底前出台不动产登记条例

年度主题
Topic of the Year

G.15
第十五章
城市化进程中的外来人口住房问题

毛丰付

一 问题提出

提高城市化水平和质量，引导城市产业结构调整和劳动力资源合理配置是中国未来二十年发展的希望所在。从"十二五"开始，国内国际经济社会环境发生了重大改变。从国内情况看，中国经过30多年的经济快速增长，人口资源和环境承载水平已经达到极限，发展转型已经成为共识，中国GDP增速将由9%以上降至5%~8%，中国经济将长期处于中速增长期（刘世锦等，2011）；从国际环境看，经过全球金融危机和第三次工业革命的冲击，全球产业链将进行调整，资本流动方向和方式也将发生改变。因此依靠科技创新和人力资本培育，提高质量、扩大内需、调整结构就成为必然选择。推进城市化和引导劳动力向城市转移是未来经济增长的主要源泉（刘鹤，2011）。

第十五章　城市化进程中的外来人口住房问题

城市外来人口是城市发展的主要动力，又是城市发展必须面对的重大结构性矛盾。随着城市人口生育率水平地迅速下降，外来人口成为许多城市人口增长规模扩张的主要推动力量。根据《中国劳动力变动趋势及判断》和麦肯锡研究院报告，今后20年将有3亿农村人口转化为城镇人口，届时外来人口数量将达到城市人口总量的40%。而城市又存在劳动力供给不足和结构失调的隐忧，就业矛盾将从数量主导型转向结构主导型（蔡昉，2010）。

住房不仅与家庭收入和财富相关，更是外来人口能否融入城市，成为永久城市居民的决定要件。以住房为核心的社会权利安排将成为外来人口的新诉求，住房成为影响城市化进程和社会融入最核心的社会要素和瓶颈问题。由于以户籍制度为核心的城乡分治和以大城市为中心的城市偏向政策的长期影响，外来人口进入城市面临劳动力市场和住房市场的分割与歧视，普遍面临住房获得能力不足的问题。近些年，东部大城市住房引发的社会焦虑正是这一张力的侧面反映。从国外发展经验看，这些住房问题不仅会造成劳动力市场调整困难，还能引发长期而复杂的社会问题。因此，研究城市化进程中外来人口的住房问题，是减少劳动力流动障碍，提高劳动力市场绩效和提高城市化质量的必然要求。

二　基本现状

（一）城市外来人口占城市人口比重实际上可能超过三成，农民工是城市外来人口的主体，东部沿海地区城市是外来人口的主要流入地

改革开放以来，随着市场化和城市化进程，人口流动和迁移已经成为中国经济社会转型中的重要现象，其中乡城流动是人口流动的主流。根据历次人口普查数据分析，1982年实际居住地与户口所在地不一致的人口比例为1.13%，1990年实际居住地与户口所在地不一致人口比例为2.61%；2000年居住地与户口登记地不一致且离开户口登记地半年以上的人口为1.4亿，2010年这个数字则达到了2.6亿（韦艳、张力，2013）。根据国家统计局《2012年国民经济和社会发展统计公报》，2012年底中国大陆人口13.54亿，其中城镇人口为7.12亿，占总人口比重为52.6%。全国流动人口为2.36亿，其中农民工1.63

亿，流动人口的主要流入地是经济发达的东部沿海地区城市。如果考虑到流动人口的主要去向是城市地区以及居住未满半年的流动人口未纳入流动人口普查口径等事实情况，那么全国城市人口中外来人口比例将超过三成，很多城市外来人口甚至超过本地户籍人口。

（二）多数城市外来人口住房的基本情况不容乐观

外来人口进入城市，面临的首要问题就是居住问题。相比城市原居民，以农民工和大中专毕业生为主体的城市外来人口面临着更大的住房压力。住房的获取关系着他们能否在新的城市正常的工作和生活，是他们融入城市社会的立足点。2010年和2011年对东北沿海6城市的问卷调查显示，住房（61.79%）和收入（43.89%）是农业转移人口不能融入城市的主要障碍（田明，2013）。城市外来人口由于户籍、就业、收入水平、教育程度以及家庭结构和流动方式等多方面的原因，住房获取上存在较大困难。城市外来人口居住的主要特点有如下几个方面。

表15-1 2010年底全国人口流入流出城市排行

单位：万人，%

类型	城市名称	常住人口数量	年末人口数	流动人口数量	流动人口占户籍人口比重
人口流入	上海市	2347.50	1419.40	928.10	0.65
	深圳市	1046.70	279.40	767.30	2.75
	北京市	2018.60	1277.90	740.70	0.58
	东莞市	825.50	184.80	640.70	3.47
	广州市	1275.10	814.60	460.50	0.57
	苏州市	1051.90	642.30	409.60	0.64
	佛山市	723.10	374.80	348.30	0.93
	成都市	1407.10	1163.30	243.80	0.21
	宁波市	762.80	576.40	186.40	0.32
	杭州市	873.80	695.70	178.10	0.26
	厦门市	361.00	185.30	175.70	0.95
	无锡市	643.20	468.00	175.20	0.37
	武汉市	1002.00	827.20	174.80	0.21
	南京市	810.90	636.40	174.50	0.27
	中山市	314.20	150.70	163.50	1.08

续表

类型	城市名称	常住人口数量	年末人口数	流动人口数量	流动人口占户籍人口比重
人口流出	玉林市	553.80	684.80	-131.00	-0.19
	菏泽市	831.90	966.50	-134.60	-0.14
	资阳市	363.00	503.90	-140.90	-0.28
	达州市	548.60	690.70	-142.10	-0.21
	六安市	563.60	709.60	-146.00	-0.21
	广安市	321.00	468.50	-147.50	-0.31
	南阳市	1012.90	1163.80	-150.90	-0.13
	商丘市	736.40	890.50	-154.10	-0.17
	遵义市	610.00	771.90	-161.90	-0.21
	茂名市	588.30	761.30	-173.00	-0.23
	驻马店市	708.50	887.30	-178.80	-0.20
	毕节市	652.00	851.70	-199.70	-0.23
	周口市	895.20	1120.60	-225.40	-0.20
	信阳市	610.80	850.90	-240.10	-0.28
	阜阳市	761.90	1025.20	-263.30	-0.26

数据来源：根据《第六次全国人口数据普查》整理计算。

一是城市外来人口居住面积小。由于城市外来人口流动性较强，获得固定居所较难等原因，对城市外来人口的住房状况一直没有能够进行统一普查。不过自21世纪以来，有不少政府部门和研究机构对外来人口的居住状况进行了调查。王凯等（2010）对城市农民工居住现状研究表明，城市农民工人均居住面积一般在3～10平方米，不同城市和不同的调查范围之间存在较大差异。比如建设部专题调研组2005～2006年对18个省市农民工调查结果是人均居住面积小于3平方米，国务院发展研究中心课题组2007年对北京、广州、南京和兰州4城市的调查显示10.6%的农民工住所人均不到5平方米。根据五普和六普的统计数据，2000年城市家庭人均住房面积为21.81平方米，2010年的人均面积已经达到29.15平方米。

二是城市外来人口除了人均居住面积远远小于城市家庭外，居住设施和卫生水平也与城市居民有较大差距。比如2007年对杭州725位农民工调查表明，

9%的农民工住在工棚,3%的农民工住在经营性住房中;2009年对北京的农民工调查显示,19%的人住在地下室或者经营性住房中,还有不少住在简易搭建的住房中(董昕,2013)。与简陋的居住条件相伴的是自来水、厨房、卫生间、洗浴设施等基本生活设施的较为匮乏,至于暖气(北方)和空调(南方)、电力供应、燃气、有线电视、网络等生活设施配备的比重则更低。居住拥挤、设施简陋和卫生条件差是外来人口对居住条件不满意的重要原因。此外,住宅周边的公共设施供给不足和环境较差也是外来人口住房中的一个重要问题。

三是城市外来人口多住在在城乡结合部、城市郊区和城中村,多依托社会网络形成聚集。多数调查均表明,超过六成以上的外来人口落脚在城乡结合部和城市郊区,其主要原因是在该地区存在大量小产权房,并且由于土地和建筑规划管理的原因,存在住宅改建、分割和私自搭建等原因能够提供相对廉价的住宅。比如村委会社区所在地就比居委会社区所在地更容易成为外来人口的聚集区(侯慧丽、李春华,2013)。城乡结合部由于住房成本低廉,管理体系松散、与城区结合紧密、交通便利等特点,成为外来人口的主要聚居地(王凯等,2010)。由于社会排斥的作用,外来人口主要以地缘和亲缘关系为依托进入城市,因此在居住上也会形成基于地缘和亲缘的聚集区。

四是房源形式多样,以个人租住和单位提供住宿较为常见,住房流动性强,缺乏足够的保障。城市外来人口居住房源形式多样,主要的形式有自建和购买住房、单位提供住房(单位自有宿舍和职工住房以及单位租赁)、个人租赁住房、寄宿在亲友家中、住在工棚和经营性场所等。国务院发展研究中心2007年四城市的调查中一半的农民工住在宿舍,四成租房;2007年重庆农民工调查表明,住在宿舍和租房的比例各占四成左右;对杭州和武汉等地的调查则表明,超过六成的外来人口居住方式以市场租房为主(董昕,2013)。由于住房供求关系不平衡、城中村改造以及住房租金不断上升等原因,依靠市场租房居住的外来人口居住权利得不到有效保障,经常面临房东违约、提价,甚至被扫地出门的情况,频繁搬家乃至居无定所成为外来人口居住的一大难题。

（三）城市外来人口住房变动的趋势特点

自 2011 年开始，中国城市化率超过 50%，达到城市化中期阶段，中国已经进入城市社会。从农业社会转向城市社会是一个深刻的社会转型和变革，必然在经济、社会、文化等各个方面对城乡发展产生重要影响。从现有的发展趋势看，如下几点会对城市外来人口及其住房产生较大影响。

首先，在城市化中期，人口流动规律将发生变化。这一变化主要体现在三个方面，其一，人口由农村向城市流动的速度将逐渐减缓；其二，虽然乡城流动减缓，但是城城间流动会加强，人口向大城市集聚的情况可能会变得更突出；其三，伴随产业结构调整和产业转移，中西部特别是中部地区人口向东部流动的速度将会减缓。这意味着东部地区大城市应对外来人口住房的压力并未减缓，中部地区在类似问题上也需要未雨绸缪。

其次，城市化社会的到来意味着社会发展导向的转变，即以生产为中心的社会导向开始向以生活为中心的导向转变。以生产为中心的社会导向追求经济效率和产出，生活围绕生产展开，在居住方式上以产业园区配套、工棚、职工宿舍等聚集方式存在；以生活为中心的社会导向经济是社会活动的一部分，所以居住上离开工厂，形成生活公共设施齐全的居住区就是必然选择。

再次，城市化中期，城市，特别是大城市，产业结构发生调整，城市产业重心将由工业转向服务业。产业结构的变化会对劳动力结构提出不同要求，城市劳动力的性别结构、教育结构都将随之改变，因此将对外来人口就业市场形成较大冲击。

最后，城市外来人口举家迁移将成为人口流动的主流，家庭迁移对住房质量提出更高的要求。在城市化进程早期，城市外来人口多以个体流动方式进入城市。随着先行者在新城市立足，为了子女教育和家庭稳定等原因，其他家庭成员逐渐进入城市。根据国家统计局农民工监测报告显示，从 2008～2011 年，举家迁移的农民家庭每年增加 100 万，家庭化迁移成为城市外来人口流动的主要趋势（盛亦男，2013）。举家迁移意味着外来人口由钟摆式流动向定居转变，选择定居的家庭需要在城市中获得稳定和质量有保障的住房，原有小面积、低质量、环境差、不稳定的住房不能满足举家迁移的需求。

三 存在问题

(一) 城市外来人口住房的焦点问题

城市外来人口住房问题是城市化进程中的一个结构性矛盾,该问题有如下几个显著特点。

一是住房供求矛盾极为突出。由于城市外来人口在城市总人口中占有很高的比例,而城市原居民也面临居住升级改善的压力,城市住房供给又缺乏弹性,因此外来人口住房的供求矛盾极为尖锐。

二是矛盾表现不平衡,集中在大城市。外来人口住房冲击的压力表现出区域性差异,主要集中在全国性大城市、特大城市以及长三角和珠三角的城市地区。比如深圳、东莞等地的外来人口数量远远超过本地人口数量,江浙地区的一些建制镇往往拥有几十万外来人口。数量庞大的外来人口不仅在住房问题上,而且在由此衍生的基础设施、公共服务以及资源环境的承载力方面都提出了巨大挑战。

三是这一问题还将长期存在,甚至可能进一步加剧并引发社会问题。从世界先发国家的经验看,城市住房问题是城市化进程中的一大难题,将会长期存在,并在城市发展的不同阶段和不同地区以不同的形式表现出来。以英国为例,在城市化早期,住房问题的焦点主要是居住条件和卫生状况,一战期间主要是产业工人住房租金问题,二战后主要是住房短缺问题,20世纪后半叶则是住房支付能力不足问题。另一方面,由于住房及其附着物的生命周期较长,因此住房政策和规划设计失误,造成的影响无法在短期消除,甚至造成严重的社会后果,比如族群对立,城市衰败乃至城市冲突等诸多社会问题。

(二) 城市外来人口住房问题产生的主要原因

城市外来人口的住房问题涉及城市化进程中经济发展和社会转型等诸多方面,也与中国特殊的发展阶段有密切联系,从住房市场和住房体系看,可以从住房供给面、住房需求面、住房金融和制度保障四个方面展开分析。

第十五章 城市化进程中的外来人口住房问题

一是从供给角度看,土地供给垄断导致供给数量稀少、住房市场价格畸高、住房资源配置僵化。

从土地市场的供给看,目前国内土地市场是城乡二元结构,城市土地供给完全由地方政府垄断。由于土地政策(比如土地红线的总量控制等)的限制以及"土地财政"和"晋升激励"的共同作用,土地资源配置过程中,用于住宅用地的比例偏低,从我国土地出让结构看,工业用地占比偏大,住宅用地多数年份不到总供地面积的三分之一,造成土地市场的饥饿供给现象。

从住房市场看,一方面由于土地供给数量偏少,导致住房供给量远远不足,兼之土地成本较高,房地产相关环节税费负担偏重,住房的价格持续上升。高房价成为中国城市化不能承受之重。

从住房规划管制手段方面看,也存在诸多问题,导致原本紧缺的住房资源不能合理有效利用,比较突出的有如下几方面:①住房容积率的规定过于僵化,如果在某些人口密集地区适当增加容积率,能够在现有统计下有效增加住房供给,缓解供求矛盾。②住房交易流转规定不合理,流通环节税费偏高而持有环节税费偏低,造成住房资源流转困难,住房空置率上升,有限的住房资源不能被利用。③住房出租管理规定没有跟上,导致目前住房出租市场混乱,导致部分租客要么放弃,要么被迫转入购房者行列。

二是城市外来人口多数收入较低,住房需求支付能力不足。

城市外来人口中除少部分高人力资本拥有者、自雇创业群体和投资者外大多数为农民工,主要从事建筑业、制造业和低端服务业,工作强度大、技术含量低、收入水平远低于本地城市人口。大量相关研究均表明,国内城市居民住房支付能力存在较大困难,相比来说,城市外来人口除了收入比城市居民更低之外,还面临社会保障缺失等问题,因此绝大多数城市外来人口住房支付能力存在严重困难。他们不仅很少能够拥有住房的所有权,在租赁选择上也尽量选择租金低的住房,这直接导致城市外来人口居住条件差、居住环境恶劣的现状。

三是金融体系不完善,生产要素不能有效流动,影响城市外来人口利用金融手段融资从而获得住房服务的能力。

特别值得注意的是,无论住房的建造还是购买,都需要大量资金支持,目前金融体系，特别是与住房相关的金融制度和手段的缺失，严重阻碍了城市外来人口利用金融手段获得住房服务的能力。这种金融制度缺失主要体现在如下几个方面：①在农村或者农业领域，进城农民原本拥有的农业生产要素流转受到严重制约，农业用地和宅基地无法全流通，导致农民没有办法将原有农业生产资料置换为资金支持城市生活。②农村金融常年倒流向城市，农村资金失血严重，用于支持农村和农业的资金不足，进城务工人员无法从原居住地获得正常的金融支持。③城市金融体系也存在严重的歧视和障碍，城市外来人员也无法从现住地的金融系统得到住房金融支持。金融体系的分割、生产要素流动受限以及对城市外来人口的政策歧视，使得城市外来人口几乎不能利用金融市场获得住房领域的支持。

四是针对城市外来人口的住房保障近乎空白，住房保障制度缺失加剧了外来人口的住房问题。

外来人口和本地人口的区分主要是基于登记户籍来区分的，依附于户籍制度之上的其他社会制度安排也同时与户籍制度互相作用，对非户籍人士产生强烈的社会排斥作用。由于目前为居民提供包括住房保障在内的社会基本保障主要是地方政府的责任，而且在现有的政绩考评体制中不能得到体现，所以地方政府没有动力提供相应的社会保障。目前一些大城市，户籍用于限制人口流动的作用在逐渐松弛，随之而来住房成为限制人口流入城市，保护城市高福利的新壁垒，成为管制人口流动的重要手段和利益交换的筹码。

在现有的城市住房保障体系中存在三根支柱，分别是住房公积金、经济适用房和廉租房制度。这三块住房保障制度几乎都没有考虑到对城市外来人口的保障。住房公积金的缴纳对象一般是正规就业部门，特别是体制内职工，城市外来人口基本被排斥在外。经济适用房价格偏高，超过多数外来人口支付能力，廉租房需要严格而复杂的审核条件，特别是这二者都需要本地户籍作为前提条件。

虽然在一些城市有针对外来人口的专用房政策，也有部分城市的公租房慢慢向城市外来人口开放，但是也存在规模偏小、管理混乱、寻租严重、租金偏高、地点偏远以及入住条件严苛等问题，不能成为解决外来人口住房的有效手段。

城中村和城乡结合部作为接纳外来人口的重要区域，然而由于城市管理者的利益驱动和追求整齐干净的城市视觉效果，这些区域往往也成为城市改造和拆除的重点区域，城市外来人口居住空间因此被进一步压缩。

（三）城市住房问题的空间政治经济学分析

城市外来人口住房问题虽然有自己独特的原因和背景，但是放在中国城市化进程这个更宏观的环境和更长远的视野里看，外来人口住房问题在很大程度上深植于中国城市住房问题之中，有着共同的深层原因。

一是城市住房问题的根本原因在于，资本和劳动力要素空间流动性与土地要素不可流动的垄断性供给之间的矛盾。

从空间角度看，资本和劳动力生产要素是可流动的。工业化革命以来，随着资本追逐利润，生产过程逐渐集中到城市区域，并根据产业浪潮的变化调整自己的区位，产业的流动相应带动人口的流动，并且这个流动和集中过程可以在较短的时间内完成。与此相反，土地资源是不可移动的，与土地相连的公共基础设施和住房的供给在短时间内弹性较小。空间资本化集中和土地供给弹性之间的矛盾是城市住房问题产生的根本性原因。

二是利用行政手段将公共资源和公共服务过于集中在大城市，产生了极大的空间非效率。

中国城市经济发展的不平衡，除了常见的城乡二元分割、区域间发展不平衡之外，不同城市行政层级间的不平等更是进一步扩大了这种城市空间分布上的不均衡性。其主要表现在行政层级高的城市，利用其自身行政管理地位的优势，将所辖地区的优质资源向本级政府所在地城市倾斜，导致公共资源和公共服务过于集中在行政层级高的大城市。由于这些大城市集聚了大量的优质公共资源，同时享受着财政补贴，使用这些资源的成本相对较低，因此对人口流入产生了极大的吸引力。根据城市经济学的基本原理，大城市在经济增长中有更高的产出效率，所以在中国目前城市化发展阶段，并不能排斥发展大城市。但是同时必须合理区分是什么样的因素促进城市产生集聚，通过市场手段自发形成的空间集聚是有效率的，而依靠行政资源垄断和财政补贴产生的高集聚只会降低城市效率，产生福利损失。根据毛丰付（2013）的研究，中国城市行政层

级对劳动生产率有负向作用，一些高行政层级的城市已经进入规模不经济阶段。

三是城市住房问题严重化标志着资本与劳动关系失衡，劳动力再生产受到严重挑战，这样的经济发展过程不可持续。

城市住房困难意味着土地资本化程度加剧，土地租金侵占了产出中的大部分收益，这使资本和劳动在再分配中份额显著降低，由于劳动在分配中的弱势地位，在国民收入中劳动力收入占比持续降低。从广义的生产过程循环中不难发现，住房不仅仅是生活必需品，也是劳动力生产和再生产能力的基本保障。在家庭支出中如果住房开支过大，势必挤占其他消费支出，影响到人力资本的培养。城市外来人口如果不能解决家庭居住问题，目前的"半城市化"现象将会加剧，一代人之后经济发展将受制于缺乏合格的劳动力而不可持续。

四 目标模式

根据上述分析，结合国内外住房政策发展经验，我们认为解决中国城市化进程中外来人口的住房问题，必须遵循以下基本原则。

（一）政府有限干预下的市场化运作，政府的主要职责在立法、确权、筹资和监管

这一原则需要从两个方面去分析，从政府角色看，住房问题既不能完全走到依靠政府保障的路上，由政府承担无限责任，也不能政府撒手不管，完全推给市场。政府明确自己的责任和义务边界非常重要。政府的责任主要包括三项：制定符合发展阶段和基本国情的住房政策和规范体系，理顺住房市场的要素供给水平；确定住房发展系统中参与人的权利与责任的界限，保证政府支持资金的稳定性；监督和维护住房发展系统的有效运行。

从政府参与住房问题的方式看，主要是间接干预，实际运行仍然需要依靠市场力量，这样既避免政府过度干预，超越政府的承受能力，也可以避免政府干预产生的低效率。但是也需要注意的是，从国际发展经验看，有限干预也并不意味着政府从不直接介入住房保障建设。在战（灾）后或人口大量涌入的

城市，住房供求矛盾特别突出的时期和区域，也会出现政府直接干预住房供给的情况，不过时机和手段的选择非常关键。在正常情况下，政府干预的重点应放在活跃要素流转，保证供给秩序。

（二）必须同时从增加供给水平和提高支付能力两方面着手缓解城市外来人口住房压力

城市外来人口住房困难从供给面看有两层含义，一是整个城市住房市场供给水平偏低，二是符合城市外来人口居住的住房市场供给也很低。根据住房市场过滤理论，不同档次的住房子市场之间会相互影响，所以需要从总体上提高城市住房市场的供给能力和水平才会从根本上解决住房困难。

从需求面看，城市外来人口收入偏低，支付能力偏弱也是影响其住房消费的主要原因。提高城市外来人口的住房可支付水平，必须首先提高其收入水平，改革收入分配体制，重新平衡土地租金、资本和劳动的关系将有助于解决这一问题。

（三）城乡一体、房地置换、金融杠杆，就业、户籍、社会保障制度综合运用

城市外来人口住房问题其实是城市外来人口社会融合的一个缩影，这个问题本质上是城乡二元结构问题。在计划经济时代，城乡差别主要体现在农村人口和城市人口的经济社会权利差别，城市化快速发展时期，农村人口涌入城市，原本的城乡二元对立结构转化为城市内部本地户籍人口与外来人口之间的差距，因此解决城市外来人口住房问题需要从城乡互动和城乡融合的角度展开，涉及土地制度、金融制度、户籍制度、就业制度和其他社会保障制度的综合配套改革。

因此解决外来人口住房问题，必须建立城乡一体联动的基本思路，同时解决外来人口原居住地农村土地住房和现居住地住房以及社会保障等问题，利用金融手段作为杠杆，实现要素资源的跨区域置换，辅之城乡就业、户籍和公共服务配套一体化进程，才能消解城市外来人口住房制度层面的障碍。

（四）立足"安居"层次，以租为主，与城市中低收入群体住房"接轨"，以保障居住权为核心

由于住房本身承担了居住功能、经济功能、金融功能以及社会管理功能等多方面功能，在很长一段时间，中国住房发展一直围绕住房产权展开，追求住房的自有率，国外的经验研究已经表明，住房所有权与劳动力市场调整困难和劳动生产率降低有一定因果关系。诚然，住房所有权对住房的商品属性、资本品属性以及社会管理功能都有很大的作用，但是也因此扭曲了住房最根本的居住功能。从中国发展实践看，基于人地关系紧张和人均收入水平仍然不高的现实，政府不应该也没有能力保障居民追求住房的所有权。在中国大城市，应该重新树立发展思路，回到城市居民和外来人口的居住保障方向上来。城市管理应该建立以居住权为核心载体、以社会融入为指向，破除和废止不合理的制度性壁垒，以满足居住权为主要内容的基本社会权利保障体系。

在中国住房体系的构建中，针对不同收入层次的居住群体，应该分别选择"乐居、康居和安居"模式（倪鹏飞、邹琳华，2013）。因此，城市外来人口住房，应该立足"安居"标准，以租住为主，实现外来人口和城市中低收入人口居住条件和居住水平的"接轨"，政府的着眼点应该放在保障外来人口的居住权利和享受基本公共服务上。

（五）基准公平、阶梯融合、多维参与，建立社会融入的长效机制

由于住房问题的长期性和复杂性，及其在解决人口城市化中的基础地位，解决该问题必须立足于长远的社会融合。要实现长久的社会融合，必须坚持如下几个基本原则。

（1）公共服务均等化。影响外来人口融入城市的一个重要原因是城乡之间以及不同城市之间公共服务的差距很大，因此引导人口合理流动，平抑房价，增加供给就需要在基础设施和公共服务方面推行均等化，保障城乡人口享受同等的基本公共服务。

（2）支持外来人口广泛参与社会性活动。社会融合不仅仅是经济维度的融合，也不是仅仅依靠保障居住就能够实现，需要外来人口对当地社会生活的

了解和被接纳。因此需要减少社会排斥、缓和对立情绪，通过建立有效的社会支持政策，创造外来人口广泛参与本地活动，与本地居民交流沟通的机会。

（3）阶梯性融入。为了保证社会融合的长期性和有效性，实现城市外来人口切实的社会融入，在推进社会融合过程中可以采取阶梯性融入方式。有条件的地区率先实现当地的区域城乡一体化，先以市为单位解决全辖区人口的社会福利均等化和人口流动无障碍，再推广到省区。对于非辖区户籍人口，只要有稳定收入来源和税收记录，可以根据地方材料按照居住年限与本地居民享受一致待遇。

五　对策措施

统筹解决城市外来人口住房问题可以采取的对策措施主要有如下几个方面。

第一，改革当前土地市场制度和住房市场制度，活跃市场，增加房地产市场供给水平。

一是打破土地市场垄断，活跃土地市场交易，允许农村经营性集体建设用地进入土地市场。

二是给农民宅基地"确权"，有条件允许宅基地上市流通。

三是尽量慎重对待城中村改造问题，城中村改造不宜一刀切，也可在维护原有社区肌理的基础上，改进规划设计，提高卫生标准，完善公共基础设施，一味大拆大建，推倒重来，不考虑社会生态网络和住房供应形式的城市建设不可取。

第二，运用多种手段增强城市外来人口的住房支付能力。

一是提高住房补贴水平，降低城市外来人口工资中用于住房开支的比例。包括为用工单位的职工住宅建设提供财政支持和税收减免，为外来人口租房提供货币化补贴等。

二是住房公积金制度向外来人口敞开，允许有固定收入的外来人口参加城市住房公积金，对企业协助外来人口缴纳的公积金款实行税收抵扣。

三是政府设立政策型金融机构，专门服务于城市外来人口的住房融资需

求。包括允许城市外来人口利用其农业用地和其他农业生产资料融资和为改善居住条件的融资等。

四是整合土地资源进行城市公租房的建设，在外来人口流入较大地区应该在土地利用指标之外，允许其增加保障性住房用地指标。利用政府供地和住宅产业化手段降低保障性住房价格，同时降低对外来人口入住公租房的要求。

第三，整合公共资源布局，降低对大城市的住房需求压力。

一是对于人口环境承载能力超过限制，城市功能过于集中的特大城市，可以考虑将城市的功能进行分解和部分功能迁出。比如一个城市兼具行政、文化、教育、医疗、经济等多中心职能就可以考虑将部分职能迁入更适合区域，以缓解现存的城市人口压力。

二是对于一些优势资源比较集中的区域，可以采取跨区域整合的方式，与优势资源严重不足区域组建资源互动共享机制，比如教育和医疗的跨区域集团化运作。

三是加大公共交通体系建设，特别是轨道交通的建设，实现快捷、高效的公交联运体系。制定合理的交通规划，将大城市周边区域通过公共交通实现无缝联结，以达到区域内公共资源外溢的效果，能够让区内中心原有公共资源更好地向周边区域辐射。

第四，破除制度性障碍，保护租赁权和居住权。

一是破除当前多数城市按照户籍和住房产权的标准来划分和决定常住人口所能享受的各项社会服务资格的做法，只要在本地居住一定时间以上，拥有稳定收入来源和住所的人口都应该享受同等待遇。

二是住房制度建设的中心应该落脚在居住权之上，至于所住房屋是购买还是租住本身应无差别。从中国的现实情况看，应该大力支持住房的流转和出租。特别是在大城市，自有住房比例过高反倒是不正常的现象。

三是重视对住房租赁市场的建设，规范城市住房租赁市场，保护租房者合法权益。目前中国住房租赁市场活跃程度较低，对住房租赁市场的重视不够，租户利益常常得不到有效保障，这也是影响很多人租赁或购买决策的重要原因。

第五，运用税收手段调控住房的交易和持有选择。

目前住房交易环节税负过重，而持有环节负担很轻，加之升值预期的存在，使很多住房空置；另外持有环节税负过低还使住户追求大户型住宅，这些都令住房资源得不到有效利用。必须改变住房税收设计现状，针对家庭居住面积在规定条件之下的第一套住房应该免征住房持有税，拥有第二套住房和超过一定面积的住房，按照正常标准收税，如果拥有第三套房及以上这，需要征收高额税负。

第六，普查住房存量，公开住房信息。

从1986年中国第一次住房普查之后，长达20多年时间内没有再进行住房资源的普查，住房信息只是作为历次人口普查的附属信息。对住房这种拥有重要意义的资源长时间没有进行普查就得不到真实有效的房地产存量和增量信息，非常不利于房地产市场的关联和住房保障体系的建设。因此，建立制度性、规范性的住房普查制度，全面公开住房信息也是解决城市外来人口住房问题的必然要求。

参考文献

蔡昉：《人口转变、人口红利与刘易斯拐点》，《经济研究》2010年第4期。

董昕：《中国农民工的住房政策及评价（1978~2012年）》，《经济体制改革》2013年第3期。

侯慧丽、李春华：《梯度城市化：不同社区类型下的流动人口居住模式和住房状况》，《人口研究》2013年第3期。

刘鹤：《"十二五"规划〈建议〉的基本逻辑》，《比较》2011年第54期。

刘世锦等：《中国如何跨越高收入之墙》，《中国改革》2011年第6期。

毛丰付：《住房政策与城市劳动力市场》，中国社会科学出版社，2013。

倪鹏飞、邹琳华：《坚持调控加速推进房地产制度改革》，《经济参考报》2013年5月2日。

田明：《农业转移人口空间流动与城市融入》，《人口研究》2013年第7期。

盛亦男：《中国流动人口家庭化迁居》，《人口研究》2013年第7期。

王凯等：《城市农民工住房问题的研究综述》，《城市发展研究》2010年第1期。

韦艳、张力：《"数字乱象"或"行政分工"：对中国流动人口多元统计口径的认识》，《人口研究》2013年第4期。

第十六章
城市棚户住宅区改造

陈飞

一 引言

贫民住区是伴随城市化进程而出现的普遍现象。国际社会通常称为"贫民窟",是贫困家庭生存生活的地方,是低收入人口大规模、大范围聚居的地区(联合国人居署,2006)。早在19世纪中叶,贫民窟就已成为一种国际现象(戴维斯,2009)。就全球城市发展来看,无论是发达国家还是发展中国家,都曾经或者正在面临贫民窟及类贫民窟问题的困扰:高失业率、高犯罪率、污染严重、环境恶化、社区无序等。作为贫困的聚集地、犯罪的避难所和城市环境的传染源,贫民窟遍布整个星球,成为制约城市发展、影响居民生产生活的"顽疾"和"毒瘤"。为此,联合国千年发展目标提出,到2020年,使至少1亿贫民窟居民的生活得到改善。截至2012年,全球超过两亿人口获得了改善过的饮用水源、环境卫生设施,或是耐久的住房、足够的居住面积,超额完成千年发展目标。尽管千年目标较原定期限已大幅提前完成,但是,2012年全球生活在贫民窟条件下的城市居民数量仍有8.63亿,比2000年增加1亿多。[①]

我国各类"棚户区"、"城中村"等都是低收入居民聚居区,与国际社会的"贫民窟"有许多相似之处。新世纪以前,与其他问题相比,贫民住区(包含棚户区、城中村等)问题既不重要也不迫切。新世纪已至,随着经济社

---

① 联合国官方网站:http://www.un.org/zh/millenniumgoals/environ.shtml。

会的发展和人们生活水平的提高,住房问题特别是低收入居民的住房问题日益严重,解决棚户区、城中村等贫民住区问题随之被提上各级政府的议事日程。

2005年特别是2008年以来,我国开始对棚户区进行大规模改造。经过各级政府多年的努力,我国的棚户区改造取得了显著成绩。据统计,2008~2012年五年时间里,全国共改造各类棚户区1260万户,基本建成750万套。[1] 我国在棚户区改造中所取得的成绩,得到了国际社会的广泛认可。联合国在《2013年千年发展目标报告》中明确指出,中国在降低城市贫民窟居民比例方面取得显著进步,处理多层面问题的经验有益于其他国家。[2]

二 棚户区:基本概念、类别与特点

棚户区是一个具有鲜明的中国特色的独有概念,它的许多特征都与国际社会的"贫民窟"极为相似,然而,其形成与发展则与贫民窟存在一些差异:贫民窟是居民在市场体制下自发迁居形成的,而棚户区则既有计划体制的深刻烙印,又有经济转型的遗留问题,还有市场经济规律的体现。

(一)棚户区的界定

学界没有对棚户区给出一个统一的定义。由于国土面积广阔、各地经济社会发展和住房状况等差异较大,各地方政府在具体实践中对"棚户区"的界定有所差异。

辽宁省建设厅2005年把棚户房集中的区域界定为棚户区。棚户房的标准为:一是主要以木板、土坯、240mm厚砖墙为承重结构,以油毡或石棉瓦为屋面材料的简易房屋和棚厦房屋;二是低洼易涝、基础设施配套不齐全的小平房;三是按建设部《房屋等级评定标准》和《危险房屋鉴定标准》评定为严重损坏房、危险房的房屋。

---

[1] 新华社:《新一轮棚改再提速 2013年304万户任务可如期完成》,http://www.xinhuatone.com/zgm/pg/pgdetail.jsp?con_id=44028&class_id=6562。

[2] 联合国官方网站:http://www.unstats.un.org/unsd/mdg/Resources/Static/Products/Progress2013/Chinese 2013.pdf。

黑龙江城市棚户区是指城市建成区范围内2万平方米以上集中连片、平房密度相对较大、贫困人口居多、建设使用年限久、结构简易、人均居住水平低、居住条件恶劣、基础设施不齐全、道路狭窄、治安和消防隐患大以及环境卫生脏乱差的区域（黑政发〔2008〕31号）。

四川省在《四川省棚户区改造工程实施方案》（川办发〔2009〕14号）中把棚户区界定为"以平房为主，居民家庭收入低、住房困难（人均建筑面积低于当地城镇人均建筑面积的50%），房屋成新率低或破损率高，住房功能或配套设施不齐全，卫生环境差、消防隐患大的集中连片（达到50户以上）居住区"。

河南省新乡市把城市棚户区界定为"城市规划区内国有土地上，建筑面积超过2万平方米并符合下列条件之一的集中居住区：一是房屋破损严重，房龄超过40年的房屋比重达到50%以上；二是符合《建设部关于修订〈城市危险房屋管理规定〉的决定》（建设部令第129号）规定的三、四类条件的房屋占50%以上；三是基础设施配套不健全，公共排水、供热、供气、消防等设施达不到规定标准，存在严重安全隐患"（新政文〔2010〕29号）。

尽管各地对棚户区的界定有所差异，但也有以下相同点：一是居民住房结构简易、质量低劣、数量短缺；二是住房功能不齐全、公共服务设施不健全；三是住房建筑密度高、建筑容积率低；四是环境卫生差、安全隐患大。

结合以上特点，本文把棚户区定义为住房结构简易、质量低劣、人均住房面积小，建筑密度高但容积率低，基础设施不配套、公共服务不健全，环境卫生差、安全隐患大，低收入居民集中的区域。因此，"城中村"也属于棚户区。

（二）棚户区的分类

根据棚户区所处区域以及形成的经济社会原因，我国棚户区可以划分为四大类：城市棚户区、国有工矿棚户区、国有林场棚户区和国有垦区棚户区。

城市棚户区（含"城中村"），位于城市建成区范围以内，有些甚至位于城市中心区，地段和区位都较好。这类棚户区主要是因为在快速的城市化进程中，住房供给严重不足和城市发展的空间不均衡造成的。另外，在城市的高速发展进程中,一些村落的全部或大部分农业用地转变为非农业用地,而农民则仍在原村落居住,这些房屋和住区的结构、形态、景观和治理等都基本没有变化。

国有工矿(含煤矿、铁路)棚户区,部分位于城市郊区,部分位于偏僻的矿区,是计划经济向市场经济体制转型的产物。计划经济时代,在"因矿设城、因厂设区"思想的指导下,随着工矿企业数量的增加和规模的扩大,建造了大量简易的产业工人家属区,棚户区逐步形成并不断扩大。1990年代初期以来,随着工矿企业的关、停、并、转,大量产业工人失去工作;同时,伴随住房的市场化改革,产业工人住房退出保障体系,居民自身无法改善住房条件,住房质量不断退化,加上市场的过滤机制,这类棚户区最终形成。

国有林场棚户区,大都位于交通不便、地处偏僻的山区。我国的国有林场是从建国初期开始,国家为加快森林资源培育,保护和改善生态状况,在重点生态脆弱地区和大面积集中连片的国有荒山荒地上,采取国家投资的方式,陆续建立起来的专门从事营造林和森林管护的林业基层单位。截至2009年,全国国有林场总数达4466个,职工人数66万人(其中离退休职工17万人)[①]。由于位置偏僻、职工分散,长期以来各林场因陋就简,职工大多居住在简易的棚户房中。

国有垦区棚户区,远离经济中心区,地理位置偏僻。国有垦区大都是在计划经济时代国有农场和生产建设兵团基础上发展起来的,是计划经济时代国家为解决耕地紧张和粮食不足,通过向人烟稀少地区移民垦殖而形成的,基本上也都处于距离城市较远的偏僻区域。

(三)棚户区主要特征

1. 棚户区的贫民窟特征:居民收入低、住房质量差

贫民窟通常具有如下特征:一是缺乏给排水、道路等基础设施和基本服务;二是建筑材料和房屋结构不符合标准、不适宜居住;三是人均住房面积

---

① 中国林业网,http://www.forestry.gov.cn//ZhuantiAction.do?dispatch=content&name=lygzsc&id=114980。

低、建筑密度高，住房过度拥挤；四是通常处于危险的位置或不适宜建房的土地上，如自然灾害易发地区、接近有毒物质排放工厂或垃圾堆放/处理处等；五是违背或缺乏统一规划，或者是建立在非规划住房地区，或者是建在非城市地区土地上，或者是建在规划的住房地区但建筑标准与规划不符；六是缺少当地政府正规文件认定的土地和建筑所有权；七是居民收入低、技能较差，通常被社会所"排斥"（联合国人居署，2003）。

我国棚户区在住房质量、住区环境、居民结构等方面都与贫民窟存在很多相似之处：

首先，从住房结构和条件来看，棚户房大都缺乏统一规划，私搭乱建，不符合基本的建筑质量要求，建筑质量差、结构不合理、建筑材料不符合标准，人均住房面积小。

其次，从住区环境来看，棚户区建筑密度高、容积率低；基础设施严重不足：饮用水源不安全，垃圾清理和排污系统不完善，供电系统不稳定，交通通讯不便利，环境卫生脏乱差；社会治安差、消防隐患大；缺乏基本的医疗卫生等公共服务等。

最后，从居民结构和特征来看，棚户区居民大都是城市乃至整个社会中的贫困人口，教育和职业培训不足，大多处于下岗失业状态，没有或缺乏固定工作，收入水平低下，许多家庭吃穿住行用等基本生活都难以保障。

2. 棚户区的中国特点：产业工人聚居、土地权属明确

贫民窟是居民自发迁移聚居在产权归属混乱的土地上形成的，而我国的棚户区则是计划经济体制下政府或国有企业有计划地为产业工人及其家庭修建的，或者是城市快速扩张形成的（城中村），因此，棚户区居民在职业结构、年龄结构等方面与贫民窟居民存在不同之处。

从形成原因看，棚户区大多是在原国有企业或集体企业职工住区基础上发展、演变而来的。由于资源枯竭、城市转型和国企改革，一些国有企业或破产或转型，职工住房和生产生活脱离原有的保障体系，成为城市中的贫困孤岛，进而演化为棚户区。而贫民窟往往是人口大量涌入城市，聚集在城市某一角落形成的。

从土地性质看，棚户区的土地所有权全部为国有土地或集体土地，使用权大部分明确属于个人。贫民窟的土地权属则非常混乱，许多土地的权属不明确。

从居民构成看，棚户区居民中有相当数量人口属于原国有/集体企业的产业工人，有一定的社区组织，居民的受教育程度相似，目前或曾经的职业类别相同，居民的同质性很强。而贫民窟居民往往来自不同地区，职业类别差别很大，具有很强的流动性和很大的异质性，缺乏稳定的社区组织。

三 我国棚户区改造状况

由于我国国土面积广阔、人口众多以及经济社会发展的不均衡，棚户区问题一度比较严重。经过各级政府以及社会各界多年的努力，特别是2008年以来，棚户区改造取得了显著成绩，棚户区问题有了根本好转。改革开放以来，我国的棚户区改造大致经历了三大阶段：2004年以前，部分城市为推动经济社会发展，对城市棚户改造进行零星的探索和实践；2005~2007年，以辽宁为代表的东北三省以振兴东北老工业基地为契机，对城市和工矿棚户区进行整体改造；2008年以后，中央政府把棚户区改造纳入到保障性安居工程的主要内容，并把城市、工矿、国有林场和农场、铁路等棚户区都纳入到改造中来，在全国范围内全面铺开。

（一）个别城市：零星探索

改革开放后，中国经济持续高速发展，城市规模快速扩张，包括棚户区改造在内的旧城改造在很长一段时期没有得到普遍重视。个别土地资源短缺严重的城市，为优化城市内部空间结构、提高土地利用效率，对城市内部的棚户区进行了改造。20世纪90年代，上海开始以"土地批租、利用外资进行旧城改造和新城建设"的办法推进旧城改造。1992年上海开始危棚简屋改造项目，截至2000年底，基本完成365万平方米危棚简屋改造任务，64万户居民住房条件得到大幅改善。辽宁省抚顺市从1987年开始就对棚户区进行改造，由于受资金制约，改造的棚户区都是地段较好、商业开发价值较高的地方，处于城市偏远地段的大片棚户区依然林立。从1987年到2004年，抚顺市棚户区改造面积仅为70多万平方米；到2004年底，仍有各类棚户区81块片，总面积318万平方米，居住人口达31万多人，占全市人口的22.4%。

这一时期，我国棚户区改造的特点是改造范围小、推进速度慢，改造范围仅限于城市中心区特别是中央商务区，地段偏僻、区位条件不好的区域基本不在改造范围之内。

（二）局部区域：整体推进

进入新世纪后，棚户区问题在传统工业城市特别是资源枯竭型城市日益严重。2003年底，中国提出并实施"振兴东北等老工业基地战略"。辽宁省委省政府以此为契机，于2004年底在全国率先启动全省范围内的棚户区改造。截至2008年底，辽宁省大规模棚户区改造取得显著成果，基本改造完成1万平方米以上连片棚户区。辽宁省用4年时间改造集中连片棚户区2910万平方米，新建成套住宅建筑面积4400多万平方米，改善了70.6万户、211万人住房条件[1]。

2005年下半年，国家启动东北三省煤矿棚户区改造。2005年10月，建设部印发《关于推进东北地区棚户区改造工作的指导意见》，对东北三省棚户区改造进行政策指导和支持。随后，同属于东北地区的吉林和黑龙江也着手进行棚户区改造。2006年，吉林省在全省启动棚户区改造，截至2012年，7年的时间里吉林省共建设9434.8万平方米住房，安置棚户区居民147.08万户，441.2万人因此受益，占全省总人口的16%多。[2]

以辽宁为代表的东北地区棚户区改造具有两个显著特点：一是改造模式采取"政府主导、市场运作"的模式，以政府财政和政策性银行贷款为杠杆撬动棚改，以改善居民的生产生活为主要目标，土地的市场化运营持续推进，提高土地集约利用效率。二是棚户区改造坚持整拆整建而不是修修补补，住房改善与基础设施和公共服务配套设施建设整体推进，不仅改善居民的住房条件，同时改善居民住区环境、改进社会管理。

---

[1] 辽宁省相关部门提供。
[2] 新华网，吉林：《创新成就"棚改速度"》，http：//www.jl.xinhuanet.com/2013jlpg/2013-09/10/c_117300632.htm。

（三）国家层面：全面铺开

东北地区特别是辽宁省的棚户区改造实践为在全国范围内棚户区改造的铺开积累了经验。2007年9月，建设部在辽宁抚顺召开全国棚户区改造工作现场会。2008年第4季度，中央政府出台的扩大内需十项措施中明确提出，加快建设保障性安居工程，把棚户区改造作为保障性安居工程的主要内容全面启动。

2009年7月，农业部等4部委联合印发《关于切实做好农垦危房改造工作的意见》，把国有农垦棚户区改造纳入改造范围。2010年10月，国家林业局等4部委联合印发《国有林区棚户区改造工程项目管理办法》，把国有林场棚户区纳入改造范围。2012年3月，铁道部等六部委联合印发《关于做好铁路棚户区改造有关工作的通知》，将铁路棚户区统一纳入城市和国有工矿棚户区改造范围。至此，各类棚户区全部纳入改造范围。

自中央政府把棚户区改造作为保障性安居工程的主要内容全面启动后，我国的棚户区改造快速推进。2008~2012年，全国开工改造各类棚户区1260万户，占同期城镇保障性安居工程开工量的40%，基本建成750万套，改善了2000多万居民的住房条件[①]。

这一时期棚改的主要特点是：以辽宁等地区棚改实践经验为代表，改造主体明确为地方政府，住房建设和管理上的条块分割体制在棚户区改造方面基本寿终正寝。

四 棚户区改造的政策措施

（一）国际社会贫民窟改造实践：经验与教训

不同时代、不同国家的政府对待贫民区的态度和措施各不相同。国际社会的贫民窟改造实践概括地说主要有四大措施：驱逐或清除、建设公共住房、发

---

① 新华网，《今后5年再改造各类棚户区1000万户　千万棚户如何改》，http://news.xinhuanet.com/house/bj/2013-07-12/c_124998149.htm。

放住房补贴、改造贫民窟基础设施。

驱逐或清除。采取这种举措的原因在于贫民窟住房大多是擅自建设或没有得到授权,土地基本上都是非法占用。包括英国、美国在内的许多国家最初都把贫民窟看作是阻碍城市更新和发展的因素进行整顿和清理。1946~1960年代后期,英国政府采取"过滤政策",首先把居民和雇员从城市内部迁移出去,然后再进行城市内部的清理和开发(贝尔琴等,2011)。20世纪七八十年代,发展中国家大多也采用驱逐的方法。政府通常以实施城市改造(特别是市中心的改造和城市基础设施建设)或改善卫生和安全设施为由,对贫民窟居民进行驱逐(联合国人居署,2006)。

公共住房建设。住房质量低劣和住房严重短缺是贫民窟最显著的特征,解决因市场失灵而导致的低收入居民住房短缺和住房质量低劣问题常常成为市政当局的首要目标。美国从20世纪30年代"罗斯福新政"开始为低收入居民建造公共住房;二战后,美国继续进行大规模的公共住房建造;肯尼迪和约翰逊政府"伟大社会"时期公共住房建设达到顶峰(黄安年,1998;李艳玲,2001)。英国在二战后的近20年里,采取"分散化政策",在新城开展大规模的公共住房建设(贝尔琴等,2011)。发展中国家(如巴西、印度等)在20世纪六七十年代拷贝了这种做法(杜悦,2008;联合国人居署,2006)。这种方法因为数量远不能满足需求,很快就被放弃。据估算,发展中国家的公共住房供给甚至不能满足住房需求的1%(联合国人居署,2006)。另外,许多发展中国家在提供公共住房时,腐败严重、效率低下、分配不公。

发放住房补贴。由于公共住房建设措施收效较小,强调市场自发作用的发达国家和政府效率相对低下的发展中国家,开始转向发放住房补贴,提高低收入居民的住房支付能力,通过市场自行解决住房问题。1960年代末,英国政府向房屋所有者、地主和开发商发放改善补贴,帮助其弥补重新安置的成本;1990年代后转向主要给低收入房主、租户提供补贴(贝尔琴等,2011)。巴西、墨西哥等国家在20世纪八九十年代也采取过类似措施。阿根廷政府基于低收入家庭支付能力的差异进行住房租赁补贴:对基本没有支付能力的低保家庭,政府全额补贴;对有一定支付能力的低收入家庭,则在其家庭负担一定比例租金的基础上由政府补贴。

改造贫民窟基础设施。基础设施滞后是贫民窟的另一主要特征，改造住房而不改善基础设施，对贫民窟问题的解决无济于事。1966年，美国约翰逊总统签署住房拨款法案，改进更新地区的学校、医院、就业机会及住宅，以改善贫民窟包括交通设施、给排水系统、医院和医疗设施、娱乐和广场区域等在内的整体环境（黄安年，1998）；2010年奥巴马政府的"精选住宅区计划"更加强调住房项目的配套设施发展和可持续性。1990年代后期开始，英国政府也积极改善社区环境。1998年，英国政府拿出8亿英镑投资在17个低收入居民住区的住房修复和社区环境整治上（贝尔琴等，2011）。1990年代，巴西开始对贫民窟的基础设施条件进行升级改造。圣保罗市政府1989年开始实施的"低收入居民住区城市更新计划"主要是建设和完善贫民窟的基础设施、改善贫民窟的居住条件（杜悦，2008）。

（二）棚户区改造的经济性质

贫民窟改造的基本出发点是改善贫民住房和住区环境，而住房既是资本品也是生活必需品。收入水平的限制使得贫民住房的市场自动调节机制失灵，需要有政府的干预和支持，低收入居民住区改造实质上是政府提供公共物品和改善社会福利的双重行为。在低收入居民住区改造中，一方面，政府应通过思想引导、制度设计、战略规划、政策制定，管理和引导社会资源，服务于贫民住房建设和供给，成为贫民住宅的核心供给因素；另一方面，作为公共物品，基础公共服务的提供无法完全通过市场解决，作为公共物品的供给者，政府需积极介入低收入居民住区的整体居住环境建设。同时，贫困区居民的经济状况改善、社会地位提高等也需要政府的积极干预。

低收入居民住区改造涉及贫民住房升级、基础设施建设、社区再造、城市空间优化等城市建设和发展中的多个方面，是一项复杂的系统性工程。另外，贫民住区改造涉及千千万万的居民、开发商、各种服务供应商等许多利益主体，单纯依靠市场，交易成本高。解决城市中的贫民住房问题，需要政府详细调研、科学规划、认真组织，提高政府管理效率和服务效能。

（三）棚户区改造模式："政府主导，市场运作"模式

"政府主导"是指在棚户区改造中政府利用其公共权力和效率优势，推动公共资源和社会资源向棚户区改造聚集；政府负责制定和实施相关的战略与规划、制度与政策，利用政府的公共财力和运作能力，对棚改家庭提供不同程度甚至"兜底"的补助与保障；作为市场主体，政府直接或通过代理人负责具体棚户区改造工程的组织和实施。

"市场运作"是指涉及棚户区改造的人力、资金、技术以及棚改住房的生产、交换、分配和消费像普通商品房一样，由棚改相关的开发企业、金融机构、中介组织、棚改家庭，主要通过市场来实现。其中，本着最大限度发挥市场优势的精神，政府与市场结合的具体方式即政府在多大程度上聚集资源、提供保障和干预市场，因条件不同而有区别。"政府主导，市场运作"的改造模式，同时克服政府失灵和市场失灵的缺陷，实现资源的最优配置和参与主体积极性的最大限度的发挥。

"政府主导，市场运作"不是一个抽象的原则，而是由众多要件编织的一个十分缜密的体系，这些要件既相互独立形成独立的板块，又彼此匹配、相互支撑形成联合的整体，中国棚户区改造模式包括：棚改的体制机制，棚改的公共政策（包括：战略与规划、制度与政策、管理与服务）与棚改的具体内容（包括：金融、土地、住房、经济、社会、环境和空间）。

在中国的住房系统中，尽管棚户区改造被纳入到保障性安居工程之内，然而，它与其他保障房存在两大显著差异：一是棚户区改造的直接受益对象明确。棚户区改造是主要针对住房和住区条件恶劣、收入水平低下、生活条件贫困的棚户区居民，直接受益对象是棚户区居民。对象明确便于操作和监督，有效减少了寻租现象和腐败行为。二是棚改安置房产权以直接转让给居民为主，只要居民补足差价，产权直接让渡给棚户区居民，并可以不附加条件地入市交易，在这一点上与商品性住房相同。棚户区改造尽管需要政府补贴，然而后续维护与治理的问题大大减少。

第十六章 城市棚户住宅区改造

五 棚户区改造前后存在的问题

经过 8 年多的努力，我国的棚户区状况大幅度好转。2005 年以来，全国共改造各类棚户区近 1400 万户，改善了 4000 多万人口的住房条件，这与阿根廷 2010 年末的总人口相当。然而，我国棚户区现状依然不容乐观。此前的棚户区改造主要是在大中城市展开，小城市及偏远地区尚有许多棚户区还没有改造，因此，2013 年 7 月，《国务院关于加快棚户区改造的意见》出台，决定进一步加大棚户区改造力度，2013~2017 年改造各类棚户区 1000 万户，这意味着至少还有 1000 万户居民居住在棚户区之中。另外，棚改过程中出现了一些新问题，后棚改时代出现了一些新挑战。

（一）棚户区改造前的问题：恶劣的生活环境

1. 居民：破旧的住房、贫困的生活

辽宁棚户区居民住房状况恶劣，多数住房属于十几年甚至几十年前单位建设的简易平房，年久失修，极其破旧，部分墙体开裂，多数地基下沉，室内地面低于室外地面 20~40 厘米，阴暗潮湿，夏季常漏雨，冬季难御寒。多数棚户区房屋面积小，居住人口多。

棚户区居民是城市里最贫困的群体，以老弱病残为主，低就业、低收入、缺乏教育、生活贫困。据统计，抚顺市 70% 以上的棚户区居民属于低保户和低保边缘户。抚顺四个城区棚户区居民抽样调查显示：2004 年，家庭月收入在 500 元以下的占 75.5%。沈阳、抚顺、本溪、铁岭、朝阳及阜新六市居民抽样调查显示，该六市平均小学文化程度者为 13.3%，初中文化程度者为 53.3%，而大学以上文化程度者不到 4%，远远低于全国平均水平。

2. 社区：落后的设施、混乱的秩序

棚户区住房缺乏整体规划，私搭乱建严重，混乱拥挤，质量差，缺乏基本安全保障。棚户区基础设施十分落后，道路简易，破损严重，供水及电力管网老化，吃水用电十分紧张，部分居民常年饮用未经加工的工业原水或水质极差的井水，许多棚户区停水停电问题长期困扰居民生活。多数居民如厕难、取暖难，抚顺市棚户区平均每790户共用一处公厕，93%的居民靠烧煤取暖、做饭。此外，排水设施、垃圾清理等严重滞后。

艰难的家庭环境和恶劣的社区环境动摇了正常的社会秩序，棚户区医疗、教育、治安等问题频出，离婚率、犯罪率居高不下。棚户区建筑布局杂乱，居住人员流动频繁，治安及刑事案件发案率高，刑满释放的社区矫正对象比例高。此外，棚户区医疗卫生条件极差，加之生存环境恶劣，棚户区居民身心健康普遍存在问题，各类传染病、精神病患者的比例畸高。

（二）棚户区改造中存在的问题：政策执行不力、资金制约加大

1. 政策标准执行不力，部分地区存在寻租现象和腐败行为

部分地区在棚户区改造房屋拆迁补偿安置政策执行方面不严格，压低对棚户区居民的补偿标准，侵害被拆迁户的利益。个别非棚户区改造项目享受棚户区改造政策，将不符合棚户区改造的区域界定为棚户区，特别是将政府自行开发的项目界定为棚户区项目。个别地区虚增棚户区改造规模，骗取上级政府棚户区改造专项补贴，或将棚改专项资金用于其他方面。有的地方违规将棚户区内开发的商品房和门市房用地的土地出让金退还给开发商等。一些棚改项目建筑质量不达标，居民反响强烈，"惠民"工程变成"毁民"工程。

2. 土地数量不足，资金约束严重

我国各级政府长期关注、重视经济增长，许多土地指标用于工业或商服用地，长期以来存在居住用地不足的问题。棚户区改造的土地以划拨方式供应，更是减少了地方政府收入，因此，一些地方把本应用于棚户区安置房建设用地变为商品性住房或商服用地，这又提高了棚户区安置房的建筑密度和建筑容积率。此外，对于异地安置特别是从偏远地区安置到城区的棚改社区建设，受土地指标数量的控制，土地供应不足，延缓了棚改进度和进程。

各级政府的责权利不对等，地方政府几乎承担了棚改的全部职责。棚户区改造需要以政府的财政支持撬动金融杠杆，然而地方政府收入有限。目前许多地区都是依靠上级财政补贴和政策性银行贷款（国家开发银行）启动棚改，资金来源渠道较少，融资数量有限，严重制约了棚改进程。

(三)棚户区改造后存在的问题：居民生活

1. 相关配套设施建设滞后，居民生产生活不便

部分地区棚改项目存在基础设施和公共服务设施滞后现象，存在社区内部道路、绿地、供水、供电、供热、供气、排水、环卫、电信、照明、邮政等市政基础设施及公共服务设施建设不能与回迁同时到位的问题。有些选址离城区较远的社区，与外部区域的道路管网等连接不畅，没有派出所、医院、学校、社区管理等，由此带来诸多生产生活问题。

2. 居民生活成本增加，社区再造乏力

棚户区改造后，居民生活用水、社区物业、维修基金、取暖等费用增加较多，部分居民的生活成本大大增加，贫困家庭的生活负担加大，严重影响了居民生活质量的提升。

一些农村或者远离城市地区的回迁居民（主要是工矿棚户区、国有林场和农村棚户区），进入城市后，许多生活习惯不适应，生活方式难以及时转变，居民从平房搬到楼房，一些老棚户区居民把生活陋习一起带进了新社区。一些地区相关部门仍沿袭传统的治理模式，社区建设滞后。

六　棚户区改造的对策建议

（一）未来棚户区改造的政策建议

1. 坚持并完善"政府主导、市场运作"的棚改模式

就各类棚户区来看，城市棚户区规模和人口数量大幅度减少，但是遗存棚户区规模普遍较小、空间更加分散；小规模、零散且偏远的国有工矿棚户区改造推进缓慢；国有林场和国有垦区棚户区改造效果不明显、推进难度大。棚户区改造不单纯是住房保障问题，也包括基础设施和公共服务设施的供给，单纯依靠市场或者政府都无法有效解决，"政府主导、市场运作"的模式，同步解决了公共物品供给短缺和民生改善的问题。未来棚改须依然坚持这一模式，并结合具体实际进一步完善，尤其是要加大政策和财政支持力度，加大政策执行力度。

2. 棚户区改造要与推进新型城镇化及城市转型升级相结合

棚户区的形成和演变与经济社会的快速发展和空间不平衡密切相关。棚户区是长期以来空间发展的不平衡造成的，是城市不和谐性增长造成的，是"城市病"的表现形式之一。棚改与推进新型城镇化、城市转型升级以及产业布局调整等经济社会发展结合起来，就是有效增加棚户区改造用地的指标数量。

3. 坚持资金动态平衡，加大财政支持力度，扩大融资渠道和平台

资金是棚户区改造的最主要瓶颈。棚户区改造资金需要专款专用，将上级财政补助资金、土地置换收益、土地升值收益和日益增长的财政收入作为棚户区改造资金投入和贷款的重要保障，坚持财政的动态管理和动态平衡。坚持财政动态平衡将是未来各个城市推动棚户区改造进行资金筹集和管理的有效方式。此外，在财政拨付、土地抵押贷款等之外，扩大融资渠道，放宽基金、外资等进入棚改项目的门槛，放宽棚改企业金融市场募资条件等。

（二）后棚改时期棚户区治理的对策建议

1. 把棚户区改造与完善住房体系及改善民生相结合

棚户区改造是涉及低收入居民生产生活的重大民生问题，固然与历史欠账有关，但是不能作为阶段性任务，而应纳入住房体系、社会保障体系，把解决住房问题与解决居民生产生活及社会保障相结合。棚户区改造应以住房改造为把手，以解决棚户区居民的生产生活问题为核心，把提高棚户区居民的收入水平和再就业能力放在根本地位。

2. 重返产业化主流，加快棚户区居民社会再造

棚户区居住条件与居住环境的改善相对比较容易实现，棚户区居民重返现代城市生活是可能的。棚户区居民的就业状况改善则极为困难，需要政府提供技能培训，提供创业奖励金，重新培养与市场需求相适应的劳动技能，增强市场竞争能力。同时政府还要创造大量公益性就业岗位，帮助缺乏市场就业能力的居民。因此，在后棚改时代，最主要的目标将是大力增加就业机会，千方百计提高居民收入，重建生活基础，实现棚改新区的可持续发展。

3. 破除贫困的聚集是棚户区改造的最终目标

由于外部性、住房质量与住房区位紧密相关，在房价和房租的作用下，住房市场会形成过滤机制，不同标准和质量的住房分布于城市不同的空间与区位，贫困人口倾向于形成空间聚集。而住房保障的不健全、住房配套的缺乏、住区居民的贫困化将使棚户区长期存在，特别是贫困的代际传递和贫富阶层的分化，更会令棚户区呈现一种自我固化的趋势。破除贫困聚集是改善棚户区居民住房条件和社会生活方式的前提条件。为了有效破除棚户区的贫困聚集，政府须充分发挥主导作用。辽宁省就充分发挥各级政府的主导作用，将棚户区改造与经济、金融、社会、环境、土地和空间结合在一起，调动政府、市场、居民、社会多主体合作参与，打破外部性和过滤机制导致的贫困空间聚集和自我固化趋势，有效破除城市棚户区的贫困聚集。

参考文献

倪鹏飞等：《城市化进程中低收入居民住区改造——中国辽宁的经验》，社会科学文献出版社，2012。

Perten, J. (2011) The Successes and Shortcomings of Participatory Slum-Upgrading In Villa 31.

Stokes, C. J. (1962) "A Theory of Slums", *Land Economics*, 38, 187–197.

Werlin, H. (1989) "The Community: Master or Client? A Review of the Literature", *Public Administration and Development*, 9, 447–457.

联合国人居署：《贫民窟的挑战——全球人类住区报告2003》，于静等译，中国建筑工业出版社，2006。

UN–HABITAT, 2012: State of the World's Cities 2010/2011—Bridging The Urban Divide. Malta: Gutenberg Press Ltd.

UN–HABITAT, 2008: Housing and Urban Upgrading in Yantai. Nairobi.

Hutchison, R., 2010: Encyclopedia of Urban Studies. California: SAGE Publications Inc.

〔美〕迈克·戴维斯：《布满贫民窟的星球》，潘纯林译，新星出版社，2009。

黄安年：《美国政府的住房福利保障政策——从罗斯福新政到约翰逊"伟大社会"时期》，《山东师大学报（社会科学版）》1998年第4期。

李艳玲：《论30年代纽约贫民窟改造》，《辽宁师范大学学报（社会科学版）》2001年第4期。

杜悦：《巴西治理贫民窟的基本做法》，《拉丁美洲研究》2008年第1期。

皮书数据库

权威报告　热点资讯　海量资源

当代中国与世界发展的高端智库平台

皮书数据库　www.pishu.com.cn

　　皮书数据库是专业的人文社会科学综合学术资源总库，以大型连续性图书——皮书系列为基础，整合国内外相关资讯构建而成。该数据库包含七大子库，涵盖两百多个主题，囊括了近十几年间中国与世界经济社会发展报告，覆盖经济、社会、政治、文化、教育、国际问题等多个领域。

　　皮书数据库以篇章为基本单位，方便用户对皮书内容的阅读需求。用户可进行全文检索，也可对文献题目、内容提要、作者名称、作者单位、关键字等基本信息进行检索，还可对检索到的篇章再作二次筛选，进行在线阅读或下载阅读。智能多维度导航，可使用户根据自己熟知的分类标准进行分类导航筛选，使查找和检索更高效、便捷。

　　权威的研究报告、独特的调研数据、前沿的热点资讯，皮书数据库已发展成为国内最具影响力的关于中国与世界现实问题研究的成果库和资讯库。

皮书俱乐部会员服务指南

1. 谁能成为皮书俱乐部成员？
- 皮书作者自动成为俱乐部会员
- 购买了皮书产品（纸质皮书、电子书）的个人用户

2. 会员可以享受的增值服务
- 加入皮书俱乐部，免费获赠该纸质图书的电子书
- 免费获赠皮书数据库100元充值卡
- 免费定期获赠皮书电子期刊
- 优先参与各类皮书学术活动
- 优先享受皮书产品的最新优惠

卡号：6164303983133502
密码：

3. 如何享受增值服务？

（1）加入皮书俱乐部，获赠该书的电子书

　　第1步 登录我社官网（www.ssap.com.cn），注册账号；

　　第2步 登录并进入"会员中心"—"皮书俱乐部"，提交加入皮书俱乐部申请；

　　第3步 审核通过后，自动进入俱乐部服务环节，填写相关购书信息即可自动兑换相应电子书。

（2）**免费获赠皮书数据库100元充值卡**

　　100元充值卡只能在皮书数据库中充值和使用

　　第1步 刮开附赠充值的涂层（左下）；

　　第2步 登录皮书数据库网站（www.pishu.com.cn），注册账号；

　　第3步 登录并进入"会员中心"—"在线充值"—"充值卡充值"，充值成功后即可使用。

4. 声明

　　解释权归社会科学文献出版社所有

皮书俱乐部会员可享受社会科学文献出版社其他相关免费增值服务，有任何疑问，均可与我们联系
联系电话：010-59367227　企业QQ：800045692　邮箱：pishuclub@ssap.cn
欢迎登录社会科学文献出版社官网（www.ssap.com.cn）和中国皮书网（www.pishu.cn）了解更多信息

社会科学文献出版社　　　皮书系列

"皮书"起源于十七、十八世纪的英国，主要指官方或社会组织正式发表的重要文件或报告，多以"白皮书"命名。在中国，"皮书"这一概念被社会广泛接受，并被成功运作、发展成为一种全新的出版形态，则源于中国社会科学院社会科学文献出版社。

皮书是对中国与世界发展状况和热点问题进行年度监测，以专业的角度、专家的视野和实证研究方法，针对某一领域或区域现状与发展态势展开分析和预测，具备权威性、前沿性、原创性、实证性、时效性等特点的连续性公开出版物，由一系列权威研究报告组成。皮书系列是社会科学文献出版社编辑出版的蓝皮书、绿皮书、黄皮书等的统称。

皮书系列的作者以中国社会科学院、著名高校、地方社会科学院的研究人员为主，多为国内一流研究机构的权威专家学者，他们的看法和观点代表了学界对中国与世界的现实和未来最高水平的解读与分析。

自20世纪90年代末推出以《经济蓝皮书》为开端的皮书系列以来，社会科学文献出版社至今已累计出版皮书千余部，内容涵盖经济、社会、政法、文化传媒、行业、地方发展、国际形势等领域。皮书系列已成为社会科学文献出版社的著名图书品牌和中国社会科学院的知名学术品牌。

皮书系列在数字出版和国际出版方面成就斐然。皮书数据库被评为"2008~2009年度数字出版知名品牌";《经济蓝皮书》《社会蓝皮书》等十几种皮书每年还由国外知名学术出版机构出版英文版、俄文版、韩文版和日文版，面向全球发行。

2011年，皮书系列正式列入"十二五"国家重点出版规划项目；2012年，部分重点皮书列入中国社会科学院承担的国家哲学社会科学创新工程项目；2014年，35种院外皮书使用"中国社会科学院创新工程学术出版项目"标识。

法律声明

"皮书系列"（含蓝皮书、绿皮书、黄皮书）由社会科学文献出版社最早使用并对外推广，现已成为中国图书市场上流行的品牌，是社会科学文献出版社的品牌图书。社会科学文献出版社拥有该系列图书的专有出版权和网络传播权，其LOGO（ ）与"经济蓝皮书"、"社会蓝皮书"等皮书名称已在中华人民共和国工商行政管理总局商标局登记注册，社会科学文献出版社合法拥有其商标专用权。

未经社会科学文献出版社的授权和许可，任何复制、模仿或以其他方式侵害"皮书系列"和LOGO（ ）、"经济蓝皮书"、"社会蓝皮书"等皮书名称商标专用权的行为均属于侵权行为，社会科学文献出版社将采取法律手段追究其法律责任，维护合法权益。

欢迎社会各界人士对侵犯社会科学文献出版社上述权利的违法行为进行举报。电话：010-59367121，电子邮箱：fawubu@ssap.cn。

社会科学文献出版社

权威·前沿·原创

社会科学文献出版社

皮书系列

2014年

盘点年度资讯 预测时代前程

社会科学文献出版社 学术传播中心 编制

社长致辞

我们是图书出版者,更是人文社会科学内容资源供应商;

我们背靠中国社会科学院,面向中国与世界人文社会科学界,坚持为人文社会科学的繁荣与发展服务;

我们精心打造权威信息资源整合平台,坚持为中国经济与社会的繁荣与发展提供决策咨询服务;

我们以读者定位自身,立志让爱书人读到好书,让求知者获得知识;

我们精心编辑、设计每一本好书以形成品牌张力,以优秀的品牌形象服务读者,开拓市场;

我们始终坚持"创社科经典,出传世文献"的经营理念,坚持"权威、前沿、原创"的产品特色;

我们"以人为本",提倡阳光下创业,员工与企业共享发展之成果;

我们立足于现实,认真对待我们的优势、劣势,我们更着眼于未来,以不断的学习与创新适应不断变化的世界,以不断的努力提升自己的实力;

我们愿与社会各界友好合作,共享人文社会科学发展之成果,共同推动中国学术出版乃至内容产业的繁荣与发展。

社会科学文献出版社社长
中国社会学会秘书长

2014 年 1 月

社会科学文献出版社　　　皮书系列

"皮书"起源于十七、十八世纪的英国，主要指官方或社会组织正式发表的重要文件或报告，多以"白皮书"命名。在中国，"皮书"这一概念被社会广泛接受，并被成功运作、发展成为一种全新的出版形态，则源于中国社会科学院社会科学文献出版社。

皮书是对中国与世界发展状况和热点问题进行年度监测，以专家和学术的视角，针对某一领域或区域现状与发展态势展开分析和预测，具备权威性、前沿性、原创性、实证性、时效性等特点的连续性公开出版物，由一系列权威研究报告组成。皮书系列是社会科学文献出版社编辑出版的蓝皮书、绿皮书、黄皮书等的统称。

皮书系列的作者以中国社会科学院、著名高校、地方社会科学院的研究人员为主，多为国内一流研究机构的权威专家学者，他们的看法和观点代表了学界对中国与世界的现实和未来最高水平的解读与分析。

自20世纪90年代末推出以经济蓝皮书为开端的皮书系列以来，至今已出版皮书近1000余部，内容涵盖经济、社会、政法、文化传媒、行业、地方发展、国际形势等领域。皮书系列已成为社会科学文献出版社的著名图书品牌和中国社会科学院的知名学术品牌。

皮书系列在数字出版和国际出版方面成就斐然。皮书数据库被评为"2008~2009年度数字出版知名品牌"；经济蓝皮书、社会蓝皮书等十几种皮书每年还由国外知名学术出版机构出版英文版、俄文版、韩文版和日文版，面向全球发行。

2011年，皮书系列正式列入"十二五"国家重点出版规划项目，一年一度的皮书年会升格由中国社会科学院主办；2012年，部分重点皮书列入中国社会科学院承担的国家哲学社会科学创新工程项目。

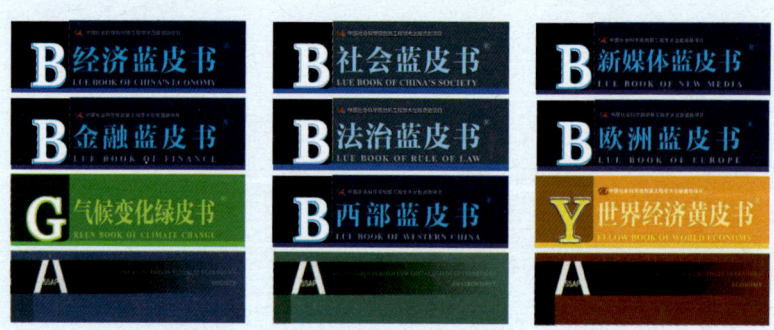

经济类 皮书系列 重点推荐

经 济 类

经济类皮书涵盖宏观经济、城市经济、大区域经济，提供权威、前沿的分析与预测

经济蓝皮书
2014年中国经济形势分析与预测（赠阅读卡）

李 扬 / 主编　　2013年12月出版　　估价:69.00元

◆ 本书课题为"总理基金项目"，由著名经济学家李扬领衔，联合数十家科研机构、国家部委和高等院校的专家共同撰写，对2013年中国宏观及微观经济形势，特别是全球金融危机及其对中国经济的影响进行了深入分析，并且提出了2014年经济走势的预测。

世界经济黄皮书
2014年世界经济形势分析与预测（赠阅读卡）

王洛林　张宇燕 / 主编　　2014年1月出版　　估价:69.00元

◆ 2013年的世界经济仍旧行进在坎坷复苏的道路上。发达经济体经济复苏继续巩固，美国和日本经济进入低速增长通道，欧元区结束衰退并呈复苏迹象。本书展望2014年世界经济，预计全球经济增长仍将维持在中低速的水平上。

工业化蓝皮书
中国工业化进程报告（2014）（赠阅读卡）

黄群慧　吕 铁　李晓华 等 / 著　　2014年11月出版　　估价:89.00元

◆ 中国的工业化是事关中华民族复兴的伟大事业，分析跟踪研究中国的工业化进程，无疑具有重大意义。科学评价与客观认识我国的工业化水平，对于我国明确自身发展中的优势和不足，对于经济结构的升级与转型，对于制定经济发展政策，从而提升我国的现代化水平具有重要作用。

皮书系列重点推荐　经济类

金融蓝皮书
中国金融发展报告（2014）（赠阅读卡）

李　扬　王国刚/主编　2013年12月出版　　定价:69.00元

◆ 由中国社会科学院金融研究所组织编写的《中国金融发展报告（2014）》，概括和分析了2013年中国金融发展和运行中的各方面情况，研讨和评论了2013年发生的主要金融事件。本书由业内专家和青年精英联合编著，有利于读者了解掌握2013年中国的金融状况，把握2014年中国金融的走势。

城市竞争力蓝皮书
中国城市竞争力报告 No.12（赠阅读卡）

倪鹏飞/主编　　2014年5月出版　　估价:89.00元

◆ 本书由中国社会科学院城市与竞争力研究中心主任倪鹏飞主持编写，汇集了众多研究城市经济问题的专家学者关于城市竞争力研究的最新成果。本报告构建了一套科学的城市竞争力评价指标体系，采用第一手数据材料，对国内重点城市年度竞争力格局变化进行客观分析和综合比较、排名，对研究城市经济及城市竞争力极具参考价值。

中国省域竞争力蓝皮书
中国省域经济综合竞争力发展报告（2012~2013）（赠阅读卡）

李建平　李闽榕　高燕京/主编　　2014年3月出版　估价:188.00元

◆ 本书充分运用数理分析、空间分析、规范分析与实证分析相结合、定性分析与定量分析相结合的方法，建立起比较科学完善、符合中国国情的省域经济综合竞争力指标评价体系及数学模型，对2011~2012年中国内地31个省、市、区的经济综合竞争力进行全面、深入、科学的总体评价与比较分析。

农村经济绿皮书
中国农村经济形势分析与预测(2013~2014)（赠阅读卡）

中国社会科学院农村发展研究所　国家统计局农村社会经济调查司/著
2014年4月出版　　估价:59.00元

◆ 本书对2013年中国农业和农村经济运行情况进行了系统的分析和评价，对2014年中国农业和农村经济发展趋势进行了预测，并提出相应的政策建议，专题部分将围绕某个重大的理论和现实问题进行多维、深入、细致的分析和探讨。

经济类 — 皮书系列重点推荐

西部蓝皮书
中国西部经济发展报告（2014）（赠阅读卡）

姚慧琴　徐璋勇/主编　　2014年7月出版　　估价：69.00元

◆ 本书由西北大学中国西部经济发展研究中心主编，汇集了源自西部本土以及国内研究西部问题的权威专家的第一手资料，对国家实施西部大开发战略进行年度动态跟踪，并对2014年西部经济、社会发展态势进行预测和展望。

气候变化绿皮书
应对气候变化报告（2014）（赠阅读卡）

王伟光　郑国光/主编　　2014年11月出版　　估价：79.00元

◆ 本书由社科院城环所和国家气候中心共同组织编写，各篇报告的作者长期从事气候变化科学问题、社会经济影响，以及国际气候制度等领域的研究工作，密切跟踪国际谈判的进程，参与国家应对气候变化相关政策的咨询，有丰富的理论与实践经验。

就业蓝皮书
2014年中国大学生就业报告（赠阅读卡）

麦可思研究院/编著　　王伯庆　郭娇/主审
2014年6月出版　　估价：98.00元

◆ 本书是迄今为止关于中国应届大学毕业生就业、大学毕业生中期职业发展及高等教育人口流动情况的视野最为宽广、资料最为翔实、分类最为精细的实证调查和定量研究；为我国教育主管部门的教育决策提供了极有价值的参考。

企业社会责任蓝皮书
中国企业社会责任研究报告（2014）（赠阅读卡）

黄群慧　彭华岗　钟宏武　张蒽/编著
2014年11月出版　　估价：69.00元

◆ 本书系中国社会科学院经济学部企业社会责任研究中心组织编写的《企业社会责任蓝皮书》2014年分册。该书在对企业社会责任进行宏观总体研究的基础上，根据2013年企业社会责任及相关背景进行了创新研究，在全国企业中观层面对企业健全社会责任管理体系提供了弥足珍贵的丰富信息。

皮书系列
重点推荐

社会政法类

社会政法类

社会政法类皮书聚焦社会发展领域的热点、难点问题，
提供权威、原创的资讯与视点

社会蓝皮书
2014年中国社会形势分析与预测（赠阅读卡）

李培林　陈光金　张　翼／主编　2013年12月出版　估价:69.00元

◆ 本报告是中国社会科学院"社会形势分析与预测"课题组2014年度分析报告，由中国社会科学院社会学研究所组织研究机构专家、高校学者和政府研究人员撰写。对2013年中国社会发展的各个方面内容进行了权威解读，同时对2014年社会形势发展趋势进行了预测。

法治蓝皮书
中国法治发展报告No.12（2014）（赠阅读卡）

李　林　田　禾／主编　2014年2月出版　估价:98.00元

◆ 本年度法治蓝皮书一如既往秉承关注中国法治发展进程中的焦点问题的特点，回顾总结了2013年度中国法治发展取得的成就和存在的不足，并对2014年中国法治发展形势进行了预测和展望。

民间组织蓝皮书
中国民间组织报告（2014）（赠阅读卡）

黄晓勇／主编　2014年8月出版　估价:69.00元

◆ 本报告是中国社会科学院"民间组织与公共治理研究"课题组推出的第五本民间组织蓝皮书。基于国家权威统计数据、实地调研和广泛搜集的资料，本报告对2012年以来我国民间组织的发展现状、热点专题、改革趋势等问题进行了深入研究，并提出了相应的政策建议。

社会政法类　皮书系列 重点推荐

社会保障绿皮书

中国社会保障发展报告（2014）No.6（赠阅读卡）

王延中 / 主编　2014 年 9 月出版　估价 :69.00 元

◆ 社会保障是调节收入分配的重要工具，随着社会保障制度的不断建立健全、社会保障覆盖面的不断扩大和社会保障资金的不断增加，社会保障在调节收入分配中的重要性不断提高。本书全面评述了 2013 年以来社会保障制度各个主要领域的发展情况。

环境绿皮书

中国环境发展报告（2014）（赠阅读卡）

刘鉴强 / 主编　　2014 年 4 月出版　　估价 :69.00 元

◆ 本书由民间环保组织"自然之友"组织编写，由特别关注、生态保护、宜居城市、可持续消费以及政策与治理等版块构成，以公共利益的视角记录、审视和思考中国环境状况，呈现 2013 年中国环境与可持续发展领域的全局态势，用深刻的思考、科学的数据分析 2013 年的环境热点事件。

教育蓝皮书

中国教育发展报告（2014）（赠阅读卡）

杨东平 / 主编　2014 年 3 月出版　估价 :69.00 元

◆ 本书站在教育前沿，突出教育中的问题，特别是对当前教育改革中出现的教育公平、高校教育结构调整、义务教育均衡发展等问题进行了深入分析，从教育的内在发展谈教育，又从外部条件来谈教育，具有重要的现实意义，对我国的教育体制的改革与发展具有一定的学术价值和参考意义。

反腐倡廉蓝皮书

中国反腐倡廉建设报告 No.3（赠阅读卡）

中国社会科学院中国廉政研究中心 / 主编
2013 年 12 月出版　　估价 :79.00 元

◆ 本书抓住了若干社会热点和焦点问题，全面反映了新时期新阶段中国反腐倡廉面对的严峻局面，以及中国共产党反腐倡廉建设的新实践新成果。根据实地调研、问卷调查和舆情分析，梳理了当下社会普遍关注的与反腐败密切相关的热点问题。

7

行业报告类

行业报告类皮书立足重点行业、新兴行业领域，提供及时、前瞻的数据与信息

房地产蓝皮书
中国房地产发展报告No.11（赠阅读卡）

魏后凯 李景国／主编　2014年4月出版　估价:79.00元

◆ 本书由中国社会科学院城市发展与环境研究所组织编写，秉承客观公正、科学中立的原则，深度解析2013年中国房地产发展的形势和存在的主要矛盾，并预测2014年及未来10年或更长时间的房地产发展大势。观点精辟，数据翔实，对关注房地产市场的各阶层人士极具参考价值。

旅游绿皮书
2013~2014年中国旅游发展分析与预测（赠阅读卡）

宋　瑞／主编　2013年12月出版　定价:69.00元

◆ 如何从全球的视野理性审视中国旅游，如何在世界旅游版图上客观定位中国，如何积极有效地推进中国旅游的世界化，如何制定中国实现世界旅游强国梦想的线路图？本年度开始，《旅游绿皮书》将围绕"世界与中国"这一主题进行系列研究，以期为推进中国旅游的长远发展提供科学参考和智力支持。

信息化蓝皮书
中国信息化形势分析与预测（2014）（赠阅读卡）

周宏仁／主编　2014年7月出版　估价:98.00元

◆ 本书在以中国信息化发展的分析和预测为重点的同时，反映了过去一年间中国信息化关注的重点和热点，视野宽阔，观点新颖，内容丰富，数据翔实，对中国信息化的发展有很强的指导性，可读性很强。

行业报告类　皮书系列 重点推荐

企业蓝皮书

中国企业竞争力报告（2014）（赠阅读卡）

金 碚 / 主编　　2014 年 11 月出版　　估价 :89.00 元

◆ 中国经济正处于新一轮的经济波动中，如何保持稳健的经营心态和经营方式并进一步求发展，对于企业保持并提升核心竞争力至关重要。本书利用上市公司的财务数据，研究上市公司竞争力变化的最新趋势，探索进一步提升中国企业国际竞争力的有效途径，这无论对实践工作者还是理论研究者都具有重大意义。

食品药品蓝皮书

食品药品安全与监管政策研究报告（2014）（赠阅读卡）

唐民皓 / 主编　　2014 年 7 月出版　　估价 :69.00 元

◆ 食品药品安全是当下社会关注的焦点问题之一，如何破解食品药品安全监管重点难点问题是需要以社会合力才能解决的系统工程。本书围绕安全热点问题、监管重点问题和政策焦点问题，注重于对食品药品公共政策和行政监管体制的探索和研究。

流通蓝皮书

中国商业发展报告（2013~2014）（赠阅读卡）

荆林波 / 主编　　2014 年 5 月出版　　估价 :89.00 元

◆ 《中国商业发展报告》是中国社会科学院财经战略研究院与香港利丰研究中心合作的成果，并且在 2010 年开始以中英文版同步在全球发行。蓝皮书从关注中国宏观经济出发，突出中国流通业的宏观背景反映了本年度中国流通业发展的状况。

住房绿皮书

中国住房发展报告（2013~2014）（赠阅读卡）

倪鹏飞 / 主编　　2013 年 12 月出版　　估价 :79.00 元

◆ 本报告从宏观背景、市场主体、市场体系、公共政策和年度主题五个方面，对中国住宅市场体系做了全面系统的分析、预测与评价，并给出了相关政策建议，并在评述 2012~2013 年住房及相关市场走势的基础上，预测了 2013~2014 年住房及相关市场的发展变化。

国别与地区类

国别与地区类

国别与地区类皮书关注全球重点国家与地区，提供全面、独特的解读与研究

亚太蓝皮书

亚太地区发展报告（2014）（赠阅读卡）

李向阳 / 主编　　2013 年 12 月出版　　定价 :69.00 元

◆ 本书是由中国社会科学院亚太与全球战略研究院精心打造的又一品牌皮书，关注时下亚太地区局势发展动向里隐藏的中长趋势，剖析亚太地区政治与安全格局下的区域形势最新动向以及地区关系发展的热点问题，并对 2014 年亚太地区重大动态作出前瞻性的分析与预测。

日本蓝皮书

日本研究报告（2014）（赠阅读卡）

李 薇 / 主编　　2014 年 2 月出版　　估价 :69.00 元

◆ 本书由中华日本学会、中国社会科学院日本研究所合作推出，是以中国社会科学院日本研究所的研究人员为主完成的研究成果。对 2013 年日本的政治、外交、经济、社会文化作了回顾、分析与展望，并收录了该年度日本大事记。

欧洲蓝皮书

欧洲发展报告 (2013~2014)（赠阅读卡）

周 弘 / 主编　　2014 年 3 月出版　　估价 :89.00 元

◆ 本年度的欧洲发展报告，对欧洲经济、政治、社会、外交等面的形式进行了跟踪介绍与分析。力求反映作为一个整体的欧盟及 30 多个欧洲国家在 2013 年出现的各种变化。

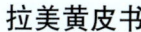 国别与地区类 皮书系列 重点推荐

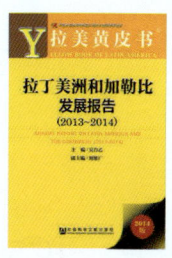

拉美黄皮书

拉丁美洲和加勒比发展报告（2013~2014）（赠阅读卡）

吴白乙 / 主编　2014年4月出版　估价：89.00元

◆ 本书是中国社会科学院拉丁美洲研究所的第13份关于拉丁美洲和加勒比地区发展形势状况的年度报告。本书对2013年拉丁美洲和加勒比地区诸国的政治、经济、社会、外交等方面的发展情况做了系统介绍，对该地区相关国家的热点及焦点问题进行了总结和分析，并在此基础上对该地区各国2014年的发展前景做出预测。

澳门蓝皮书

澳门经济社会发展报告（2013~2014）（赠阅读卡）

吴志良　郝雨凡 / 主编　2014年3月出版　估价：79.00元

◆ 本书集中反映2013年本澳各个领域的发展动态，总结评价近年澳门政治、经济、社会的总体变化，同时对2014年社会经济情况作初步预测。

日本经济蓝皮书

日本经济与中日经贸关系研究报告（2014）（赠阅读卡）

王洛林　张季风 / 主编　2014年5月出版　估价：79.00元

◆ 本书对当前日本经济以及中日经济合作的发展动态进行了多角度、全景式的深度分析。本报告回顾并展望了2013~2014年度日本宏观经济的运行状况。此外，本报告还收录了大量来自于日本政府权威机构的数据图表，具有极高的参考价值。

美国蓝皮书

美国问题研究报告（2014）（赠阅读卡）

黄平　倪峰 / 主编　2014年6月出版　估价：89.00元

◆ 本书是由中国社会科学院美国所主持完成的研究成果，它回顾了美国2013年的经济、政治形势与外交战略，对2013年以来美国内政外交发生的重大事件以及重要政策进行了较为全面的回顾和梳理。

皮书系列 重点推荐　地方发展类

地方发展类

地方发展类皮书关注大陆各省份、经济区域，提供科学、多元的预判与咨政信息

社会建设蓝皮书
2014年北京社会建设分析报告（赠阅读卡）
宋贵伦／主编　2014年4月出版　估价:69.00元

◆ 本书依据社会学理论框架和分析方法，对北京市的人口、就业、分配、社会阶层以及城乡关系等社会学基本问题进行了广泛调研与分析，对广受社会关注的住房、教育、医疗、养老、交通等社会热点问题做了深刻了解与剖析，对日益显现的征地搬迁、外籍人口管理、群体性心理障碍等进行了有益探讨。

温州蓝皮书
2014年温州经济社会形势分析与预测（赠阅读卡）
潘忠强　王春光　金 浩／主编　2014年4月出版　估价: 69.00 元

◆ 本书是由中共温州市委党校与中国社会科学院社会学研究所合作推出的第七本"温州经济社会形势分析与预测"年度报告，深入全面分析了2013年温州经济、社会、政治、文化发展的主要特点、经验、成效与不足，提出了相应的政策建议。

上海蓝皮书
上海资源环境发展报告（2014）（赠阅读卡）
周冯琦　汤庆合　王利民／著　2014年1月出版　估价: 59.00 元

◆ 本书在上海所面临资源环境风险的来源、程度、成因、对策等方面作了些有益的探索，希望能对有关部门完善上海的资源环境风险防控工作提供一些有价值的参考，也让普通民众更全面地了解上海资源环境风险及其防控的图景。

地方发展类　　皮书系列 重点推荐

广州蓝皮书
2014年中国广州社会形势分析与预测（赠阅读卡）

易佐永　杨　秦　顾涧清/主编　　2014年5月出版　　估价:65.00元

◆ 本书由广州大学与广州市委宣传部、广州市人力资源和社会保障局联合主编，汇集了广州科研团体、高等院校和政府部门诸多社会问题研究专家、学者和实际部门工作者的最新研究成果，是关于广州社会运行情况和相关专题分析与预测的重要参考资料。

河南经济蓝皮书
2014年河南经济形势分析与预测（赠阅读卡）

胡五岳/主编　　2014年4月出版　　估价:59.00元

◆ 本书由河南省统计局主持编纂。该分析与展望以2013年最新年度统计数据为基础，科学研判河南经济发展的脉络轨迹、分析年度运行态势；以客观翔实、权威资料为特征，突出科学性、前瞻性和可操作性，服务于科学决策和科学发展。

陕西蓝皮书
陕西社会发展报告（2014）（赠阅读卡）

任宗哲　石　英　江　波/主编　　2014年1月出版　　估价:65.00元

◆ 本书系统而全面地描述了陕西省2013年社会发展各个领域所取得的成就、存在的问题、面临的挑战及其应对思路，为更好地思考2014年陕西发展前景、政策指向和工作策略等方面提供了一个较为简洁清晰的参考蓝本。

上海蓝皮书
上海经济发展报告（2014）（赠阅读卡）

沈开艳/主编　　2014年1月出版　　估价:69.00元

◆ 本书系上海社会科学院系列之一，报告对2014年上海经济增长与发展趋势的进行了预测，把握了上海经济发展的脉搏和学术研究的前沿。

地方发展类・文化传媒类

广州蓝皮书

广州经济发展报告（2014）（赠阅读卡）

李江涛 刘江华 / 主编　　2014年6月出版　　估价：65.00元

◆ 本书是由广州市社会科学院主持编写的"广州蓝皮书"系列之一，本报告对广州2013年宏观经济运行情况作了深入分析，对2014年宏观经济走势进行了合理预测，并在此基础上提出了相应的政策建议。

文化传媒类

 文化传媒类皮书透视文化领域、文化产业，探索文化大繁荣、大发展的路径

新媒体蓝皮书

中国新媒体发展报告 No.4(2013)（赠阅读卡）

唐绪军 / 主编　　2014年6月出版　　估价：69.00元

◆ 本书由中国社会科学院新闻与传播研究所和上海大学合作编写，在构建新媒体发展研究基本框架的基础上，全面梳理2013年中国新媒体发展现状，发表最前沿的网络媒体深度调查数据和研究成果，并对新媒体发展的未来趋势做出预测。

舆情蓝皮书

中国社会舆情与危机管理报告（2014）（赠阅读卡）

谢耘耕 / 主编　　2014年8月出版　　估价：85.00元

◆ 本书由上海交通大学舆情研究实验室和危机管理研究中心主编，已被列入教育部人文社会科学研究报告培育项目。本书以新媒体环境下的中国社会为立足点，对2013年中国社会舆情、分类舆情等进行了深入系统的研究，并预测了2014年社会舆情走势。

经济类

产业蓝皮书
中国产业竞争力报告(2014) No.4
著(编)者:张其仔　　2014年5月出版 / 估价:79.00元

长三角蓝皮书
2014年率先基本实现现代化的长三角
著(编)者:刘志彪　　2014年6月出版 / 估价:120.00元

城市竞争力蓝皮书
中国城市竞争力报告No.12
著(编)者:倪鹏飞　　2014年5月出版 / 估价:89.00元

城市蓝皮书
中国城市发展报告No.7
著(编)者:潘家华 魏后凯　2014年7月出版 / 估价:69.00元

城市群蓝皮书
中国城市群发展指数报告(2014)
著(编)者:刘士林 刘新静　2014年10月出版 / 估价:59.00元

城乡统筹蓝皮书
中国城乡统筹发展报告(2014)
著(编)者:程志强、潘晨光　2014年3月出版 / 估价:59.00元

城乡一体化蓝皮书
中国城乡一体化发展报告(2014)
著(编)者:汝信 付崇兰　　2014年8月出版 / 估价:59.00元

城镇化蓝皮书
中国城镇化健康发展报告(2014)
著(编)者:张占斌　　2014年10月出版 / 估价:69.00元

低碳发展蓝皮书
中国低碳发展报告(2014)
著(编)者:齐晔　　2014年7月出版 / 估价:69.00元

低碳经济蓝皮书
中国低碳经济发展报告(2014)
著(编)者:薛进军 赵忠秀　2014年5月出版 / 估价:79.00元

东北蓝皮书
中国东北地区发展报告(2014)
著(编)者:鲍振东 曹晓峰　2014年8月出版 / 估价:79.00元

发展和改革蓝皮书
中国经济发展和体制改革报告No.7
著(编)者:邹东涛　　2014年7月出版 / 估价:79.00元

工业化蓝皮书
中国工业化进程报告(2014)
著(编)者: 黄群慧 吕铁 李晓华 等
2014年11月出版 / 估价:89.00元

国际城市蓝皮书
国际城市发展报告(2014)
著(编)者:屠启宇　　2014年1月出版 / 估价:69.00元

国家创新蓝皮书
国家创新发展报告(2013~2014)
著(编)者:陈劲　　2014年3月出版 / 估价:69.00元

国家竞争力蓝皮书
中国国家竞争力报告No.2
著(编)者:倪鹏飞　　2014年10月出版 / 估价:98.00元

宏观经济蓝皮书
中国经济增长报告(2014)
著(编)者:张平 刘霞辉　2014年10月出版 / 估价:69.00元

减贫蓝皮书
中国减贫与社会发展报告
著(编)者:黄承伟　　2014年7月出版 / 估价:69.00元

金融蓝皮书
中国金融发展报告(2014)
著(编)者:李扬 王国刚　2013年12月出版 / 定价:69.00元

经济蓝皮书
2014年中国经济形势分析与预测
著(编)者:李扬　　2013年12月出版 / 估价:69.00元

经济蓝皮书春季号
中国经济前景分析——2014年春季报告
著(编)者:李扬　　2014年4月出版 / 估价:59.00元

经济信息绿皮书
中国与世界经济发展报告(2014)
著(编)者:王长胜　　2013年12月出版 / 定价:69.00元

就业蓝皮书
2014年中国大学生就业报告
著(编)者:麦可思研究院　2014年6月出版 / 估价:98.00元

民营经济蓝皮书
中国民营经济发展报告No.10(2013~2014)
著(编)者:黄孟复　　2014年9月出版 / 估价:69.00元

民营企业蓝皮书
中国民营企业竞争力报告No.7(2014)
著(编)者:刘迎秋　　2014年1月出版 / 估价:79.00元

农村绿皮书
中国农村经济形势分析与预测(2014)
著(编)者:中国社会科学院农村发展研究所
　　　　国家统计局农村社会经济调查司 著
2014年4月出版 / 估价:59.00元

企业公民蓝皮书
中国企业公民报告No.4
著(编)者:邹东涛　　2014年7月出版 / 估价:69.00元

企业社会责任蓝皮书
中国企业社会责任研究报告(2014)
著(编)者:黄群慧 彭华岗 钟宏武 等
2014年11月出版 / 估价:59.00元

气候变化绿皮书
应对气候变化报告(2014)
著(编)者:王伟光 郑国光　2014年11月出版 / 估价:79.00元

区域蓝皮书
中国区域经济发展报告(2014)
著(编)者:梁昊光　　2014年4月出版 / 估价:69.00元

皮书系列 2014全品种

经济类・社会政法类

人口与劳动绿皮书
中国人口与劳动问题报告No.15
著(编)者:蔡昉　2014年6月出版 / 估价:69.00元

生态经济(建设)绿皮书
中国经济(建设)发展报告(2013~2014)
著(编)者:黄浩涛　李周　2014年10月出版 / 估价:69.00元

世界经济黄皮书
2014年世界经济形势分析与预测
著(编)者:王洛林　张宇燕　2014年1月出版 / 估价:69.00元

西北蓝皮书
中国西北发展报告(2014)
著(编)者:张进海　陈冬红　段庆林　2014年1月出版 / 定价:65.00元

西部蓝皮书
中国西部发展报告(2014)
著(编)者:姚慧琴　徐璋勇　2014年7月出版 / 估价:69.00元

新型城镇化蓝皮书
新型城镇化发展报告(2014)
著(编)者:沈体雁　李伟　宋敏　2014年3月出版 / 估价:69.00元

新兴经济体蓝皮书
金砖国家发展报告(2014)
著(编)者:林跃勤　周文　2014年3月出版 / 估价:79.00元

循环经济绿皮书
中国循环经济发展报告(2013~2014)
著(编)者:齐建国　2014年12月出版 / 估价:69.00元

中部竞争力蓝皮书
中国中部经济社会竞争力报告(2014)
著(编)者:教育部人文社会科学重点研究基地
　　　　　南昌大学中国中部经济社会发展研究中心
2014年7月出版 / 估价:59.00元

中部蓝皮书
中国中部地区发展报告(2014)
著(编)者:朱有志　2014年10月出版 / 估价:59.00元

中国科技蓝皮书
中国科技发展报告(2014)
著(编)者:陈劲　2014年4月出版 / 估价:69.00元

中国省域竞争力蓝皮书
中国省域经济综合竞争力发展报告(2012~2013)
著(编)者:李建平　李闽榕　高燕京　2014年3月出版 / 估价:188.00元

中三角蓝皮书
长江中游城市群发展报告(2013~2014)
著(编)者:秦尊文　2014年6月出版 / 估价:69.00元

中小城市绿皮书
中国中小城市发展报告(2014)
著(编)者:中国城市经济学会中小城市经济发展委员会
　　　　《中国中小城市发展报告》编纂委员会
2014年10月出版 / 估价:98.00元

中原蓝皮书
中原经济区发展报告(2014)
著(编)者:刘怀廉　2014年6月出版 / 估价:68.00元

社会政法类

殡葬绿皮书
中国殡葬事业发展报告(2014)
著(编)者:朱勇　副主编 李伯森　2014年3月出版 / 估价:59.00元

城市创新蓝皮书
中国城市创新报告(2014)
著(编)者:周天勇　旷建伟　2014年7月出版 / 估价:69.00元

城市管理蓝皮书
中国城市管理报告2014
著(编)者:谭维克　刘林　2014年7月出版 / 估价:98.00元

城市生活质量蓝皮书
中国城市生活质量指数报告(2014)
著(编)者:张平　2014年7月出版 / 估价:59.00元

城市政府能力蓝皮书
中国城市政府公共服务能力评估报告(2014)
著(编)者:何艳玲　2014年7月出版 / 估价:59.00元

创新蓝皮书
创新型国家建设报告(2014)
著(编)者:詹正茂　2014年7月出版 / 估价:69.00元

慈善蓝皮书
中国慈善发展报告(2014)
著(编)者:杨团　2014年6月出版 / 估价:69.00元

法治蓝皮书
中国法治发展报告No.12(2014)
著(编)者:李林　田禾　2014年2月出版 / 估价:98.00元

反腐倡廉蓝皮书
中国反腐倡廉建设报告No.3
著(编)者:李秋芳　2013年12月出版 / 估价:79.00元

非传统安全蓝皮书
中国非传统安全研究报告(2014)
著(编)者:余潇枫　2014年5月出版 / 估价:69.00元

社会政法类　皮书系列 2014全品种

妇女发展蓝皮书
福建省妇女发展报告（2014）
著（编）者：刘群英　2014年10月出版 / 估价：58.00元

妇女发展蓝皮书
中国妇女发展报告No.5
著（编）者：王金玲　高小贤　2014年5月出版 / 估价：65.00元

妇女教育蓝皮书
中国妇女教育发展报告No.3
著（编）者：张李玺　2014年10月出版 / 估价：69.00元

公共服务满意度蓝皮书
中国城市公共服务评价报告（2014）
著（编）者：胡伟　2014年11月出版 / 估价：69.00元

公共服务蓝皮书
中国城市基本公共服务力评价（2014）
著（编）者：侯惠勤　辛向阳　易定宏
2014年10月出版 / 估价：55.00元

公民科学素质蓝皮书
中国公民科学素质调查报告（2013~2014）
著（编）者：李群　许佳军　2014年2月出版 / 估价：69.00元

公益蓝皮书
中国公益发展报告（2014）
著（编）者：朱健刚　2014年5月出版 / 估价：78.00元

国际人才蓝皮书
中国海归创业发展报告（2014）No.2
著（编）者：王辉耀　路江涌　2014年10月出版 / 估价：69.00元

国际人才蓝皮书
中国留学发展报告（2014）No.3
著（编）者：王辉耀　2014年9月出版 / 估价：59.00元

行政改革蓝皮书
中国行政体制改革报告（2014）No.3
著（编）者：魏礼群　2014年3月出版 / 估价：69.00元

华侨华人蓝皮书
华侨华人研究报告（2014）
著（编）者：丘进　2014年5月出版 / 估价：128.00元

环境竞争力绿皮书
中国省域环境竞争力发展报告（2014）
著（编）者：李建平　李闽榕　王金南
2014年12月出版 / 估价：148.00元

环境绿皮书
中国环境发展报告（2014）
著（编）者：刘鉴强　2014年4月出版 / 估价：69.00元

基本公共服务蓝皮书
中国省级政府基本公共服务发展报告（2014）
著（编）者：孙德超　2014年1月出版 / 估价：69.00元

基金会透明度蓝皮书
中国基金会透明度发展研究报告（2014）
著（编）者：基金会中心网　2014年7月出版 / 估价：79.00元

教师蓝皮书
中国中小学教师发展报告（2014）
著（编）者：曾晓东　2014年4月出版 / 估价：59.00元

教育蓝皮书
中国教育发展报告（2014）
著（编）者：杨东平　2014年3月出版 / 估价：69.00元

科普蓝皮书
中国科普基础设施发展报告（2014）
著（编）者：任福君　2014年6月出版 / 估价：79.00元

口腔健康蓝皮书
中国口腔健康发展报告（2014）
著（编）者：胡德渝　2014年12月出版 / 估价：59.00元

老龄蓝皮书
中国老龄事业发展报告（2014）
著（编）者：吴玉韶　2014年2月出版 / 估价：59.00元

连片特困区蓝皮书
中国连片特困区发展报告（2014）
著（编）者：丁建军　冷志明　游俊　2014年3月出版 / 估价：79.00元

民间组织蓝皮书
中国民间组织报告（2014）
著（编）者：黄晓勇　2014年8月出版 / 估价：69.00元

民族发展蓝皮书
中国民族区域自治发展报告（2014）
著（编）者：郝时远　2014年6月出版 / 估价：98.00元

女性生活蓝皮书
中国女性生活状况报告No.8（2014）
著（编）者：韩湘景　2014年3月出版 / 估价：78.00元

汽车社会蓝皮书
中国汽车社会发展报告（2014）
著（编）者：王俊秀　2014年1月出版 / 估价：59.00元

青年蓝皮书
中国青年发展报告（2014）No.2
著（编）者：廉思　2014年6月出版 / 估价：59.00元

全球环境竞争力绿皮书
全球环境竞争力发展报告（2014）
著（编）者：李建平　李闽榕　王金南　2014年11月出版 / 估价：69.00元

青少年蓝皮书
中国未成年人新媒体运用报告（2014）
著（编）者：李文革　沈杰　季为民　2014年6月出版 / 估价：69.00元

皮书系列 2014全品种 社会政法类·行业报告类

区域人才蓝皮书
中国区域人才竞争力报告No.2
著（编）者：桂昭明 王辉耀　　2014年6月出版 / 估价:69.00元

人才蓝皮书
中国人才发展报告（2014）
著（编）者：潘晨光　　2014年10月出版 / 估价:79.00元

人权蓝皮书
中国人权事业发展报告No.4（2014）
著（编）者：李君如　　2014年7月出版 / 估价:98.00元

世界人才蓝皮书
全球人才发展报告No.1
著（编）者：孙学玉 张冠梓　　2013年12月出版 / 估价:69.00元

社会保障绿皮书
中国社会保障发展报告（2014）No.6
著（编）者：王延中　　2014年4月出版 / 估价:69.00元

社会工作蓝皮书
中国社会工作发展报告（2013~2014）
著（编）者：王杰秀 邹文开　　2014年8月出版 / 估价:59.00元

社会管理蓝皮书
中国社会管理创新报告No.3
著（编）者：连玉明　　2014年9月出版 / 估价:79.00元

社会蓝皮书
2014年中国社会形势分析与预测
著（编）者：李培林 陈光金 张翼　　2013年12月出版 / 估价:69.00元

社会体制蓝皮书
中国社会体制改革报告（2014）No.2
著（编）者：龚维斌　　2014年5月出版 / 估价:59.00元

社会心态蓝皮书
2014年中国社会心态研究报告
著（编）者：王俊秀 杨宜音　　2014年1月出版 / 估价:59.00元

生态城市绿皮书
中国生态城市建设发展报告（2014）
著（编）者：李景源 孙伟平 刘举科　　2014年6月出版 / 估价:128.00元

生态文明绿皮书
中国省域生态文明建设评价报告（ECI 2014）
著（编）者：严耕　　2014年9月出版 / 估价:98.00元

世界创新竞争力黄皮书
世界创新竞争力发展报告（2014）
著（编）者：李建平 李闽榕 赵新力　　2014年11月出版 / 估价:128.00元

水与发展蓝皮书
中国水风险评估报告（2014）
著（编）者：苏杨　　2014年9月出版 / 估价:69.00元

危机管理蓝皮书
中国危机管理报告（2014）
著（编）者：文学国 范正青　　2014年8月出版 / 估价:79.00元

小康蓝皮书
中国全面建设小康社会监测报告（2014）
著（编）者：潘璠　　2014年11月出版 / 估价:59.00元

形象危机应对蓝皮书
形象危机应对研究报告（2014）
著（编）者：唐钧　　2014年9月出版 / 估价:118.00元

政治参与蓝皮书
中国政治参与报告（2014）
著（编）者：房宁　　2014年7月出版 / 估价:58.00元

政治发展蓝皮书
中国政治发展报告（2014）
著（编）者：房宁 杨海蛟　　2014年6月出版 / 估价:98.00元

宗教蓝皮书
中国宗教报告（2014）
著（编）者：金泽 邱永辉　　2014年8月出版 / 估价:59.00元

社会组织蓝皮书
中国社会组织评估报告（2014）
著（编）者：徐家良　　2014年3月出版 / 估价:69.00元

政府绩效评估蓝皮书
中国地方政府绩效评估报告（2014）
著（编）者：贠杰　　2014年9月出版 / 估价:69.00元

行业报告类

保健蓝皮书
中国保健服务产业发展报告No.2
著（编）者：中国保健协会 中共中央党校
2014年7月出版 / 估价:198.00元

保健蓝皮书
中国保健食品产业发展报告No.2
著（编）者：中国保健协会
　　　　　中国社会科学院食品药品产业发展与监管研究中心
2014年7月出版 / 估价:198.00元

保健蓝皮书
中国保健用品产业发展报告No.2
著（编）者：中国保健协会　　2014年3月出版 / 估价:198.00元

保险蓝皮书
中国保险业竞争力报告（2014）
著（编）者：罗忠敏　　2014年1月出版 / 估价:98.00元

行业报告类　皮书系列 2014全品种

餐饮产业蓝皮书
中国餐饮产业发展报告（2014）
著(编)者：中国烹饪协会　中国社会科学院财经战略研究院
2014年5月出版 / 估价：59.00元

测绘地理信息蓝皮书
中国地理信息产业发展报告（2014）
著(编)者：徐德明　2014年12月出版 / 估价：98.00元

茶业蓝皮书
中国茶产业发展报告（2014）
著(编)者：李闽榕　杨江帆　2014年4月出版 / 估价：79.00元

产权市场蓝皮书
中国产权市场发展报告（2014）
著(编)者：曹和平　2014年1月出版 / 估价：69.00元

产业安全蓝皮书
中国出版与传媒安全报告（2014）
著(编)者：北京交通大学中国产业安全研究中心
2014年1月出版 / 估价：59.00元

产业安全蓝皮书
中国医疗产业安全报告（2014）
著(编)者：北京交通大学中国产业安全研究中心
2014年1月出版 / 估价：59.00元

产业安全蓝皮书
中国医疗产业安全报告（2014）
著(编)者：李孟刚　2014年7月出版 / 估价：69.00元

产业安全蓝皮书
中国文化产业安全蓝皮书（2013~2014）
著(编)者：高海涛　刘益　2014年3月出版 / 估价：69.00元

产业安全蓝皮书
中国出版传媒产业安全报告（2014）
著(编)者：孙万军　王玉海　2014年12月出版 / 估价：69.00元

典当业蓝皮书
中国典当行业发展报告（2013~2014）
著(编)者：黄育华　王力　张红地
2014年10月出版 / 估价：69.00元

电子商务蓝皮书
中国城市电子商务影响力报告（2014）
著(编)者：荆林波　2014年5月出版 / 估价：69.00元

电子政务蓝皮书
中国电子政务发展报告（2014）
著(编)者：洪毅　王长胜　2014年2月出版 / 估价：59.00元

杜仲产业绿皮书
中国杜仲橡胶资源与产业发展报告（2014）
著(编)者：杜红岩　胡文臻　俞瑞
2014年9月出版 / 估价：99.00元

房地产蓝皮书
中国房地产发展报告No.11
著(编)者：魏后凯　李景国　2014年4月出版 / 估价：79.00元

服务外包蓝皮书
中国服务外包产业发展报告（2014）
著(编)者：王晓红　李皓　2014年4月出版 / 估价：89.00元

高端消费蓝皮书
中国高端消费市场研究报告
著(编)者：依绍华　王雪峰　2013年12月出版 / 估价：69.00元

会展经济蓝皮书
中国会展经济发展报告（2014）
著(编)者：过聚荣　2014年9月出版 / 估价：65.00元

会展蓝皮书
中外会展业动态评估年度报告（2014）
著(编)者：张敏　2014年8月出版 / 估价：68.00元

基金会绿皮书
中国基金会发展独立研究报告（2014）
著(编)者：基金会中心网　2014年8月出版 / 估价：58.00元

交通运输蓝皮书
中国交通运输服务发展报告（2014）
著(编)者：林晓言　卜伟　武剑红
2014年10月出版 / 估价：69.00元

金融监管蓝皮书
中国金融监管报告（2014）
著(编)者：胡滨　2014年9月出版 / 估价：65.00元

金融蓝皮书
中国金融中心发展报告（2014）
著(编)者：中国社会科学院金融研究所
　　　　　中国博士后特华科研工作站　王力　黄育华
2014年10月出版 / 估价：59.00元

金融蓝皮书
中国商业银行竞争力报告（2014）
著(编)者：王松奇　2014年5月出版 / 估价：79.00元

金融蓝皮书
中国金融发展报告（2014）
著(编)者：李扬　王国刚　2013年12月出版 / 估价：69.00元

金融蓝皮书
中国金融法治报告（2014）
著(编)者：胡滨　全先银　2014年3月出版 / 估价：65.00元

金融蓝皮书
中国金融产品与服务报告（2014）
著(编)者：殷剑峰　2014年6月出版 / 估价：59.00元

金融信息服务蓝皮书
金融信息服务业发展报告（2014）
著(编)者：鲁广锦　2014年11月出版 / 估价：69.00元

皮书系列 2014全品种 — 行业报告类

抗衰老医学蓝皮书
抗衰老医学发展报告（2014）
著(编)者：罗伯特·高德曼 罗纳德·科莱兹
尼尔·布什 朱敏 金大鹏 郭弋
2014年3月出版 / 估价：69.00元

客车蓝皮书
中国客车产业发展报告（2014）
著(编)者：姚蔚 2014年12月出版 / 估价：69.00元

科学传播蓝皮书
中国科学传播报告（2014）
著(编)者：詹正茂 2014年4月出版 / 估价：69.00元

流通蓝皮书
中国商业发展报告（2014）
著(编)者：荆林波 2014年5月出版 / 估价：89.00元

旅游安全蓝皮书
中国旅游安全报告（2014）
著(编)者：郑向敏 谢朝武 2014年6月出版 / 估价：79.00元

旅游绿皮书
2013~2014年中国旅游发展分析与预测
著(编)者：宋瑞 2013年12月出版 / 估价：69.00元

旅游城市绿皮书
世界旅游城市发展报告（2013~2014）
著(编)者：张辉 2014年1月出版 / 估价：69.00元

贸易蓝皮书
中国贸易发展报告（2014）
著(编)者：荆林波 2014年5月出版 / 估价：49.00元

民营医院蓝皮书
中国民营医院发展报告（2014）
著(编)者：朱幼棣 2014年10月出版 / 估价：69.00元

闽商蓝皮书
闽商发展报告（2014）
著(编)者：李闽榕 王日根 2014年12月出版 / 估价：69.00元

能源蓝皮书
中国能源发展报告（2014）
著(编)者：崔民选 王军生 陈义和
2014年10月出版 / 估价：59.00元

农产品流通蓝皮书
中国农产品流通产业发展报告（2014）
著(编)者：贾敬敦 王炳南 张玉玺 张鹏毅 陈丽华
2014年9月出版 / 估价：89.00元

期货蓝皮书
中国期货市场发展报告（2014）
著(编)者：荆林波 2014年6月出版 / 估价：98.00元

企业蓝皮书
中国企业竞争力报告（2014）
著(编)者：金碚 2014年11月出版 / 估价：89.00元

汽车安全蓝皮书
中国汽车安全发展报告（2014）
著(编)者：赵福全 孙小端 等 2014年1月出版 / 估价：69.00元

汽车蓝皮书
中国汽车产业发展报告（2014）
著(编)者：国务院发展研究中心产业经济研究部
中国汽车工程学会 大众汽车集团（中国）
2014年7月出版 / 估价：79.00元

清洁能源蓝皮书
国际清洁能源发展报告（2014）
著(编)者：国际清洁能源论坛（澳门）
2014年9月出版 / 估价：89.00元

人力资源蓝皮书
中国人力资源发展报告（2014）
著(编)者：吴江 2014年9月出版 / 估价：69.00元

软件和信息服务业蓝皮书
中国软件和信息服务业发展报告（2014）
著(编)者：洪京一 工业和信息化部电子科学技术情报研究所
2014年6月出版 / 估价：98.00元

商会蓝皮书
中国商会发展报告No.4（2014）
著(编)者：黄孟复 2014年4月出版 / 估价：59.00元

商品市场蓝皮书
中国商品市场发展报告（2014）
著(编)者：荆林波 2014年7月出版 / 估价：59.00元

上市公司蓝皮书
中国上市公司非财务信息披露报告（2014）
著(编)者：钟宏武 张旺 张蒽 等
2014年12月出版 / 估价：59.00元

食品药品蓝皮书
食品药品安全与监管政策研究报告（2014）
著(编)者：唐民皓 2014年7月出版 / 估价：69.00元

世界能源蓝皮书
世界能源发展报告（2014）
著(编)者：黄晓勇 2014年9月出版 / 估价：99.00元

私募市场蓝皮书
中国私募股权市场发展报告（2014）
著(编)者：曹和平 2014年4月出版 / 估价：69.00元

体育蓝皮书
中国体育产业发展报告（2014）
著(编)者：阮伟 钟秉枢 2013年2月出版 / 估价：69.00元

体育蓝皮书·公共体育服务
中国公共体育服务发展报告（2014）
著(编)者：戴健　2014年12月出版　/ 估价：69.00元

投资蓝皮书
中国投资发展报告（2014）
著(编)者：杨庆蔚　2014年4月出版　/ 估价：79.00元

投资蓝皮书
中国企业海外投资发展报告（2013~2014）
著(编)者：陈文晖　薛誉华　2013年12月出版　/ 估价：69.00元

物联网蓝皮书
中国物联网发展报告（2014）
著(编)者：龚六堂　2014年1月出版　/ 估价：59.00元

西部工业蓝皮书
中国西部工业发展报告（2014）
著(编)者：方行明　刘方健　姜凌等
2014年9月出版　/ 估价：69.00元

西部金融蓝皮书
中国西部金融发展报告（2014）
著(编)者：李忠民　2014年10月出版　/ 估价：69.00元

新能源汽车蓝皮书
中国新能源汽车产业发展报告（2014）
著(编)者：中国汽车技术研究中心
　　　　　日产（中国）投资有限公司
　　　　　东风汽车有限公司
2014年9月出版　/ 估价：69.00元

信托蓝皮书
中国信托业研究报告（2014）
著(编)者：中建投信托研究中心　中国建设建投研究院
2014年9月出版　/ 估价：59.00元

信托蓝皮书
中国信托投资报告（2014）
著(编)者：杨金龙　刘屹　2014年7月出版　/ 估价：69.00元

信息化蓝皮书
中国信息化形势分析与预测（2014）
著(编)者：周宏仁　2014年7月出版　/ 估价：98.00元

信用蓝皮书
中国信用发展报告（2014）
著(编)者：章政　田侃　2014年4月出版　/ 估价：69.00元

休闲绿皮书
2014年中国休闲发展报告
著(编)者：刘德谦　唐兵　宋瑞
2014年6月出版　/ 估价：59.00元

养老产业蓝皮书
中国养老产业发展报告（2013~2014年）
著(编)者：张车伟　2014年1月出版　/ 估价：69.00元

移动互联网蓝皮书
中国移动互联网发展报告（2014）
著(编)者：官建文　2014年5月出版　/ 估价：79.00元

医药蓝皮书
中国药品市场报告（2014）
著(编)者：程锦锥　朱恒鹏　2014年12月出版　/ 估价：79.00元

中国林业竞争力蓝皮书
中国省域林业竞争力发展报告No.2（2014）（上下册）
著(编)者：郑传芳　李闽榕　张春霞　张会儒
2014年8月出版　/ 估价：139.00元

中国农业竞争力蓝皮书
中国省域农业竞争力发展报告No.2（2014）
著(编)者：郑传芳　宋洪远　李闽榕　张春霞
2014年7月出版　/ 估价：128.00元

中国信托市场蓝皮书
中国信托业市场报告（2013~2014）
著(编)者：李旸　2014年10月出版　/ 估价：69.00元

中国总部经济蓝皮书
中国总部经济发展报告（2014）
著(编)者：赵弘　2014年9月出版　/ 估价：69.00元

珠三角流通蓝皮书
珠三角商圈发展研究报告（2014）
著(编)者：王先庆　林至颖　2014年8月出版　/ 估价：69.00元

住房绿皮书
中国住房发展报告（2013~2014）
著(编)者：倪鹏飞　2013年12月出版　/ 估价：79.00元

资本市场蓝皮书
中国场外交易市场发展报告（2014）
著(编)者：高峦　2014年3月出版　/ 估价：79.00元

资产管理蓝皮书
中国信托业发展报告（2014）
著(编)者：智信资产管理研究院　2014年7月出版　/ 估价：69.00元

支付清算蓝皮书
中国支付清算发展报告（2014）
著(编)者：杨涛　2014年4月出版　/ 估价：45.00元

文化传媒类

传媒蓝皮书
中国传媒产业发展报告（2014）
著（编）者：崔保国　2014年4月出版　估价：79.00元

传媒竞争力蓝皮书
中国传媒国际竞争力研究报告（2014）
著（编）者：李本乾　2014年9月出版　估价：69.00元

创意城市蓝皮书
武汉市文化创意产业发展报告（2014）
著（编）者：张京成　黄永林　2014年10月出版　估价：69.00元

电视蓝皮书
中国电视产业发展报告（2014）
著（编）者：卢斌　2014年4月出版　估价：79.00元

电影蓝皮书
中国电影出版发展报告（2014）
著（编）者：卢斌　2014年4月出版　估价：79.00元

动漫蓝皮书
中国动漫产业发展报告（2014）
著（编）者：卢斌　郑玉明　牛兴侦　2014年4月出版　估价：79.00元

广电蓝皮书
中国广播电影电视发展报告（2014）
著（编）者：庞井君　杨明品　李岚
2014年6月出版　估价：88.00元

广告主蓝皮书
中国广告主营销传播趋势报告N0.8
著（编）者：中国传媒大学广告主研究所
　　　　　中国广告主营销传播创新研究课题组
　　　　　黄升民　杜国清　邵华冬等
2014年5月出版　估价：98.00元

国际传播蓝皮书
中国国际传播发展报告（2014）
著（编）者：胡正荣　李继东　姬德强
2014年1月出版　估价：69.00元

纪录片蓝皮书
中国纪录片发展报告（2014）
著（编）者：何苏六　2014年10月出版　估价：89.00元

两岸文化蓝皮书
两岸文化产业合作发展报告（2014）
著（编）者：胡惠林　肖夏勇　2014年6月出版　估价：59.00元

媒介与女性蓝皮书
中国媒介与女性发展报告（2014）
著（编）者：刘利群　2014年8月出版　估价：69.00元

全球传媒蓝皮书
全球传媒产业发展报告（2014）
著（编）者：胡正荣　2014年12月出版　估价：79.00元

视听新媒体蓝皮书
中国视听新媒体发展报告（2014）
著（编）者：庞井君　2014年6月出版　估价：148.00元

文化创新蓝皮书
中国文化创新报告（2014）No.5
著（编）者：于平　傅才武　2014年7月出版　估价：79.00元

文化科技蓝皮书
文化科技融合与创意城市发展报告（2014）
著（编）者：李凤亮　于平　2014年7月出版　估价：79.00元

文化蓝皮书
2014年中国文化产业发展报告
著（编）者：张晓明　胡惠林　章建刚
2014年3月出版　估价：69.00元

文化蓝皮书
中国文化产业供需协调增长测评报（2013）
著（编）者：高书生　王亚楠　2014年5月出版　估价：79.00元

文化蓝皮书
中国城镇文化消费需求景气评价报告（2014）
著（编）者：王亚南　张晓明　祁述裕
2014年5月出版　估价：79.00元

文化蓝皮书
中国公共文化服务发展报告（2014）
著（编）者：于群　李国新　2014年10月出版　估价：98.00元

文化蓝皮书
中国文化消费需求景气评价报告（2014）
著（编）者：王亚南　2014年5月出版　估价：79.00元

文化蓝皮书
中国乡村文化消费需求景气评价报告（2014）
著（编）者：王亚南　2014年5月出版　估价：79.00元

文化蓝皮书
中国中心城市文化消费需求景气评价报告（2014）
著（编）者：王亚南　2014年5月出版　估价：79.00元

文化蓝皮书
中国少数民族文化发展报告（2014）
著（编）者：武翠英　张晓明　张学进
2014年3月出版　估价：69.00元

文化建设蓝皮书
中国文化建设发展报告（2014）
著(编)者：江畅 孙伟平　2014年3月出版 / 估价：69.00元

文化品牌蓝皮书
中国文化品牌发展报告（2014）
著(编)者：欧阳友权　2014年5月出版 / 估价：75.00元

文化软实力蓝皮书
中国文化软实力研究报告（2014）
著(编)者：张国祚　2014年7月出版 / 估价：79.00元

文化遗产蓝皮书
中国文化遗产事业发展报告（2014）
著(编)者：刘世锦　2014年3月出版 / 估价：79.00元

文学蓝皮书
中国文情报告（2014）
著(编)者：白烨　2014年5月出版 / 估价：59.00元

新媒体蓝皮书
中国新媒体发展报告No.5（2014）
著(编)者：唐绪军　2014年6月出版 / 估价：69.00元

移动互联网蓝皮书
中国移动互联网发展报告（2014）
著(编)者：官建文　2014年4月出版 / 估价：79.00元

游戏蓝皮书
中国游戏产业发展报告（2014）
著(编)者：卢斌　2014年4月出版 / 估价：79.00元

舆情蓝皮书
中国社会舆情与危机管理报告（2014）
著(编)者：谢耘耕　2014年8月出版 / 估价：85.00元

粤港澳台文化蓝皮书
粤港澳台文化创意产业发展报告（2014）
著(编)者：丁未　2014年4月出版 / 估价：69.00元

地方发展类

安徽蓝皮书
安徽社会发展报告（2014）
著(编)者：程桦　2014年4月出版 / 估价：79.00元

安徽社会建设蓝皮书
安徽社会建设分析报告（2014）
著(编)者：黄家海 王开玉 蔡宪　2014年4月出版 / 估价：69.00元

北京蓝皮书
北京城乡发展报告（2014）
著(编)者：黄序　2014年4月出版 / 估价：59.00元

北京蓝皮书
北京公共服务发展报告（2014）
著(编)者：张耘　2014年3月出版 / 估价：65.00元

北京蓝皮书
北京经济发展报告（2014）
著(编)者：赵弘　2014年4月出版 / 估价：59.00元

北京蓝皮书
北京社会发展报告（2014）
著(编)者：缪青　2014年10月出版 / 估价：59.00元

北京蓝皮书
北京文化发展报告（2014）
著(编)者：李建盛　2014年5月出版 / 估价：69.00元

北京蓝皮书
中国社区发展报告（2014）
著(编)者：于燕燕　2014年8月出版 / 估价：59.00元

北京蓝皮书
北京公共服务发展报告（2014）
著(编)者：施昌奎　2014年8月出版 / 估价：59.00元

北京旅游绿皮书
北京旅游发展报告（2014）
著(编)者：鲁勇　2014年7月出版 / 估价：98.00元

北京律师蓝皮书
北京律师发展报告No.2（2014）
著(编)者：王隽 周塞军　2014年9月出版 / 估价：79.00元

北京人才蓝皮书
北京人才发展报告（2014）
著(编)者：于淼　2014年10月出版 / 估价：89.00元

城乡一体化蓝皮书
中国城乡一体化发展报告·北京卷（2014）
著(编)者：张宝秀 黄序　2014年6月出版 / 估价：59.00元

创意城市蓝皮书
北京文化创意产业发展报告（2014）
著(编)者：张京成 王国华　2014年10月出版 / 估价：69.00元

创意城市蓝皮书
青岛文化创意产业发展报告（2014）
著(编)者：马达　2014年5月出版 / 估价：69.00元

创意城市蓝皮书
无锡文化创意产业发展报告（2014）
著(编)者：庄若江 张鸣年　2014年8月出版 / 估价：75.00元

皮书系列 2014全品种

地方发展类

服务业蓝皮书
广东现代服务业发展报告（2014）
著（编）者：祁明 程晓　2014年1月出版 / 估价：69.00元

甘肃蓝皮书
甘肃舆情分析与预测（2014）
著（编）者：陈双梅 郝树声　2014年1月出版 / 估价：69.00元

甘肃蓝皮书
甘肃县域社会发展评价报告（2014）
著（编）者：魏胜文　2014年1月出版 / 估价：69.00元

甘肃蓝皮书
甘肃经济发展分析与预测（2014）
著（编）者：魏胜文　2014年1月出版 / 估价：69.00元

甘肃蓝皮书
甘肃社会发展分析与预测（2014）
著（编）者：安文华　2014年1月出版 / 估价：69.00元

甘肃蓝皮书
甘肃文化发展分析与预测（2014）
著（编）者：周小华　2014年1月出版 / 估价：69.00元

广东蓝皮书
广东省电子商务发展报告（2014）
著（编）者：黄建明 祁明　2014年11月出版 / 估价：69.00元

广东蓝皮书
广东社会工作发展报告（2014）
著（编）者：罗观翠　2013年12月出版 / 估价：69.00元

广东外经贸蓝皮书
广东对外经济贸易发展研究报告（2014）
著（编）者：陈万灵　2014年3月出版 / 估价：65.00元

广西北部湾经济区蓝皮书
广西北部湾经济区开放开发报告（2014）
著（编）者：广西北部湾经济区规划建设管理委员会办公室
　　　　广西社会科学院 广西北部湾发展研究院
2014年7月出版 / 估价：69.00元

广州蓝皮书
2014年中国广州经济形势分析与预测
著（编）者：庾建设 郭志勇 沈奎　2014年6月出版 / 估价：69.00元

广州蓝皮书
2014年中国广州社会形势分析与预测
著（编）者：易佐永 杨秦 顾涧清　2014年5月出版 / 估价：65.00元

广州蓝皮书
广州城市国际化发展报告（2014）
著（编）者：朱名宏　2014年9月出版 / 估价：59.00元

广州蓝皮书
广州创新型城市发展报告（2014）
著（编）者：李江涛　2014年8月出版 / 估价：59.00元

广州蓝皮书
广州经济发展报告（2014）
著（编）者：李江涛 刘江华　2014年6月出版 / 估价：65.00元

广州蓝皮书
广州农村发展报告（2014）
著（编）者：李江涛 汤锦华　2014年8月出版 / 估价：59.00元

广州蓝皮书
广州青年发展报告（2014）
著（编）者：魏国华 张强　2014年9月出版 / 估价：65.00元

广州蓝皮书
广州汽车产业发展报告（2014）
著（编）者：李江涛 杨再高　2014年10月出版 / 估价：69.00元

广州蓝皮书
广州商贸业发展报告（2014）
著（编）者：陈家成 王旭东 荀振英
2014年7月出版 / 估价：69.00元

广州蓝皮书
广州文化创意产业发展报告（2014）
著（编）者：甘新　2014年10月出版 / 估价：59.00元

广州蓝皮书
中国广州城市建设发展报告（2014）
著（编）者：董皞 冼伟雄 李俊夫
2014年8月出版 / 估价：69.00元

广州蓝皮书
中国广州科技与信息化发展报告（2014）
著（编）者：庾建设 谢学宁　2014年8月出版 / 估价：59.00元

广州蓝皮书
中国广州文化创意产业发展报告（2014）
著（编）者：甘新　2014年10月出版 / 估价：59.00元

广州蓝皮书
中国广州文化发展报告（2014）
著（编）者：徐俊忠 汤应武 陆志强
2014年8月出版 / 估价：69.00元

贵州蓝皮书
贵州法治发展报告（2014）
著（编）者：吴大华　2014年3月出版 / 估价：69.00元

贵州蓝皮书
贵州社会发展报告（2014）
著（编）者：王兴骥　2014年3月出版 / 估价：59.00元

贵州蓝皮书
贵州农村扶贫开发报告（2014）
著（编）者：王朝新 宋明　2014年3月出版 / 估价：69.00元

贵州蓝皮书
贵州文化产业发展报告（2014）
著（编）者：李建国　2014年3月出版 / 估价：69.00元

皮书系列 2014全品种

地方发展类

海淀蓝皮书
海淀区文化和科技融合发展报告（2014）
著（编）者：陈名杰 孟景伟　　2014年5月出版 / 估价：75.00元

海峡经济区蓝皮书
海峡经济区发展报告（2014）
著（编）者：李闽榕 王秉安 谢明辉（台湾）
2014年10月出版 / 估价：78.00元

海峡西岸蓝皮书
海峡西岸经济区发展报告（2014）
著（编）者：福建省人民政府发展研究中心
2014年9月出版 / 估价：85.00元

杭州蓝皮书
杭州市妇女发展报告（2014）
著（编）者：魏颖 揭爱花　　2014年2月出版 / 估价：69.00元

河北蓝皮书
河北省经济发展报告（2014）
著（编）者：马树强 张贵　　2013年12月出版 / 估价：69.00元

河北蓝皮书
河北经济社会发展报告（2014）
著（编）者：周文夫　　2013年12月出版 / 估价：69.00元

河南经济蓝皮书
2014年河南经济形势分析与预测
著（编）者：胡五岳　　2014年3月出版 / 估价：65.00元

河南蓝皮书
2014年河南社会形势分析与预测
著（编）者：刘道兴 牛苏林　　2014年1月出版 / 估价：59.00元

河南蓝皮书
河南城市发展报告（2014）
著（编）者：林宪斋 王建国　　2014年1月出版 / 估价：69.00元

河南蓝皮书
河南经济发展报告（2014）
著（编）者：喻新安　　2014年1月出版 / 估价：59.00元

河南蓝皮书
河南文化发展报告（2014）
著（编）者：谷建全 卫绍生　　2014年1月出版 / 估价：69.00元

河南蓝皮书
河南工业发展报告（2014）
著（编）者：龚绍东　　2014年1月出版 / 估价：59.00元

黑龙江产业蓝皮书
黑龙江产业发展报告（2014）
著（编）者：于渤　　2014年10月出版 / 估价：79.00元

黑龙江蓝皮书
黑龙江经济发展报告（2014）
著（编）者：曲伟　　2014年1月出版 / 估价：59.00元

黑龙江蓝皮书
黑龙江社会发展报告（2014）
著（编）者：艾书琴　　2014年1月出版 / 估价：69.00元

湖南城市蓝皮书
城市社会管理
著（编）者：罗海藩　　2014年10月出版 / 估价：59.00元

湖南蓝皮书
2014年湖南产业发展报告
著（编）者：梁志峰　　2014年5月出版 / 估价：89.00元

湖南蓝皮书
2014年湖南法治发展报告
著（编）者：梁志峰　　2014年5月出版 / 估价：79.00元

湖南蓝皮书
2014年湖南经济展望
著（编）者：梁志峰　　2014年5月出版 / 估价：79.00元

湖南蓝皮书
2014年湖南两型社会发展报告
著（编）者：梁志峰　　2014年5月出版 / 估价：79.00元

湖南县域绿皮书
湖南县域发展报告No.2
著（编）者：朱有志 袁准 周小毛　　2014年7月出版 / 估价：69.00元

沪港蓝皮书
沪港发展报告（2014）
著（编）者：尤安山　　2014年9月出版 / 估价：89.00元

吉林蓝皮书
2014年吉林经济社会形势分析与预测
著（编）者：马克　　2014年1月出版 / 估价：69.00元

江苏法治蓝皮书
江苏法治发展报告No.3（2014）
著（编）者：李力 龚廷泰 严海良　　2014年8月出版 / 估价：88.00元

京津冀蓝皮书
京津冀区域一体化发展报告（2014）
著（编）者：文魁 祝尔娟　　2014年3月出版 / 估价：89.00元

经济特区蓝皮书
中国经济特区发展报告（2014）
著（编）者：陶一桃　　2014年3月出版 / 估价：89.00元

辽宁蓝皮书
2014年辽宁经济社会形势分析与预测
著（编）者：曹晓峰 张晶 张卓民　　2014年1月出版 / 估价：69.00元

流通蓝皮书
湖南省商贸流通产业发展报告No.2
著（编）者：柳思维　　2014年10月出版 / 估价：75.00元

皮书系列 2014全品种

地方发展类

内蒙古蓝皮书
内蒙古经济发展蓝皮书(2013~2014)
著(编)者：黄育华　　2014年7月出版　/　估价：69.00元

内蒙古蓝皮书
内蒙古反腐倡廉建设报告No.1
著(编)者：张志华　无极　　2013年12月出版　/　估价：69.00元

浦东新区蓝皮书
上海浦东经济发展报告（2014）
著(编)者：左学金　陆沪根　　2014年1月出版　/　估价：59.00元

侨乡蓝皮书
中国侨乡发展报告（2014）
著(编)者：郑一省　　2013年12月出版　/　估价：69.00元

青海蓝皮书
2014年青海经济社会形势分析与预测
著(编)者：赵宗福　　2014年2月出版　/　估价：69.00元

人口与健康蓝皮书
深圳人口与健康发展报告（2014）
著(编)者：陆杰华　江捍平　　2014年10月出版　/　估价：98.00元

山西蓝皮书
山西资源型经济转型发展报告（2014）
著(编)者：李志强　容和平　　2014年3月出版　/　估价：79.00元

陕西蓝皮书
陕西经济发展报告（2014）
著(编)者：任宗哲　石英　裴成荣　　2014年3月出版　/　估价：65.00元

陕西蓝皮书
陕西社会发展报告（2014）
著(编)者：任宗哲　石英　江波　　2014年1月出版　/　估价：65.00元

陕西蓝皮书
陕西文化发展报告（2014）
著(编)者：任宗哲　石英　王长寿　　2014年3月出版　/　估价：59.00元

上海蓝皮书
上海传媒发展报告（2014）
著(编)者：强荧　焦雨虹　　2014年1月出版　/　估价：59.00元

上海蓝皮书
上海法治发展报告（2014）
著(编)者：叶世伟　叶青　　2014年1月出版　/　估价：59.00元

上海蓝皮书
上海经济发展报告（2014）
著(编)者：沈开艳　　2014年1月出版　/　估价：69.00元

上海蓝皮书
上海社会发展报告（2014）
著(编)者：卢汉龙　周海旺　　2014年1月出版　/　估价：59.00元

上海蓝皮书
上海文化发展报告（2014）
著(编)者：蒯大申　　2014年1月出版　/　估价：59.00元

上海蓝皮书
上海文学发展报告（2014）
著(编)者：陈圣来　　2014年1月出版　/　估价：59.00元

上海蓝皮书
上海资源环境发展报告（2014）
著(编)者：周冯琦　汤庆合　王利民　　2014年1月出版　/　估价：59.00元

上海社会保障绿皮书
上海社会保障改革与发展报告（2013~2014）
著(编)者：汪泓　　2014年1月出版　/　估价：65.00元

社会建设蓝皮书
2014年北京社会建设分析报告
著(编)者：宋贵伦　　2014年4月出版　/　估价：69.00元

深圳蓝皮书
深圳经济发展报告（2014）
著(编)者：吴忠　　2014年6月出版　/　估价：69.00元

深圳蓝皮书
深圳劳动关系发展报告（2014）
著(编)者：汤庭芬　　2014年6月出版　/　估价：69.00元

深圳蓝皮书
深圳社会发展报告（2014）
著(编)者：吴忠　余智晟　　2014年7月出版　/　估价：69.00元

四川蓝皮书
四川文化产业发展报告（2014）
著(编)者：向宝云　　2014年1月出版　/　估价：69.00元

温州蓝皮书
2014年温州经济社会形势分析与预测
著(编)者：潘忠强　王春光　金浩　　2014年4月出版　/　估价：69.00元

温州蓝皮书
浙江温州金融综合改革试验区发展报告（2013~2014）
著(编)者：钱水土　王去非　李义超
2014年4月出版　/　估价：69.00元

扬州蓝皮书
扬州经济社会发展报告（2014）
著(编)者：张爱军　　2014年1月出版　/　估价：78.00元

义乌蓝皮书
浙江义乌市国际贸易综合改革试验区发展报告
（2013~2014）
著(编)者：马淑琴　刘文革　周松强
2014年4月出版　/　估价：69.00元

云南蓝皮书
中国面向西南开放重要桥头堡建设发展报告（2014）
著(编)者：刘绍怀　　2014年12月出版　/　估价：69.00元

长株潭城市群蓝皮书
长株潭城市群发展报告（2014）
著(编)者：张萍　　2014年10月出版　/　估价：69.00元

地方发展类·国别与地区类

皮书系列
2014全品种

郑州蓝皮书
2014年郑州文化发展报告
著(编)者:王哲　2014年7月出版 / 估价:69.00元

中国省会经济圈蓝皮书
合肥经济圈经济社会发展报告No.4(2013~2014)
著(编)者:董昭礼　2014年4月出版 / 估价:79.00元

国别与地区类

G20国家创新竞争力黄皮书
二十国集团(G20)国家创新竞争力发展报告(2014)
著(编)者:李建平　李闽榕　赵新力
2014年9月出版 / 估价:118.00元

澳门蓝皮书
澳门经济社会发展报告(2013~2014)
著(编)者:吴志良　郝雨凡　2014年3月出版 / 估价:79.00元

北部湾蓝皮书
泛北部湾合作发展报告(2014)
著(编)者:吕余生　2014年7月出版 / 估价:79.00元

大湄公河次区域蓝皮书
大湄公河次区域合作发展报告(2014)
著(编)者:刘稚　2014年8月出版 / 估价:79.00元

大洋洲蓝皮书
大洋洲发展报告(2014)
著(编)者:魏明海　喻常森　2014年7月出版 / 估价:69.00元

德国蓝皮书
德国发展报告(2014)
著(编)者:李乐曾　郑春荣等　2014年5月出版 / 估价:69.00元

东北亚黄皮书
东北亚地区政治与安全报告(2014)
著(编)者:黄凤志　刘雪莲　2014年6月出版 / 估价:69.00元

东盟黄皮书
东盟发展报告(2014)
著(编)者:黄兴球　庄国土　2014年12月出版 / 估价:68.00元

东南亚蓝皮书
东南亚地区发展报告(2014)
著(编)者:王勤　2014年11月出版 / 估价:59.00元

俄罗斯黄皮书
俄罗斯发展报告(2014)
著(编)者:李永全　2014年7月出版 / 估价:79.00元

非洲黄皮书
非洲发展报告No.15(2014)
著(编)者:张宏明　2014年7月出版 / 估价:79.00元

港澳珠三角蓝皮书
粤港澳区域合作与发展报告(2014)
著(编)者:梁庆寅　陈广汉　2014年6月出版 / 估价:59.00元

国际形势黄皮书
全球政治与安全报告(2014)
著(编)者:李慎明　张宇燕　2014年1月出版 / 估价:69.00元

韩国蓝皮书
韩国发展报告(2014)
著(编)者:牛林杰　刘宝全　2014年6月出版 / 估价:69.00元

加拿大蓝皮书
加拿大国情研究报告(2014)
著(编)者:仲伟合　唐小松　2013年12月出版 / 估价:69.00元

柬埔寨蓝皮书
柬埔寨国情报告(2014)
著(编)者:毕世鸿　2014年6月出版 / 估价:79.00元

拉美黄皮书
拉丁美洲和加勒比发展报告(2014)
著(编)者:吴白乙　刘维广　2014年4月出版 / 估价:89.00元

老挝蓝皮书
老挝国情报告(2014)
著(编)者:卢光盛　方芸　吕星　2014年6月出版 / 估价:79.00元

美国蓝皮书
美国问题研究报告(2014)
著(编)者:黄平　倪峰　2014年5月出版 / 估价:79.00元

缅甸蓝皮书
缅甸国情报告(2014)
著(编)者:李晨阳　2014年4月出版 / 估价:79.00元

欧亚大陆桥发展蓝皮书
欧亚大陆桥发展报告(2014)
著(编)者:李忠民　2014年10月出版 / 估价:59.00元

欧洲蓝皮书
欧洲发展报告(2014)
著(编)者:周弘　2014年3月出版 / 估价:79.00元

27

皮书系列 2014全品种 — 国别与地区类

葡语国家蓝皮书
巴西发展与中巴关系报告2014（中英文）
著(编)者:张曙光 David T. Ritchie
2014年8月出版 / 估价:69.00元

日本经济蓝皮书
日本经济与中日经贸关系发展报告（2014）
著(编)者:王洛林 张季风　2014年5月出版 / 估价:79.00元

日本蓝皮书
日本发展报告（2014）
著(编)者:李薇　2014年2月出版 / 估价:69.00元

上海合作组织黄皮书
上海合作组织发展报告（2014）
著(编)者:李进峰 吴宏伟 李伟　2014年9月出版 / 估价:98.00元

世界创新竞争力黄皮书
世界创新竞争力发展报告（2014）
著(编)者:李建平　2014年1月出版 / 估价:148.00元

世界能源黄皮书
世界能源分析与展望（2013~2014）
著(编)者:张宇燕 等　2014年1月出版 / 估价:69.00元

世界社会主义黄皮书
世界社会主义跟踪研究报告（2014）
著(编)者:李慎明　2014年5月出版 / 估价:189.00元

泰国蓝皮书
泰国国情报告（2014）
著(编)者:邹春萌　2014年6月出版 / 估价:79.00元

亚太蓝皮书
亚太地区发展报告（2014）
著(编)者:李向阳　2013年12月出版 / 估价:69.00元

印度蓝皮书
印度国情报告（2014）
著(编)者:吕昭义　2014年1月出版 / 估价:69.00元

印度洋地区蓝皮书
印度洋地区发展报告（2014）
著(编)者:汪戎 万广华　2014年6月出版 / 估价:79.00元

越南蓝皮书
越南国情报告（2014）
著(编)者:吕余生　2014年8月出版 / 估价:65.00元

中东黄皮书
中东发展报告No.15（2014）
著(编)者:杨光　2014年10月出版 / 估价:59.00元

中欧关系蓝皮书
中国与欧洲关系发展报告（2014）
著(编)者:周弘　2013年12月出版 / 估价:69.00元

中亚黄皮书
中亚国家发展报告（2014）
著(编)者:孙力　2014年9月出版 / 估价:79.00元

皮书大事记

☆ 2012年12月,《中国社会科学院皮书资助规定(试行)》由中国社会科学院科研局正式颁布实施。

☆ 2011年,部分重点皮书纳入院创新工程。

☆ 2011年8月,2011年皮书年会在安徽合肥举行,这是皮书年会首次由中国社会科学院主办。

☆ 2011年2月,"2011年全国皮书研讨会"在北京京西宾馆举行。王伟光院长(时任常务副院长)出席并讲话。本次会议标志着皮书及皮书研创出版从一个具体出版单位的出版产品和出版活动上升为由中国社会科学院牵头的国家哲学社会科学智库产品和创新活动。

☆ 2010年9月,"2010年中国经济社会形势报告会暨第十一次全国皮书工作研讨会"在福建福州举行,高全立副院长参加会议并做学术报告。

☆ 2010年9月,皮书学术委员会成立,由我院李扬副院长领衔,并由在各个学科领域有一定的学术影响力、了解皮书编创出版并持续关注皮书品牌的专家学者组成。皮书学术委员会的成立为进一步提高皮书这一品牌的学术质量、为学术界构建一个更大的学术出版与学术推广平台提供了专家支持。

☆ 2009年8月,"2009年中国经济社会形势分析与预测暨第十次皮书工作研讨会"在辽宁丹东举行。李扬副院长参加本次会议,本次会议颁发了首届优秀皮书奖,我院多部皮书获奖。

社会科学文献出版社
SOCIAL SCIENCES ACADEMIC PRESS (CHINA)

社会科学文献出版社成立于1985年,是直属于中国社会科学院的人文社会科学专业学术出版机构。

成立以来,特别是1998年实施第二次创业以来,依托于中国社会科学院丰厚的学术出版和专家学者两大资源,坚持"创社科经典,出传世文献"的出版理念和"权威、前沿、原创"的产品定位,社科文献立足内涵式发展道路,从战略层面推动学术出版的五大能力建设,逐步走上了学术产品的系列化、规模化、数字化、国际化、市场化经营道路。

先后策划出版了著名的图书品牌和学术品牌"皮书"系列、"列国志"、"社科文献精品译库"、"中国史话"、"全球化译丛"、"气候变化与人类发展译丛""近世中国"等一大批既有学术影响又有市场价值的系列图书。形成了较强的学术出版能力和资源整合能力,年发稿3.5亿字,年出版新书1200余种,承印发行中国社科院院属期刊近70种。

2012年,《社会科学文献出版社学术著作出版规范》修订完成。同年10月,社会科学文献出版社参加了由新闻出版总署召开加强学术著作出版规范座谈会,并代表50多家出版社发起实施学术著作出版规范的倡议。2013年,社会科学文献出版社参与新闻出版总署学术著作规范国家标准的起草工作。

依托于雄厚的出版资源整合能力,社会科学文献出版社长期以来一直致力于从内容资源和数字平台两个方面实现传统出版的再造,并先后推出了皮书数据库、列国志数据库、中国田野调查数据库等一系列数字产品。

在国内原创著作、国外名家经典著作大量出版,数字出版突飞猛进的同时,社会科学文献出版社在学术出版国际化方面也取得了不俗的成绩。先后与荷兰博睿等十余家国际出版机构合作面向海外推出了《经济蓝皮书》《社会蓝皮书》等十余种皮书的英文版、俄文版、日文版等。

此外,社会科学文献出版社积极与中央和地方各类媒体合作,联合大型书店、学术书店、机场书店、网络书店、图书馆,逐步构建起了强大的学术图书的内容传播力和社会影响力,学术图书的媒体曝光率居全国之首,图书馆藏率居于全国出版机构前十位。

作为已经开启第三次创业梦想的人文社会科学学术出版机构,社会科学文献出版社结合社会需求、自身的条件以及行业发展,提出了新的创业目标:精心打造人文社会科学成果推广平台,发展成为一家集图书、期刊、声像电子和数字出版物为一体,面向海内外高端读者和客户,具备独特竞争力的人文社会科学内容资源供应商和海内外知名的专业学术出版机构。

中国皮书网

发布皮书研创资讯，传播皮书精彩内容
引领皮书出版潮流，打造皮书服务平台

栏目设置：

- □ 资讯：皮书动态、皮书观点、皮书数据、皮书报道、皮书新书发布会、电子期刊
- □ 标准：皮书评价、皮书研究、皮书规范、皮书专家、编撰团队
- □ 服务：最新皮书、皮书书目、重点推荐、在线购书
- □ 链接：皮书数据库、皮书博客、皮书微博、出版社首页、在线书城
- □ 搜索：资讯、图书、研究动态
- □ 互动：皮书论坛

www.pishu.cn

中国皮书网依托皮书系列"权威、前沿、原创"的优质内容资源，通过文字、图片、音频、视频等多种元素，在皮书研创者、使用者之间搭建了一个成果展示、资源共享的互动平台。

自2005年12月正式上线以来，中国皮书网的IP访问量、PV浏览量与日俱增，受到海内外研究者、公务人员、商务人士以及专业读者的广泛关注。

2008年10月，中国皮书网获得"最具商业价值网站"称号。

2011年全国新闻出版网站年会上，中国皮书网被授予"2011最具商业价值网站"荣誉称号。

首页　数据库检索　学术资源群　我的文献夹　皮书动态　有奖调查　皮书报道　皮书研究　联系我们　读者赠购　|搜索报告|

权威报告　热点资讯　海量资源

当代中国与世界发展的高端智库平台

皮书数据库 www.pishu.com.cn

  皮书数据库是专业的人文社会科学综合学术资源总库,以大型连续性图书——皮书系列为基础,整合国内外相关资讯构建而成。包含七大子库,涵盖两百多个主题,囊括了近十几年间中国与世界经济社会发展报告,覆盖经济、社会、政治、文化、教育、国际问题等多个领域。

  皮书数据库以篇章为基本单位,方便用户对皮书内容的阅读需求。用户可进行全文检索,也可对文献题目、内容提要、作者名称、作者单位、关键字等基本信息进行检索,还可对检索到的篇章再作二次筛选,进行在线阅读或下载阅读。智能多维度导航,可使用户根据自己熟知的分类标准进行分类导航筛选,使查找和检索更高效、便捷。

  权威的研究报告,独特的调研数据,前沿的热点资讯,皮书数据库已发展成为国内最具影响力的关于中国与世界现实问题研究的成果库和资讯库。

皮书俱乐部会员服务指南

1. 谁能成为皮书俱乐部会员?

- 皮书作者自动成为皮书俱乐部会员;
- 购买皮书产品(纸质图书、电子书、皮书数据库充值卡)的个人用户。

2. 会员可享受的增值服务:

- 免费获赠该纸质图书的电子书;
- 免费获赠皮书数据库100元充值卡;
- 免费定期获赠皮书电子期刊;
- 优先参与各类皮书学术活动;
- 优先享受皮书产品的最新优惠。

阅 读 卡

3. 如何享受皮书俱乐部会员服务?

(1)如何免费获得整本电子书?

  购买纸质图书后,将购书信息特别是书后附赠的卡号和密码通过邮件形式发送到pishu@188.com,我们将验证您的信息,通过验证并成功注册后即可获得该本皮书的电子书。

(2)如何获赠皮书数据库100元充值卡?

  第1步:刮开附赠卡的密码涂层(左下);

  第2步:登录皮书数据库网站(www.pishu.com.cn),注册成为皮书数据库用户,注册时请提供您的真实信息,以便您获得皮书俱乐部会员服务;

  第3步:注册成功后登录,点击进入"会员中心";

  第4步:点击"在线充值",输入正确的卡号和密码即可使用。

皮书俱乐部会员可享受社会科学文献出版社其他相关免费增值服务

您有任何疑问,均可拨打服务电话:010-59367227　QQ:1924151760

欢迎登录社会科学文献出版社官网(www.ssap.com.cn)和中国皮书网(www.pishu.cn)了解更多信息

皮书数据库
www.pishu.com.cn

皮书数据库三期即将上线

● 皮书数据库（SSDB）是社会科学文献出版社整合现有皮书资源开发的在线数字产品，全面收录"皮书系列"的内容资源，并以此为基础整合大量相关资讯构建而成。

● 皮书数据库现有中国经济发展数据库、中国社会发展数据库、世界经济与国际政治数据库等子库，覆盖经济、社会、文化等多个行业、领域，现有报告30000多篇，总字数超过5亿字，并以每年4000多篇的速度不断更新累积。2009年7月，皮书数据库荣获"2008~2009年中国数字出版知名品牌"。

● 2011年3月，皮书数据库二期正式上线，开发了更加灵活便捷的检索系统，可以实现精确查找和模糊匹配，并与纸书发行基本同步，可为读者提供更加广泛的资讯服务。

更多信息请登录

中国皮书网
http://www.pishu.cn

皮书微博
http://weibo.com/pishu

中国皮书网的BLOG [编辑]
http://blog.sina.com.cn/pishu

皮书博客
http://blog.sina.com.cn/pishu

皮书微信
皮书说

请到各地书店皮书专架／专柜购买，也可办理邮购

咨询／邮购电话：010-59367028　59367070　　　邮　　箱：duzhe@ssap.cn
邮购地址：北京市西城区北三环中路甲29号院3号楼华龙大厦13层读者服务中心
邮　　编：100029
银行户名：社会科学文献出版社
开户银行：中国工商银行北京北太平庄支行
账　　号：0200010019200365434
网上书店：010-59367070　　qq：1265056568
网　　址：www.ssap.com.cn　　　www.pishu.cn